HISTOIRE

DES

CONSEILS DE GUERRE DE 1852

OU

PRÉCIS DES ÉVÉNEMENTS SURVENUS DANS LES DÉPARTEMENTS

À LA SUITE DU

COUP D'ÉTAT DE DÉCEMBRE 1851

HISTOIRE
DES
CONSEILS DE GUERRE
DE 1852

OU

Précis des événements survenus dans les départements

A LA SUITE DU

COUP D'ÉTAT DE DÉCEMBRE 1851

OUVRAGE PLUS COMPLET QUE TOUS CEUX QUI ONT PARU JUSQU'A
CE JOUR EN FRANCE

écrit d'après

LES DOCUMENTS OFFICIELS, LES JOURNAUX DE L'ÉPOQUE

ET CLASSÉS PAR ORDRE ALPHABÉTIQUE

par

LES AUTEURS DU DICTIONNAIRE DE LA RÉVOLUTION FRANÇAISE

PARIS
DÉCEMBRE-ALONNIER, LIBRAIRE-ÉDITEUR
20, RUE SUGER, 20
PRÈS DE LA PLACE SAINT-ANDRÉ-DES-ARTS

1869

HISTOIRE

DES

CONSEILS DE GUERRE DE 1852

OU

PRÉCIS DES ÉVÉNEMENTS SURVENUS DANS LES DÉPARTEMENTS

A LA SUITE DU

COUP D'ÉTAT DE DÉCEMBRE 1851

AIN.

Bourges. — Saint-André-de-Corcy. — Villars. — Bagé-le-Chatel.

Bourges. — A la réception des dépêches qui annonçaient les mesures prises par le président de la République, le préfet, M. Chanal, envoya sa démission. Il fut remplacé, le 6 décembre, par M. Rogniat, ancien sous-préfet.

La nouvelle du coup d'Etat causa une profonde stupeur; mais s'il faut en croire le *Moniteur*, bientôt après la satisfaction se fit jour.

Il y eut cependant quelques mouvements insurrectionnels. Le principal incident qui se produisit, à Saint-André-de-Corcy (arrondissement de Trévoux), est raconté en ces termes par le *Journal de l'Ain* :

« Dans la soirée du 5 décembre, des individus, venus des faubourgs de Lyon ou des villes voisines, ont entraîné avec eux quelques paysans de Saint-Marcel, puis se sont portés sur la route de Lyon à Strasbourg. A leur entrée dans le département de l'Ain, après avoir arrêté les diligences, pillé les dépêches, ils ont attaqué la caserne de gendarmerie de Saint-André-de-Corcy.

« Le brigadier et deux gendarmes arrivèrent aussitôt à cheval pour repousser cette attaque, mais ils furent reçus par une décharge qui les blessa tous trois. Un gendarme a reçu deux balles dans la poitrine, et est mort des suites de ses blessures (1).

« Une force assez considérable a été dirigée sur ce point de Bourg et de Lyon. Dix-sept individus ont été arrêtés et conduits à Lyon. »

Un autre détachement, parti de Lyon, fut aussi envoyé à Villars, pour y apaiser un commencement de troubles.

Un rassemblement, qui s'était formé à Bagé-le-Châtel, projetant de marcher sur Mâcon, se dispersa spontanément en apprenant l'insuccès des tentatives qui avaient eu lieu sur les autres points.

Nous trouvons dans le compte rendu des jugements du conseil de guerre de Lyon quelques détails intéressants sur une entreprise qui eut lieu près de Seyssel, de la part d'une petite bande de réfugiés politiques (2).

La sécheresse avec laquelle est rédigé le compte

---

(1) C'est une erreur, ce gendarme, comme ses deux camarades, survécut à ses blessures.

(2) Les accusés qui passèrent devant le conseil de guerre, présidé par M. Jean Revic, lieutenant-colonel du 2e dragons, étaient au nombre de quatre : 1° Jean Mollex, quarante-deux ans, patron sur le Rhône, demeurant à Seyssel (Savoie); 2° René Pothier, vingt-trois ans, sous-officier du 13e de ligne. Pothier avait déserté au mois d'août pour échapper à des poursuites ordonnées contre lui à la suite de la découverte d'un complot politique; 3° Barthélemy Champin, quarante ans, sans profession, condamné par contumace, par le conseil de guerre de Lyon, à vingt ans de détention pour crime de port d'armes apparent (septembre 1849); 4° Jules Charlet, ébéniste, domicile inconnu, né à Londres, vingt-neuf ans, condamné à deux ans de prison pour participation à l'insurrection de juin 1849; 5° Périer, sous-officier au 13e de ligne, déserteur fugitif. Les quatre derniers accusés d'avoir tué le douanier Guichard.

rendu des débats ne nous permet de donner qu'une analyse incomplète des faits. Nous n'avons trouvé dans la *Gazette des Tribunaux*, où nous avons puisé l'historique du procès, ni l'interrogatoire des accusés, ni les plaidoiries.

Après avoir donné lecture de la déposition de Guichard, mort pendant l'instruction des suites de ses blessures, Rodain, son camarade, dépose ainsi :

« Il était, dit-il, près de cinq heures, le 6 décembre ; nous étions en expectative, quand six individus passèrent sur notre chemin. Nous leur demandâmes où ils allaient. Ils répondirent : « Tout près d'ici. » Deux se laissèrent fouiller. Sur notre invitation, ils feignirent de nous suivre chez notre brigadier, mais bientôt ils fondirent sur nous. Guichard fut saisi au cou, frappé à coups de poignard. Au moment où je m'avançais pour le dégager, je fus moi-même saisi au collet. Le plus grand de la bande, armé de la baïonnette de Guichard, la leva sur moi en disant : « Gredin ! il faut que je te tue ! » Puis ils me terrassèrent, et un coup de pistolet me fut tiré à bout portant. La balle m'a fracturé le bras droit. Je me relevai après leur départ, et je courus à Anglefort chercher du secours. Nous trouvâmes sur le lieu du combat deux chapeaux noirs à forme basse et un bâton abandonnés par les assaillants. Plus tard, on a mis en confrontation Charlet, Champin et Pothier avec Guichard et moi. J'ai reconnu Charlet, ainsi que mon camarade, pour être celui qui avait pris sa carabine et m'avait mis en joue. C'est le plus petit, Champin, je crois, qui m'a pris ma carabine. Tous nous ont frappés. »

M. Auguste Convert, notaire à Seyssel, fait la déposition suivante :

« Le 7 décembre au soir, j'étais à la chasse avec MM. Dubois et Jantet. Nous entendîmes, dans la direction d'Anglefort, la détonation d'un pistolet, et les cris : au secours ! au secours ! deux fois répétés, mais d'une voix faible et voilée. Puis nous crûmes entendre résonner des coups, comme si on frappait sur un sac ou sur un bœuf. Nous accourûmes sur le lieu de la lutte, et nous rencontrâmes l'infortuné Guichard, qui nous montra sa poitrine teinte de sang qui sortait encore à gros bouillons d'une blessure faite avec un instrument tranchant. Le préposé Rodain nous apprit le reste. »

Voici ce que dit Charlet, le principal accusé, celui que le douanier Guichard prétendait être son meurtrier :

« Le douanier nous a dit : Où allez-vous ? J'ai répondu que nous n'étions ni des brigands, ni des voleurs. — Mais, nous dit-il, vous êtes des politiques. A ces mots, nous fîmes mine de vouloir nous sauver, lorsque Guichard croisa la baïonnette sur moi. Je saisis la baïonnette et donnai un coup de bâton au douanier. Tout s'est borné là, le reste est l'œuvre du Grand Charpentier. » (C'est le nom par lequel les accusés désignèrent un tiers sur lequel l'instruction ne révéla aucun renseignement.)

L'accusation fut soutenue, avec une grande vigueur, par M. Merle, commissaire du gouvernement.

Après avoir entendu les avocats des accusés : Mᵉ Vachon-Morel pour Charlet, Mᵉ Minard pour Champin et Pothier, Mᵉ Grand pour Mollex, les débats furent clos. Le conseil délibéra pendant une demi-heure, après quoi il rentra en séance, et le président prononça l'arrêt suivant : Le conseil déclare coupables les nommés Charlet, Champin et Pothier, et, leur faisant application des peines de la loi, les condamne, savoir : Charlet et Champin à la peine des travaux forcés à perpétuité; Pothier à vingt ans de la même peine; le nommé Périer, accusé fugitif, est condamné à la peine de mort; Mollex est acquitté (1).

Mais ce premier jugement fut cassé, et le deuxième conseil de guerre devant lequel passèrent les accusés se montra plus sévère dans la répression, et condamna Charlet, Pothier et Champin à la peine de mort; Charlet seul

---

(1) Mollex n'était prévenu que d'avoir procuré, ou du moins tenté de procurer aux réfugiés le moyen d'entrer en France, en débattant avec eux un marché, pour leur faire descendre le Rhône dans un bateau.

fut exécuté à Belley. Il mourut avec un grand courage.

Nous avons trouvé dans le *Moniteur judiciaire* de Lyon les détails sur l'exécution de Charlet :

« Charlet, l'un des acteurs du drame lugubre d'Anglefort, condamné à la peine de mort par le conseil de guerre de Lyon, pour avoir tué le douanier Guichard le 5 décembre dernier, a subi sa peine mardi matin 29 juin à Belley. Ce condamné, à qui l'on avait dit durant le voyage qu'il s'agissait de le confronter avec un autre accusé, Périer, a été prévenu de l'heure de l'exécution la veille au soir par l'abbé Marchal, appartenant à l'établissement des Maristes.

« Le jeune prêtre a passé la nuit entière dans le cachot de Charlet, qui avait d'abord déclaré être protestant, puis qui a fini par accepter tous les secours de la religion catholique. Il a demandé lui-même à faire, aux côtés de son aumônier, le trajet à pied pour aller à l'échafaud ; il est arrivé calme et résolu sur la place des Terreaux, où en quelques minutes tout était consommé.

« Des aides de Bourg, de Lyon et de Grenoble avaient été appelés pour concourir à cette exécution, dont l'appareil a vivement impressionné les habitants de Belley. Une sorte d'effroi et de deuil régnait dans la cité, qui, depuis plus de 22 ans, n'avait pas vu ce navrant spectacle. »

Voici tout ce que nous avons pu trouver sur les décisions rendues par la commission départementale de l'Ain, formée en exécution de la circulaire ministérielle. Furent expulsés du territoire français : MM. Denis Dufour, plâtrier, à Pont-de-Vaux, et Philibert Valet, tisseur, du même lieu ; M. Ch.-J. Millet, avocat, fut mis sous la surveillance du ministère de la police. Parmi ceux qui furent condamnés à la transportation à Lambessa, se trouvaient quatre fugitifs : MM. Dufour aîné et Claude-Marie Dufour, charpentiers à Pont-de-Vaux ; Joseph Vallet, charpentier à Pont-de-Vaux, et Pisseraz, plâtrier, demeurant à Mâcon.

AISNE.

Laon.

Le 6 décembre 1851, M. de Beaumont-Vassy était nommé préfet de ce département, en remplacement de M. Corbin. Aussitôt après son entrée en fonctions, M. de Beaumont-Vassy adressait aux habitants de l'Aisne une proclamation dans laquelle il disait que si jamais l'ordre était menacé, fidèle à cette politique, il saurait la maintenir avec une inébranlable énergie.

Le 13 décembre, le préfet publiait une nouvelle proclamation, dont le texte tendait à faire croire que la tranquillité n'était pas complète dans le département :

« Quelques conciliabules anarchiques me sont signalés dans le département.

« J'ai les yeux ouverts sur les menées des fauteurs de désordres, et je crois devoir leur rappeler que l'article 2 du décret du 8 décembre 1851 rend passibles des peines de la transportation tous les individus convaincus de faire partie des sociétés ou associations secrètes.

« Je n'hésiterai pas un instant, qu'ils le sachent bien, à me servir contre eux des armes que la loi me donne. »

Le *Journal de Saint-Quentin* ne parle que d'une arrestation, celle de M. Delporte, qui avait été candidat socialiste à la députation en 1849, et condamné en 1850. Cependant, il est facile de voir, en lisant la note du journal précité, que le nombre des arrestations atteignit un certain chiffre, eu égard à la situation tranquille du département de l'Aisne. Nous, personnellement, en connaissons deux : celles de MM. Parmentier et Toussaint.

ALLIER.

Moulins. — La Palisse. — Le Donjon. — Cérilly. — Montluçon. — Cusset. — Gannat. — Saint-Sauveur. Huriel.

Les républicains de l'Allier s'agitèrent, à la nouvelle du coup d'État, de manière à inspirer les plus vives inquiétudes au nouveau pouvoir. On connaissait l'ardeur des chefs du parti démocratique de ce département, et l'on ne doutait pas que l'appel aux armes ne fût entendu de cette population énergique.

L'insurrection se présenta donc avec un plan fort bien conçu, et dont l'exécution ne manqua que par la hardiesse heureuse des autorités, qui, dès l'origine, étouffèrent le mouvement dans son foyer. Dès le 3 décembre, les républicains qui avaient le plus d'influence dans les diverses localités et qui devaient diriger l'action, se trouvaient réunis à Iseure, aux portes de Moulins, chef-lieu du département. Là, on avait résolu de se porter, dans la nuit du 3 au 4, sur Moulins, d'attaquer la préfecture, d'enlever les autorités, et, après ce coup de main, de se porter, par une marche rapide, sur Montluçon, Gannat et La Palisse, en sonnant le tocsin sur le passage des colonnes républicaines et en recrutant toute la population valide.

Les habitants de Moulins paraissaient disposés à appuyer le mouvement, et l'on avait déjà signalé des rassemblements dans la ville, dans la journée du 3. Le préfet, M. de Charmailles, avait fait arrêter les citoyens qui lui paraissaient le plus à redouter. Mais ces mesures furent loin de décourager le reste des habitants, qui n'en parurent que plus impatients d'agir pour délivrer les prisonniers.

Sur ces entrefaites, le préfet apprit que plus de deux cent cinquante républicains étaient assemblés à Iseure, et qu'ils s'armaient pour faire irruption dans Moulins. Deux escadrons de chasseurs à cheval furent dirigés silencieusement sur Iseure, en deux colonnes. A minuit, la première colonne se trouva en face des républicains, qui, mal préparés pour le combat, prirent la fuite dans une direction opposée. La seconde colonne arriva à point pour leur barrer le passage. Cependant l'obscurité ne permit de faire qu'une douzaine de prisonniers. La plupart de ces hommes s'étaient armés à la hâte de fusils de chasse, de pistolets, de faux, de fourches et de couteaux. Une heure plus tard, ce rassemblement eût été rejoint par cent trente citoyens, bien armés, qui arrivaient de Dompierre et de Chevagnes. Ce secours étant désormais inutile, la colonne républicaine rebroussa chemin et se dispersa bientôt.

Le lendemain matin, une proclamation du préfet de Moulins annonçait l'insuccès de la tentative des républicains, et faisait appel au concours des hommes « du parti de l'ordre. » En même temps, ce fonctionnaire prenait sur lui de mettre le département en état de siége.

La résistance générale était désormais désorganisée par la dispersion de ses chefs ; mais les tronçons épars devaient encore s'agiter.

A Montluçon, une certaine émotion se produisit ; le parti républicain qui comptait de nombreux partisans dans cette ville se réunit pour délibérer sur la marche à suivre. Là probablement fut agitée la question d'une prise d'armes immédiate ou la résistance légale.

C'est dans la *Patrie* que nous trouvons quelques détails sur ce qui se passa à Montluçon :

« Dans la nuit du 3 au 4, de nombreuses patrouilles, à la tête desquelles marchaient le procureur de la république, le sous-préfet, l'adjoint au maire, sillonnèrent la ville. La patrouille commandée par l'adjoint procéda à plusieurs arrestations (seulement la façon dont la *Patrie* raconte cette arrestation est un peu nuageuse).

« Un des adjoints, accompagné d'un agent de police, mit sur les traces d'une réunion démagogique. Une patrouille de gardes nationaux, accompagnée des magistrats, s'empara des six plus dangereux, armés jusqu'aux dents et porteurs de balles mâchées. On les a arrêtés à temps, car ils allaient commencer une jacquerie. »

Commencer une jacquerie à six, nous devons avouer, s'il faut nous en rapporter à la feuille officieuse, que ces hommes ne manquaient pas d'une certaine audace. Nous ne relevons pas les *balles mâchées*, nous mettons ceci au même rang que les têtes des gardes mobiles servant de lampions aux insurgés de la barricade du Panthéon en juin 1848.

« Dès ce moment, ajoute le journal la *Patrie*, les arrestations ont continué ; plus de trente chefs sont sous les verrous, on est à la piste de quelques autres. Une colonne mobile a été dirigée sur Cérilly, le canton le plus dangereux peut-être de cet arrondissement; une autre a été dirigée sur Huriel et Saint-Sauvier, berceau du socialisme et patrie de Fargin-Fayolle(1). Cette excursion a rassuré les bons citoyens, ramené les douteux et intimidé les rouges.

« A Gannat et dans les communes environnantes, le tocsin devait sonner à la nouvelle des événements de Paris. Plus de soixante démocrates bien connus étaient déjà aux portes de la ville, attendant le signal.

« La courageuse attitude du sous-préfet, une proclamation du nouveau maire, M. le docteur Beudant, ont pu paralyser le mouvement et donner le temps à un détachement du 18e de ligne d'arriver de Clermont-Ferrand pour prêter main-forte à l'autorité.

« Diverses arrestations ont été faites par M. le procureur et le sous-préfet, aidés dans cette mission difficile par M. l'officier de gendarmerie, dont la conduite est digne d'éloge.

« Un registre déposé à la mairie est aujourd'hui couvert de nombreuses signatures d'hommes prêts à se sacrifier pour empêcher le meurtre, le pillage et l'incendie. »

Cette sorte d'enrôlement sur un registre nous rappelle assez celui des gardes de la porte qui se formèrent sur le papier à l'annonce du débarquement de Napoléon Ier à Cannes, et qui devaient tous se faire tuer pour Louis XVIII.

Au Donjon, des faits plus sérieux se produisirent. Dans cette localité, le parti républicain et le parti réactionnaire étaient en forces égales : Le 3 décembre, à 4 heures du soir, à l'arrivée du courrier de Paris, M. de Laboutresse maire ; M. Dolivier, juge de paix, et trois gendarmes, les seuls présents à la brigade, lisant au bureau de la poste les proclamations arrivées de Paris, aperçoivent près de l'église, du côté de la mairie, un rassemblement assez considérable de femmes et d'enfants; ils se dirigent rapi-

---

(1) Avocat et député de la Creuse, il protesta contre le coup d'Etat et fut arrêté à la mairie du Xe arrondissement; il fut mis en liberté après une courte détention au Mont-Valérien.

dement vers ce point où ils se trouvent en face d'une dizaine d'hommes armés, parmi lesquels se trouvaient le notaire Terrier, le médecin de Nolhac, chef du mouvement insurrectionnel, et M. Fagot, riche propriétaire, qui plus tard en a été le chef militaire.

Sommés de se retirer, ils répondent aux autorités qu'elles ne sont plus rien; ils se saisissent du maire et du juge de paix qu'ils enferment dans la prison, et, après avoir désarmé les gendarmes, ils les consignent dans leur caserne. Alors le cri *Aux armes!* se fait entendre.

Une barricade est élevée près de l'église, la prison est gardée militairement, le tocsin sonne; les communes voisines accourent. La boutique de l'armurier et horloger Bran est pillée; l'adjoint, M. Nichaud, est mis en prison avec le maire et le juge de paix, ainsi que M. Robert, capitaine de cavalerie en retraite.

A trois heures du matin, les prisonniers sont extraits de la prison, garrottés, mis sur une charrette, et placés au milieu d'une colonne d'environ trois cents hommes qui se dirigent sur La Palisse.

On voit que jusqu'à présent l'énergie n'avait pas fait défaut aux auteurs du mouvement.

En historien consciencieux, nous devons ajouter que dans le récit que fait le *Moniteur de l'Allier*, des troubles du Donjon, il ajoute qu'on refusa aux prisonniers les moyens de se garantir du froid, qu'on les abreuva tout le long de la route d'injures, et qu'on ne leur conserva la vie que pour les exposer au feu si l'on trouvait de la résistance à La Palisse.

A sept heures du matin, les insurgés, qui s'étaient formés en quatre sections, arrivaient devant La Palisse, dont le sous-préfet, M. de Rochefort, passait pour un homme énergique et très-dévoué à la fortune du président.

Les insurgés avait pour guidon un drapeau rouge. Le sous-préfet, prévenu de l'arrivée des gens du Donjon, se met à la tête de tout ce qu'il peut trouver de gardes nationaux et marche sur la colonne insurrectionnelle avec laquelle il se rencontre à l'entrée du faubourg.

« *Qui vive!* crie le sous-préfet.

— Républicains démocrates-socialistes.
— D'où venez-vous ?
— Du Donjon.
— Je vous somme de vous retirer. »

A cette sommation du sous-préfet, l'épicier Raquin commande : A la baïonnette! Les insurgés marchent sur les gardes nationaux qui lâchent pied, le sous-préfet ne peut parvenir à les rallier, il se dirige vers l'hôtel de la sous-préfecture, mais les insurgés le suivent de près ; il a à peine le temps de détruire quelques papiers, que déjà les hommes du Donjon sont dans son cabinet. Ils s'emparent de lui et le conduisent à la mairie.

« La gendarmerie, dit le *Moniteur de l'Allier*, appuyée par les pompiers, le maire de la ville et des personnes de bonne volonté, marchent sur ces hommes dont on a tout à craindre. Des décharges successives se font entendre. Le maréchal des logis tombe frappé à mort ; le lieutenant et trois gendarmes sont grièvement blessés, malheureuses victimes d'un courage héroïque!

« La ville est au pouvoir des insurgés ; ils forcent le sous-préfet à faire enfoncer la porte de la cure, qui conduit au clocher ; à peine a-t-elle cédé que celui-ci s'échappe de leurs mains. Pendant qu'ils le suivent et le cherchent, ce fonctionnaire, plein d'énergie et de sang-froid, entre dans l'écurie de la sous-préfecture, selle un cheval, part au galop, passe presque au milieu d'eux, essuie sept à huit coups de feu qui heureusement ne l'atteignent pas, et court à toute bride au-devant des troupes qu'il avait demandées pendant la nuit.

« Le tocsin sonne, les alentours arrivent lentement, la ville les seconde mal, les nouvelles de toutes parts leur sont défavorables, les insurgés se décident à rentrer au Donjon, et mettent, en partant, leurs prisonniers en liberté. La ville, débarrassée d'eux, devient aussitôt calme ; les chasseurs font leur entrée à la nuit, les arrestations commencent. »

Tel est le premier récit fait par le *Moniteur de l'Allier* ; mais le surlendemain, il publiait l'erratum suivant :

« Dans le récit que nous avons donné des événements

de La Palisse, on a lu cette phrase : « La ville est au pouvoir des insurgés ; *ils forcent le sous-préfet à faire enfoncer la porte de la cure qui conduit au clocher.*

« Nos lecteurs ont pu croire que le sous-préfet, dont la conduite a été si admirable, aurait usé de son autorité pour faciliter aux insurgés l'entrée de la cure : c'est là une interprétation contre laquelle nous nous empressons de protester. Certes, ce n'est pas l'homme qui, seul au milieu des insurgés et de leurs menaces de mort, a refusé de livrer son écharpe et de la remplacer par une rouge ; ce n'est pas cet homme, qui donnait une pareille preuve de courage et d'énergie, qui aurait consenti à se faire le lâche instrument de ces factieux contre un de ses administrés les plus recommandables. »

Les insurgés ne pouvant se recruter à La Palisse étaient retournés au Donjon ; le bruit courait qu'ils étaient décidés à se défendre jusqu'à la mort. Le soir, le juge de paix et l'adjoint, qui avaient recouvré leur liberté à La Palisse, retournèrent au Donjon où ils furent de nouveau arrêtés ; le maire, prévenu à temps, s'enfuit ; mais les insurgés ayant appris l'arrivée d'un escadron de chasseurs, quittèrent la ville et se dirigèrent sur Jaligny d'où ils devaient être débusqués le lendemain.

La colonne armée, le sous-préfet en tête, fit son entrée au Donjon le 5 à dix heures du matin ; des arrestations nombreuses furent faites au Donjon et aux mines de Bert ; deux chefs de l'insurrection furent pris à Roanne.

Le pays qui avait été mis en état de siége par décret provisoire en date du 4, vit cet état de choses confirmé par décret présidentiel. Le 6 décembre, le commandant de l'état de siége, le colonel De Noue, faisait publier la proclamation suivante :

« Après avoir fui devant les chasseurs, à La Palisse et au Donjon, les insurgés avaient rêvé de se porter sur Moulins, et ils se rassemblaient à Jaligny.

« Ils ont sans doute appris qu'une colonne mobile, composée de gardes nationaux volontaires, de gendarmes et de chasseurs, partait de Moulins et marchait à leur rencontre.

Ils ne l'ont pas attendue, et ils ont jugé plus prudent de se disperser; ils sont en pleine déroute.

« Un bataillon d'infanterie, venant de Roanne, et un escadron du 16e chasseurs, venant de Billom, arriveront aujourd'hui à La Palisse. Les troupes qui composent la garnison de Moulins vont pouvoir rentrer.

« M. le procureur de la République est parti ce matin pour aller exercer des poursuites judiciaires contre tous les individus qui ont pris part aux désordres.

« Je reçois à l'instant des nouvelles de Paris qui annoncent que l'insurrection est anéantie. »

Le Donjon n'avait pas seul été profondément remué par l'annonce du coup d'État. Au Cusset, chef-lieu du canton de l'arrondissement de La Palisse, on opéra des arrestations; le bourg fut occupé le 6 décembre par cent hommes de cavalerie; la garde nationale de Vichy vint se joindre à celle de Cusset.

Jaligny fut occupé par deux brigades de gendarmerie et par plusieurs compagnies de la garde nationale de Moulins, placées sous les ordres du colonel Parre. Ce fut cette colonne qui ramena au chef-lieu du département les prisonniers faits tant au Donjon qu'à Chaligny; ils étaient au nombre de trente-six. « Ces malheureux marchaient attachés deux à deux entre une double haie de volontaires de la garde nationale, précédés et suivis par de forts détachements de chasseurs. »

Une foule nombreuse se pressait dans toutes les rues pour contempler ce triste spectacle, ajoute le journal auquel nous empruntons l'historique de ces faits. L'attitude de cette foule était calme et digne; elle avait devant elle des captifs, et elle déplorait leur aveuglement.

Est-ce bien aveuglement qu'il fallait dire, et ne vint-il pas un autre mot à la pensée de celui qui écrivait ces lignes?

La lutte était terminée; mais il n'en était pas de même avec les poursuites, les arrestations, etc.

« Le calme se rétablit, disait un journal du département, cependant grand nombre d'insurgés sont dans les bois; ils pourront devenir dangereux. Chaque jour on leur donne la chasse. L'arrondissement est parcouru dans tous les sens par les braves chasseurs, qui sont infatigables. Je puis mieux que personne vous le certifier, je ne les ai pas quittés. »

Le 18 décembre, le général Eynard (1) rendait l'arrêté suivant :

« Le général de brigade commandant l'état de siége de l'Allier,

« Considérant que les nommés Giraud de Nolhac (Jean); Terrier (Claude-Marie-Adolphe); Préveraud (Bernard-Honoré); Pélassy (Jean-Claude-François); Fagot (Benoît), propriétaire; Georges Gallay, propriétaire; Préverand (Léon), propriétaire; Préverad (Jules), propriétaire; Préveraud (Ernest); Terrier (Félix); Bonnet (Philibert), ex-agent voyer; Bourachot (François-Marie); Raquin, gendre Buisson; Treille (Louis), cordonnier; Blettery (Pierre), boucher, demeurant dans le canton du Donjon; Chomet, médecin à Jaligny; Meusnier (Alfred), ex-pharmacien à Chaveroche; Billard (Gilbert), cultivateur à Saint-Léon; Auboyer (Antony), propriétaire au Breuil, ont pris la part la plus active à l'insurrection qui a éclaté dans le département de l'Allier les 3 et 4 décembre 1851;

« Qu'ils ont dirigé, comme chefs, les pillards du Donjon et les assassins de La Palisse;

« Que l'instruction ne laisse aucun doute à cet égard,

« Arrête :

« Art. 1er. Les biens de tous les inculpés ci-dessus nommés sont mis sous le séquestre.

« Art. 3. M. le directeur des domaines pour le département de l'Allier est chargé de l'exécution du présent arrêté.

« Moulins, le 18 décembre 1851.

« Général EYNARD (2). »

---

(1) Nous écrivons le nom de cet officier général tel que nous l'avons vu écrit au *Moniteur*. Nous avons agi de même pour tous les autres noms propres que nous avons pu y rencontrer.

(2) Nous ne savons s'il y avait un article 2, mais, dans tous les

Le 19 décembre, nouvelle arrivée de prisonniers à Moulins :

« Le nommé Georges Gallay a été amené le 19 courant dans la prison de Moulins. On nous assure que les sieurs Pélassy et Terrier, qui étaient en fuite, viennent d'être arrêtés.

« Un convoi de vingt-six prisonniers, venant de Varennes, est arrivé hier à Moulins. On attend encore aujourd'hui une centaine de prévenus de Montluçon. »

Nous terminerons cet article sur le département de l'Allier par un canard, pour nous servir d'un terme consacré, que les historiens les plus portés en faveur du coup d'État n'ont pas osé insérer; il est extrait du *Messager* de Moulins du 12 décembre :

« Ceux qui douteraient encore des dispositions de nos socialistes à rétablir le régime de la guillotine, peuvent s'édifier aujourd'hui par la découverte qui vient d'être faite à Commentry.

« Dans une visite domiciliaire pratiquée chez un socialiste de cette commune, on a trouvé, outre des armes et des munitions de guerre, une guillotine toute neuve, dont les différentes pièces étaient préparées pour être montées et mises facilement en fonction.

« Comme on demandait à ce démagogue ce qu'il comptait faire de cet instrument, et qui lui avait commandé de le confectionner, il répondit qu'ayant songé qu'on en aurait besoin, il l'avait confectionné à l'avance dans l'espoir d'en tirer un bon prix.

« Cette machine, d'une grande dimension, a été transportée à Montluçon; elle est maintenant déposée au greffe parmi les pièces à conviction. »

---

cas, nous donnons l'arrêté tel qu'il fut inséré au *Moniteur*; nous croyons qu'il n'y a qu'une erreur typographique. Quoique cet arrêté ait eu les honneurs du *Moniteur* et de l'affichage à la porte de la préfecture de police de Paris, où nous l'avons vu placarder, il produisit un si mauvais effet, même aux yeux des partisans du coup d'État, que douze jours après le général Eynard rapportait cet arrêté.

Nous ne nous arrêterons pas à disculper les faits odieux reprochés aux insurgés; surtout sur leur cruauté froide qui, ainsi que le dit M. Belouino, *Histoire d'un coup d'Etat*, page 243, est plus féroce encore que dans le cœur des bandits; nous nous contenterons de renvoyer nos lecteurs au procès des insurgés du Donjon, qu'ils trouveront dans la *Gazette des Tribunaux* du mois d'avril 1852 (1).

Deux notes, l'une insérée dans le *Pays* et l'autre dans le *Moniteur* du 18 mars, laisseraient à supposer que le chiffre des citoyens de ce département, condamnés à la transportation, s'éleva à 247. Tout porte malheureusement à croire qu'il fut supérieur à ce nombre.

ALPES (Basses-).

Digne. — Forcalquier. — Castellane. — Sisteron. — Saint-Etienne. — Mées, etc., etc.

De tous les mouvements insurrectionnels produits dans les départements par le coup d'État du 2 décembre 1851,

---

(1) Le 25 mai, on lisait dans le *Moniteur*, à propos de l'insurrection de l'Allier.

Les débats des affaires de La Palisse et du Donjon se sont terminés par les condamnations suivantes : — Ernest Prévereau, à la peine de mort; — Antoine Raquin, Adolphe Bourachot et François Demosles, à la déportation dans une enceinte fortifiée; — Georges Gallay et Antoine Vignot, à la déportation simple; — Claude Tyrol, à vingt ans de travaux forcés; — Pierre Gail, à cinq ans; — Edme Bourachot, à cinq ans de réclusion; — Auguste Rodier et Pierre Braillon, à cinq ans de détention. — Protos et Léon Prévereau ont été acquittés. »

Les condamnés entendirent la lecture de leur sentence à la lueur des torches, dans la tour de la prison de Moulins. Nous n'avons aucun fait relatif aux transportés, sauf la note suivante dans le *Moniteur* du 7 avril :

« Les insurgés de l'Allier formant le premier convoi sont arrivés à Alger. Ils se louent beaucoup des soins que l'on a pour eux, et quelques-uns même *se trouvent plus heureux qu'antérieurement.* »

Autant vaudrait dire que la transportation était une œuvre philanthropique.

aucun ne fut plus étrange, plus inattendu que celui qui éclata dans le département des Basses-Alpes. Nulle part le sentiment démocratique ne se montra d'une manière plus unanime, plus absolue.

Le département des Basses-Alpes est un des moins populeux de la France; il ne s'y trouve pas de ces grands centres de population où les passions fermentent incessamment et font craindre une explosion imminente. Non: ses habitants sont d'honnêtes paysans ou de petits industriels vivant de peu, et soumis à l'influence du clergé. Et c'est là pourtant que le coup d'Etat trouva les adversaires les plus redoutables.

Digne, chef-lieu des Basses-Alpes, compte à peine six mille habitants; les quatre chef-lieux d'arrondissement, Barcelonnette, Sisteron, Forcalquier, Castellane, ne sont que des bourgades où, depuis un demi-siècle, les événements politiques avaient eu fort peu de retentissement; mais, à partir de 1848, la propagande avait fait son œuvre. Ces gens simples, au cœur droit, avaient maintenant le sentiment de leur valeur et de leur puissance, et le temps était venu où le pouvoir absolu devait compter avec eux.

Le coup d'État du 2 décembre ne causa pas une grande surprise dans ces populations naguère si naïves; on s'attendait à cela; il semblait qu'il y eût quelque chose dans l'air qui annonçât une conflagration prochaine, et chacun se tenait sur ses gardes. Enfin, l'événement prévu se produisit; la nouvelle en arriva de Paris. Que se passa-t-il alors à Digne? Des choses horribles, si l'on en croit les organes ou plutôt les adorateurs du pouvoir quel qu'il soit. Ainsi on lisait dans le journal *la Patrie* :

« Jusqu'à ce moment, nous n'avons pu indiquer que les faits généraux qui s'accomplissaient dans le département des Basses-Alpes au fur et à mesure qu'ils étaient transmis au gouvernement par les dépêches télégraphiques. Aujourd'hui que le service des postes est rétabli dans ce département, et que les correspondances particulières peuvent nous apporter des renseignements complets et détaillés sur cette invasion des nouveaux barbares, nous allons résumer, d'après les lettres qui sont sous nos yeux, les tristes événements qui ont affligé la ville de Digne.

« Les premières bandes d'insurgés qui se sont montrées dans les rues du chef-lieu des Basses-Alpes sont parties, les unes de Gréoulx, qui se trouve sur la rive gauche de la Durance, et les autres de Manosque, qui est située sur la rive droite de cette même rivière.

« Les bandes de Gréoulx étaient commandées par les nommés Jourdan et Guibert; les bandes de Manosque étaient commandées par un nommé Buisson. Bientôt les insurgés furent renforcés par les bandes de Forcalquier, qui avaient à leur tête un horloger de cette ville, le sieur Escoffier, et par d'autres bandes qui furent amenées de Sisteron par l'avocat Barneaud, après que cette dernière ville fut tombée au pouvoir de la révolte.

« Jusqu'au samedi matin, 6 décembre, l'ordre n'avait pas été troublé à Digne. Ce jour-là, l'autorité saisit une lettre qui était adressée, par les bandes d'insurgés en marche sur Digne, au sieur Charles Coste, avocat de cette ville, où il était considéré comme le chef du parti rouge. C'est ce même Coste qui a figuré comme témoin à Lyon dans l'affaire de Longomasino. Il fut immédiatement arrêté avec les sieurs Chemin, Roustan, Beaumé, Régnier et Esmango.

« A peine ces mesures de vigueur et de sûreté furent-elles connues, que les démagogues de Digne, réunis au nombre d'environ deux cents, sommèrent l'autorité de remettre leurs chefs en liberté. Malheureusement ils trouvèrent un point d'appui dans le maire de la ville, appartenant de la meilleure foi du monde à ce parti des modérateurs qui désarment le pouvoir par des concessions intempestives, et qui, depuis soixante ans, ont été, à l'exemple de Pétion, les éternels auxiliaires de l'anarchie. Ce fonctionnaire crut tout sauver en demandant au préfet l'élargissement des prisonniers, et en proposant d'armer la garde nationale.

« Mais le procureur de la République, M. Prestat, dont l'énergie et le courage ont toujours été à la hauteur de ses fonctions, fidèle à ses antécédents, a courageusement refusé de se prêter à un pareil acte de faiblesse. Il déclara hautement que, plutôt que d'y participer, il donnerait sa démission.

« Ce fonctionnaire voulait que l'on prît l'offensive. Il proposa dans ce but un plan de campagne qui consistait à aller, avec les trois cents hommes du dépôt en garnison à Digne, au-devant des insurgés dont l'arrivée avait été annoncée par la lettre saisie. On serait allé les attendre à Malijai, à l'entrée de la vallée de la Bléone, en se réservant de se replier, en cas de besoin, sur le fort de Seyne.

« Ce plan ne fut pas accepté, et, malgré l'opposition de M. Prestat, les six individus arrêtés le matin furent élargis. Ainsi qu'on devait s'y attendre, cette première victoire au lieu de calmer les insurgés, ne fit qu'accroître leur audace. Ils devinrent plus menaçants que jamais.

« La garde nationale, assemblée à la hâte par les soins du maire, passa bientôt du côté de l'insurrection, et fit entendre même, devant la caserne, les cris de *Vive la rouge! vive la sociale!*

« Déconcertés par l'attitude de cette milice, les honnêtes gens perdirent courage. Ils se dispersèrent devant l'insurrection triomphante. On assure que le commandant du dépôt, M. Chevalier, a fait avec les insurgés une capitulation de vingt jours, et leur a livré 20 quintaux de poudre (1). Les soldats sont restés enfermés dans une caserne qui, entourée de fossés naturels, pouvait tenir aussi longtemps qu'une citadelle; ils ont gardé leurs armes avec la honte de ne pouvoir s'en servir ni pour se défendre, ni même pour accompagner la retraite du préfet. La gendarmerie livrée, dans une autre caserne, à ses propres forces, a été désarmée.

« Dans la nuit du samedi au dimanche, vers neuf heures du soir, on entendit tout à coup le cri: *Aux armes!* Ce cri était jeté par un gendarme qui arrivait au grandissime galop, tout ensanglanté, pour avertir les autorités de Digne que les insurgés de Gréoulx, de Manosque, de For-

---

(1) Le fait est vrai, il nous a été confirmé par plusieurs habitants de Digne et notamment par M. Meige fils.

calquier, de Valansolès et Riez approchaient de la ville. En effet, ils ne tardèrent pas à l'envahir et à s'emparer de la préfecture qui a été complétement mise au pillage.

« La journée du dimanche, 7 décembre, fut épouvantable : c'est dans la matinée de ce jour-là qu'eurent lieu la capitulation du commandant du dépôt et le désarmement de la gendarmerie. Les insurgés, venus en armes, étaient au nombre d'environ six mille. Tous portaient des cravates, des ceintures et des bonnets rouges. La plupart d'entre eux agissaient, assure-t-on, sous l'empire de la peur et ne s'étaient joints aux chefs de la révolte que parce qu'ils étaient menacés par les meneurs d'être fusillés. Voilà comment les socialistes comprennent la liberté et la fraternité !

« Munis des vingt quintaux de poudre qui leur avaient été livrés, les insurgés pillèrent la caisse du receveur général, et s'emparèrent d'une somme de 12,000 francs. Altérés de haine et de vengeance contre M. Prestat, ils se livrèrent partout aux perquisitions les plus minutieuses pour découvrir ce fonctionnaire, demandant sa tête avec rage, et ne parlant que de *l'écharper et de le mettre en morceaux*. On cite cet horrible propos de l'un des habitants de Digne : « *Si nous pouvons nous emparer de*
« *M. Prestat, nous le mettrons sur une estrade, nous*
« *l'entourerons tous et il recevra de chacun de nous une*
« *balle.* »

« Quand la nuit fut venue, les insurgés se précipitèrent dans les auberges, se faisant donner ici à souper, là de l'argent par la violence et la menace, dévalisant également les bureaux de tabac et les cafés. Plusieurs établissements publics ont été littéralement mis au pillage. Un de nos correspondants nous écrit que la ville entière frémit encore d'épouvante à l'idée des malheurs qui auraient fondu sur elle si l'insurrection en fût restée maîtresse pendant vingt-quatre heures de plus. On parlait déjà d'arrêter les prêtres, de dépouiller les églises, et de partager entre les insurgés les jeunes femmes et les jeunes filles.

« Pendant toute la journée du lundi, on s'attendait à voir Digne mis à feu et à sang. Heureusement, les chefs des insurgés employèrent les premières heures de cette journée à organiser le gouvernement de l'insurrection. Ils se sont constitués en comité de résistance centrale correspondant avec des comités analogues d'arrondissements, de cantons et de communes.

« Un décret rendu par ce comité ordonne la suspension de tous les juges de paix et l'abolition des contributions indirectes. Tous les registres de cette administration ont été brûlés, et on a complété le pillage des bureaux de tabac en distribuant gratuitement tout ce qui était à l'entrepôt.

« Deux proclamations signées des noms suivants : Ch. Coste, Buisson, Escoffier, Aillaud de Volx, P. Aillaud, Guibert, Jourdan, Barneaud, ont été affichées.

« La première encourage les insurgés (1), la deuxième contient le décret dont nous venons de parler, ordonne dans chaque commune le désarmement de la gendarmerie, et redouble les excitations à la révolte.

---

(1) Voici la première proclamation:

« Le pacte fondamental vient d'être brutalement déchiré par celui qui avait juré de le respecter.

....

« Le peuple se rappelle que le vieil honneur français est sous sa sauvegarde et que la République et la Constitution ont été confiées à leur patriotisme.

« Citoyens, quand le peuple se lève, ce n'est pas la jacquerie qui s'organise, c'est l'ordre et la liberté qui reparaissent; quand le peuple se lève, c'est le juge qui appelle les traîtres à ses assises souveraines, c'est le maître qui reprend sa place. Rien n'est plus que lui.

« Quant à vous, citoyens des Basses-Alpes, qui tous avez abandonné vos foyers sans un regret, sans une tentation, au seul nom de devoir et de liberté, vous avez bien mérité de la Patrie. Elle le proclame, elle payera sa dette, nous nous en portons forts au nom de la République et de la Constitution. Votre œuvre est trop admirablement comprise, la justice et la liberté doivent seules vous y aider par leur toute-puissance accrue de toutes les forces que leur apporte et votre patriotisme et votre dévouement.

Le Comité de résistance:

Aillaud (de Volx), Aillaud (Pierre), Barneaud, Ch. Coste et Buisson.

Digne, imprimerie Repos.

« Nous croyons devoir rapporter, pour éclairer l'opinion publique sur les bandits et les pillards qui composaient cette horde démagogique, quelques-uns de leurs faits et de leurs ignobles propos. Ainsi, le sieur Coste fit publier dans les rues que tout individu qui ne se rendrait pas immédiatement à la mairie pour prendre les armes serait fusillé. Pendant la nuit, à la préfecture, les insurgés disaient : « Allons chez ceux qui sont dans leur lit et perçons-les de nos baïonnettes. »

« Le sieur Buisson, qui s'était donné le titre de préfet, disait dans sa jactance ridicule : « Le préfet des Basses-Alpes ne venge pas les injures de Buisson, liquoriste. » Malgré cela il ordonnait de poursuivre le procureur de la République, M. Prestat, et de le *fusiller* partout où on le trouverait.

« A défaut de cartouches, le sieur Coste engageait à charger les fusils avec des pierres et des têtes de clous.

« On comprend quel effroi devait régner dans la ville. On ne saurait peindre, lisons-nous dans une des lettres que nous avons reçues, tout ce qu'il y avait d'horrible, de sinistre et d'ignoble dans cette invasion de 6,000 insurgés en blouse, ayant des armes de toutes sortes, portant des cravates, des ceintures et des bonnets rouges, vociférant dans les rues les cris les plus monstrueux, hurlant la *Marseillaise*, et brûlant sur le boulevard les registres des contributions indirectes en se livrant aux démonstrations les plus sauvages.

« La population était dans une anxiété terrible, lorsque dans la journée du lundi on apprit que les troupes arrivaient au secours de Digne. Les 6,000 insurgés partirent aussitôt pour aller à leur rencontre ; mais la désertion ne tarda pas à se mettre dans les rangs de cette phalange.

« De 6,000, la colonne des insurgés fut bientôt réduite à 2,000, qui se dispersèrent au premier feu qu'ils eurent à essuyer de la troupe : c'est aux Mées qu'a eu lieu cette rencontre.

« Coste, Buisson et autres chefs de la révolte se sont dirigés vers la frontière. »

Il faut bien le reconnaître, le ridicule, dans ce récit, le

dispute à l'odieux et au mensonge. Quel crime, en effet, de porter des ceintures rouges et de chanter la *Marseillaise!* Ce fut à la suite de l'annonce de ces faits que le ministre de l'intérieur fit au au président de la République le rapport suivant :

Paris, le 9 décembre 1851.

« Monsieur le Président,

« Des bandes armées ont parcouru le département des Basses-Alpes et appelé la population à la révolte. Des attentats ont été commis à force ouverte, et la sécurité des propriétés et des personne a été gravement compromise.

« Le gouvernement a pris des mesures pour comprimer les séditieux et les réduire à l'impuissance. En attendant, la situation que je signale constitue l'état de péril imminent prévu par la loi du 9 août 1849 ; elle réclame l'emploi de mesures promptes et vigoureuses. En conséquence, j'ai l'honneur de vous soumettre un décret qui a pour objet de déclarer la mise en état de siége du département des Basses-Alpes.

« *Le Ministre de l'intérieur,*
« A. de Morny. »

Un décret conforme fut rendu à la même date.
M. de Morny, ministre de l'intérieur, disait, le 2 décembre 1851, à des représentants : « Vous pouvez faire ce que vous voudrez ; mais je vous préviens que pas un de ceux qui dérangeront les pavés ne les remettra en place.
— Ils seront donc bien timorés ?
— Ils seront morts. »
On sait que pour Paris, la menace ne fut pas vaine ; il en devait être de même pour les départements où se manifesteraient des symptômes d'insurrection.
Les départements insurgés furent mis en état de siége,

et soumis par conséquent à l'autorité militaire ; chacun de ces départements eut donc pour commandant un général qui devait agir d'après les instructions les plus rigoureuses. Presque tous s'y conformèrent ; mais M. le général Chadeysson, auquel échut le commandement des Basses-Alpes refusa de l'accepter. Il fut, pour ce fait, mis à la retraite.

Voyons maintenant la vérité sur l'insurrection de Digne. Nous n'avons vu, plus haut, que le revers de la médaille ; en voici la face :

Digne, depuis deux jours, était sans nouvelles de Paris. Des colonnes d'insurgés s'emparaient de toutes les dépêches. On savait pourtant que des symptômes d'insurrection s'étaient manifestés dans les communes voisines.

Le 4 décembre, une agitation assez vive se produisit ; l'autorité se tint ferme, et M. Cotte, homme très-influent, et plusieurs de ses amis furent arrêtés ; mais le 5, dès le matin, les autorités furent débordées. De Paris on ne savait rien ; on ignorait aussi ce qui se passait à Lyon, à Marseille.

Cette absence de nouvelles donna lieu aux bruits les plus alarmants : On crut à une insurrection générale, et les démocrates, forts de leur nombre, formant une majorité imposante, demandèrent hautement la mise en liberté des personnes arrêtées la veille, ce qu'ils obtinrent après un semblant de résistance de la part de l'autorité qui, depuis deux jours, s'effaçait, doucement et sagement, devant la puissance populaire. Cette autorité voulut néanmoins faire mine de résistance contre l'insurrection qui s'étendait dans les communes environnantes, et le 7 au matin, le bataillon d'infanterie qui formait la garnison de Digne, se mit en marche vers Malijay, point de réunion de tous les insurgés du département.

Malijay, simple village, avait, dans ces circonstances, une importance exceptionnelle : là se joignent la Durance et la Bléonne, et se croisent les principales routes départementales ; c'était donc un point de réunion tout naturel pour les insurgés des campagnes, de sorte que le bataillon d'infanterie venant de Digne, se trouva presque enveloppé de toutes parts par les insurgés. La troupe fit néanmoins bonne contenance, et put revenir à Digne sans être inquiétée par les insurgés, qui auraient pu l'anéantir.

M. Dunoyer, préfet des Basses-Alpes, avait conscience de sa position ; il jugeait la résistance impossible ; cependant, pour savoir positivement à quoi s'en tenir, il voulut passer en revue sa petite garnison et la garde nationale de son chef-lieu : les soldats se montrèrent calmes ; mais la garde nationale, que la raison disciplinaire ne retenait point, se donna carrière, et dans ses rangs éclatèrent les cris de : Vive la République ! vive la Constitution ! A bas le dictateur !

Comprenant toute la gravité de la situation, le préfet assembla un conseil de guerre et proposa de se défendre jusqu'à la dernière extrémité contre les insurgés, dont les colonnes s'avançaient des quatre points cardinaux. Le commandant de la garnison eut heureusement plus de sang-froid, et il déclara que la troupe resterait dans la caserne et ne prendrait les armes que si elle était attaquée. Dès ce moment, le préfet et le procureur de la République, M. Prestat, ne se croyant plus en sûreté, quittèrent la ville où *malgré*, ou peut-être à *cause* de leur absence, le calme le plus profond ne cessa de régner.

Cependant les insurgés de toutes les communes du département se dirigeaient sur le chef-lieu ; réunis à Malijay au nombre de près de dix mille, ils marchèrent en bon ordre, et ce fut en chantant la *Marseillaise* que le 8, à quatre heures du matin, ils entrèrent tambour battant dans la ville de Digne encore endormie, qui, à son réveil, fit à ses nouveaux hôtes le meilleur accueil. Il est vrai que la conduite de ces derniers était tout à fait exemplaire ; ils se sentaient en pays ami, et c'était en amis qu'ils s'y montraient.

Loin de nuire au bon ordre, l'absence des autorités le rendit plus facile : On forma d'abord un comité de résistance investi de pleins pouvoirs, puis, on chercha à s'entendre avec la force armée. Cela fut facile : les quarante gendarmes réunis à Digne avaient eu le bon esprit de rester chez eux pour ne pas provoquer de conflit, et il fut permis à l'officier qui les commandait de conserver son épée.

Le commandant de la garnison se montra d'humeur moins facile : il ne voulut pas d'une convention verbale et n'accepta qu'une capitulation en règle, permettant à sa troupe de conserver ses armes, et stipulant une neutralité de vingt jours. Il fit aussi quelque difficulté pour remettre au comité les fonds de l'Etat qui avaient été déposés à la caserne ; mais enfin il fit cette remise, et il consentit même à partager avec les insurgés les munitions de guerre qui étaient à sa disposition.

Pendant deux jours entiers les insurgés furent maîtres absolus de la ville de Digne, et malgré l'encombrement dans cette petite localité par huit ou neuf mille hommes en armes, pas une plainte ne s'éleva contre eux. Le comité central de résistance montra autant de prudence que d'activité, sans qu'aucun de ses actes fût hostile aux populations du département, et il n'est pas une des mesures prises par ce comité insurrectionnel, disposant de forces imposantes, qui mérita le blâme des honnêtes gens. Voici un aperçu des mesures prises par ces hommes tant calomniés.

Il fut décrété sur-le-champ par ce comité central qu'un comité de résistance, composé de trois membres, serait établi dans le chef-lieu de chaque arrondissement, dans les chefs-lieux de canton et même dans toutes les communes, pour remplacer les municipalités déclarées dissoutes. Les juges de paix furent tous révoqués, et l'élection de leurs successeurs dut être soumise au suffrage universel. Les comités cantonaux et communaux avaient pour mission spéciale de faire arrêter et juger avec la plus grande sévérité tous les individus accusés de meurtre, vol, pillage, etc. ; ils devaient aussi prendre toutes les mesures nécessaires pour assurer la subsistance des habitants pauvres, et surtout des familles qui avaient quelques-uns de leurs membres sous les armes, pour la défense des lois. L'impôt sur les boissons fut aboli, et l'ensemble de ces mesures fut jugée si favorablement par les habitants de Digne, qu'une adresse d'adhésion aux actes du comité de résistance fut signée par plusieurs centaines des plus notables habitants de la ville.

Tous ces faits, qui sont de notoriété publique, n'empêchaient pas les journaux favorables au coup d'État de se livrer, envers les insurgés, aux calomnies les plus odieuses ; ainsi on lisait, dans la *Gazette du Midi*, journal de Marseille :

« A Digne, les insurgés avaient, comme on le sait, commencé par mettre la main sur les caisses publiques ; mais les dépositaires de ces fonds avaient vu venir le danger de loin ; ils n'ont livré aux pillards que des sommes insignifiantes, en prétextant des versements tout récents aux caisses centrales. Un des chefs eut alors l'idée de rançonner une dame qui passait pour avoir beaucoup d'argent chez elle. Il se fit délivrer une somme de 1,000 francs contre un reçu signé de son nom. Quand la ville a été délivrée, un peu avant l'entrée des troupes, la femme de ce chef s'est empressée de rendre les 1,000 francs à la dame, qui devait en avoir déjà fait son deuil ; c'était pour retirer le reçu, qui aurait étrangement compromis son mari dans la supposition d'un procès auquel il lui sera difficile d'échapper.

« On cite la belle conduite des gens attachés à la préfecture. Aucune menace n'a pu leur faire révéler le lieu de sûreté dans lequel M. le préfet Dunoyer s'était dérobé aux violences révolutionnaires et à l'assassinat que rendait probable le traitement fait au sous-préfet de Forcalquier. On a mis à ces braves gens la baïonnette sur la poitrine sans pouvoir les faire parler. C'est également au péril de leur vie qu'ils ont sauvé toute l'argenterie de la préfecture. Les insurgés n'ont pu que briser la porcelaine et boire tout le vin. Ils ont, de plus, rompu toutes les barriques et huit cents bouteilles. On a brûlé en public le mobilier de la préfecture. »

Le journal la *Patrie* renchérissait encore sur ces calomnies :

« Les chefs des bandes qui ont répandu la terreur dans le département des Basses-Alpes, lisait-on dans cette feuille bien pensante, ont presque tous gagné la frontière du Piémont.

« L'un d'eux, le sieur Fabre, banqueroutier, escroc et repris de justice, s'étant acharné à poursuivre à travers les neiges, jusque dans le département des Hautes-Alpes, quelques-uns des honorables habitants de Digne qui fuyaient devant l'invasion, a été arrêté, écroué dans les prisons d'Embrun et mis au secret. Il a été trouvé nanti de pièces curieuses, émanées de la junte révolutionnaire des Basses-Alpes (1).

« Un autre chef de bande, le sieur Aillaud de Volx, ancien garde général des forêts, a ramené dans l'arrondissement de Forcalquier quelques-uns des scélérats qu'il avait conduits à Digne. Il leur a livré le canton de Saint-Étienne, qui a été mis au pillage; on a brûlé l'étude de M. Tardieu, notaire, et on a violé les femmes de quelques principaux habitants.

« C'est un dédommagement des vengeances qu'on n'avait pas eu le temps d'exercer à Digne, où le comité révolutionnaire, déconcerté par les dépêches de Paris, a retardé jusqu'au dernier moment la publication des listes dressées pour le pillage et l'assassinat.

« Ce qu'il y a de plus déplorable, c'est que ces bandes ont trouvé des complices et quelquefois des chefs dans les personnes mêmes qui semblaient avoir le plus d'intérêt à repousser leur invasion.

« On assure qu'à Digne un ancien membre de l'assemblée constituante a offert ses services aux émeutiers; que, exclu par eux du commandement, il s'est satisfait en envoyant ses fils au sac de la préfecture, et en dirigeant ensuite de sa personne quelques-uns des bandits qui avaient rempli la ville (2).

« Le fils du percepteur de Digne, s'étant mis de la partie, a contraint son vieux père à livrer 1,300 francs à une bande dont il s'était fait le capitaine. On va même jusqu'à dire que, dans un des arrondissements, le prési-

---

(1) Baumé, typographe, l'un des commandants de la garde nationale pendant l'insurrection, ayant été obligé de prendre la fuite voulut passer la montagne; il se perdit dans les neiges, épuisé de fatigue, il tomba et devint la proie des loups; son caban que l'on trouva plus tard indiquait l'endroit où il avait péri.

(2) M. Corroson, juge au tribunal de Forcalquier, adhéra à la résistance.

dent du tribunal s'est mis d'accord avec les insurgés qui avaient emprisonné toutes les autres autorités et volé les caisses, et qu'il a soutenu de ses encouragements ce gouvernement de pillards (1).

« Le maire de Digne, dont les concessions inopportunes avaient affaibli l'action de l'autorité au commencement de la révolte, a montré, tant qu'elle a duré, un courage dont tout le monde s'accorde à faire l'éloge. Après avoir été obligé de résigner ses fonctions, il n'a pas quitté la ville ; il en a protégé les habitants avec une résolution qui a souvent fait tourner sur sa poitrine les fusils des insurgés.

« Après leur départ, il a repris ses fonctions et a pourvu à la défense de la ville, au milieu des alarmes sans cesse renouvelées que causait l'approche des bandes refoulées du département du Var sur celui des Basses-Alpes. »

A Sisteron, à Folcarquier, chefs-lieux d'arrondissement, les choses se passèrent à peu près comme à Digne : les insurgés n'éprouvèrent pas de résistance. A Barcelonnette, le comité de résistance se forma dans la nuit du 6 au 7 ; il se composait du libraire André, de Gastinel et de Pascal Buff, tous républicains énergiques qui, cette nuit même, emprisonnèrent les autorités et désarmèrent les gendarmes et les douaniers. La *Patrie*, avec sa bonne foi ordinaire, raconte ainsi cet événement :

« C'est dans la nuit du dimanche au lundi que quatre-vingts hommes armés ont arrêté le courrier porteur des dépêches pour Barcelonnette, et, après avoir pris les lettres, ont désarmé la gendarmerie et emprisonné les autorités. Le lundi, la ville de Barcelonnette s'est ré-

---

(1) C'est probablement de MM. Latel, vice-président du tribunal de Digne, et Colomb, président du tribunal de Barcelonnette, dont veut ici parler le rédacteur de la *Patrie*. Ces deux honorables magistrats furent expulsés du territoire français et « on leur signifia que s'ils rentraient en France, on les considérerait comme ayant rompu leur ban et qu'on les transporterait à Cayenne. » (*Mémorial d'Aix.*)

veillée en proie à la terreur. Un comité de salut public à été organisé par les insurgés. Son premier acte fut d'envoyer puiser à la caisse du receveur particulier, et, sur son refus de livrer l'argent, les portes de la recette furent enfoncées et le contenu de la caisse entièrement pillé.

« Par un décret émané de ce comité révolutionnaire, tous les impôts furent abolis. Les insurgés ont voulu faire signer à tous les fonctionnaires un appel à l'insurrection. Enfin, pendant plusieurs jours, Barcelonnette fut entièrement au pouvoir de ces bandits.

« Quelques bons citoyens, indignés de la lâcheté des habitants qui se laissaient ainsi opprimer par une poignée de misérables, se réunirent pour organiser la résistance dans les campagnes voisines. Le maire de la commune de Saint-Paul et les notables habitants de la petite ville de Saussiers secondèrent ce mouvement avec énergie. Trois à quatre cents hommes déterminés arrivèrent jusqu'aux portes de Barcelonnette, mais ils furent obligés de rétrograder pour ne pas exposer les prisonniers, qui auraient été infailliblement égorgés si la colonne avait continué à s'avancer.

« Le comité révolutionnaire demeura ainsi maître de la ville par la terreur jusqu'au moment où il apprit l'arrivée des troupes envoyées contre les insurgés, qui, aussitôt, disparurent plus rapidement qu'ils n'étaient venus. Quelques-uns de leurs chefs sont entre les mains de la justice; mais, malheureusement, un grand nombre a pu s'échapper. »

Forcalquier. — Cette ville, et même le département des Basses-Alpes, s'il faut s'en rapporter à la déposition de M. Paillard, son sous-préfet, étaient toujours restés étrangers aux affaires publiques; le département était sous l'influence d'idées religieuses qui depuis s'effacèrent complétement; aussi, aux élections de 1849, ce ne furent ni Napoléon ni Cavaignac qui eurent la majorité, ce fut Ledru-Rollin (1).

---

(1) C'est dans le compte rendu du procès Tourniaire, publié dans le journal le *Droit*, que nous avons puisé les éléments de cet article.

A partir de ce moment, le sous-préfet (il l'a dit dans sa déposition devant le conseil de guerre, procès Tourniaire) chercha par prévision à réveiller le courage de la bourgeoisie, et travailla à organiser, en cas d'événement, une garde nationale secrète sur laquelle il pût compter. Ces mesures étaient connues dans le parti républicain.

Le 3 au soir, le sous-préfet recevait deux dépêches; l'une était sa nomination à la sous-préfecture de Dunkerque, et l'autre lui ordonnait de partir immédiatement. Deux heures après, une estafette lui apportait la nouvelle des événements.

« Je savais, dit-il, ce qui m'attendait en restant à Forcalquier; j'y restai. Un détachement du 25e, composé de recrues, se trouvait accidentellement à Forcalquier; je comptais sur la fidélité de ces jeunes soldats, et j'engageai le capitaine à ne pas continuer sa route; puis je me transportai aux environs avec M. Paulmier, le seul fonctionnaire auquel je pusse confier mes dépêches.

« A sept heures du soir, le courrier apporta des nouvelles; je fis alors connaître la nomination qui m'appelait à Dunkerque, et, en présence de dangers qui m'attendaient, on me pressa de quitter la ville; je refusai.

« A dix heures, je reçus la nouvelle de l'agitation des communes environnantes; une bande s'organisait à Mane, en disant qu'on jetterait à bas la tête du sous-préfet et de M. Despieds, avocat à Forcalquier.

« Vers onze heures, nous apprenions que les chefs de l'insurrection étaient réunis dans une campagne appartenant à M. Morel; je m'y portai à l'instant avec M. le substitut et six hommes du 25e de ligne. Les soldats étaient pleins d'ardeur; ils escaladèrent les murs, et à la faveur du clair de lune nous vîmes les conspirateurs s'enfuir dans différentes directions. Cependant on s'empara de M. Morel et une instruction fut dirigée contre lui. Le 5, à 5 heures du matin, la troupe pour laquelle je n'avais pu obtenir des ordres, partit, malgré nos demandes réitérées, pour continuer sa route; je cherchai alors à réunir les personnes sur lesquelles je croyais pouvoir compter, et vers neuf heures nous étions trente-quatre hommes à la sous-préfecture.

« À dix heures environ, nous nous séparâmes en présence de la tranquillité de la ville; mais à onze heures on signala des bandes d'hommes armés se dirigeant sur Forcalquier; tous les villages entre Forcalquier et Sisteron marchaient sur la ville. Les gendarmes que j'avais mandés ne paraissaient pas; ils étaient prisonniers. J'étais presque seul avec M. Paulmier, lorsqu'une avant-garde d'environ cent hommes, presque tous gens de Manosque, déboucha sur la place de la Sous-Préfecture, précédant une colonne d'environ mille hommes. Je fis aussitôt barricader la sous-préfecture et je revêtis mon uniforme, décidé à défendre mon drapeau jusqu'à la mort.

« Au moment où je me mis au balcon de la maison, cette avant-garde, parfaitement armée, défilait sur la place; Escoffier, qui seul était à cheval, cria:

« Montagnards, halte! » et la troupe se mit en bataille devant moi. Escoffier me dit alors:

« La Constitution est violée, l'insurrection est un devoir pour tous, et vos pouvoirs sont finis. »

« Je voulus prendre la parole, mais en un instant ma voix fut couverte par des clameurs; je voulus faire comprendre à tous ces gens qu'on les trompait, que la République était maintenue, et que le prince faisait un appel au peuple.

« A tout cela, on criait: Rendez-vous, résignez vos pouvoirs! C'est à ce moment que je fus couché en joue par plusieurs hommes: j'ouvris les deux bras en leur disant:
« Tirez, si vous êtes des assassins. »

« Buisson s'avança et releva les fusils; mais peu d'instants après, la même scène recommença, et M. Paulmier m'engagea à rentrer.

« Escoffier me cria:

« Le peuple vous ordonne de descendre!

« On me menaçait d'enfoncer la porte. Sur mon refus, on commença à la frapper à coups de hache et de crosse de fusil.

« Cessant alors une résistance inutile, je dis à ceux qui m'entouraient: « C'est à moi qu'on en veut, et j'y vais. » A peine descendu, je fus entouré par cette lie de la population de Manosque dont le signe caractéristique consistait en rubans rouges attachés à la coiffure. Escoffier, descendu de cheval, me dit :

« Vous êtes notre prisonnier ; à votre tour maintenant à aller à Nouka-Hiva ! »

« A ce moment, je reçus les premiers coups de crosse, et, peu après, trois coups de sabre sur la tête ; je crus trois fois avoir le crâne ouvert, et trois fois mon chapeau porta les trois empreintes. Enfin, je reçus un grand coup que je pris pour un coup de baïonnette et je fléchis sous moi. Je m'adressai à un des hommes qui m'entouraient et lui reprochai cette barbarie ; il s'élança aussitôt entre les assassins et moi, et je crois même qu'il a été blessé au doigt (1) ; je pus marcher jusqu'à la maison, et là, les forces me manquant, M. le docteur Savy fut appelé.

« M. Paulmier, arrêté de son côté, me rejoignit alors et nous fûmes conduits ensemble à la maison d'arrêt. Là je trouvai un charron, le nommé Godefroid, qui, après s'être montré un des plus exaltés, s'est mis à verser des larmes en voyant mon état.

« Je demandai à M. Savy si la blessure était mortelle ; il ne put me répondre. Soudain un bruit se répandit que les troupes revenaient. Escoffier se mit en marche avec sa bande ; mais à peine était-il parti, que, malgré Godefroid qui s'était constitué mon défenseur, cette avant-garde de Manosque força la prison. Dans cette troupe je remarquai un jeune homme en proie à la plus vive exaltation ; il était vêtu d'une blouse blanche, et portait à sa casquette un ruban rouge ; il brandissait son sabre autour de moi ; sa figure me frappa.

« On voulut nous obliger de suivre la colonne des insurgés ; baigné dans mon sang je ne pouvais pas. Il le faut, disait-on, en me mettant la baïonnette sur la poitrine ; un des hommes qui nous conduisait et qui avait pris des menottes à la prison, voulut nous les mettre.

---

(1) Ce fut le citoyen Escerlin qui s'interposa entre les furieux et le sous-préfet.

Mais on y renonça, sous la condition que M. Paulmier les porterait à la main. On disait à Godefroid :

« Tu as beau faire et beau dire, il aura la corde au cou, et c'est toi qui la tireras. »

« M. Paulmier leur demandait d'abréger notre supplice et de nous fusiller tout de suite.

« Arrivés à l'embranchement de la route de Manosque, Escoffier nous rejoignit à cheval; on lui dit que je mourrais s'il ne voulait rien soustraire à ces traitements; il me fit monter sur son cheval et je pus aller jusqu'à une ferme où je perdis connaissance. Lorsque je revins à moi, M. Paulmier et M. Duval étaient à mes côtés, nous étions entourés d'hommes armés; enfin, je fus mis sur un tombereau, et nous repartîmes escortés d'un millier d'hommes qui criaient :

« On le tuera ! »

Le récit de M. Paillard, que nous venons de donner, ayant été fait sous la foi du serment, nous ne nous permettrons pas de la faire suivre d'aucune espèce de réflexion.

Les bandes qui entouraient la charrette, c'est M. Paulmier qui le raconte dans sa déposition, chantaient en chœur une chanson dont le refrain était :

> Braves montagnards,
> Nous pendrons le Paillard.

Les insurgés revinrent à Forcalquier, et le lendemain, le sous-préfet, grâce à l'aide de M. Duval, ingénieur, de M. Paulmier, de M. Devaulz, sous-lieutenant du 21ᵉ de ligne en congé et probablement du consentement des chefs des insurgés qui fermèrent les yeux, put prendre la fuite (1).

---

(1) Le conseil de guerre, séant à Marseille, après avoir entendu, dans son audience du 28 avril, le réquisitoire de M. le commandant Carpentin et la défense présentée par Mᵉ Gilly, déclara l'accusé Tourniaire coupable d'avoir frappé un magistrat dans l'exercice de ses fonctions, mais sans intention de lui donner la mort et le condamna à cinq années de réclusion.

Le colonel de Sercey, que le général Hecquet avait envoyé de Marseille, avec mission de prendre le commandement supérieur de toutes les colonnes d'opération, et de ne reculer devant aucune mesure de rigueur pour rétablir l'ordre et reconstituer les autorités légales, marcha sur les Basses-Alpes, en *nettoyant* la partie du Var qui avoisine ce département (1). En y entrant, il apprit que le colonel Parson manquant de forces pour enlever la position des Mées, avait été obligé de revenir sur ses pas. « L'insurrection, il le reconnaît lui-même, était organisée militairement sous des chefs déterminés, les municipalités étaient dissoutes et les routes interceptées. »

Arrivé à Digne, il apprit les événements de Forcalquier. Il envoya immédiatement sur cette ville M. le commandant Foley, à la tête de deux compagnies d'élite du 10ᵉ léger pour aviser au rétablissement de l'ordre et de marcher au secours des autorités qui pouvaient encore être au pouvoir des insurgés; dans la prévision de la mort de M. le sous-préfet Paillard, dont le bruit public apportait la nouvelle, il donnait à M. le commandant Foley la mission d'instituer, comme sous-préfet provisoire, M. Ravoux, avocat de Marseille, qui marchait avec la colonne.

Le chef de bataillon Foley, en arrivant à Forcalquier, installa le sous-préfet intérimaire; les autorités étaient plongées dans le plus profond abattement : le maire, dit-il, donna sa démission et refusa son assistance même pour assurer des vivres à la troupe ; la ville était encore sous la pression de l'insurrection. Des troupes furent dirigées sur les diverses routes pour traquer les fuyards ; on désarma des villages, etc.

Castellane. — Dans ce chef-lieu d'arrondissement les insurgés ne furent pas heureux dans leur tentative : Voici, d'après le *Constitutionnel*, comment les choses s'y passèrent :

---

(1) Extrait de la déposition de cet officier supérieur devant le conseil de guerre de Marseille.

« La ville de Castellane, menacée de deux invasions d'insurgés venant de Digne et du Var, a échappé miraculeusement à ce fléau.

« Des émissaires étrangers répandaient à profusion des proclamations incendiaires faisant appel aux mauvaises passions et excitant à la rébellion. La démagogie de la localité s'agitait: ses chefs péroraient dans des groupes animés.

« On voulait que le sous-préfet, M. Servatius, abandonnât ses fonctions et ne fît pas de défense: c'était l'avis du conseil municipal, qui s'était déclaré en permanence.

« Voyant qu'il était impossible de compter sur la population (dont la majorité cependant est composée d'honnêtes gens), le sous-préfet concentra à la sous-préfecture les trois brigades de gendarmerie réunies au chef-lieu. Sous-préfet et gendarmes se barricadèrent, décidés à ne pas se rendre.

« Alors, pour terrifier la démagogie, le sous-préfet fit transporter dans son appartement les vingt tonneaux de poudre qui étaient en dépôt à la poudrière. Cette mesure ralentit l'ardeur des socialistes du lieu, qui entretenaient de continuelles intelligences avec les insurgés de Barème, l'un des cantons de l'arrondissement de Digne.

« Le sous-préfet et les gendarmes restèrent pendant huit jours sans nouvelles du dehors.

« Les troupes arrivant sur Digne ont fait rentrer l'arrondissement dans son calme ordinaire.

« Plusieurs arrestations de démagogues étrangers au pays ont été faites. Il y a eu des chefs arrêtés.

« La gendarmerie à la disposition du sous-préfet, exténuée par un service de jour de nuit, a été admirable de dévouement. C'est grâce à elle que la ville de Castellane a été préservée de la jacquerie exercée si cruellement dans le Var. »

D'autres faits plus ou moins importants qui se passèrent dans diverses communes de ce département, furent de même dénaturés par les journaux réactionnaires, parmi lesquels la *Gazette du Midi* se faisait particulièrement remarquer. A en croire ces prétendus soutiens de l'autel et du trône, partout sur leur passage les insurgés auraient semé la terreur. Parlant d'abord de la commune d'Aups (1), cette feuille dit : « Trois mille socialistes qui l'ont occupée l'ont frappée d'une contribution de 100,000 francs, exigée sur-le-champ. Pour en activer le recouvrement, les brigands se partageaient en groupes de quinze à vingt, et allaient rançonner les habitants à domicile ; ils étaient armés et faisaient taire toutes les résistances par la menace d'une fusillade sur place. Souvent, pour surcroît d'infamie, les pillards exerçaient ces violences dans les maisons déjà visitées et pillées par d'autres misérables.

« A Lorgues, l'invasion eut lieu en plein jubilé, au moment où la population, si morale et si paisible de cette jolie petite ville, se pressait autour de la chaire chrétienne.

« A Salernes, après avoir épuisé toutes les ressources alimentaires que les habitants possédaient dans leurs maisons, les insurgés firent main basse sur les troupeaux de moutons, sur les bœufs, sur les oiseaux de basse-cour. On fit dételer plusieurs bœufs pour les tuer.

« Dans ce même village, on vit sur le champ de foire six prêtres prisonniers, entourés d'une garde de bandits. On avait forcé ces malheureux prêtres à tenir dans leurs mains chacun un petit drapeau rouge. »

Ces assertions ne furent plus soutenues une fois le troubles terminés.

Mais voici un arrêté rendu par l'autorité militaire, et pour lequel nous voudrions en dire autant :

« Considérant qu'à la suite de l'insurrection qui a éclaté dans le département des Basses-Alpes, les principaux coupables du pillage des caisses publiques et des propriétés de l'État, ainsi que les chefs de l'insurrection armée, se sont dérobés par la fuite à la juste vengeance des lois ;

---

(1) Voir, pour Aups, Lorgues et Salernes, l'article concernant le département du Var.

« Considérant dès lors qu'il importe de prendre toutes les mesures nécessaires pour placer sous la main de la justice les auteurs de ces crimes, arrêtons :

« Art. 1er. Dans le délai de trois jours à partir de la publication du présent arrêté, des garnisaires seront placés chez tous les individus qui auront pris la fuite par suite de l'insurrection et qui n'ont pas satisfait aux mandats de justice décernés contre eux. Ces garnisaires resteront à leur charge jusqu'à ce qu'ils aient obéi à la loi.

« Art. 2. Dans le délai de dix jours, les biens de ces inculpés en fuite seront séquestrés et administrés par le directeur des domaines du département des Basses-Alpes, conformément aux lois civiles et militaires.

« Art. 3. Les magistrats des parquets s'entendront avec les magistrats instructeurs pour transmettre, sans aucun retard, à l'autorité militaire la liste des inculpés en fuite.

« Art. 4. Tout individu qui sera convaincu d'avoir fourni des secours en vivres ou en argent à un insurgé, ou de lui avoir donné asile chez lui, sera considéré comme complice de l'insurrection, et, en cette qualité, sera poursuivi, arrêté et puni avec toute la rigueur des lois qui régissent l'état de siége.

« FRIRION. »

Les insurgés étaient entièrement maîtres du département ; mais leur enthousiasme ne devait pas tarder à se refroidir ; les nouvelles les plus désastreuses pour l'insurrection arrivaient incessamment au Comité de résistance. On sut bientôt que le calme était établi à Paris, que le coup d'État avait eu tout le succès qu'en pouvaient espérer ses auteurs, et que des forces considérables étaient envoyées sur tous les points où l'insurrection s'était manifestée. Pourtant les hommes de cœur qui s'étaient mis à la tête du mouvement ne songeaient pas à déserter la cause de la démocratie après avoir affirmé si résolûment leurs convictions, et, sans espérer de vaincre, ils se préparèrent à combattre. Des troupes envoyées contre eux, celles parties de Marseille, étaient les plus menaçantes; elles se composaient du 14e léger, commandé par le colonel Parson, et d'un certain nombre de gendarmes. Le Conseil de guerre assemblé décida qu'on ferait face à cette colonne avec le tiers environ des soldats de l'insurrection dont le nombre dépassait encore huit mille, et que les deux autres tiers marcheraient ensuite successivement à la rencontre des bataillons envoyés de plusieurs points, entre autres de Gap, où le préfet Dunoyer s'était mis à la tête d'un millier de soldats appelés de divers points. Une proclamation rédigée dans ce sens fut parfaitement accueillie; ce fut avec autant d'ardeur que de confiance que la petite armée insurrectionnelle prit les armes; les membres du Comité, Aillaud (de Volx), Gustave Bourdon, Cotte, Escoffier, Buisson se mirent en tête de la colonne expéditionnaire, et l'on se mit en marche au bruit des tambours et au chant de *la Marseillaise*.

En même temps que le colonel Parson, du 14e léger, s'avançait sur Digne en suivant la rive gauche de la Durance, les colonels Sercey et Vinoy, ayant chacun un bataillon sous leurs ordres, marchaient vers le même point, à travers les départements du Var et de Vaucluse. Dès ce moment, pour les insurgés, la résistance devenait à peu près impossible; pourtant, ils ne se découragèrent pas, et, partis le soir de Digne, par un froid des plus rigoureux, ce fut en bon ordre que, avant le jour, ils arrivèrent au bourg des Mées où, au nombre de six mille, ils prirent position. Des feux de bivouac furent allumés, et, malgré les fatigues de la nuit, ce fut de pied ferme qu'on attendit l'ennemi.

De son côté, le colonel Parson s'avançait résolûment, et, convaincu que ces bandes mal armées ne tiendraient pas devant la troupe de ligne, il n'hésita pas à commander l'attaque. C'est le mardi 8 décembre qu'eut lieu cette rencontre.

Contrairement à ses prévisions, les républicains firent bonne contenance, et répondirent coup pour coup à la fusillade dirigée contre eux. Le colonel, alors, lança sa troupe dans un défilé qui conduisait directement au bourg, dont il voulait s'emparer ; mais ce mouvement faillit lui coûter cher : maîtres des hauteurs, les républicains, qui avaient défendu pied à pied les abords du défilé, commencèrent un feu bien nourri contre les compagnies imprudemment engagées dans un chemin creux où elles ne pouvaient manœuvrer que difficilement et jetèrent le désordre dans leurs rangs ; vingt soldats, un capitaine et un sous-lieutenant tombèrent aux mains des insurgés. Les chefs de ces derniers tentèrent de profiter de ce succès pour faire cesser les hostilités ; ils envoyèrent au colonel Parson des parlementaires chargés de proposer un arrangement convenable ; mais le colonel, furieux de l'échec qu'il venait d'éprouver, ne voulut rien entendre, et, par son ordre, les parlementaires furent faits prisonniers. Les républicains auraient pu user de représailles ; quelques-uns, indignés de cette infraction aux lois de la guerre, parlèrent de fusiller les prisonniers qu'ils avaient faits ; heureusement les chefs, et particulièrement Aillaud (de Volx), un des plus influents, parvinrent à calmer les plus exaspérés, et les prisonniers furent respectés. De son côté, le colonel Parson se repentit d'avoir cédé à un mouvement de colère, et il relâcha les parlementaires qui purent rentrer au camp républicain.

Mieux inspiré qu'il ne l'avait été quelques heures auparavant, le colonel Parson battit en retraite, et se dirigea sur la petite ville de Vinon, faisant partie du département du Var, où il espérait faire sa jonction avec les forces envoyées de points divers. Les chefs républicains eurent un instant la pensée de poursuivre ce bataillon démoralisé par l'échec qu'il venait d'éprouver ; mais déjà le découragement commençait à se mettre dans les rangs de ces volontaires qui avaient montré tant d'ardeur. C'est que de toutes parts arrivaient des nouvelles désastreuses ; on savait maintenant que, à Paris et dans tous les grands centres de population, l'insurrection avait été comprimée, et que des forces imposantes étaient dirigées sur Digne. Bientôt les campagnards qui avaient pris les armes désertèrent en masse ; la continuation de la lutte devint impossible, et la petite armée insurrectionnelle, licenciée par ses chefs, se dispersa dans toutes les directions. Les membres du Comité de résistance restés à Digne suivirent cet exemple, et ils se séparèrent après avoir congédié les insurgés qui occupaient cette ville. Un seul de ces chefs, Aillaud (de Volx), le plus énergique de tous, et aussi le plus compromis, ne voulut pas poser les armes ; il choisit dans les débris des bandes insurgées trois cents hommes des mieux armés et des plus résolus qui consentirent à suivre sa fortune, et avec lesquels il se jeta dans les montagnes aux environs de Forcalquier.

Cependant le préfet des Basses-Alpes, M. Dunoyer, qui s'était réfugié à Gap, partait de cette ville le 9 décembre, à la tête d'un bataillon, pour reconquérir sa préfecture ; le 10, il arriva à Sisteron, surprit et fit arrêter les membres du Comité de résistance qui siégeaient à l'hôtel de ville ; puis il séjourna pendant vingt-quatre heures, après quoi il se remit en marche sur Digne où il fit son entrée le 12, au milieu du calme le plus profond. Rien n'avait été changé dans cette paisible cité, bien qu'occupée pendant plusieurs jours par une armée deux fois plus nombreuse que ses habitants. Peut-être les caves de la préfecture avaient-elles été mises quelque peu à contribution ; mais là se bornait le désastre, si peu important d'ailleurs, qu'il n'empêcha M. le préfet de traiter très-convenablement le lendemain, 13, les colonels Parson et Sercey, qui avaient opéré leur jonction et étaient arrivés sans coup férir au chef-lieu du département.

Donc, l'ordre régnait à Digne et aussi dans tout le reste du département, ce qui n'empêchait pas les journaux bien pensants d'enregistrer chaque matin les nouvelles les plus alarmantes. C'était surtout Aillaud (de Volx), resté, comme nous l'avons dit, à la tête de trois ou quatre cents insurgés, que ces honnêtes feuilles poursuivaient de leurs calomnies ; ils racontaient, par exemple, que ce chef de partisans et sa bande, après avoir passé vingt-quatre heures à Fontiennes, s'étaient emparés, de vive force, de la petite ville de Saint-Étienne-les-Orgues, l'avaient saccagée, pillée, et avaient violé les femmes de tous les habitants notables. Or, il n'y avait eu à Saint-Étienne-les-Orgues ni saccage, ni pillage, et les dames de cette pudibonde cité étaient demeurées parfaitement immaculées. Voici seulement ce qui était arrivé :

Un membre du Comité de résistance, de Forcalquier, se rendit, le 7, à Saint-Étienne, et voulut y faire afficher une proclamation républicaine. Le maire, M. Tardieu, s'y opposa, et déchira la proclamation. Le chef insurgé se retira; mais il revint le lendemain avec une escorte imposante, destitua le maire, renversa le conseil municipal et fit désarmer tous les habitants. Tout cela se fit sans la moindre violence; mais le maire avait des ennemis, entre autres deux misérables nommés Gendron et Chauvin qui, profitant de la circonstance, envahirent le domicile de ce magistrat qu'ils dévastèrent. Que fit le membre du Comité de résistance venu de Forcalquier ? Il accourut avec son escorte, s'empara des dévastateurs et donna l'ordre de les fusiller. Voilà comme les insurgés se livraient au vol, au pillage, etc.

Il est pourtant vrai que Aillaud (de Volx) (1) entra en armes à Saint-Étienne; il était à la tête de près de quatre cents hommes, ce qui lui permettait de commander en maître dans cette bourgade; eh bien, de l'aveu des principaux habitants, il ne demanda que des vivres et du bois, ce qui lui fut fourni abondamment, en reconnaissance de sa modération et de l'honnête conduite de

---

(1) Nous trouvons, dans le *Courrier de Marseille* du 21, la note suivante concernant Aillaud :

« Le bataillon du 36ᵉ de ligne en garnison dans l'arrondissement, commandé par le chef de bataillon, M. Millet, nous a rendu d'immenses services. C'est ce bataillon qui a fait presque toutes les expéditions nocturnes qui ont eu lieu contre les villages insurgés de Dauphin, de Saint-Mesme, de Mane, etc. Dans cette dernière localité, nos soldats ont failli prendre l'ancien garde général des eaux et forêts Aillaud, chef de l'insurrection. Averti à temps, ce forcené a pu se sauver, laissant entre les mains de la troupe son arsenal d'armes. Dans sa fuite, il était serré de si près, que le lieutenant Franck a fait feu sur lui, sans l'atteindre, car il était hors de la portée du fusil. Le fuyard est parvenu à gagner la lisière du bois où il s'est caché.

« D'un jour à l'autre, Aillaud ne peut manquer d'être pris par nos soldats qui cernent les bois et font des battues dans tous les sens. » (*Courrier de Marseille.*)

ses hommes. En réalité, il n'était question de pillage et d'exactions de toute sorte que dans les gazettes d'une certaine couleur. Calomnions, se disaient les Baziles, il en restera toujours quelque chose ; exemple :

« On écrit de Digne, 13 décembre. — Hier au soir, M. le préfet est entré à Digne avec deux compagnies. Aujourd'hui il vient d'arriver 1,500 hommes, une batterie et un détachement de hussards, à la tête desquels un colonel d'état-major et un colonel commandant chargé de l'état de siége. Nous voilà sous l'autorité militaire ; nous la regardons comme notre sauveur. Le désordre le plus hideux avait jeté l'épouvante dans cette ville. Pendant quatre jours les dépêches ont été ouvertes par les insurgés à l'hôtel de la préfecture. Un poste gardait l'entrée du bureau de la poste ; personne ne pouvait entrer sans être fouillé. Le 9, les pillards auraient donné le sac à la ville sans la nouvelle qu'un bataillon était dirigé sur Digne à marches forcées. »

Les pillards auraient donné le sac… Qui vous autorise à dire cela ? La vérité est qu'il n'y eut ni pillards ni pillage ; mais grand nombre de trembleurs aux yeux desquels la peur grossit singulièrement les objets.

« Le 21, on écrivait de Digne au *Courrier de Marseille*. — Barcelonnette, seul point où les insurgés tenaient encore, vient d'être réduit par M. le préfet Dunoyer, qui était parti de Digne le 14 au soir, avec une colonne mobile. Là comme partout, nos troupes ont fait preuve d'un élan et d'une vigueur admirables : aussi les socialistes n'ont pas tardé à lâcher prise. La pacification de notre département peut être considérée comme terminée, si ce n'est quelques opérations de détail que l'on poursuit dans les petites localités.

« Des colonnes mobiles dirigées par M. le sous-préfet, le substitut et M. Millet, commandant de l'état de siége, sont parties le 16 de Forcalquier pour purger les communes voisines des débris des bandes dispersées. Deux heures avant le jour, ces troupes ont cerné à l'improviste les villages du Dauphin et de Saint-Mesme. Des perquisitions ont été faites aussitôt, et vingt-cinq individus, chefs des contingents qui s'étaient portés sur le chef-lieu, ont été saisis.

« De nombreuses arrestations s'opèrent encore parmi les sectaires les plus ardents des sociétés secrètes dont ces pays étaient infestés. Ces hommes facilitent singulièrement l'instruction judiciaire par leurs dénonciations mutuelles qu'ils adressent à l'autorité avec un empressement des plus fraternels. L'enquête qui se poursuit avec la plus grande activité, sous l'impulsion du commandant de l'état de siége, promet de curieuses révélations sur l'infernale organisation révolutionnaire donnée depuis longtemps à ce département par Longomazino et Gent.

« A Saint-Étienne, la colonne du commandant Vinoy a fait également de bonnes prises ; huit individus pris les armes à la main furent fusillés sans désemparer. On traque avec vigueur les principaux insurgés jusque dans les bois. La montagne de Lure, où quelques débris des dernières bandes ont trouvé un refuge, est cernée de tous côtés, et il sera bientôt fait raison des factieux.

« Avec la sécurité, l'esprit public s'améliore sous l'influence des sages mesures prises par le sous-préfet intérimaire, le chef du parquet et le commandant militaire. »

Croirait-on que le comique pût trouver place à côté de ces scènes de désolation ? Cela pourtant se produisit ; lisez :

Marchant sur Digne à la tête d'un bataillon, le colonel Sercey arriva à Château-Arnoux. Son premier soin, à raison des événements, fut de mander le maire. On lui dit que le maire était parti à la tête des insurgés marchant sur Digne.

— Mais, dit-il, il y a bien un adjoint ?

— Parfaitement ; il y a un adjoint ; seulement l'adjoint est parti avec le maire.

— Qu'on m'amène donc le conseil municipal.

— Dam ! c'est que le conseil municipal a emboîté le pas à l'adjoint.

— Diable ! fit le colonel, il me faut pourtant quelqu'un qui me donne des vivres et des billets de logement.

Il lui fallait quelqu'un, mais il ne trouvait personne, lorsqu'il aperçut sur le front de bandière de sa troupe un monsieur d'assez bonne tournure; il le prend par le bras :

— Monsieur, lui dit-il, vous habitez ce pays?
— J'y suis né, Monsieur.
— Très-bien. Je vous nomme maire; vous allez entrer en fonctions sur-le-champ et nous donner vivres et logements.
— Mais s'il ne me plaît pas d'être maire?
— Vous le serez quand même...... Quatre hommes et un caporal; approchez : Vous voyez ce monsieur; je viens de le faire maire de cet endroit à l'effet d'obtenir des vivres et des lits.
— Mais, Monsieur, s'écria le magistrat malgré lui, je ne veux pas être maire !
— Très-bien ; mais moi je veux que vous le soyez, et si, dans dix minutes, vous n'en remplissez pas les fonctions, je vous fais fusiller.

Il n'y avait rien à répliquer à cela; M. le maire se le tint pour dit. Toutefois M. le colonel Sercey n'eut pas toujours le même succès : il vendit les fusils pris aux insurgés, — ce qu'on trouva bien, — mais il en garda l'argent, ce qu'on trouva mal, et fut condamné pour concussion : *Sic transit gloria mundi*.

Les journaux sont sobres de détails sur ce que devinrent les insurgés des Basses-Pyrénées. Aillaud (de Volx) fut arrêté à Marseille, au moment où il allait passer à l'étranger; un conseil de guerre l'envoya finir ses jours à Cayenne. Un prêtre, l'abbé Chassan, curé de Sainte-Croix, et qui s'était mis à la tête de ses paroissiens, fut forcé de se réfugier en Piémont; nous avons dit plus haut la triste fin de Baumé. Pour la masse, nous n'avons trouvé que cette mention dans le *Moniteur* du 14 mars :

« Mille insurgés des Basses-Alpes et condamnés à la déportation traversent par convoi de cent la ville de Brignoles. Ils sont dirigés sur Toulon où des navires les recevront pour les transporter à destination. »

Nous laissons à penser ce que dut être le chiffre des arrestations. Des villages furent dépeuplés; la terre demeura inculte faute de bras...

Qu'on ne nous accuse pas d'exagération; nous l'avons dit au début de ce livre, c'est avec le *Moniteur* seul que nous l'avons écrit; à propos de cette dépopulation des campagnes, on peut lire dans le *Moniteur*, page 154, année 1852, 1re colonne, 7e alinéa.

« On écrit de *Marseille*, le 24 janvier.—Il y a maintenant des communes du Var et des Basses-Alpes, où le nombre des insurgés, et par conséquent des incarcérés, est si considérable que les bras manquent pour les travaux des champs... Cela ne sera que momentané sans doute; mais provisoirement beaucoup de travaux restent suspendus. On voit même dans certaines propriétés les olives restées sur l'arbre, faute de bras pour les cueillir. Si l'on ajoute à la cessation du gain que le paysan apportait à sa famille les sacrifices de divers genres résultant de l'emprisonnement, on sera effrayé du total des misères que l'insurrection traîne à sa suite, alors qu'elle s'est généralisée. Pour comble de disgrâce, les familles des fugitifs viennent d'être soumises au régime des garnisaires; ainsi l'ordonne le général Levaillant, commandant l'état de siége dans le Var. Il est à croire que pareille mesure sera appliquée aux Basses-Alpes. »

Et maintenant viendra-t-on nous dire que nous avons exagéré la triste situation de ce département ?

ALPES (Hautes-).

Gap.

Gap. — Nous n'avons trouvé sur ce département que la note suivante publiée dans le *Moniteur* du 5. « Gap, 3 décembre.—Le chef-lieu est ému, mais l'ordre le plus parfait y règne. »

ARDÈCHE.

Largentière. — Privas. — Vals.

Ce département, qui avait donné une franche adhésion à la République, était loin d'être favorable au coup d'Etat. Cependant, avec leur aplomb accoutumé, les journaux officieux du coup d'Etat publiaient imperturbablement les dépêches suivantes :

Ardèche, 3 décembre. — L'ordre n'a pas été troublé dans le département.

Privas, 3 décembre, dix heures du soir. — Les actes du Gouvernement ont été bien accueillis; aucune discorde n'a éclaté ni n'éclatera.

Privas, 5 décembre, trois heures du soir. — Quelques troubles qui menaçaient de devenir graves ont éclaté à Privas. Ils ont été énergiquement réprimés, grâce à l'ardeur des troupes, de la gendarmerie, et au dévouement des autorités. Le calme est rétabli. Les adhésions se multiplient. Tous les autres points du département, Aubenas, Largentière, Annonay, Tournon, sont calmes.

Tout était donc pour le mieux dans le meilleur des départements possibles lorsqu'une indiscrétion d'un rédacteur du *Courrier de la Drôme* fit savoir aux Parisiens que le département n'avait pas accueilli sans une certaine protestation les événements accomplis à Paris ; cependant les explications étaient loin de jeter du jour sur les faits insurrectionnels, ainsi que nos lecteurs pourront s'en assurer en lisant la dépêche suivante :

« On n'a plus d'inquiétudes dans le département de l'Ardèche, quoique des bandes se montrent encore sur les bords du Rhône. Le préfet organise une colonne mobile, à la tête de laquelle il réprimera énergiquement ces dernières fermentations démagogiques. Les troupes sont pleines d'ardeur et de vigueur. Le reste du département est dans le plus grand calme. »

Comme nous aurons occasion de revenir sur les faits qui s'accomplirent dans ce département, lorsque nous serons à l'article *Drôme*, c'est à ce département que nous renvoyons nos lecteurs. Contentons-nous de dire ici qu'un nombre considérable de villages se soulevèrent : tels Saint-Léger, Cruas, Saint-Symphorien, etc. A Vals, les insurgés furent repoussés ; voici ce que nous trouvons au sujet de cette échauffourée :

« Dans la soirée du 6 décembre, le bruit courut à Vals que les Républicains s'avançaient du côté d'Antraigues pour marcher sur Vals et Aubenas (1). M. Jules Champanhet-Sargeas, maire de Vals, fit appel à l'énergie de la population de sa commune. Des armes furent délivrées ; à onze heures du soir la colonne fut signalée ; elle pouvait être composée de cinq cents hommes environ. Elle députa deux parlementaires, pour demander le passage dans la ville ; mais on les fit prisonniers, il en fut de même de deux autres. Les insurgés, voyant que la résistance était plus sérieuse qu'ils ne l'avaient pensé et que la population ne leur était pas favorable, prirent le parti de se retirer. Ils se dirigèrent du côté de Saint-Andéol-de-Bourlène et de Saint-Etienne-de-Boulogne où, ajoute le rédacteur de la note, *ils pillèrent les maisons des cultivateurs riches et des notaires de ces communes isolées et sans défense.* »

Il est bien extraordinaire que les journaux officieux ne se soient pas expliqués plus longuement sur ces scènes de pillage, et ne nous aient pas donné les noms des victimes.

A Largentière, la tentative d'insurrection fut plus sérieuse qu'à Vals. Cette ville, bâtie entre deux montagnes, est dans une situation assez pittoresque ; dans la commune de Roubreau, voisine de Largentière, il existe des fabriques de soie ouvrée et des teintureries ; l'arrondissement de Largentière compte près de 110,000 habitants.

---

(1) Le correspondant du *Courrier de la Drôme*, avec cette aménité de langage propre aux écrivains favorables au coup d'Etat, dit que les insurgés marchaient sur Vals et Aubenas, pour y *porter le meurtre et le pillage.*

Nous donnons sur cette échauffourée les détails suivants tels qu'ils furent publiés à l'époque dans le *Courrier de la Drôme*, sous la signature Georges Candy.

« Dans la matinée du 7 décembre, les factieux accourus du dehors avaient déjà investi les montagnes qui dominent Largentière, et les cris répétés : *Aux armes !* se faisaient entendre avec une horrible persistance. C'était l'appel convenu aux démagogues de la ville, qui devaient se mettre en état d'insurrection et traquer la force armée à l'intérieur, tandis que les jacques forceraient les issues extérieures. La situation était grave, mais les hommes dont on avait espéré le criminel concours ne firent aucun mouvement ; pas un cri dans la ville ne répondit aux hurlements sauvages proférés sur les montagnes environnantes, et les barbares, ne trouvant pas d'écho de la part de ceux sur lesquels ils avaient compté, comprirent les difficultés de la position qui leur était faite ; ils abandonnèrent les murs de la ville, pour prendre, comme avant-poste, le pont de Bourré. M. le sous-préfet Nau de Beauregard, appréciant la portée de ce mouvement rétrograde, qui rejetait le gros des forces insurrectionnelles à un kilomètre de Largentière, sentit qu'il était temps d'agir. Il ne voulut dégarnir aucun des postes défendant l'accès de la ville ; mais il s'entoura de quarante braves grenadiers du 12e léger, commandés par le capitaine Rayard et les deux officiers sous ses ordres, puis il partit précipitamment afin d'atteindre cette horde de bandits dans leur retraite. Le détachement du 12e rencontra bientôt les insurgés ; un engagement assez vif eut lieu, et dix anarchistes tombèrent au pouvoir de nos soldats ; ils furent tous pris les armes à la main, chargés de fusils, de poudre, de cartouches, de haches, de piques, de fourches en fer, sacs, etc.

« Ces prisonniers, une fois mis en lieu de sûreté sous la garde de quelques grenadiers, le détachement se remit en marche et continua de la sorte une série d'escarmouches, de combats partiels, où il fit de nouveaux prisonniers. Les anarchistes furent mis en pleine déroute et s'enfuirent dans toutes les directions ; ils furent ainsi poursuivis pendant dix kilomètres. Au dernier engagement qui eut lieu au pied de la montagne de Bullien, les insurgés réunis à mi-côte tiraient des coups de feu sur le petit nombre de soldats qui s'acharnaient à leur poursuite ; les balles tombaient pressées autour de ces braves sans ralentir leur ardeur et sans atteindre aucun d'eux. Soldats, officiers, sous-préfet, tous échappèrent sans blessure. Quand on eut fait 23 prisonniers, le détachement fut obligé de regagner Largentière, pour y ramener ces jacques de notre siècle ameutés par le socialisme, et déjà tous connus par leurs antécédents de police correctionnelle et de cour d'assises. » Cette défaite n'empêcha pas les insurgés de tenir la campagne encore pendant trois jours.

Nous n'avons pas cru devoir relever dans cet article ce passage où on lit *que les balles tombaient pressées autour des soldats* et pas un ne fut blessé. Nos lecteurs l'auront remarqué avant nous.

Le 4 avril, le *Courrier de Lyon* publiait l'article suivant, épouvantable par sa sécheresse même :

La commission mixte du département de l'Ardèche a eu à juger 355 affaires ;

Elle a prononcé 55 mises en liberté.
Condamnés à la déportation à Cayenne...... 12
Renvoyés devant le conseil de guerre...... 7
Déportés en Algérie avec le maximum..... 115
— avec le minimum...... 43
Expulsés du territoire.................. 9
Eloignés momentanément 12
Envoyés en police correctionnelle.......... 28
Condamnés à l'internement............. 23
Placés sous la surveillance de la police...... 43

Le 5 mai, ceux des insurgés condamnés à la transportation étaient extraits de la prison de Privas et dirigés sur le Pouzin où un bateau à vapeur devait les prendre pour les transporter à Marseille. Sur ce bateau, se trouvaient déjà un certain nombre de condamnés politiques de Saône-et-Loire, de l'Ain et du Rhône. (*V.* appendice A.)

ARDENNES.

Rethel.

On n'eut à Paris des nouvelles de ce département que vers le 6 décembre.

Elles annonçaient que l'ordre n'avait pas été troublé dans l'arrondissement, quoique le parti républicain y un certain nombre d'adhérents.

Ces nouvelles rassurantes n'empêchèrent pas que des arrestations y furent faites.

La seule pièce que nous ayons trouvée dans le *Moniteur* sur ce département est la proclamation du maire et des adjoints de Rethel, que nous donnons ci-après :

« Habitants de Rethel,

« De grands événements viennent de s'accomplir dans la capitale. Le chef de l'Etat a cru devoir dissoudre l'Assemblée nationale, en appeler au peuple, et rétablir le suffrage universel, en prononçant l'abrogation de la loi du 31 mai. Quelques représentants ont été arrêtés.

« Dans des circonstances aussi graves, le devoir de tout citoyen est de rester calme et d'attendre le moment où le peuple, réuni dans ses comices, manifestera sa volonté. La municipalité compte sur le bon esprit des habitants de cette ville. Elle espère qu'ils imiteront la population de Paris, où l'ordre n'a pas été troublé un seul instant.

« *Le maire et les adjoints,*

« Pauffin, Gaignot, Cromer. »

Nous aurions bien des choses à dire sur ce département, et notamment sur les arrestations, mais en l'absence de documents insérés au *Moniteur*, nous nous taisons.

ARIÉGE.

Foix.

Pas de dépêche. Le *Moniteur* est muet sur ce département.

Il est probable pourtant que le coup d'Etat ne fut pas sans y soulever des protestations ; les trois notes suivantes extraites du *Journal de Toulouse*, de l'*Indépendance* et de l'*Ariégeois*, sont là pour l'attester.

« Par arrêté du préfet de l'Ariége, en date du 30 janvier, les conseils municipaux des communes de Mirepoix et de Saint-Quentin ont été dissous et remplacés par une commission provisoire.

« Le préfet de l'Ariége, d'après les pouvoirs qui lui ont été donnés, vient de faire mettre en liberté les sieurs Mesplié (Alexandre), marchand boucher à Tarascon ; Cambon (Sébastien), commis ; Bouneau (Jules), peintre à Paris ; Chenot (Adrien), ingénieur civil ; Breton (Jean-François), avocat à Foix ; Silhes (Aubin), de Tarascon, marin en retraite : tous détenus dans les prisons de Foix par suite des événements de décembre.

« Avant-hier matin, 17 mars, les nommés Aristide Silhes et Piscayre, se sont évadés des prisons de Foix, où ils étaient détenus depuis le 2 décembre. On ne connaît pas encore la décision de la commission départementale à leur égard. Les estafettes de gendarmerie envoyées sur toutes les lignes n'ont aucune nouvelle des fugitifs. Trois gardiens ont été révoqués et mis en état d'arrestation.

« L'instruction continue. En cas d'arrestation, les nommés Pilhes et Piscayre seront envoyés devant le préfet de l'Ariége, président de la commission mixte.

« Ce matin, 20 mars, les condamnés à la transportation en Algérie sont partis de Foix, escortés de la gendarmerie et d'un piquet d'infanterie, pour se rendre à Port-Vendres, où un bâtiment de l'Etat doit les porter à leur destination. »

Le correspondant oublie de dire le nombre de transportés.

AUBE.

Troyes. — Bar-sur-Aube. — Lajeste. — Etissac.

Tout se résume dans ce département, s'il faut s'en rapporter aux dépêches officielles et aux articles des journaux du département, tels que le *Napoléonien*, l'*Aube*, le *Petit Courrier de Bar-sur-Seine*, à des affiches arrachées et à quelques cris qualifiés d'anarchiques. Pour ne pas être accusé de partialité, nous allons donner les dépêches *in-extenso*.

« Troyes, 3 décembre, 9 heures du soir. — La lecture des proclamations a produit ici un excellent effet. Dans les groupes formés autour des affiches, et surtout dans les ateliers, on manifestait hautement son approbation des mesures prises par le Président de la République.

« 5 décembre. — L'arrondissement de Bar-sur-Aube jouit de la tranquillité la plus complète.

« Troyes, 5 décembre. — Le bon accueil fait par la population à la grande mesure prise par M. le Président ne se dément pas; il va croissant. »

Mais au milieu de ce concert de louanges, le *Napoléonien* enregistrait une note discordante, et qu'on a bien de la peine à expliquer avec les précédentes dépêches; voici cette note.

« Une visite domiciliaire a eu lieu chez M. L..., notaire à Troyes; l'investigation minutieuse des lettres et autres papiers aurait mis, assure-t-on, sur la trace de menées démagogiques.

« L'autorité militaire a ordonné la fermeture du café-restaurant du sieur Noël, dit *Pistoul* (de Saint-Mards-en-Othe), actuellement détenu dans la maison de justice de Troyes. Un taillandier du canton d'Aix-en-Othe a été également arrêté et déposé dans la prison de Troyes, où il est accusé, dit-on, d'avoir fabriqué une certaine quantité de poignards.

« Il y a eu, en outre, quelques arrestations pour cris anarchiques et affiliations à des sociétés secrètes. »

Bar-sur-Aube, où cependant aucun fait saillant ne s'était produit, eut à subir les rigueurs de l'autorité militaire ; des arrestations eurent lieu tant dans cette ville que dans des communes voisines :

A Bar-sur-Aube, on arrêta M. Nicolas-Léandre Hû, marchand de bois ; à Jully-sur-Sarce, MM. Etienne Hubert, manouvrier, et d'Eguilly, tous deux, sous l'accusation répétée à satiété d'avoir pris part à des menées démagogiques. La gendarmerie arrêta également, à Ervy, MM. Louis Brown, ex-receveur des contributions indirectes ; Noël Simard, tisserand ; Pierre Colmus, charpentier ; Jacquinot, charpentier ; Alexandre Redève, cordonnier à Estissac ; ces cinq arrestations avaient été faites par ordre du général et sous la prévention de délits politiques.

De nouvelles arrestations furent faites en janvier (1).

A Lajesse, on arrêta M. Lazare Barat, tisserand ; aux Riceys, MM. Véry-Mamès, ex-receveur des contributions indirectes ; Riollot-Guenin, maçon, et Isselin père, serrurier ; à Jully-sur-Sarce, MM. Alexis Jacquin, Joseph Déguilly et J.-B. Deschez.

Le 8, on arrêta, à Troyes, M. Labosse, avocat, ancien commissaire du gouvernement provisoire dans le département de l'Aube.

A ces listes, nous devons ajouter les noms de MM. Lefebvre, notaire à Troyes, et Paron, notaire à Estissac, dont la destitution fut prononcée par le tribunal civil de Troyes, dans son audience du 14 janvier, parce qu'ils avaient abandonné leur poste de fonctionnaires publics sans autorisation, et qu'ils avaient professé publiquement les idées socialistes.

Le journal *l'Aube* porte à quatre-vingts le nombre des

---

(1) Voir à ce sujet le *Petit Courrier de Bar-sur-Seine*, la *Paix* et le *Journal de l'Aube* des 5 à 8 janvier 1852.

arrestations dans tout le département, et après avoir donné ce chiffre, il ajoutait :

« On attend de jour en jour les décisions de la commission militaire établie à Paris, à laquelle l'autorité militaire du département a transmis toutes les pièces de l'instruction. Les prisonniers seront, au retour de ces pièces, divisés en catégories, selon qu'ils devront être atteints par des mesures administratives, ou selon qu'ils auront à comparaître devant les tribunaux ordinaires ou devant les conseils de guerre. »

Et pas un pavé n'avait été soulevé, pas un homme n'était descendu dans la rue un fusil sur l'épaule, et pourtant l'on en arrivait à parler de la probabilité de faire passer en conseil de guerre, comme d'une chose très-légitime, une catégorie de prisonniers !

Le 26 mai, le *Napoléonien* annonçait le départ de Troyes pour Paris, sous l'escorte de quatorze gendarmes, des détenus politiques dont les noms suivent : MM. Labosse, avocat ; Busset, ancien avoué ; Cottet, professeur de mathématiques ; Poureau, relieur ; Lemoine, mécanicien ; Marot, marchand de vin ; Brown, rentier ; Gauthier, propriétaire ; Berge, cultivateur ; Gervais, de Troyes ; Camus, charpentier ; Jacquinat, charpentier ; Frérot, cultivateur à Montmorency.

AUDE.

Carcassonne. — Chalabre.

Des bruits ayant couru à Paris qu'une insurrection sérieuse avait éclaté à Narbonne, on put lire, dans le *Moniteur* du 7, aux nouvelles des départements, la note suivante :

« *Aude.* — Carcassonne, 5 décembre, onze heures du soir. — Les mesures du Gouvernement ont été accueillies avec une faveur marquée. Les prétendus désordres de Narbonne n'ont aucun fondement : la tranquillité règne partout dans le département. »

Quoique ce département se trouvât, pour ainsi dire, placé au centre de ceux qui donnèrent assez d'occupation à l'autorité militaire, les faits qui s'y produisirent furent peu importants.

A Chalabre, chef-lieu de canton de l'arrondissement de Limoux, M. Bezard, ancien maire de ce pays, et révoqué depuis plusieurs mois, se transporta à la mairie, escorté par une troupe de républicains, força l'administration de se retirer, et s'y installa au nom du peuple.

Le sous-préfet de Limoux, ayant été prévenu de ces faits, se rendit sur les lieux avec cinquante hommes de troupes. M. Bezard, averti de l'approche du sous-préfet, prit la fuite avec les plus compromis. Mais l'un d'eux fut néanmoins arrêté et emmené prisonnier à Limoux, malgré les efforts de la foule, qui voulait le délivrer.

Nous ne citerons que pour mémoire divers arrêtés du préfet du département de l'Aude, qui suspendaient des maires et adjoints, ainsi que la dissolution de plusieurs conseils municipaux.

En fait de poursuites exercées dans le département pendant la période dictatoriale du 2 au 20 décembre, nous citerons la suivante, dont nous trouvons le récit dans le *Conciliateur de l'Aude* :

« Le commissaire de police s'est transporté mercredi dernier dans le magasin de MM. Fabre et Maillac, libraires de notre ville, et y a saisi une caisse remplie de brochures socialistes, ainsi que dix mille bulletins de vote portant le mot *non*, qui auraient été imprimés sans déclaration préalable. Le lendemain, un arrêté du préfet de l'Aude a ordonné la fermeture du magasin et du cabinet de lecture tenu par ces négociants. »

Le 6 avril 1852, MM. Mareau, Hugues Bomard, Raynal, Besse, condamnés à l'expulsion par la commission mixte, quittaient Carcassonne avec des passeports pour Madagascar et Constantinople.

AVEYRON.

Rodez. — Milhau.

Avant de savoir la tentative de résistance au coup d'État, on apprenait, à Paris, que le calme était rétabli à Rodez, ainsi que dans le département, et que l'esprit général était bon.

Que s'était-il donc passé? Nous allons tâcher de le dire, quoique les détails manquent sur ce sujet. Les journaux officieux, si loquaces d'habitude, sont d'une sobriété désespérante à l'endroit du département de l'Aveyron; la seule dépêche que nous ayons trouvée, où l'on parle de cet événement, est la suivante, empruntée au *Messager du Midi* :

« Rodez a eu son mouvement insurrectionnel.

« On nous communique des lettres particulières qui annoncent que la préfecture a été envahie et est restée trois heures au pouvoir des insurgés.

« Quatre ou cinq cents bourgeois sont accourus, ont délivré M. Fluchaire, préfet de ce département, et l'ont remis à la tête de l'administration. »

Le lendemain, le *Moniteur*, qui n'en savait pas plus long, insérait textuellement la même dépêche. Du reste, l'observation que nous faisons là ne s'applique pas seulement à Rodez; nous avons constaté que près d'une quinzaine de dépêches ont été insérées en double, soit le lendemain, soit le surlendemain. Ceux qui douteraient de ce que nous avançons n'ont qu'à feuilleter attentivement la collection du *Moniteur* de décembre 1851.

A l'annonce du coup d'État, trois hommes considérables du pays (1), de ces hommes qu'un rédacteur officieux ne peut traiter impunément de brigands ou de jacques sans se couvrir de ridicule, se présentèrent chez le préfet pour

---

(1) Ces trois hommes étaient MM. Boulommié et Labarthe, qui appartenaient au barreau de Rodez, et M. Galtayres, banquier.

lui demander communication des ordres qu'il avait reçus de Paris. Il est probable que ces ordres les satisfirent peu, car ils ne sortirent de chez le préfet que pour engager le peuple à se soulever.

La préfecture fut envahie ; on forma un comité de résistance, à la tête duquel se mit M. Caussanel. Ce fut tout. Le général Gouvenain, à la tête des troupes de la garnison, vint mettre fin à l'invasion de la préfecture.

Ici se place quelque chose qui aurait besoin d'éclaircissements ; malheureusement pour nous, et surtout pour nos lecteurs, nous n'y pouvons rien.

Le lendemain, l'agitation, comprimée probablement imparfaitement la veille, recommença.

C'est là le point obscur. Un ex-conseiller de préfecture alla proposer au préfet, rétabli la veille dans son autorité, de céder la place à une commission provisoire, sorte de comité de résistance.

Les choses se passaient, comme l'on voit, de la façon la plus courtoise.

Le préfet refusa, comme bien entendu, et M. de Monsergnat, c'était le nom de l'ex-conseiller, fut porter le refus du préfet à ses amis politiques.

Il paraît que, dans la journée, on forma une commission pour organiser la résistance. Pendant qu'on délibérait à Rodez, Marcillac se soulevait et les paysans des environs sonnaient le tocsin, mais tout s'arrêta là ; la masse regarda faire les insurgés. Il n'y eut heureusement pas d'effusion de sang.

Le soir, on procéda à de nombreuses arrestations. — Voilà à peu près ce qui se passa à Rodez.

La même chose eut lieu, à quelque différence près, à Saint-Affrique et à Milhau.

Le 7 décembre, on écrivait de cette dernière ville au *Moniteur* :

« Les nouvelles de Paris, annonçant que l'émeute est comprimée, ont plongé les anarchistes dans la stupeur. Ils avaient espéré organiser une jacquerie dans le département ; leurs projets ont été déjoués, et ils comprennent aujourd'hui que tout espoir est perdu pour eux. »

La dépêche avait raison, et à mesure que l'on avancera dans ce récit, on verra que la dépêche expédiée de Paris et annonçant que « l'émeute était comprimée dans la capitale, » produisit plus d'effet sur les populations soulevées que les troupes qu'on leur opposait.

Milhau. — Le 4 au matin, la nouvelle des événements se répandit dans Milhau.

« A midi, des bandes composées de tout ce qu'il y a de plus mal famé dans notre ville et d'un très-petit nombre d'ouvriers, se portèrent à l'hôtel de ville, demandant des armes et menaçant les autorités. Les portes furent enfoncées; la salle où sont renfermées les armes fut envahie, et 200 fusils sur 400 furent enlevés par les émeutiers (1).

« On voit par là combien était peu considérable le nombre des insurgés, qui ne purent déterminer la population ouvrière à quitter les ateliers. Après avoir laissé une garde à l'hôtel de ville, la bande, ayant à sa tête MM. Bonhomme, banquier; Turayre, Valibouze, membres du conseil général; Rozier, procureur du roi sous Louis-Philippe, Maury, etc., parcourut la ville en proclamant un comité de résistance, et fut s'emparer de la poudrière.

« Cependant la municipalité, ayant réuni à la hâte une partie de la compagnie des pompiers, faisait un appel aux honnêtes gens. De leur côté, des conseillers municipaux faisaient les plus courageux efforts pour détourner les factieux de leurs projets.

« Néanmoins, le soir, ils étaient à peu près maîtres de la ville, lorsque les nouvelles de Paris vinrent jeter le découragement parmi eux et rassurer les amis de l'ordre. En même temps les brigades de gendarmerie de l'arrondissement entraient en ville.

« De ce moment l'ordre fut rétabli. Les postes placés par les insurgés à la mairie et à la poudrière furent

---

(1) Nous nous étonnons que le correspondant du *Moniteur* ne dise pas une bande d'ex-forçats.

abandonnés dans la nuit, et les armes rapportées par des voisins ou des amis de ceux qui les avaient enlevées. »

Le 20 mars 1852, le *Moniteur* publiait les décisions prises à l'égard des citoyens compromis dans les troubles de décembre :

Expulsés de France......................	5
Eloigné momentanément de France.........	1
Internés................................	12
Placés sous la surveillance de la police......	12
Mis en liberté sans condition de surveillance.	3

BOUCHES-DU-RHONE.

Marseille.

A la nouvelle du coup d'Etat, une agitation fiévreuse se manifesta dans Marseille et les environs; les ouvriers employés aux principaux chantiers et usines de la ville abandonnèrent leurs travaux, et se réunirent en grand nombre pour se concerter. La majeure partie était d'avis de se porter en masse vers la préfecture et l'hôtel de ville.

Mais personne parmi eux ne se sentait assez autorisé pour assumer sur lui la responsabilité du mouvement. Pendant que les ouvriers parlaient d'agir, d'autres opinaient qu'on attendît pour se prononcer d'une façon ouverte que l'action fût dessinée à Paris. Ceux qui pensaient ainsi auraient aussi bien fait de se tenir cois chez eux. Pendant qu'on causait beaucoup, l'autorité prenait des mesures pour résister à une attaque à main armée dans le cas où elle viendrait à être tentée.

On débuta par des arrestations; puis le général Hecquet fit braquer des pièces d'artillerie sur le cours Saint-Louis et des troupes occupèrent la place Saint-Ferréol et les rues voisines de la préfecture où la circulation fut interdite ainsi que sur la place Saint-Louis.

On fit sillonner par de fréquentes patrouilles les rues qui présentaient une physionomie animée.

Dans l'après-midi, le maire et le préfet, qui s'étaient ralliés au coup d'Etat, parcoururent ces différents quartiers et se dirigèrent vers l'hôtel de ville. Pendant cette promenade faite en voiture, plus d'une fois des cris fortement accentués de vive la République! et le chant de la *Marseillaise* vinrent avertir les magistrats municipaux que l'acte du 2 décembre avait plus d'un opposant à Marseille.

Le soir, le théâtre fit relâche, on y craignait une manifestation. La nuit se passa tranquille. Au début, l'autorité avait pu croire à une insurrection formidable; mais il lui fut bientôt facile de reconnaître qu'il n'y aurait rien.

Ce fut dans cette même journée que furent affichées les proclamations suivantes :

PROCLAMATION DU PRÉFET DES BOUCHES-DU-RHONE.

« Chers concitoyens,

« Vous aviez tous pressenti ou désiré l'acte solennel et suprême qui, en mettant un terme à une situation chaque jour plus menaçante, appelle si loyalement la nation à prononcer sur son sort.

« Vous seconderez l'accomplissement de cette grande résolution du Président de la République par votre union, et au besoin par votre courage civique et votre invincible volonté d'assurer les destinées de la patrie, et de mettre un terme à nos discordes civiles.

« Citoyens, magistrats, soldats, dépositaires ou défenseurs de l'autorité publique, soyons unis dans une seule et même pensée, celle de maintenir l'ordre, le respect des personnes et des propriétés dans cette grande cité, comme dans tout le département.

« Que tous les sentiments généreux, que toutes les intentions pures s'entendent et se fortifient dans ce but, et toutes les tentatives contre la paix publique seront impuissantes ou immédiatement réprimées.

« A Marseille, en l'hôtel de la préfecture, le 3 décembre 1851.

« *Le préfet des Bouches-du-Rhône,*   SULEAU. »

PROCLAMATION DU MAIRE DE MARSEILLE.

« Mes chers concitoyens,

« En portant à votre connaissance la dépêche du Gouvernement et la proclamation de M. le préfet, mon devoir est de réclamer votre concours et de faire un appel à votre patriotisme.

« De graves événements viennent de s'accomplir à Paris. L'Assemblée nationale est dissoute. Le Président de la République, qui a rendu d'éminents services au pays, veille à sa sécurité : la nation va être appelée à régler ses destinées. Mais, en attendant sa décision solennelle, que tous les bons citoyens, sans distinction d'opinion, se rangent autour de l'autorité et lui prêtent leur loyal appui. Vos magistrats sont fermement résolus à maintenir la paix publique : vous pouvez compter sur toute leur énergie; mais vous, mes chers concitoyens, vous vous montrerez, comme toujours, les défenseurs de l'ordre; vous demeurerez calmes et unis, et Marseille sera fière, encore une fois, du dévouement de ses enfants.

« *Le maire de Marseille,*
« DE CHANTERAC. «

De son côté, le général Hecquet, dans un ordre du jour à la garnison, annonçait aux soldats qu'il était décidé avec leur concours à maintenir l'ordre à quelque prix que ce fût.

Mais les soldats n'eurent rien à réprimer ; les journées des 5 et 6 furent seulement quelque peu tumultueuses; le 7, la tranquillité parut assez bien établie pour qu'on pût détacher une partie de la garnison pour aller donner contre les insurgés du Var.

Dans la nuit du 4 au 5, la police avait été fort occupée à exécuter des arrestations. On arrêta les gens du parti de l'action et de l'inaction, c'est-à-dire ceux qui étaient pour la résistance à main armée et ceux qui étaient pour la résistance légale.

En janvier les perquisitions et les arrestations continuaient encore. Ainsi, on lisait dans la *Provence*, journal d'Aix, numéro du 8 janvier :

« Les perquisitions et les arrestations se poursuivent avec activité dans toute l'étendue du département. A Marseille, de nombreuses prises ont été faites chez les logeurs. On a arrêté environ trente individus. Dans notre arrondissement on a opéré de véritables razzias. Plusieurs villages ont été cernés par la troupe. A Pélissanne, sept ou huit démagogues ont été saisis. Quelques individus contre lesquels était dirigée la même mesure sont parvenus à s'enfuir. »

Nous renvoyons nos lecteurs à l'article consacré au département du Var pour compléter le récit du mouvement républicain dans les Bouches-du-Rhône.

Nous donnons ici les notes que nous avons trouvées dans différents journaux, et relatives aux travaux de la commission mixte établie dans ce département.

« Dans son audience du 20 février 1862, la commission mixte des Bouches-du-Rhône a condamné :

« A la peine de l'internement :

Les sieurs Louis Astouin, portefaix, ancien représentant ; Pierre Rocho, mécanicien à Andourne.

« A la peine de la surveillance :

Les sieurs Pierre-André Motte, ex-employé de l'Octroi, rue de l'Olivier, n° 29 ; Pierre Philip, dit *Philix*, négociant du quartier du Saint-Just ; Barielle, perruquier-menuisier, au quartier de Saint-Jérôme ; Louis Butin, fugitif. »

On lit dans le *Moniteur* du 9 mars 1852 :

« La commission mixte des Bouches-du-Rhône a condamné à la déportation perpétuelle à Cayenne les nommés :

Dubosc (Prosper), rédacteur du *Peuple*, à Marseille ; Curet (Joseph-Marie-Urbain), ajusteur-mécanicien, à Marseille ; Lusini (Antoine), chaudronnier, à Marseille ; Chabrier, journalier, à Marseille ; Rique (Louis), agent d'affaires, à Marseille; Couturat (Eugène), commis en librairie, à Marseille; Ferrat (Gaspard), aubergiste, à Marseille; Ferrimont (Louis), jardinier, à Marseille; Michel (Georges), dit *le Noir*, garçon boucher, à Marseille; Gancel (Jean-Pierre), tailleur d'habits, à Marseille.

« A la peine de dix ans de transportation en Algérie :

Durbec (Antoine), portefaix, à Marseille; Roch (Marius), tanneur, *id.*; Job-le-Mulâtre, condamné libéré (fugitif), *id.*; Barnier (Gilles-Cyprien-Simon), marchand de vin, *id.*; Constant (André), maréchal-ferrant, *id.*; Quinquin (Louis), portefaix, *id.*; Mussano (Gaspard), scieur de long, *id.*; Lotard (Jean-Baptiste), marbrier, *id.*; Conio (Jean-Baptiste), raffineur, *id.*; Aquinos (Jean), scieur de long, *id.*; Jonquille (Jean-Baptiste), maçon, *id.*; Jacquier (Marius), tailleur de pierre, *id.*; Rossi, dit *Pistachon* (Jean-Baptiste), charretier, *id.*; Arnaud (Frédéric), cordonnier, *id.*; Ferry (Antoine), cabaretier, *id.*; Fallen (Hippolyte), boulanger, *id.*; Guichard (Louis), boucher, *id.*; Ghigini (Ambroise), cordonnier, *id.*; Laurent (François), journalier, *id.*; Thé (Antoine), boulanger, *id.*; Thurin (Hippolyte), journalier, *id.*

« A vingt ans de déportation à Cayenne :

Cadenel (Louis-Marius), fermier, à Marseille; Vanasco (Louis-Laurent), *id.*; Cassan (Jean-Louis), marbrier, *id.*; Castagnole (Jean-Baptiste), chaudronnier, *id.*; Agenon (Antoine), gérant du *Travailleur* et du *Progrès social*, *id.*

« En outre, dans les séances du 8 au 15 février, elle a renvoyé devant la commission mixte du Var les nommés :

Turc (Alfred); Ambart (Charles), fanneurs, à Cuges; Ollivier (Augustin); Coulon (Etienne); Dupuy, tanneur; Martel; Lucet (Frédéric); Mascarry, balayeurs de rues, à Marseille.

« Renvoyés devant la commission des Basses-Alpes :

Reymond (Joseph), portefaix, à Marseille; Mery (Joseph), garde-champêtre, à Sieyès; Allenraud (Marius), médecin; Manosque; Debout (Marius), avocat, à Forcalquier.

« Renvoyés devant la commission de l'Hérault :
Cros (Etienne), cultivateur, à Lodève ; Cros (Pierre) fils, cultivateur, à Lodève. »

Dans l'arrondissement d'Aix, la même commission prononça la peine de la surveillance contre cent quarante-deux personnes.

CALVADOS.

Caen.

Il y a peu de choses à dire sur ce département. Les dépêches en date du 5 s'accordaient pour annoncer que le pays était généralement favorable aux grandes mesures prises par le gouvernement, elles assuraient même que la tranquillité ne serait pas troublée, et que la population, surtout à Falaise, se sentait rassurée sur l'avenir et se félicitait du succès des mesures prises par le gouvernement. Le parti démagogique est atterré, disait en terminant le rédacteur de la dépêche.

Le 3, le préfet avait fait afficher la proclamation suivante :

« Habitants du Calvados,

« En portant à votre connaissance la nouvelle des graves événements qui viennent de s'accomplir à Paris, je remplis un devoir, et vous remplirez le vôtre en contribuant par votre concours au maintien de l'ordre, au respect des personnes et des propriétés.

« Ayez confiance, vos magistrats veillent, et avec la coopération de tous les hommes de cœur, auxquels je fais un appel énergique, ils sauront se maintenir à la hauteur de leur mission.

« *Le Préfet du Calvados.* »
« Morisot. »

Cette proclamation, quoiqu'on lui fît les honneurs du *Moniteur*, parut-elle trop froide, ou M. Morisot demandait-il à être remplacé, c'est ce que nous ignorons ; toujours est-il que le 6 décembre, M. Pierre Leroy, secrétaire-général du ministère de l'intérieur, était nommé préfet du Calvados.

CANTAL.

Aurillac.

Nous ne trouvons qu'une seule dépêche à l'avoir de ce département ;

« Aurillac, 4 décembre. — L'ordre n'a pas été troublé et ne sera pas troublé. »

CHARENTE

Angoulême. — Villognon.

Voici tout ce que nous trouvons sur la Charente : une dépêche télégraphique datée du 4 décembre. — « La situation est des plus favorables ; les populations applaudissent et disent ceci :

« Puisque l'assemblée voulait mettre le Président à Vincennes, il a bien fait de prendre les devants. »

La *Gazette de l'Angoumois* ne parle, à propos des mesures prises par l'autorité, que de la fermeture du Café Patriotique, tenu à Angoulême, rue Saint-Jacques, ainsi que de la dissolution du Cercle politique qui s'y tenait. Ce café put rouvrir après le vote sur le plébiscite, mais la dissolution du cercle fut maintenue.

Les arrestations, croyons-nous, furent peu nombreuses ; voici le récit d'une, d'après un journal de la localité :

« Le 24 de ce mois, la gendarmerie du Luxé a arrêté, à Villognon, le nommé Reuiller, pêcheur de profession, habitant de cette commune, pour avoir dit hautement, sur la voie publique, « que les gardes nationaux qui s'étaient rendus pour protéger l'élection méritaient des coups de fusils. »

Cette arrestation jointe à la destitution de M. le docteur Dutouquet, membre du conseil général, de ses fonctions de maire, ainsi que la suppression des journaux l'*Union républicaine* et le *Travailleur*, sont les faits les plus saillants qui se produisent en décembre dans ce département.

CHARENTE-INFÉRIEURE.

LA ROCHELLE. — SAINT-JEAN-D'ANGÉLY. — JONZAC. — SURGÈRES.

S'il faut en croire les dépêches insérées au *Moniteur*, l'enthousiasme des populations, à l'annonce du coup d'Etat, tenait du délire. Ainsi à Saint-Jean-d'Angély, les documents étaient lus avec avidité. Quant aux campagnes, elles faisaient éclater bruyamment leur enthousiasme.

« Le plus grand calme, lisait-on dans une autre dépêche, règne dans tout le département. Les villes acceptent les événements de Paris, que les campagnes ont généralement accueillis avec enthousiasme (1).» Seulement la dépêche se termine par une phrase maladroite : « La tranquillité sera rigoureusement maintenue. »

Mais pourquoi menacer, puisque, d'après les dépêches, tout le monde était d'accord pour célébrer avec enthousiasme ce grand événement ?

---

(1) Depuis, ce département qui, le premier, avait nommé Louis Napoléon représentant du peuple, a élu M. Bethmont. Nous savons bien qu'il y en a d'aucuns qui disent, dans le pays, qu'il a été nommé par dépit. Mais dépit ou pas, il n'en siège pas moins à la chambre ; espérons que les électeurs de l'arrondissement de Rochefort sauront l'y maintenir aux prochaines élections.

Les proclamations suivantes furent affichées à La Rochelle, le 3 à sept heures du matin ; la première le fut dans tout le département.

LE PRÉFET DE LA CHARENTE-INFÉRIEURE A SES ADMINISTRÉS.

« Habitants de la Charente-Inférieure,

« Le salut de la France était en péril.
« La République était menacée ; mais le Président veillait, et, dégagé d'entraves, son premier acte est de la maintenir. Il veut qu'elle soit de nouveau confirmée par le vœu populaire, et c'est par le suffrage universel qu'il appelle la nation à régler bientôt ses destinées.
« Préparons-nous donc à ce grand acte dans une attitude forte et calme, et vraiment digne d'un peuple qui a la conscience de ses droits et de sa liberté.
« Au milieu de ces grandes circonstances, le premier devoir de vos magistrats est de maintenir l'ordre avec la plus grande énergie, de protéger les personnes et d'assurer le respect des propriétés. Ce devoir, ils sauront le remplir, en ne permettant aucun trouble, sous aucune espèce de prétexte, quels que soient le but et le drapeau des agitateurs.
« Le seul drapeau de la France est celui de la République. Vous m'aiderez tous à le soutenir intact et pur dans son honneur, comme il a conduit tant de fois nos pères à d'immortelles victoires.
« *Vive l'ordre, la République et la France !*

« *Le préfet,* BRIAN.

« 3 décembre 1851. »

Nous ne savons si nos lecteurs partageront notre avis, mais nous trouvons que dans la proclamation du préfet il manquait pour les mesures prises à Paris de cet enthousiasme que les dépêches se plaisaient à constater dans les populations.
Celle du maire était même un peu plus froide ; il per-

çait dans ses phrases quelque chose de l'homme qui attend, pour se prononcer, que les événements soient mieux dessinés.

LE MAIRE DE LA VILLE DE LA ROCHELLE A SES CONCITOYENS

« L'Assemblée nationale a été dissoute.

« Le Président de la République fait un appel à la nation.

« Dans ces graves circonstances, le premier devoir de l'autorité est de maintenir l'ordre.

« Nous comprenons ce devoir, nous saurons le remplir.

« Nous comptons sur vous, habitants de la Rochelle; il y va de l'honneur de chacun.

« Ayez confiance en vos magistrats.

« Unissons-nous pour réprimer énergiquement toute tentative de désordre, de quelque côté qu'elle se produise. C'est le seul moyen de bien servir son pays.

« *Vive la République !*

« Fait à l'hôtel de ville, le 3 décembre 1861, à sept heures du matin.

« *Le maire*, BEAUSSANT. »

Ces deux proclamations, quoiqu'elles ne donnaient pa une franche adhésion au coup d'Etat, eurent néanmoins les honneurs du *Moniteur,* honneurs que peut seul expliquer le manque de proclamations enthousiastes de la part des préfets à la date du 3; nous n'en avons compté que QUATRE. Après cette date, on ne les compte plus...

Le 6 décembre le même journal annonçait que l'enthousiasme des populations ne s'était pas ralenti : « A Saint-Jean-d'Angély et à Jonzac toutes les populations acclament le président de la République. »

Pourquoi faut-il qu'au milieu de cette touchante unanimité nous ayons à enregistrer la note suivante, toujours extraite du *Moniteur* :

« M. Mainguet, membre du conseil général de la Charente-Inférieure, vient d'être révoqué de ses fonctions de juge de paix du canton de Surgères. »

Le juge de paix de Surgères n'avait probablement

pas manifesté assez de joie à l'annonce du coup d'Etat, pour être atteint par une révocation.

CHER.

Bourges. — Saint-Amand. — Sancerre.

Le 4 décembre, le secrétaire général de la préfecture faisait publier l'avis suivant :

« Des troubles graves ont éclaté hier à Saint-Amand. Des groupes armés se sont formés ; l'un d'eux a cerné et maltraité le sous-préfet et le commissaire de police ; ce dernier, saisi, frappé et terrassé, a tué d'un coup de pistolet l'homme qui menaçait sa vie (1).

« Le sous-préfet, les autorités, la gendarmerie, les grenadiers du 41e, la compagnie entière d'artillerie de la garde nationale, les pompiers et de nombreux volontaires ont été promptement sur pied, et leur énergie a suffi pour rétablir l'ordre dans la ville.

« Le commissaire de police, M. Lambert, admirable de dévouement pendant le choléra de 1849, s'est montré aussi courageux devant l'émeute. La famille Rémond, dépositaire des clés du clocher, a repoussé les armes à la main une troupe armée qui voulait sonner le tocsin. Les hommes d'ordre se sont montrés unanimes et résolus à Saint-Amand comme ils l'ont été à Sancerre.

« Le préfet, le général, le procureur général, partis cette nuit avec deux cents hommes de cavalerie et d'infanterie, ont dû arriver ce matin à Saint-Amand de bonne heure.

« La plus grande tranquillité règne à Bourges, à Vier-

---

(1) L'homme tué par le commissaire de police s'appelait Boileau.

zon, à Aubigny, à Sancerre et dans le reste du département.

« Pour le préfet du Cher :

« *Le secrétaire général,*

« Girardot. »

Le récit fait par le secrétaire général est tout ce que nous savons sur les troubles qui eurent lieu à Saint-Amand, dans la journée du 4. A la suite de cette affaire, le préfet du Cher lança la proclamation suivante ; elle est écrite d'un style déclamatoire peu propre à notre époque, et que la situation faite par les événements de décembre ne saurait faire excuser :

PRÉFECTURE DU CHER.

« Habitants du Cher,

« Grâce à l'héroïsme et au dévouement de notre brave armée, Paris est délivré des barbares, et la France est sauvée.

« Le combat a cessé, l'insurrection est anéantie, les démagogues sont en pleine déroute. Ceux qui ont échappé à la juste indignation de nos soldats cherchent leur salut dans la fuite.

« Vaincue à Paris, l'anarchie cherche à remuer la province ; elle répand à profusion les nouvelles les plus fausses et les plus absurdes sur l'état de la capitale.

« Des départements, mêmes mensonges ; partout les hommes d'ordre adhèrent aux actes sauveurs de Louis-Napoléon Bonaparte.

« Jamais gouvernement n'a été appuyé avec plus de sympathie. Ayez confiance. Nous sommes forts et prêts à tout. La société ne périra pas.

« *Le préfet du Cher,* Octave de Barral.

Le département du Cher eut un grand nombre de ses habitants arrêtés ; il était mal noté aux yeux des modérés, surtout depuis les troubles qui avaient éclaté dans le val de la Loire.

A propos des arrestations, nous ne pouvons que rapporter les notes incomplètes que nous trouvons dans les journaux de l'époque. En voici quelques extraits :

— Le *Droit commun*, de Bourges, annonce qu'un grand nombre d'arrestations ont encore été faites à Issoudun, le 17 et le 18 de ce mois ; les visites domiciliaires ne discontinuent pas ; il paraît qu'on aurait fait d'importantes découvertes.

— Le *Journal du Cher* annonce que M. Viguier, ex-représentant du Cher, et M. Miot, ex-représentant de la Nièvre, sont arrivés le 26 à Bourges, par le convoi du soir, sous la conduite d'agents de police. Ils ont été immédiatement écroués à la prison de Bourges.

Cinquante-cinq détenus viennent d'être transférés de la prison de Bourges dans le local préparé pour les recevoir au nouveau séminaire.

— Hier, lundi, ont été transférés de Sancerre à Bourges les sieurs Gillet, pharmacien à Sancerre, Millet père et fils, d'Aubigny, et Menesson, ancien commissaire du département de l'Aisne sous le gouvernement provisoire et celui du général Cavaignac. (*Courrier de Bourges*.)

— Nous lisons dans le *Journal du Cher* du 13 janvier : Les sieurs Gillet, pharmacien à Sancerre ; Millet père et fils, d'Aubigny ; Mennesson, ancien commissaire dans le département de l'Aisne, sous le Gouvernement provisoire, ont été transférés le 12 janvier de la prison de Sancerre dans celle de Bourges.

Le nommé Leblanc-Boulé, accusé d'avoir tiré un coup de fusil sur M. Bonnet, maire de Beffes, a été arrêté au Coupoy. Traqué depuis longtemps, et n'espérant pas pouvoir échapper aux recherches dont il était l'objet, il a essayé de se suicider et s'est fait une grave blessure à la tête. Il a été amené à Bourges.

— Le nommé Hervet (Louis), ancien rédacteur d'un journal de Marseille, intitulé *le Peuple*, a été arrêté à Saint-Amand (Cher), au domicile de son beau-père, et sur la réquisition de M. le procureur de la République près le tribunal de cette ville. (*République de 1848.*)

A Dun-le-Roi, de nombreuses arrestations furent faites le 1ᵉʳ février. Parmi les personnes arrêtées se trouvaient : MM. Emmanuel, propriétaire; Audebrand, ancien adjoint; Alexandre Le Conte, greffier de la justice de paix ; Merceret, Théodore Pictaut, Léon Bidaut, etc.

D'après les diverses notes recueillies au *Moniteur*, la petite ville de Frecy aurait fourni à la transportation en Algérie 43 hommes ; Bourges, Miellant, Sancerre et le Châtelet quarante ; dans le *Moniteur* du 7 mars, nous trouvons la liste suivante des détenus politiques, envoyés de Bourges à Paris :

Auchère (Jules), d'Enrichemont ; Métivier (Auguste), *id.* ; Hugot (Joseph), *id.* ; Ruillard (Alphonse), de Germigny; Gateau (François), de Saint-Amand; Penaille (Edme), père, *id.* ; Tinette (Léonce), *id.* ; Cornette (Louis), *id.* ; Séguret (Antoine), *id.* ; Gebel (Pierre), d'Aubigny; Chesneau (Jacques), *id.* ; Gosset (Gilbert), de Sancerre ; Diart (Martin), *id.* ; Balandier (Antoine), du canton de la Guerche; Faciot (Louis), *id.* ; Boussard (Martin), *id.* ; Broust (Antoine), *id.* ; Bouet (Sylvain), *id.* ; Gillon (Jean-François), *id.* ; Pève (François), *id.* ; Lancelot (J.-Baptiste), *id.* ; Blondron (Jean), *id.* ; Blot (Louis), *id.* ; Couillebeau (Christophe), *id.* ; Beurthe (Etienne), *id.* ; Delouche (Jean), *id.* ; Fioux (Jacques), *id.*, d'Albœuf, *id.* ; Lauvergeat (Hippolyte), dit *Champignon*, *id.* ; Demay (J.-Baptiste), *id.* ; Perrin (Pierre), *id.* ; Perriot (Réné-Pierre), *id.* ; Thomas (Michel), *id.* ; Pinsard (Désiré), *id.* ; Raisin (Jean), *id.* ; Rochet (Claude), *id.* ; Tribaudat (Elie), *id.* ; Savard (Charles), *id.* ; Branchereau (Julien), *id.* ; Fauveau (François), *id.* ; Hytier (Gilbert), *id.* ; Reverdeau (Napoléon), *id.* ; Polycard (Charles), *id.* ; Lemaître (Louis), *id.* ; ce dernier, condamné à cinq ans de réclusion, fut dirigé sur Cayenne.

CORRÈZE.

Tulle.

Nous n'avons trouvé sur ce département qu'une seule dépêche ; la voici, même avec le nom de son chef-lieu mal orthographié :

« Tulles, 4 décembre, cinq heures et demie du soir.— Partout, dans ce pays si bouleversé naguère par les passions anarchiques, le grand acte du chef de l'État, qui arrache la France à l'agitation des partis, est bien apprécié par les honnêtes gens. »

CORSE.

Pas de dépêches importantes.

COTE-D'OR.

Dijon.— Beaune.— Nuits.— Semur.— Saulieu.— Arcelot.— Arceau.— Arc-sur-Tille.— Montbard.— Thil-Chatel.

Les nouvelles de Dijon, datées du 3 décembre, six heures du soir, étaient des plus favorables au coup d'État ; elles constataient avec *bonheur* que la population était remarquablement calme ; que les proclamations du président de la République étaient lues avec avidité, ce qui se comprenait parfaitement, et de plus étaient bien accueillies. Cependant, une légère inquiétude venait troubler le bon esprit de cette dépêche :

« Ce matin, à six heures, les meneurs du parti démagogique étaient à l'embarcadère, attendant l'arrivée du convoi de Paris ; mais ils se sont dispersés immédiatement, et aucun groupe ne s'est formé dans la journée. »

Les dépêches qui suivirent celle-ci étaient encore plus

rassurantes : ainsi elles constataient que non-seulement Dijon était tranquille, et que l'ordre régnait dans tous les arrondissements, mais encore que le commerce de Gray et les populations rurales applaudissaient à la courageuse initiative du président.

Si ces dépêches disaient vrai, pourquoi alors ce luxe de précautions militaires déployées dans Dijon ; pourquoi ces perquisitions, ces arrestations? On cachait donc la vérité aux Parisiens ? la vérité, nous ne la savons pas encore ; voici tout ce que nous avons pu trouver sur la situation du département, c'est le journal de la Côte-d'Or du 6 décembre qui se décide enfin à parler ; et ce avec le bon à tirer de la préfecture :

« L'ordre et la tranquillité la plus parfaite continuent à régner à Dijon. Toutes les positions militaires sont encore gardées par les troupes de la garnison, et la nuit de nombreuses patrouilles parcourent les rues ; mais les gardes forestiers, qu'on avait fait venir, sont repartis.

« Pendant ces jours-ci, on a pu remarquer dans notre ville une population qui y était étrangère : c'étaient des individus venus des campagnes voisines et appartenant aux sociétés secrètes. Mais tout s'est borné de leur part à stationner sur la place d'Armes et dans les rues qui y aboutissent. Les mesures qui avaient été prises par les autorités civiles et militaires ont dû leur faire comprendre qu'une démonstration pouvait leur coûter cher. Aussi n'ont-ils pas tardé à débarrasser notre ville de leur présence.

« Nous avons déjà parlé de plusieurs arrestations des chefs du parti rouge. Ces arrestations ont continué dans la journée du 4, et se continuent même encore aujourd'hui. On cite parmi les personnes arrêtées les sieurs Guillier, Luce-Villard, Berthet, cafetier ; Vitu, cordonnier ; Ferdinand Coste, Dallée, ancien huissier, etc.

« De nombreuses perquisitions ont été faites aussi ; elles ont amené la saisie d'armes de toutes espèces ; il en a été conduit, dit-on, deux voitures à l'hôtel de ville.

« La nouvelle de la dissolution de l'Assemblée, dit le *Châtillonnais* du 3 décembre, a produit à Châtillon une vive émotion. Quelques personnes ont envahi l'hôtel de ville ; mais les rassemblements se sont promptement dispersés. L'autorité s'est montrée très-énergique.

« A Semur, le sous-préfet, en refusant son adhésion, a donné sa démission. Un conseiller de préfecture, M. Soleilhet, est allé à Semur pour le remplacer provisoirement.

« A Beaune, à Nuits, bien qu'il y ait eu une certaine agitation, l'ordre n'a pas été un instant troublé ; il y a dans ces deux villes de nouveaux maires et adjoints.

« Bref, le département de la Côte-d'Or jouit de la plus grande tranquillité. »

Cependant les arrestations continuèrent avec un grand luxe d'appareil militaire.

A Semur, le procureur de la République, assisté de quinze gendarmes, fit de nombreuses visites domiciliaires, des arrestations eurent lieu. Parmi les personnes arrêtées, se trouvait M. Charles Moreau, ancien maire de Saulieu, ancien conseiller général. Quatre cafés furent fermés.

« La nouvelle des graves événements qui viennent de s'accomplir nous a fort satisfaits à Saulieu, écrivait-on de ce pays ; les campagnes sont contentes. » Le rédacteur de l'*Union Bourguignonne*, qui donne des détails, oublie de dire s'il en était de même des électeurs qui avaient voté pour M. Ch. Moreau.

Le 29 décembre, nouvelle tournée dans les campagnes ; c'est le journal de la Côte-d'Or qui, cette fois, nous fournit des détails.

« Le 29 décembre, le procureur de la République et le juge d'instruction, accompagnés d'une forte escorte de gendarmes et d'artilleurs à cheval, se sont transportés à Arcelot et à Arceau, afin de procéder à l'interrogatoire de différents individus de ces communes, soupçonnés de s'être portés sur la ville de Dijon dans la nuit du 4 décembre.

« Ils ont continué, le 30, leurs investigations, à la suite desquelles ils ont ordonné l'arrestation de trois des inculpés, qui ont été conduits dans les prisons de Dijon. Ces magistrats, après avoir terminé cette enquête, se sont ensuite rendus dans la commune d'Arc-sur-Tille, afin d'en faire probablement une semblable relative au même événement. Il paraît qu'ils y ont déjà fait arrêter trois ou quatre personnes, parmi lesquelles se trouvent, dit-on, un maire et un maréchal ferrant, démagogue exalté. »

Le 13 janvier, c'est la ville de Montbard qui reçoit la visite des magistrats :

« Dans la nuit de samedi à dimanche, M. Boissard, conseiller, et M. Dagailler, avocat général, accompagnés du commandant de gendarmerie, de quelques brigades de gendarmes et d'une compagnie d'infanterie, se sont rendus à Montbard, à l'effet de faire procéder à de nombreuses perquisitions et arrestations. Vingt-trois personnes ont été arrêtées pour affiliation à des sociétés secrètes et détention d'armes de guerre. Parmi les personnes arrêtées, on cite MM. Maire, Cheral, etc. M. Maire, l'ancien constituant, est en fuite.

« M. Bernard Echalié, qui jusqu'à ce jour avait échappé aux recherches de la justice, a été arrêté hier dans la ville de Dijon. »

Le même jour, on arrêtait à Semur M. Damas. Voici comment le *Châtillonnais* rend compte de cette arrestation :

« Un mandat d'arrêt décerné contre M. Damas était arrivé à Semur le 19 décembre ; le 20, la gendarmerie se présente au domicile du sieur Damas pour procéder à son arrestation. Les portes barricadées rendirent cette première démarche infructueuse. Le 29, un nouvel ordre de perquisition arrive. En agissant par les voies ordinaires, on aurait rencontré les mêmes obstacles, couru les mêmes dangers. M. Jacob, homme plein d'énergie et de sang-froid, fixe l'arrestation au lendemain 31 décembre.

« Il a eu recours à un stratagème qui lui réussit à merveille, et sans lequel on aurait eu immanquablement des malheurs à déplorer. Il avertit les gendarmes de son projet, et, tandis que le sieur Damas était occupé à traiter du prix de sa maison et de son magasin avec une personne qui s'était entendue avec le commissaire de police, celui-ci fit placer des gendarmes à toutes les issues, et suivi du maréchal des logis, il pénètre dans l'appartement où se trouvait le sieur Damas, se précipite sur lui, les gendarmes accourent et l'arrestation s'est opérée sans coup férir.

« Au moment de l'arrestation, on a trouvé sur l'inculpé un pistolet chargé jusqu'à la gueule. Dans la lutte, le sabre du maréchal des logis s'est trouvé à moitié dégaîné, on ne sait comment. Perquisition faite, on a trouvé dans l'appartement un fusil double chargé de plomb n° 4, un sabre fraîchement émoulu, puis un fusil de munition chargé d'une balle et de trois chevrotines. »

Il manque une chose à ce récit, c'est le nom de l'individu qui, par dévouement pour la chose publique, sans nul doute, se fit l'auxiliaire de la police.

Le 22 janvier, l'*Ordre* annonçait de nouvelles arrestations :

« Deux arrestations politiques ont été opérées à Dijon la semaine dernière. M. Viochot, collaborateur du *Démocrate*, recherché par la police depuis quelque temps, a été saisi dans les bureaux du journal. M. Noël, de Thil-Châtel, aurait été arrêté, d'autre part, dans le local où il avait l'habitude de descendre lorsqu'il venait à Dijon. »

A ces deux arrestations nous devons ajouter celles de M. Ernest Noël, ancien président du club des Clubs, et de MM. Gueswiller frères.

Et les dépêches officielles annonçaient que la Côte-d'Or acclamait le coup d'État? Qu'aurait-on fait alors si quelques communes du département s'étaient soulevées? Mais alors où se serait arrêté le chiffre des arrestations?

Maintenant il nous reste à parler d'un crime qui mit en émoi la ville de Nuits, et qui, pendant un moment, fit trêve aux préoccupations causées par le coup d'État; voici le récit de la *Tribune*, journal de Beaune.

« Un crime épouvantable a jeté, samedi dernier, la consternation dans la ville de Nuits. M. Arthur Marey, second fils de M. Marey de la Boulaye, est tombé victime d'un abominable guet-apens. Il sortait du café Nicole, à onze heures du soir, lorsqu'un odieux assassin, embusqué à l'angle d'une rue, s'est précipité sur lui, et lui a déchargé à bout portant un pistolet dans la figure. Le malheureux jeune homme est tombé méconnaissable, et ses amis, pour constater l'identité, ont été obligés d'avoir recours aux objets qui garnissaient ses vêtements et son linge. La justice est, dit-on, sur les traces du coupable. Puisse la vindicte publique être satisfaite, car ce crime exécrable a soulevé l'indignation de tous. »

Le 25 février, vingt détenus politiques, dont neuf appartenant aux prisons de Dijon et onze à la prison de Beaune, étaient dirigés sur Paris. Le même jour, les détenus politiques du canton de Montbard, à l'exception de trois, étaient mis en liberté. Les libérations s'élevèrent au nombre de vingt.

COTES-DU-NORD.

Saint-Brieuc. — Loudéac.

Quoique toutes les dépêches affirmassent que l'ordre n'était pas troublé dans ce département et ne le serait pas, le pouvoir crut nécessaire d'envoyer dans ce département M. Maurice Duval en qualité de commissaire extraordinaire.

Quelques tentatives d'opposition au coup d'Etat furent faites à Loudéac, chef-lieu de canton de l'arrondissement de Rennes, mais la gendarmerie suffit pour mettre en fuite ceux qui y avaient pris part.

Les journaux sont muets au sujet des arrestations qui furent faites. Le seul fait que nous ayons trouvé ayant du rapport au département des Côtes-du-Nord est le suivant publié par la *Bretagne*.

« L'abbé Anatole Le Ray, prêtre interdit, auquel ses écrits socialistes ont donné une triste célébrité, a été arrêté à Paris le 24 décembre dernier. Ses papiers ont été saisis. Une perquisition faite chez un des amis de l'abbé

Le Ray a fait connaître un document assez curieux. L'abbé Le Ray assistait au fameux banquet de Jugon où la *Sociale* a fait un fiasco si complet. A l'occasion de cet échec, l'abbé Le Ray écrivait entre autres choses qu'il avait toujours été convaincu qu'*il n'y avait rien à faire dans les Côtes-du-Nord,* mais qu'il était loin pourtant de s'attendre à une si grande indifférence.

« On sait, en effet, que ce banquet, qui devait réunir 500 convives, se composait d'une cinquantaine d'individus, et que le cortége ressemblait plutôt à un convoi funèbre qu'à une marche triomphale. »

CREUSE.

Aubusson.

Peu de choses à signaler pour ce département, sauf le fait suivant émané de la rédaction du *Constitutionnel,* et qui montre, avec cette habileté propre aux rédacteurs de cette époque, que le parti républicain ne se recrutait que parmi les coquins de la pire espèce :

« Le 19 au soir, des affiches relatives au mode de voter le lendemain avaient été placardées à Aubusson. Le commissaire de police, supposant, non sans raison, que quelques malveillants pourraient les faire disparaître, s'était tenu en surveillance avec un agent. En effet, au milieu de la nuit, un individu s'élance sur une de ces affiches pour la déchirer. Arrêté sur-le-champ, il voulait faire feu d'un pistolet qu'il avait dans sa poche, mais il en fut empêché.

« Une perquisition faite au domicile de cet homme a fait trouver nombre d'objets volés, et au moment même où on le conduisait en prison, il s'était débarrassé d'une cruche qu'il venait d'aller remplir à une futaille laissée sur la voie publique, en la jetant dans la rivière.

« On a trouvé chez cet ennemi des avis de l'autorité bon nombre d'écrits socialistes, des armes chargées, de la poudre et des balles. »

Commenter cet article serait, suivant nous, en affaiblir la portée grotesque.

« Le 25 janvier, on arrêta M. Queyrat, ancien maire de Felletin. Quoique le *Moniteur* soit muet sur l'attitude de ce département à l'époque du coup d'Etat, 72 condamnations politiques furent prononcées par la commission départementale ; 17 détenus politiques furent envoyés à Lambessa ;.26 internés et 27 placés sous la surveillance. M. Constant (de Bourganeuf) fut condamné à la déportation à Cayenne, et M. Rouchon reçut un passeport pour la Belgique. » (*Conciliateur de la Creuse*).

DORDOGNE.

Périgueux. — Bergerac. — Nontron. — Sarlat. — Terrasson.

Pour ce département nous sommes obligé de nous en rapporter aux seules dépêches télégraphiques :

« Périgueux, 4 décembre. — La ville est calme, malgré les bruits qu'on a essayé de répandre.

« Les nouvelles du département de la Dordogne sont très-rassurantes. Les événements de Paris n'ont pas causé la moindre agitation parmi les populations des arrondissements de Bergerac, de Nontron et de Sarlat.

« A Piégut, petite localité de l'arrondissement de Nontron, où se tient chaque mardi un marché très-important, la nouvelle de la dissolution de l'Assemblée a été saluée de nombreuses acclamations par les cultivateurs réunis sur le champ de foire.

« A Périgueux, les ouvriers restent paisibles dans leurs ateliers et ne paraissent nullement disposés à écouter les propos de ceux qui chercheraient à les détourner de leur devoir. »

Il paraît pourtant que le département n'acceptait pas sans protester le coup d'Etat ; et à Périgueux, où la dépêche disait que les ouvriers restaient paisibles, un mouvement insurrectionnel très-prononcé avait lieu dans la journée du 4 décembre; ce ne fut que le lundi 15, que le fait fut porté à la connaissance du public par l'*Echo de Vesone*; quant aux Parisiens, ce ne fut que quelques jours plus tard qu'ils l'apprirent par le *Moniteur*. Voici l'article publié par l'*Echo de Vesone* :

« Les troubles qui ont agité Bergerac (Dordogne), dans les journées des 4, 5 et 6 décembre, n'ont pas été sans gravité.

« La dissolution de l'Assemblée fut connue à Bergerac dans la journée du 3. La dépêche télégraphique qui l'annonçait fut immédiatement affichée. La première émotion fut la surprise la plus prononcée. Aucune agitation inquiétante ne se manifesta.

« Dans la soirée, M. Castaing, sous-préfet de l'arrondissement, ayant été informé que les chefs du parti socialiste avaient manifesté l'intention d'enlever la malle de Paris, donna l'ordre à la brigade de Saint-Mamet, dont la caserne est sur le parcours du courrier, de l'accompagner jusqu'à Bergerac, le pistolet au poing.

« A sept heures, le maire de Bergerac vint annoncer au sous-préfet qu'il avait cru devoir réunir le conseil municipal et les officiers de la garde nationale, pour les inviter à veiller, d'accord avec l'autorité, au maintien de l'ordre, pendant la crise qui s'ouvrait. Le sous-préfet crut devoir se rendre aux sollicitations du maire, qui le priait de venir à l'hôtel de ville pour assister à cette réunion.

« En arrivant sur la place de la Mairie, il la trouva encombrée par une foule compacte. Les agitateurs de Bergerac, au nombre de deux cents environ, s'étaient donné rendez-vous sous la halle qui touche à la place de l'Hôtel-de-Ville. Là, le sieur Sarrazin, monté sur une banquette, les haranguait en ces termes :

« Citoyens, la constitution est violée; le Président est
« hors la loi; il n'y a plus d'autorités; c'est en nous que
« réside le droit ; préparons-nous à descendre dans la
« rue. »

« Le commissaire de police, M. Cristophini, entendant ces paroles, n'hésita pas à arrêter le sieur Sarrazin immédiatement. Son écharpe lui fut arrachée, et il fut menacé de mort.

« C'est au moment où la foule était dans la plus grande agitation que le sous-préfet se présenta. Mis au courant des faits, il maintint l'arrestation de Sarrazin. Sarrazin cria à la foule:

« Il n'y a plus de sous-préfet; c'est nous qui sommes « les maîtres. »

« Le sous-préfet ordonna au commissaire de conduire Sarrazin en prison. L'agitation de la foule devint alors plus grande. Des menaces se firent entendre, et plusieurs individus, au nombre desquels étaient les sieurs Boyer et Dupoux, se précipitèrent sur le sous-préfet, les cannes levées.

« Alors ce magistrat tira de sa poche des pistolets, et, se posant résolûment devant les assaillants, menaça froidement de brûler la cervelle au premier qui porterait la main sur lui. Cette attitude leur imposa à l'instant; mais bientôt il fut débordé. La foule l'entoura de tous côtés, et ce ne fut qu'avec les plus grands efforts qu'il parvint à conduire le sieur Sarrazin, toujours tenu par le commissaire, jusqu'à la rue où se trouve la prison, c'est-à-dire à 150 mètres environ du lieu de son arrestation. Mais la foule, qui l'avait suivi en poussant les cris:

« *A l'eau, à mort le sous-préfet!* parvint, après une lutte de vingt minutes, à délivrer Sarrazin.

« Après cette scène, le sous-préfet se rendit au conseil municipal. La résolution de défendre les propriétés et de maintenir l'ordre y fut adoptée, malgré l'opposition du sieur Buisson, ancien sous-préfet, et de quelques-uns de ses adhérents, qui voulaient faire déclarer les autorités hors la loi. Le sous-préfet s'était opposé énergiquement à l'adoption de cette mesure.

« Dans la matinée du 4, des mandats d'arrêt furent décernés contre Sarrazin, Boyer et Dupoux, instigateurs des troubles de la veille. Sarrazin et Boyer avaient pris la fuite; Dupoux fut seul arrêté et écroué sans difficulté dans la maison d'arrêt.

« La journée du 4 fut assez tranquille; les brigades de Saint-Mamet, de Sigoulès, d'Issigeac et de Bergerac, réunies au chef-lieu, pouvaient suffire alors à toute éventualité.

« Le 4 au soir et le 5 au matin, on connut les barricades de Paris ; d'un autre côté, la malle de Pau n'était pas arrivée. On sut plus tard qu'elle avait été arrêtée à Mirande.

« Toutes ces nouvelles étaient de nature à encourager les récalcitrants.

« Les meneurs allaient de maison en maison, des émissaires cherchaient à soulever la campagne. A huit heures, de nouveaux rassemblements s'étaient formés sur la place de l'Hôtel-de-Ville. La municipalité, voulant employer tous les moyens de conciliation, avait permis au sieur Buisson d'établir à la mairie un poste commandé par lui. Dès ce moment, les récalcitrants se vantèrent tout haut d'être les maîtres de la commune.

« Le but des hommes composant les rassemblements était de délivrer Dupoux, détenu à la maison d'arrêt. Le sous-préfet se porta aussitôt sur les lieux menacés, avec vingt-deux gendarmes qu'il avait sous la main et une douzaine de fonctionnaires qui étaient venus le soutenir. A quarante pas de la sous-préfecture, la petite armée rencontra une députation du conseil municipal, le maire en tête.

« Le maire pria le sous-préfet instamment de lui laisser pendant une heure la police municipale ; il promit de maintenir l'ordre. Il ajouta que si son autorité était méconnue, il viendrait se mettre aux côtés du sous-préfet, à la tête de la force armée, pour charger les insurgés. On accéda à sa demande.

« Deux heures après, le maire vint à la sous-préfecture apprendre que le rassemblement était dispersé, mais qu'il n'avait pu obtenir ce résultat qu'en s'engageant à rendre la liberté à Dupoux dans la journée du lendemain. Cette condition n'ayant pas été agréée par le sous-préfet, le maire menaça de donner sa démission, et ajouta que ses collègues le suivraient dans cette voie. Mais dans la journée, le tribunal ayant accordé à Dupoux la liberté sous caution, toute difficulté disparut.

« La journée du samedi fut agitée. On se préparait à

un grand coup pour la nuit ; mais, à six heures, le courrier de Bordeaux apporta à Bergerac la dépêche télégraphique annonçant la défaite complète des insurgés de Paris. A l'instant, tout rentra dans l'ordre ; les chefs socialistes furent frappés de stupeur ; les uns prirent la fuite, les autres firent proposer de se constituer prisonniers ; et la sous-préfecture, abandonnée au moment du danger, avait peine à contenir la foule des hommes d'ordre qui venaient féliciter l'autorité de son attitude et se réjouir du succès (1). »

La lecture de cet article nous fait naître les réflexions suivantes :

C'est une injure gratuite adressée à l'ancien sous-préfet, M. Buisson, quand le rédacteur de l'article vient dire qu'il s'opposa à la résolution de défendre les propriétés. On a l'air de faire croire que cet honorable citoyen demandait le pillage ; la mesure prise par le tribunal, relâchant sous caution M. Dupoux, mérite d'être signalée. Nous ne nous étendrons pas sur ce fait ; nos lecteurs nous ont compris.

Enfin la solitude faite autour de la sous-préfecture montre assez que la majeure partie de la population de Bergerac était loin d'être favorable au coup d'Etat.

Parmi les divers arrêtés rendus par le préfet de la Dordogne à la suite des événements, nous citerons la dissolution du conseil municipal de Terrasson qui fut — ce sont les termes de l'arrêté — remplacé par une commission administrative composée d'hommes énergiques et voués à la cause de l'ordre.

---

(1) Le 3 avril, le *Droit* publiait l'article suivant :

« La commission mixte de la Dordogne, appelée à statuer sur le sort des détenus politiques de ce département, a terminé son travail.

« Les personnes qu'elle a jugées sont au nombre de 79. Sur ce nombre, 14 ont été désignés pour la transportation en Algérie, 2 expulsés de France, 15 internés dans d'autres départements, 17 placés sous la surveillance du ministre de la police générale, 27 renvoyés devant le tribunal de police correctionnelle, 4 mis en liberté.

« Parmi les quatorze transportés en Algérie se trouve M. Charles Desolme, ancien rédacteur en chef du *Républicain de la Dordogne*. »

DOUBS.

Besançon. — Verrières-de-Joux.

Nous avons peu de choses à dire sur ce département; comme pour tous ceux qui sont dans le même cas, nous nous contentons d'insérer celles des dépêches officielles qui parvinrent à Paris et furent insérées au *Moniteur*.

« Besançon, 4 décembre, quatre heures du soir. — Les événements survenus à Paris ont été favorablement accueillis à Besançon, et cet effet s'accroît loin de se démentir. »

On lit dans *l'Impartial* de Besançon : « Nous laissons aujourd'hui la parole aux événements.

« Nous ne ferons qu'une simple réflexion sur le dénouement soudain des difficultés survenues entre les deux grands pouvoirs de l'Etat. La brusque péripétie du drame politique n'a pas altéré la quiétude du pays.

« Toutes les nouvelles, notamment celles que nous avons reçues ce matin, sont pleinement rassurantes.

« Des mesures, dont l'efficacité n'est pas douteuse, ont été prises par le gouvernement pour le maintien de l'ordre et de la sécurité publique.

« Nos correspondances l'attestent : sur aucun point du pays ne se révèle la nécessité d'un déploiement de ressources extraordinaires pour garantir la conservation de la paix. Aucun sentiment d'irritation ne se manifeste, et l'appareil de la force semble être un luxe inutile, tant est significative l'impassibilité des populations. »

Le 5 décembre, le préfet du Doubs, M. de Lapeyrouse, faisait afficher la proclamation suivante :

« Habitants du Doubs,

« Vous répondez à l'attente du président de la République et aux espérances que les hommes d'ordre ont fondées sur votre patriotisme et votre volonté à maintenir la tranquillité dans le département.

« J'en étais certain : cette attitude vous honore.

« Vous n'ignorez pas que, dans quelques départements, l'anarchie a essayé de lever la tête ; partout elle a été vaincue.

« Vous continuerez à rester dans le calme ; mais si, par impossible, des hommes pervers voulaient troubler la paix publique, l'autorité est prête ; ses mesures sont prises : la répression serait prompte et décisive.

« Habitants du Doubs,

« J'ai pleine confiance en vous ; je vous tiendrai au courant des événements importants qui pourraient survenir.

« Besançon, le 5 décembre 1851.

« *Le préfet du Doubs,*
« DE LAPEYROUSE. »

Le département était tranquille, mais néanmoins on menaçait ; l'*Impartial* lui-même, avec la plus grande modération de langage, essayait de faire comprendre aux autorités qu'elles commettaient une faute par cet appareil de la force qu'elles déployaient.

Parmi les personnes qui furent arrêtées, nous citerons M. Kobbe ; voici en quels termes l'*Impartial* rend compte de cette arrestation :

« Le sieur Kobbe, horloger aux Verrières-de-Joux, après avoir insulté des agents du gouvernement, a arboré le drapeau rouge. Prévenu de ces faits, le conseiller de préfecture remplissant les fonctions de sous-préfet a immédiatement prescrit l'arrestation de cet individu, qui a été écroué, le 14, à la maison d'arrêt. »

De son côté l'*Union franc-comtoise*, annonçait deux autres arrestations :

« M. l'avocat Oudet et M. Hippolyte Bidal ont été arrêtés, dans la matinée de lundi, à Besançon. Ils ont été conduits à la prison de Bellevaux. On parle de plusieurs autres arrestations. »

DROME.

Montélimar. — Valence. — Saint-Jalle. — Crest. — Chabrillan. — Saou.

Ce département était un de ceux mis en état de siége à la suite des affaires de Lyon; l'irritation était profonde; s'il faut en croire le bruit public, il y avait, à cette époque, dans la Drôme, de 25 à 30,000 hommes affiliés à des sociétés secrètes.

Nous ne ferons pas le dénombrement des individus appartenant à la police qui se trouvaient dans ce nombre; mais nous déclarons à l'avance que nous ne croyons pas à ce chiffre. Il pouvait y avoir des gens qui jouaient à la société secrète, qui étaient assez dupes d'eux-mêmes pour croire à l'efficacité d'aussi tristes moyens, mais nous nous refusons à croire au chiffre annoncé.

Et ici, pour faire l'histoire de l'insurrection dans ce département, nous avons pour nous aider le rapport du général Lapène; c'est donc de ce rapport que nous allons nous servir tout en nous permettant de le discuter et d'en faire ressortir les inconséquences; notre but étant d'écrire un livre utile à l'histoire et non un pamphlet, nous aurons soin de ne laisser dans l'ombre aucun fait, qu'il soit favorable ou défavorable à l'insurrection, car nous n'avons qu'un but, la recherche de la vérité (1).

Ainsi que le signale le général Lapène dans son rapport, quelques jours avant la connaissance du coup d'Etat, une sourde agitation s'était manifestée, dans les environs de

---

(1) Ce rapport, un des plus volumineux et en même temps un des plus consciencieusement rédigé qui ait paru à cette époque, est intitulé : « Rapport sur les événements politiques survenus dans le département de la Drôme à l'issue de ceux consommés à Paris le 2 décembre, et sur l'intervention active et concluante des forces militaires dans cette occasion » et est signé : Le général commandant l'artillerie de la 6e division militaire et l'état de siége dans la Drôme, Lapène.

Valence. Nous ne dirons pas, avec l'honorable général, qu'on y entendait parler de pillage et d'incendie, mais nous nous contenterons de signaler l'arrestation d'un individu, un exalté, un fou probablement, qui parcourait à onze heures de la nuit les rues et les places de Chabeuil (1) en criant :

« Aux armes ! »

L'individu fut arrêté, mais la population se récria et déclara aux gendarmes que leur prisonnier ne serait pas conduit à Valence.

Le lendemain arrivaient à Chabeuil une quarantaine de soldats d'artillerie sous les ordres d'un lieutenant. Et ce fut à l'aide de ces hommes que la gendarmerie put conduire son prisonnier à Valence.

Ce bourg qui semblait donner le signal de la résistance ne bougea plus ; mais il est probable qu'un certain nombre de ses habitants allèrent grossir les colonnes des insurgés de la Drôme.

Ce fut dans la nuit du 3 au 4, à trois heures du matin, que le préfet recevait avis du maire de Crest, ville distante de Valence de 28 kilomètres, que le 3, les bureaux d'octroi avaient été assaillis et *pillés*. Ce sont les termes de la dépêche ; la caserne de gendarmerie, n'ayant que le maréchal des logis et deux gendarmes présents, avait été envahie. Le maire y était accouru, un fusil à la main, pour organiser la résistance.

La conduite de M. Moustier, le maire, pouvait être très-courageuse, mais nous croyons que son arrivée au pas de course, à la porte de la gendarmerie, un fusil à la main, n'était pas faite pour calmer l'irritation de cette foule d'hommes au tempérament ardent.

Le maréchal des logis et les gendarmes qui avaient essayé de repousser la foule avaient eu leurs habits dé-

---

(1) Chabeuil, chef-lieu de canton, arrondissement de Valence (Drôme); la population du canton est de 13,487 habitants. Cette petite ville est dominée par les ruines d'un ancien château dont la tour subsiste encore.

chirés. Le maire réclamait de prompts secours. Ici, nous laissons la parole au rapport du général Lapène :

« Les secours furent organisés sur-le-champ, et, à quatre heures du matin, un détachement d'artilleurs comprenant vingt-cinq cavaliers et trente-deux servants armés de mousquetons à tige, sous les ordres du commandant Gillon, du 2ᵉ d'artillerie, partait pour Crest, et y arrivait avant huit heures.

« L'opportunité du détachement se faisait bientôt sentir. Sept arrestations de prévenus étaient ordonnées ; deux furent saisis immédiatement ; cinq parvinrent à fuir. La ville reprit un calme apparent. Des patrouilles ordonnées avec intelligence par le capitaine Gillon l'affermirent au dehors et dans l'intérieur. Quelques citoyens honorables fraternisèrent avec la troupe et s'organisèrent en milice civique. M. le conseiller de préfecture Lechelle, délégué du préfet, activa ce commencement de résistance parmi les bourgeois. Dans la journée du 5, le capitaine Gillon apprenait par le curé de la Castre, lequel, menacé, avait été obligé de fuir, que le tocsin avait sonné dans plusieurs communes de la vallée supérieure de la Drôme et dans les localités de Grane et Châbrillant, canton de Crest-Sud. Ce fait fut vérifié par des reconnaissances poussées par le lieutenant Rabatel sur Châbrillant. Les rapports étaient exacts, mais ces moyens de provocation avaient été jusque-là sans résultat. Cependant le procureur de la République de Die accourait à Crest pour informer sur ces faits et ces actes antérieurs, et procéder à des arrestations. Le juge de paix de Crest se disposait à opérer de même à Grane et à Châbrillant. Le capitaine Gillon complétait les mesures de sûreté et de répression en faisant fermer deux cafés mal famés et en poussant une reconnaissance sur Eurre, dominant la position rive droite de la Drôme en aval de Crest, et en tenant le reste du détachement réuni et sous la main.

« Dans l'intervalle, Die, chef-lieu d'arrondissement, à 60 kilomètres de Valence et à 39 de Crest, en outre point central de la vallée supérieure de la Drôme, était fortement agité et menacé par les communes environnantes, singulièrement travaillées de longue date par les sociétés secrètes. De prompts secours étaient demandés par M. de Chazelles, sous-préfet. Le préfet et le général étant tombés d'accord sur l'opportunité de ce secours, une compagnie du 32e, capitaine Frézières, partait de grand matin, le 6, de Romans, dépôt du corps, pour Die, en passant par Crest, et y arrivait vers une heure de l'après-midi. Le moment était propice et ce renfort était providentiel.

« Une colonne insurrectionnelle, forte de 300 hommes, venue de Saillant (14 kilom.) et descendant la vallée de la Drôme par la rive droite, était arrêtée au pont d'Aoste (2 kilom.) par le piquet à cheval porté en reconnaissance sur ce point. Tournant bientôt la position, la colonne avait gagné la crête des hauteurs et s'avançait sur le plateau qui domine la ville, un peu au-dessous de l'ancienne tour de Crest, qui forme un poste militaire important. Le capitaine du 32e et son lieutenant s'y portèrent rapidement avec vingt-cinq hommes. Deux autres pelotons furent placés chacun derrière des barricades défensives élevées spontanément aux issues de la ville, et le capitaine Gillon, chef de la défense, remonta à la tour.

« A peine avait-il atteint le plateau et placé les sentinelles, que les insurgés firent un mouvement en avant, et répondirent à notre qui vive par Vive la République ! Vive la Liberté ! Le feu commença de suite des deux côtés. Aux premières décharges, ils s'arrêtèrent et se retirèrent en arrière sur le plateau. Ils allumèrent des feux de bivac et y passèrent la nuit, se gardant très-bien et avec des précautions et des cris qui indiquaient des habitudes militaires. Cette attaque avait eu lieu vers cinq heures. Les bonnes dispositions prises par le capitaine Frézières et le lieutenant Saint-Phal, dirigés par le capitaine Gillon, ayant avec lui le lieutenant Landroit, ont été secondées par les habitants qui, postés sur la tour, ont fait feu sur les insurgés. Ceux-ci ont dû perdre, d'après les rapports recueillis, cinquante hommes tués ou blessés ; nos pertes se sont bornées au brigadier Cardinal, tué, et au maréchal des logis Carrier, mort le 9 de ses blessures.

« A sept heures du soir, le capitaine Gillon, qui s'était assuré de la tranquillité dans la ville, remontait à la tour pour faire observer les hauteurs occupées par les insurgés, quand tout à coup il entendit des chants et le bruit des tambours sur l'autre rive de la Drôme, au delà de la barricade formant tête du pont. Là était un poste de vingt hommes et huit cavaliers sous les ordres du sous-lieutenant Olivier, sortant de l'école de Saint-Cyr, qui s'était mis à la disposition du capitaine Gillon.

« C'était l'insurrection de Grane et de Châbrillant (canton de Crest-Sud), forte de 7 à 800 hommes dont 150 marchaient de force, et qui, par une intention atroce, étaient en tête pour essuyer les premiers coups. Au premier rang se trouvaient le curé et le vicaire de Grane, le curé de Châbrillant et deux prêtres missionnaires. Le jeune Arribat, fils du précédent adjoint, dévoué à l'ordre, adolescent de quinze ans, marchait sur la même ligne, tous ayant le canon du fusil des insurgés appliqué sur le dos. Au premier signal de retraite ou de simple résistance, les misérables qui les contraignaient ainsi avaient ordre de les tuer.

« Cependant l'action s'engageait, et un feu de file parti de la barricade laissait deux insurgés sur le carreau et d'autres blessés. Par un bonheur providentiel, et que le bon curé de Grane considère comme un miracle, aucun des prêtres ni des gens d'ordre opprimés ne fut atteint. Immédiatement, les insurgés se replièrent, et bientôt s'enfuirent en bandes dans toutes les directions.

« Les huit cavaliers sortent alors et les chargent; le maréchal des logis Carrier est en tête ; il atteint un insurgé, et au lieu de l'abattre d'un coup de pistolet, le somme de se rendre et de livrer son arme. Celui-ci reconnaît cette mansuétude par un coup de fusil double et blesse mortellement le sous-officier, qui a succombé depuis (1). Le brigadier Cardinal, de la 2ᵉ batterie, reçoit

---

(1) Le 29 mars 1852, le nommé Soulier, âgé de 45 ans, passa devant le Conseil de guerre de la 6ᵉ division, séant à Lyon, et fut condamné à mort, comme étant l'auteur de la mort du maréchal

au même instant une balle en pleine poitrine et tombe mort. Son cadavre nous reste. Au jour, on retrouva sur le terrain les deux insurgés morts, une foule d'armes de toutes sortes, depuis le fusil de chasse jusqu'au bâton ferré, des tridents, des pieux et de simples bâtons.

« Le rapport sur ce combat arrivait à Valence le même jour, 7, à neuf heures du soir. A dix heures, le chef d'escadron Delamothe, du 2e d'artillerie, partait pour Crest avec une section montée et une escorte suffisante. En même temps, le lieutenant Tricoche recevait l'ordre de quitter immédiatement Chabeuil, où la position avait été par lui bien raffermie, avec tout son monde, pour renforcer la garnison de Crest.

« Enfin la compagnie du 31e, au lieu de continuer sur Die, devait rester à Crest jusqu'à nouvel ordre. C'était pour le moment tout ce qu'il était prudent de faire, car l'insurrection de l'Ardèche nous touchait, et celle-ci était toute organisée à Guillerand, Charmer, Soyon, Saint-Péray, etc., territoires dont Valence n'est séparé que par le pont suspendu.

« Le préfet donnait également ses instructions et de puissants encouragements à son délégué, M. le conseiller de préfecture Lechelle, à M. Moutiers, maire, et aux ho-

---

des logis. Un témoin, Roux (Barthélemy), déclara que Soulier lui avait déclaré être l'auteur de ce meurtre, dans les termes suivants :

« Je viens de tuer un artilleur qui me poursuivait ; arrivé près de moi, il me cria de me rendre, et au moment où il détourna son cheval, je lui tirai mes deux coups de fusil en pleine poitrine, ce à quoi Roux (Barthélemy) lui ayant dit : Tu es un brigand d'avoir tiré sur un militaire qui ne voulait pas te faire du mal, attendu qu'ils n'ont pas tiré sur nous et qu'ils nous poursuivaient seulement pour nous faire en aller, l'accusé aurait répondu : J'aime mieux tuer le diable que de me faire tuer par lui. Et toujours d'après le témoin il lui aurait même indiqué l'endroit où il avait fait feu sur cet artilleur. — Si j'avais commis un pareil crime, répondit Soulier au président du Conseil, je n'aurais pas été assez sot pour le dire à Roux ; je l'aurais gardé pour moi.

Soulier fut condamné à mort ; mais sa peine fut commuée ; deux autres insurgés qui passaient en même temps que lui devant le Conseil pour avoir pris part aux troubles de Crest, Pinet et Bourier, furent condamnés à la déportation. (*Voir l'appendice B*).

norables citoyens qui s'étaient organisés en volontaires et joints à eux.

« Le chef d'escadron Delamothe arrivait à Crest à quatre heures du matin. Après s'être renseigné auprès du capitaine Gillon, du procureur de la République de Die, du maire et du maréchal des logis de gendarmerie, la première opération de cet officier supérieur a été de déloger les insurgés des hauteurs où ils avaient bivaqué, au-dessus de la tour de Crest, dans la crainte que, se prolongeant en arrière, ils n'allassent intercepter la route de Valence, laquelle, du reste, le général de brigade avait fait observer par des reconnaissances occupant Beaumont et Montmeyran, à 16 kilomètres. L'obusier fut donc placé sur un plateau proche la tour, de manière à prendre l'ennemi à revers.

« Au signal donné par un premier coup de cette bouche à feu, le capitaine Frézières, du 32e, avec 25 hommes, débouchait de la tour et escaladait rapidement la montagne, en se dirigeant du sud au nord, tandis que la position était tournée par un autre détachement disposé en tirailleurs par le revers est. Enfin une patrouille de cavalerie, confiée à un officier, suivait un chemin plus accessible qui conduit sur un autre point de la crête occupée par les insurgés.

« Le but fut pleinement atteint: ceux-ci se replièrent en désordre, et bientôt disparurent à l'horizon. Après s'être mutuellement reconnus et avoir exploré une étendue de deux ou trois kilomètres et s'être assurés qu'il n'y avait plus d'ennemis, chaque détachement rentrait dans son poste respectif.

« Cette démonstration vigoureuse et intelligente, suivie de la disparition complète des insurgés sur la rive droite de la Drôme, avait produit un puissant effet sur la population, dissipé des craintes exagérées et raffermi les gens d'ordre qui, la veille, avaient réuni leurs efforts à ceux de la troupe.

« MM. Lechelle, conseiller de préfecture, et Moutiers, maire de Crest, constamment restés auprès de M. Delamothe, étaient de ce nombre.

« A peine rentré, le commandant Delamothe apprenait

que, malgré l'échec de la veille, suivi d'une indicible déroute sur la rive droite, les contingents de Grane et de Châbrillant allaient reparaître devant la tête du pont.

« On annonçait aussi qu'une nouvelle formidable colonne allait déboucher de Saou et de Puy-Saint-Martin (canton de Crest-Sud, de Bourdeaux (1) et des communes de ce canton.) La première nouvelle était peu probable ; l'autre supposition pouvait être positive et imminente.

« La marche des insurgés de Bourdeaux et des communes environnantes prenait plus de certitude, et les renseignements les plaçaient déjà à 5 ou 6 kilomètres de Crest ; pour s'en assurer, le commandant Delamothe poussa, vers deux heures, une forte reconnaissance sur la route de Montélimar qui est coupée au-dessus du hameau de Lambres par celle de Bourdeaux, avec de l'infanterie, quelques cavaliers et l'obusier de 0.15. M. le maire Moutiers, membre du conseil général, qui connaît le pays, fort accidenté en cet endroit, l'accompagnait.

« A 2 kilomètres, les insurgés furent aperçus se déployant en longue file à droite et à gauche de la reconnaissance ; leur nombre n'était pas moindre de 1,800 à 2,000, et l'on distinguait parfaitement leurs cris, leurs menaces. Deux coups d'obusier, qui portèrent juste, les arrêtèrent d'abord. Mais la fusillade s'engagea bientôt, et deux chevaux de la pièce furent blessés. Ces forcenés (2) s'avançant avec une grande résolution pour tourner la position, le commandant ordonna la retraite et fit occuper fortement la barricade formant tête du pont sur la Drôme, où la pièce de 8 se tenait prête à agir.

« L'obusier fut placé sur le quai intérieur de la ville, de manière à battre la route qui, à une longueur de 100 mètres, débouche sur la Drôme perpendiculairement

---

(1) Dans ce village les insurgés qui étaient partout en grand nombre laissèrent les armes aux gendarmes. Les journaux de la réaction ne les appelleront pas moins brigands, pillards, etc.
(2) Nous regrettons de trouver cette expression dans le rapport du général Lapène ; rapport, nous devons le dire, qui se distingue de beaucoup d'autres par la façon convenale avec laquelle il est rédigé.

au quai. Les défenseurs des autres ouvrages sur le périmètre de la ville occupèrent aussi les points assignés, et tous se tinrent prêts à bien faire leur devoir.

« Au bout de vingt minutes, une colonne d'insurgés se présenta bien unie, et s'avançait en masse compacte pour déboucher sur la petite place où était située la première barricade formant tête du pont. L'obusier fit feu, et la mitraille, tirée tout au plus à 200 mètres, produisit un grand effet (1). L'on vit tomber un grand nombre d'ennemis, et à compter de ce moment la route fut évacuée et aucune bande n'osa plus s'y montrer.

« Mais d'autres masses d'insurgés avaient gagné les bords de la Drôme et s'avançaient résolûment sur la digue. L'obusier fut alors dirigé de ce côté. La fusillade, qui s'était engagée aussitôt après la première décharge à mitraille, fut très-vive sur ce point. Les insurgés étaient cachés derrière la digue et par de petites maisons qui se trouvent tout proche. Quelques obus bien tirés les délogèrent cependant. C'est alors que le canonnier Combrexelles, ancien et brave soldat, tomba frappé mortellement d'une balle au front, au moment où il pointait son obusier.

« A la barricade du pont, le feu était très-vif aussi, et le premier servant Montigneul a eu le bras cassé d'une balle, ce qui a exigé l'amputation. Bientôt 150 ou 200 insurgés des plus entreprenants, se glissant par des sentiers, vinrent se placer contre les murs de la culée du pont, en arrière de la barricade, avec dessein de la tourner et la prendre par la gorge, mais une charge à fond de 15 ou 20 cavaliers, tournant alors la position, les dispersa et leur tua 3 hommes. A compter de ce moment, ils s'en-

---

(1) M. Eugène Ténot, qui est originaire du Midi et qui a été à même d'entendre des témoins de cette bataille, dit, dans son livre *la Province en décembre* 1851 :

« ..... La colonne s'arrêta, flotta un instant indécise, puis se rejeta sur les deux côtés du chemin. Quelques hommes intrépides essayaient de la relancer. Un des tambours continuait à battre à la charge. M. Caret, la tunique déchirée par la mitraille, agitait son sabre. Le maire de Poët-Célarde, resté presque seul sur la route, criait :

« — Allons, mes enfants, encore un effort ! nous les tenons ! »

fuirent dans la campagne et n'ont plus reparu: A cinq heures, le feu avait à peu près cessé sur toute la ligne et les bandes ont fait leur retraite en désordre et disparurent sur tous les points de la rive gauche. »

Maintenant nous allons nous occuper de la ville de Montélimar; et, pour cette ville, nous continuerons de citer le rapport du général Lapène.

« A l'arrivée de Paris de la dépêche télégraphique du pouvoir exécutif portant la date du 2 décembre, à huit heures du matin, l'émoi fut grand; mais des mesures promptes et intelligentes concertées entre M. le sous-préfet et le major Carmier, du 13e de ligne, commandant l'état de siége, assuraient la tranquillité.

« Ces précautions contre le désordre, rendues plus puissantes par l'adhésion de tous, et le déploiement d'une force respectable partout où elle était nécessaire, prévinrent toute démonstration. Des armes indûment retenues à Pierrelatte, après le désarmement ordonné des gardes nationales, et qui se trouvaient entre des mains équivoques ou mauvaises, furent réunies, par ordre de l'autorité supérieure, et transportées au chef-lieu de l'arrondissement dans la journée du 5.

« Cependant les événements se compliquaient; un rapport de la police constatait que le courrier de Privas à Montélimar avait été arrêté entre Chomerac et Brussy (Ardèche), par une colonne nombreuse d'insurgés armés; ceux-ci, qui avaient eu pour point de départ Rochemaure, marchaient sur le chef-lieu, au chant de *la Marseillaise* et au son de la caisse; ils étaient conduits par des gens cachés dans les plis de leurs burnous, que personne ne connaissait, et qu'on disait venir de Lyon.

« Plusieurs dépêches avaient été visitées sur la place publique; le courrier avait été ensuite libre de repartir. C'était l'insurrection qui se présenta devant Privas dans la nuit du 4 au 5, mentionnée dans le courant de ce rapport. Cette démonstration criminelle avait du retentissement à Montélimar, et tout portait à croire à un mouvement prochain; aussi, dans la soirée du 5, quinze des principaux meneurs étaient arrêtés; les boutiques des armuriers surveillées et les fusils dégarnis de leurs platines ; des patrouilles plus considérables furent ordonnées.

« L'ex-représentant du peuple Combier était parmi les personnes arrêtées.

« A Rochegude, canton de Saint-Paul-Trois-Châteaux, les perturbateurs passaient à l'exécution : une vingtaine d'individus exigèrent du maire les clefs de la maison commune et l'écharpe, disant qu'ils allaient s'ériger en comité *en vertu de la loi du plus fort*. M. le maire Ishe avait répondu par un refus formel ; mais ils se sont rendus de suite à la mairie, dont ils ont enfoncé les portes, et après s'y être installés, y ont passé la nuit à boire et à délibérer.

« Prévenu de ce fait, M. le juge de paix de Saint-Paul s'y était transporté le lendemain, à six heures du matin, avec la gendarmerie de Pierrelatte. La plupart de ces individus, qui se trouvaient encore à la mairie, y ont été arrêtés. Cinq fusils chargés, dont ils étaient en possession, furent saisis. Les plus compromis, entre autres le nommé Peyron, considéré comme le meneur, étaient conduits immédiatement à Montélimar et mis à la disposition du parquet.

. . . .

« A Montélimar, où les précautions continuaient, concertées entre les autorités militaires, civiles et judiciaires, réunies dans ce but pendant la nuit du 6 au 7, la présence d'une trentaine d'individus délibérant dans un cabaret, dont plusieurs armés, fut signalée ; la gendarmerie fut dirigée sur ce point ; mais ces gens avaient disparu.

« Une demi-heure après, une bande d'anarchistes, d'après les rapports, devait se trouver à quelques minutes de Montélimar, avec intention de marcher sur la ville ; elle ne s'était pas réunie au lieu indiqué, mais à 3 kilomètres, sur la route de Sauzet, un détachement de 50 hommes, commandés par le capitaine Palastron, du 63e, dut se porter en avant pour la disperser.

« Son opération se borna à s'emparer d'hommes circulant par petites bandes et rencontrés armés ; ces arrestations furent de quatorze individus, et la patrouille rentra à trois heures et demie ; un autre individu, n'ayant pas répondu au cri de *Qui vive!* répété trois fois, fut abattu d'un coup de fusil en fuyant.

« A onze heures et demie, le garde champêtre de Marsonne accourait, non sans péril, annonçant qu'on y sonnait le tocsin, et que trois ou quatre cents insurgés étaient réunis. A l'instant, un détachement de cent hommes, moitié du 13e, moitié du 63e de ligne, partit avec le capitaine de la Pommerais, du 63e, pour prêter main-forte à l'autorité, et rétablir l'ordre si gravement compromis. La route était jalonnée par des hommes armés porteurs de munitions, qui furent saisies. Mais arrivée au village de Saint-Marcel, la colonne, éclairée par la clarté de la lune, se trouva en face de six à sept cents insurgés au moins (1).

« Trois hommes portant un drapeau s'étant avancés pour parlementer, et l'officier leur ayant ordonné de mettre bas les armes, ils lui répondirent par les cris : « Nous ne voulons pas être esclaves. Vive la ligne! à nous nos frères! » Nul n'en tint compte, et la fusillade commença. Quoique composé de jeunes soldats sans expérience, le détachement se conduisit bien, et, au milieu de la vive fusillade qui l'accueillit, riposta vigoureusement.

« Après avoir tenu deux heures, ayant eu trois hommes blessés, dont un assez grièvement à la jambe, le capitaine, comprenant qu'il ne pouvait tenir devant une aussi forte masse, battit en retraite en ordre et rentra à Montélimar, à cinq heures et demie du matin. Tout le long de la route on avait entendu sonner le tocsin, battre la caisse et faire des décharges d'armes (2).

---

(1) Fattel était là avec cinq à six cents paysans républicains de Sauzet, Beaulieu, la Botée-Roland, Mont-Bouché, Savane, etc. (Eug. Ténot, *La province en décembre* 1851, p. 208).

(2) Deux sergents, Drumigny et Paoletti, furent condamnés à mort à la suite de ce combat : ces deux sous-officiers, avec une quarantaine de soldats, étaient rentrés à Montélimar annonçant que la troupe avait subi un désastre complet, auquel ils n'avaient échappé que par la fuite. Nous trouvons dans le compte rendu

« Au point du jour, le 7, une heure et demie après la rentrée du premier détachement, une colonne forte de 310 hommes, dont 10 gendarmes et 4 compagnies du 13ᵉ de ligne et autant du 63ᵉ, quittaient Montélimar dans le but d'en finir avec l'insurrection en poussant jusqu'à Sauzet. A l'ouest de Saint-Marcel, qui est séparé de la route par une vallée étroite et profonde, sur une montagne élevée, était un groupe de 150 insurgés agitant un drapeau.

« A l'est, dans la vallée de Roubion, on distinguait aussi une masse d'individus ; ces bandes, toutefois, paraissaient moins nombreuses que celles qui, la nuit précédente, avaient disputé l'entrée de Saint-Marcel au détachement commandé par le capitaine de la Pommerais. L'avant-garde de la colonne s'avança directement sur Saint-Marcel. Une compagnie appuyait la gauche ; une autre compagnie, pressant le pas, tournait le village par la droite.

« Les bandes, après la leçon reçue dans la nuit précédente, jugèrent prudent de ne pas résister et prirent immédiatement la fuite. M. le sous-préfet Laurette, qui avait voulu partager la mission de la colonne, fit aussitôt faire des perquisitions. Deux cadavres gisaient sur la

---

de l'audience du conseil de guerre le passage suivant, extrait du rapport du commissaire du gouvernement.

« Quelques instants l'officier fut suivi de la section ; mais on approchait de l'ennemi, les balles commençaient à siffler. Quoiqu'il eût cherché à réveiller dans le cœur de ses soldats le sentiment de l'honneur en leur montrant leurs compagnons d'armes aux mains de l'ennemi, il sentit que l'allure des hommes qui le suivaient ralentissait à chaque décharge. La colonne s'allongeait ; mais il fallait arriver : il pensait sa présence urgente sur le lieu du combat. Il continua à marcher rapidement, excitant, encourageant ceux qui pouvaient l'entendre et qui le suivaient ; supposant d'ailleurs que ses sous-officiers feraient leur devoir ; qu'ils maintiendraient les hommes sur la route ; qu'ils les empêcheraient de tourner le dos.

« Lorsqu'il arriva près du capitaine, un petit nombre d'hommes le suivaient seulement, le reste avait disparu, ainsi que les sergents Drumigny et Paoletti, qui ne reparurent plus sur le champ de bataille... »

route; un troisième insurgé, grièvement blessé, a été trouvé dans une maison, ayant un fusil de chasse dans son lit avec lequel il avait visiblement tiré plusieurs coups, plus trois paquets de poudre ; cet homme a été transporté immédiatement à Montélimar.

« Pendant ces perquisitions, trois compagnies soutenues par une réserve gravissaient dans des directions différentes les pentes escarpées de la montagne, au sommet de laquelle s'étaient réfugiés les insurgés. La compagnie de droite devait chercher à leur couper la retraite; mais, devinant ce projet, ils abandonnèrent promptement la position avantageuse qu'ils occupaient, en se bornant à échanger quelques coups de fusil avec les tirailleurs.

« M. le sous-préfet ayant terminé ses opérations à Saint-Marcel, les quatre compagnies détachées avec lui, descendant la montagne, se rabattirent sur Sauzet, de manière à assaillir ce bourg du côté de l'ouest, tandis que la colonne principale l'attaquerait du côté du sud. Sauzet ne fut pas défendu, mais les gendarmes s'étant portés vivement en avant pour couper la retraite aux insurgés, deux de ceux-ci furent saisis.

« Quatre autres individus le furent plus tard. Le calme étant rétabli sur tous les points explorés par la colonne, celle-ci a repris la route de Montélimar, où elle est rentrée à cinq heures du soir, ramenant ses prisonniers. »

La tactique des insurgés est exposée dans les termes suivants par le général Lapène :

« L'attaque de Montélimar, dans cette nuit du 6 au 7, était projetée par les bandes d'insurgés du canton et de celui de Marsanne au même instant et dans les mêmes conditions que celle de Crest par les contingents de Grane et de Châbrillant, et le 7 par l'insurrection de Bourdeaux et de Dieu-le-Fit.

« Ainsi, accord entre ces bandes pour s'emparer des villes importantes de Montélimar, centre administratif et politique, et de Crest, centre industriel ; puis, grossies par les insurgés accourus d'autres points intermédiaires, pour se ruer sur Valence en combinant leur mouvement avec l'insurrection des communes de l'Ardèche voisines du pont suspendu, et dans leurs folles idées, avoir raison du chef-lieu de la Drôme. Les positions de Crest et de Montélimar étant rendues depuis cette journée du 7 à peu près au calme habituel, et soumises à l'action de la justice qui informe, suivons la marche de l'émeute dans ses projets contre le chef-lieu.

« Pendant que les attaques les plus vives étaient dirigées contre Crest et des démonstrations menaçantes contre Montélimar, Valence, ainsi qu'il a été dit, était le but de l'invasion des insurgés. Ils avaient à cet effet de fortes intelligences dans les communes voisines de la vallée du Rhône, rive droite (Ardèche). Des avis positifs prévenaient que le dimanche 7, à quatre heures du matin, une bande de 5 à 600 insurgés de Saint-Péray, Charmes, Guillerand, devait se réunir aux Granges, premier hameau au delà du pont suspendu, le franchir rapidement pour se joindre aux socialistes de Valence, attaquer la préfecture et s'emparer des autorités. Cette bande devait être commandée par le nommé Blettod, appareilleur du sieur Ferlin, marchand de fer et propriétaire d'une carrière à Guillerand.

« Les mesures énergiques prises par l'autorité militaire, restée debout toute la nuit pour écraser ces voisins turbulents de l'Ardèche, un commencement de bonne organisation parmi les citoyens dévoués à l'ordre, enfin quelques arrestations de meneurs, dont plusieurs tenaient à la haute bourgeoisie, pour indiquer que la pression planait sur tous, firent échouer le mouvement, et la nuit du 6 au 7, agitée à Crest et à Montélimar, fut paisible au chef-lieu.

Loriol. — « Mais des événements importants et de haut intérêt se passaient à Loriol (1) (21 kilomètres). Les bandes dispersées dans la même nuit, à Crest, devant la barricade du pont, après s'être de nouveau recrutées

---

(1) Chef-lieu de canton de l'arrondissement de Valence (Drôme), population 2,109 habitants; celle du canton est de 11,000.

à Grane, premier point de départ, puis à Cliousclat et Mirmande, communes du canton de Loriol, et avoir reconnu pour chefs les contumaces fugitifs de ces mêmes communes, débouchèrent de leurs bois et interceptèrent de suite la route nationale entre Saulce et Derbières, et la circulation des dépêches fut interdite. Ils envahirent le village de Saulce, dépendant de Mirmande, qui se trouvait alors sans autorité, ce qui força la brigade du fonctionnaire Jourdan à se replier sur Loriol.

« Ils marchèrent vers cette dernière localité dans la nuit d'après. Le premier acte fut de s'introduire par escalade dans le poste télégraphique et d'y mettre le feu. Mais celui-ci s'éteignit faute d'aliments. Ils épargnèrent les machines et se bornèrent à emporter deux lunettes sur trois. Peu satisfaits de leur ouvrage incomplet, à leur point de vue, puisque les communications avaient été rétablies, et avant de quitter Loriol, le 9, à sept heures du matin, vingt-cinq insurgés, tous armés de fusils et de haches, se ruèrent sur le poste, forcèrent le stationnaire à leur en livrer les portes, puis, étant entrés, ils brisèrent complètement les mécanismes intérieurs à coup de hache.

« L'agent de service, voulant leur faire quelque observation sur leur conduite, fut couché en joue. Les trois stationnaires de Loriol et celui de Valence, envoyés à leur aide, ont fait leur devoir.

« Dans ces dispositions, la tête de la colonne allait entrer à Loriol. Le conseil municipal était en séance ; mais le maire, n'y voyant aucune disposition de résistance, prit le parti de gagner son habitation, sorte de château défensif appelé la Gardette, placé à plus de 2 kilomètres du bourg et de la route nationale de Lyon à Marseille et dominant la position. Il arma ses domestiques, perça des meurtrières et se mit en défense.

« A Loriol venait d'arriver, dans cette même matinée du 8, un détachement de vingt-trois hommes du 9e d'artillerie, se rendant à Bourges, dépôt en Afrique, pour remplacer les libérables du corps ; n'étant ni armés, ni équipés, le maréchal des logis fourrier Ernest qui le commandait se met à la disposition de l'adjoint et demande des armes. Il propose de prendre, par exemple, celles des sapeurs-pompiers, qui les ont gardées après le grand désarmement de septembre 1850.

« Ceux-ci, qui étaient présents, refusent en disant qu'on ne peut tenir. L'autorité, sans insister, fait remettre aux artilleurs quelques fusils de pompiers non présents et d'autres armes ramassées ailleurs, et ces derniers se mettent en bataille devant l'hôtel de ville. Le commissaire de police Christophe fils, d'accord avec le fourrier Ernest et le brigadier de gendarmerie Benazet, récemment promu maréchal des logis, avait ouvert l'avis de faire les sommations, et avec tous les hommes armés, les pompiers compris, de se défendre à outrance.

« Il n'est pas appuyé par la municipalité qui, en l'absence du maire et du juge de paix, se livre à l'épouvante, et au lieu d'accueillir cette pensée généreuse, encourage la lâcheté de la population, qui, à l'exemple des pompiers, s'écrie qu'on ne se défendra pas. Les gendarmes et le commissaire de police se replient.

« Les artilleurs restent seuls impassibles devant la révolte qui défile devant eux, et se retranchent dans l'hôtel de ville. »

La dernière partie du rapport du général rend compte de la situation de Valence dans la soirée du 8 décembre :

« D'un moment à l'autre la garnison s'attendait à être attaquée par les insurgés de Loriol; des dispositions défensives furent prises.

« Le débouché du pont suspendu fut fortement gardé et une embuscade préparée contre tout parti qui eût osé le franchir. La garnison, rangée à ses postes désignés en dehors de la ville, présentait quatre pièces de campagne en batterie, des troupes pour les soutenir, des détachements à pied et à cheval barrant les avenues principales. Des reconnaissances à cheval poussées en avant, notamment du côté de Loriol et sur la route de Lyon, qui pouvait être coupée par les insurgés fournis par l'émeute imminente de Châteauneuf, d'Isère et de la Roche-Glun, éclairaient la campagne. Ainsi les dehors de la ville et ses abords étaient, on peut dire, inexpugnables. Mais les insurgés, dont le quartier général était entre Loriol et Livron, instruits de ces dispositions par leurs affiliés de Lavache et d'Étoile, communes plus rapprochées du chef-lieu, ne bougèrent pas de toute la nuit, et le 9, dans la matinée, après leur deuxième apparition au télégraphe, ils regagnèrent leurs communes respectives, et la route nationale devint libre. »

Dans cette même soirée du 8, de nombreuses arrestations avaient été faites à Valence, ce qui achevait de jeter la désorganisation dans le parti démocratique. On a raconté que, depuis longtemps, la démocratie avait désigné des chefs qui, au moment du danger, devaient organiser la résistance; mais ceux-ci, par leurs hésitations continuelles et une série d'ordres qui se contredisaient, jetèrent de la perturbation parmi les insurgés. Loriol fut complétement évacué dans la journée du 9; les gendarmes reprirent possession de leur caserne, et les vingt-cinq artilleurs quittèrent l'habitation du maire où ils s'étaient retranchés.

Le rapport du général Lapène parle, en terminant, d'une insurrection qui éclata à Chavannes, petit village qui compte à peine quatre cents habitants.

Le maire Boffard et son fils étaient à la tête du mouvement; plus de soixante hommes répondirent à son appel.

Nous sommes loin de partager l'avis du général Lapène, quand il dit que ce mouvement n'avait qu'un but : « Le pillage du château de M. Galtand, riche propriétaire. » Rien de ce qui s'est passé dans l'insurrection de la Drôme n'autorise une telle supposition. Le 10 arrivait, de Lyon et de Grenoble à Valence, un bataillon du 13e de ligne et un du 52e. Mais ce renfort devenait inutile, l'insurrection était vaincue.

Le 14 décembre le chiffre des arrestations dépassait cinq cents; les arrestations continuèrent pendant tout le mois de décembre, et bientôt il arriva au chiffre de près de 1,600. Dans une correspondance adressée au *Moniteur* le 28 janvier, nous lisons que plusieurs arrestations avaient été opérées tant à Valence que dans les environs.

La gendarmerie de Crest, appuyée par de l'infanterie,

fut chargée de la poursuite des chefs de l'insurrection de Crest; elle ne parvint à s'emparer, après une poursuite dans les montagnes, que de Danjou, menuisier à Crest; un insurgé, sur lequel il fut tiré dix-neuf coups de feu pendant qu'il fuyait, fut assez heureux pour n'être atteint que par un seul: blessé à la jambe droite, il continua de fuir dans les rochers où on le perdit de vue.

Ainsi finirent les insurrections de la Drôme, sans qu'on ait eu à y signaler de ces exécutions sommaires comme il n'y en a eu que trop à Paris et dans le Var, et dont le souvenir sera toujours des plus pénibles et des plus douloureux.

Le 28 février, la commission mixte chargée de statuer sur le sort des habitants de la Drôme qui étaient accusés d'avoir pris part à l'insurrection, ou d'avoir fait partie des sociétés secrètes, ordonnait la mise en liberté de 1,023 habitants, avec ou sans surveillance; elle en désignait, pour être envoyés en Afrique, 357 comme moins coupables et 139 comme plus coupables; 20 étaient renvoyés devant les conseils de guerre; 16 étaient désignés pour Cayenne, 13 pour être expulsés de France, 30 pour l'internement dans des communes désignées; 18 étaient renvoyés en police correctionnelle, et 1 devant la justice ordinaire. Total général : 1,617 !

EURE.

Évreux. — Pont-Audemer. — Louviers. — Nonancourt.

Toutes les dépêches de ce département communiquées au public par la voie du *Moniteur* s'accordent avec une touchante unanimité à le montrer s'associant avec le plus grand enthousiasme au coup d'Etat.

« Pont-Audemer, 5 décembre. — Partout, dans les campagnes comme dans les villes, les habitants témoignent la résolution la plus ferme de faire respecter l'autorité et l'ordre public. »

« Louviers, 5 décembre. — Tous les ateliers travaillent avec activité. L'impression causée par les événements sur la partie éclairée de la population et sur la classe ouvrière est très-favorable. De tous les points de l'arrondissement arrivent des adhésions unanimes.

« Des correspondances, qui nous sont parvenues des sources les plus véridiques, — c'est le *Courrier d'Evreux* qui parle et n'ose pas dire que c'est de l'administration qu'il tient ses correspondances, — nous apprennent que, sur tous les points de nos cinq arrondissements, les populations sont restées dans le calme le plus complet et le plus rassurant.

« Parmi la foule si considérable d'ouvriers qu'entretiennent les fabriques et les usines si nombreuses de notre département, il ne s'en est pas trouvé un seul qui se soit détourné un instant du travail et se soit éloigné d'un pas de son atelier. »

« Evreux, 6 décembre. — Les hommes les plus honorables viennent de former une réunion pour appuyer les actes du gouvernement. Toutes les populations sont admirablement disposées. »

Seule, la commune de Nonancourt paraissait peu disposée en faveur du nouveau pouvoir ; c'est encore le *Courrier* d'Evreux qui nous l'apprend :

« Une troupe composée de quatre-vingts hommes de la garnison d'Evreux et de vingt gendarmes est partie avant-hier, la nuit, pour se rendre à Nonancourt, afin de prêter, le cas échéant, main-forte à l'autorité, qui avait décidé :

« 1° D'opérer le désarmement de la garde nationale ;

« 2° De faire, chez un certain nombre d'individus, des perquisitions motivées par les circonstances.

« Cette troupe est arrivée à Nonancourt à cinq heures et demie du matin. A huit heures, l'arrêté prononçant la dissolution de la garde nationale, et prescrivant de rendre les armes appartenant à l'Etat, était publié. A onze heures, toutes les armes étaient rendues.

« La remise des armes a été tellement complète, qu'il a été rendu plus de cinquante armes qui n'avaient pas été données, et qui se trouvaient, à divers titres, entre les mains de leurs détenteurs. »

Les membres du tribunal de commerce d'Evreux, produits du suffrage universel, exerçaient leurs fonctions, lorsqu'arriva la cérémonie de la prestation de serment. Ce jour-là, tous les magistrats et officiers ministériels appelés à prêter ce serment étaient réunis dans la grande salle des audiences du tribunal civil, sous la présidence de M. Nepveu, conseiller délégué de la cour de Rouen. Des sièges avaient été préparés pour les magistrats consulaires; mais ceux-ci ne vinrent pas; ils firent parvenir à M. le conseiller délégué une lettre dans laquelle ils déclaraient refuser le serment.

Etaient-ils réputés par là démissionnaires? Oui, évidemment; mais étaient-ils déchus *ipso facto* du droit de juger, et ce encore bien qu'ils n'eussent pas été remplacés et qu'il n'eût pas été pourvu par l'autorité à l'administration de la justice commerciale?

M. Daviel, procureur général près la cour de Rouen, le pensa ainsi; il donna des ordres en conséquence à M. le procureur de la République près le tribunal d'Evreux.

Celui-ci écrivit à M. Verney, président du tribunal de commerce, qu'il ne pourrait plus désormais remplir aucune fonction de juge, non plus que ceux qui étaient ses collègues, et que si, malgré cet avertissement, les anciens membres du tribunal de commerce se présentaient pour siéger, il se verrait forcé de faire dresser contre eux procès-verbal et, au besoin, d'employer la force pour leur faire vider le prétoire.

M. Verney répondit à M. Legentil, procureur de la République, que dans la situation où lui et ses collègues se trouvaient, leur désir était de se voir le plus promptement remplacés.

« Mais, ajoutait-il, nous nous devions à nous-mêmes de ne pas suspendre le cours de la justice et de rester à son service jusqu'au jour de l'installation de nos successeurs.

« Nous aurions rempli ce devoir avec autant de zèle que précédemment, continuant, jusqu'au dernier moment de nos fonctions, le bien que nous avons la certitude d'avoir fait. Nous croyons que la loi elle-même le voulait ainsi, et que nous pouvions fonctionner jusqu'à remplacement. La dépêche seule y met obstacle.

« Il est probable que M. le procureur général ignore que nous ne sommes pas remplacés. Il se fût abstenu de faire briller à nos yeux l'article 197 du Code pénal, et vous pourrez vous en convaincre vous-même si vous avez l'obligeance de relire cet article et de vouloir bien remarquer ce qu'il dit des fonctionnaires électifs.

« Mais il serait trop grave de revendiquer plus longtemps ce que nous croyons être le droit. La magistrature elle-même nous saura gré de ne pas exposer la robe de juge à succomber sous la force que nous annonce votre dépêche.

« Recevez, etc.,

« IERNEY.

« Evreux, le 29 avril. »

A midi, heure d'audience, le commissaire de police et deux gendarmes se tenaient dans la cour du tribunal, tout prêts à faire exécuter les prescriptions de M. le procureur général, si ces prescriptions étaient méconnues. M. Verney entre seul, en habit de ville, dans la salle d'audience où étaient déjà arrivés quelques agréés, des plaideurs et des témoins cités pour une enquête qui devait avoir lieu ; il annonça à haute voix que l'audience n'aurait pas lieu, et donna lecture des deux lettres que nous venons de reproduire.

Le ministère public vit dans ces faits un délit d'excitation à la haine et au mépris du gouvernement, et cita M. Verney pour cette prévention à l'audience du 7 mai.

Le tribunal, après avoir entendu les témoins cités à la requête du ministère public, le réquisitoire du procureur de la république, et la plaidoirie de Me de Chalinges, avocat de M. Verney, rendit un jugement qui renvoyait le président du tribunal de commerce des fins de la plainte portée contre lui. Nous croyons devoir citer quelques-uns des considérants de ce jugement, qui causa une assez grande sensation à l'époque, en ce qui concerne surtout l'interprétation de l'article 4 de la loi du 10 août 1848 :

« Attendu que l'article 4 de la loi du 10 août 1848, en même temps qu'il punit l'excitation à la haine et au mépris du gouvernement de la république, réserve expressément le droit de discussion et de censure des actes du pouvoir exécutif et de ses ministres ;

« Que ce droit de discussion et de censure s'étend incontestablement aux actes des fonctionnaires et agents de l'autorité publique, si hauts qu'ils soient placés ;

« Que ces mots *le gouvernement de la république* ne s'appliquent qu'à l'ensemble des institutions républicaines, qu'à l'ensemble de toutes les forces vives qui forment le gouvernement de la république ;

« Que cela est si vrai, que les attaques même contre les droits et l'autorité que le président de la République tient de la Constitution, les offenses faites à sa personne, sont frappées d'une autre pénalité.

. . . .

« Attendu que cette lettre contient évidemment une critique et une censure passionnées de l'opinion du procureur général, de l'ordre qui est émané de ce haut fonctionnaire et, pour ainsi dire, une protestation contre l'exécution de cet ordre ; mais que, si cette lettre peut être blâmée, et pour la forme et pour le fond, à cause de la publicité qui lui aurait été donnée dans un but regrettable, cependant elle n'est atteinte par aucune disposition pénale. Par ces motifs, etc. »

EURE-ET-LOIR.

Chartres. — Dreux. — Chateaudun. — Nogent-le-Rotrou.

« Chartres, 4 décembre. — La tranquillité continue à régner dans tout le département, et l'adhésion se prononce avec une énergie d'heure en heure plus manifeste. Des groupes se forment au chemin de fer à l'arrivée de chaque convoi, mais tellement inoffensifs, qu'il n'a pas été nécessaire de faire une seule arrstation. »

Cependant un article du *Journal de Chartres*, publié le même jour, dit le contraire ; le journal constate même avec une satisfaction marquée qu'une arrestation a été faite en dehors de l'action de la police :

« Un individu d'une vingtaine d'années a été arrêté sur la place des Halles par deux de nos portefaix, au moment où, en leur présence, il lacérait les affiches qui venaient d'être apposées au coin du Grenier-à-Sel. Ces deux braves gens l'ont immédiatement conduit devant le commissaire de police.

« Une nouvelle dépêche, arrivée à Paris le 5, montre néanmoins que toutes les mesures prises pour favoriser le succès du coup d'Etat n'étaient pas entièrement approuvées, surtout celle touchant la façon de voter sur le plébiscite :

« Chartres, 5 décembre, trois heures du soir.—Le décret rétablissant le secret des suffrages a causé une vive satisfaction. Tous les rapports des communes indiquent le maintien de la tranquillité, et l'impression continue à être favorable. »

« Châteaudun, 5 décembre. — L'arrondissement est calme. Les anarchistes sont dans la stupeur. La masse de la population est satisfaisante. Les adhésions sont unanimes. »

« Nogent-le-Rotrou, 7 décembre. — L'arrondissement jouit de la plus grande tranquillité. Dans presque toutes les communes les paysans s'assemblent devant les proclamations et crient : *Vive Napoléon !* »

Parmi toutes les proclamations des préfets et sous-préfets qui parurent en ce moment, nous avons cru devoir consacrer une place à celle de M. le sous-préfet de Dreux, M. P. de Saint-Martin ; elle montre combien, dans ces moments, les esprits les plus éclairés se laissent aller facilement au style déclamatoire :

« Vous allez accomplir l'acte solennel qui doit décider

des destinées de notre pays ; je n'ai pas besoin de vous rappeler que Louis-Napoléon Bonaparte est aujourd'hui notre dernier rempart contre une effroyable anarchie, et que son nom, l'épouvantail des auteurs des hideuses saturnales qui ont désolé une partie de la France, est aussi la meilleure et la plus sûre garantie des citoyens paisibles et honnêtes. La cause que nous allons défendre ensemble est donc la plus belle de toutes et doit se soutenir au grand jour, puisque c'est celle du bien-être général et du salut de notre pays. Usez donc, monsieur le maire, de la légitime influence que vous tenez de votre caractère et de vos fonctions ; tout en combattant sans relâche les manœuvres et les doctrines du parti socialiste, éclairez les esprits abusés, ramenez par la conviction et la persuasion les opinions consciencieuses, soutenez et raffermissez les opinions chancelantes ; l'hésitation n'est pas permise quand l'existence même d'une grande nation est en jeu.»

FINISTÈRE.

Quimper. — Morlaix.

Une seule dépêche digne d'être citée :
« Morlaix, 2 décembre. — La situation matérielle, morale et politique est des plus satisfaisantes. Les derniers votes de l'assemblée nationale avaient indisposé les esprits, et l'on comprend la nécessité des mesures prises par le président de la République, »

Mais, malgré toute la bonne volonté que paraissait montrer ce département, il n'en reçut pas moins la visite d'un commissaire extraordinaire, tout comme s'il eût été un département insurgé.

GARD.

Nimes. — Lussan. — Saint-Laurent-la-Varnède. — Lézan. — Alais. — Grand-Gallargues.

Le département du Gard n'accueillit pas sans protestation le coup d'Etat. Mais, ainsi qu'on l'avait fait pour les autres départements qui s'étaient soulevés, le *Moniteur* fut sobre de détails. Ce ne fut que le 7 décembre qu'il rompit le silence; c'était pour annoncer que les démagogues, qui avaient annoncé un projet de soulèvement à Nîmes, avaient vu leurs manœuvres déjouées. Le lendemain, nouvelle dépêche; cette fois un peu plus explicite:

« Les meneurs du parti démagogique sont abattus, et les parties de la population agricole qu'ils avaient entraînées par leurs audacieux mensonges reconnaissent l'abîme où ces misérables les précipitaient.

« Il n'y a plus de craintes sérieuses à avoir sur le département du Gard. »

Cette dépêche trahissait une préoccupation qui n'échappa pas aux plus clairvoyants de la population parisienne.

Qu'était-il arrivé?

En l'absence de documents contradictoires, nous en sommes réduits à publier le récit des journaux du département, journaux ne s'imprimant à cette époque qu'après le visa de la préfecture.

Le 4 décembre, les démocrates, après une série d'hésitations des plus préjudiciables à leur cause, surtout en présence d'un adversaire qui était assez habile pour tirer parti des moindres fautes, l'insurrection finit par éclater dans les localités où dominait l'élément protestant, car il est bon de faire remarquer que dans le midi de la France, l'esprit religieux est toujours vivace comme aux jours de notre première révolution; les catholiques représentent l'élément légitimiste; les protestants, partisans du libre examen, l'élément démocratique.

Voici quel était le plan des insurgés : Dans la journée du 5 décembre, les contingents des différentes communes se rallièrent sur deux points principaux, Lussan et Saint-Laurent-la-Varnède, et partirent de ces deux endroits, au nombre d'environ deux mille, pour opérer leur jonction à Larnac, situé sur la route et à une lieue d'Uzès; plusieurs maires des communes soulevées étaient dans les rangs des insurgés.

« A huit heures du soir, M. de Dampmartin, maire d'Uzès, fut informé par un piqueur des ponts et chaussées, arrivé en toute hâte de la Gardoneuque, que des rassemblements armés se formaient dans plusieurs communes du canton de Saint-Chaptes, avec le projet avoué de se porter sur le chef-lieu d'arrondissement pendant la nuit.

« L'honorable M. de Dampmartin se hâta de prévenir MM. Orilhand, sous-préfet; Laurans, procureur de la République; de la Bruguière, colonel de la garde nationale; le major Espitalier, commandant le dépôt du 8e léger, et le lieutenant de gendarmerie.

« Au bout de quelques minutes, tous se réunirent en conseil à l'hôtel de ville. Pendant leur délibération sur les mesures d'urgence qu'il convenait de prendre, deux employés des contributions indirectes, MM. Dalon et Michel, informèrent M. le maire que, revenant de Lussan, où leur service les avait appelés, ils avaient rencontré sur la route plusieurs bandes armées se dirigeant vers Uzès.

« A l'instant, les mesures de résistance furent arrêtées. M. de Dampmartin resta en permanence à l'hôtel de ville, qu'il fit occuper par la garde nationale. C'était le point de mire des bandes de factieux. La gendarmerie, les agents de police et le garde champêtre, dirigés avec intelligence par M. Michel, commissaire de police, éclairaient les chemins. Le 8e léger attendait à la caserne, le sac au dos, l'ordre de marcher.

« A une heure du matin, trois individus se détachèrent des bandes, approchèrent de la ville en éclaireurs. Le brigadier, garde champêtre Dumas, homme plein de résolution, qui épiait leurs mouvements, les arrêta tous trois, bien qu'ils fussent armés de fusils, et les conduisit à l'hôtel de ville, où ils furent gardés comme prisonniers.

« A trois heures, cinq autres envoyés également armés avancèrent jusqu'au boulevard du Marché. Les agents de police, soutenus par quelques gardes nationaux, les arrêtèrent et les conduisirent prisonniers à l'hôtel de ville.

« Les bandes, dont l'effectif était de 2,000 hommes, attendaient à quelques kilomètres de la ville. Ne voyant pas revenir les leurs, et probablement avertis par des affidés de la ville, où ils en avaient évidemment, ils rebroussèrent chemin, et, la panique s'y mêlant, se dispersèrent, abandonnant leurs fusils, qui furent pris et apportés à l'hôtel de ville. »

Le lendemain et les jours suivants, plusieurs arrestations furent faites dans Uzès.

Le département fut mis en état de siége. Quissac fut le dernier endroit qui tint pour l'insurrection. On dirigea en cet endroit une colonne d'infanterie, de nombreuses arrestations y furent opérées.

Au Vigan les forces dont disposait l'autorité suffirent pour réprimer le mouvement.

Maintenant nous laissons la parole aux journaux de la localité :

« C'est le cœur navré, dit le *Courrier du Gard*, que nous enregistrons les excès auxquels se sont livrés, dans deux localités de notre département, dépourvues de garnison, des hommes qui se décorent d'une qualification et que tous les partis honnêtes répudient.

« A Lézan, une troupe de forcenés a envahi, hier, à six heures du soir, quelques maisons du village. Ceux d'entre eux qui avaient des armes ont forcé les habitants, en employant la menace et même en mettant en joue ceux qui n'y apportaient pas assez de bonne volonté à livrer entre leurs mains les fusils de chasse ou autres qu'ils possédaient. Toute résistance devant nécessairement donner lieu à des actes plein de violence, cette livraison s'est effectuée.

« Quelques hommes égarés, mettant à exécution la menace qu'ils avaient souvent fait entendre, se sont portés, avant-hier, au château de M. d'Aleyrac, qui domine la ville de Saint-Jean-du-Gard, et ont, nous dit-on, tout saccagé (1). »

Le 11 décembre le journal déjà cité racontait en ces termes le retour d'une colonne expéditionnaire :

« Hier est entrée à Nîmes une charrette chargée de fusils, escortée par des compagnies d'infanterie, quelques gendarmes et un peloton de hussards. Ces armes proviennent du désarmement d'une commune des environs.

« Cinquante-six prisonniers faits dans l'arrondissement d'Alais ont été conduits hier, sous bonne escorte, à la maison d'arrêt. Ils venaient d'arriver par le chemin de fer ; ils ont dû être ramenés à Alais, où ils resteront jusqu'à ce que les formalités de l'instruction aient été remplies à leur égard. »

Le 11 janvier 1852, les arrestations n'étaient pas encore terminées, aussi nous lisons à cette date dans le *Courrier du Gard*:

« Une escorte, commandée par le capitaine de gendarmerie, est entrée à Nîmes par la route de Montpellier, conduisant des prisonniers à la maison d'arrêt. Un détachement du 4e hussards ouvrait la marche et précédait une voiture dans laquelle étaient enfermées les personnes arrêtées ; la gendarmerie était derrière. Nous avons appris que cette troupe arrivait de la commune du Grand-Gallargues, qui avait été cernée la nuit précédente par un bataillon du 25e de ligne. La gendarmerie y avait opéré l'arrestation d'un certain nombre de personnes, contre lesquelles des mandats d'amener étaient lancés. »

Nous n'avons trouvé sur ce département, à propos du sort réservé aux détenus politiques, que la note suivante, publiée dans le *Moniteur* du 18 mars 1852 :

---

(1) M. d'Aleyrac écrivit quelques jours après au *Courrier du Gard* qu'il n'avait pas vu les émeutiers.

« La commission mixte chargée de statuer, dans le Gard, sur le sort des prévenus d'insurrection, a considéré comme ayant été entraînés la plupart des individus compromis, et a prononcé la mise en liberté d'une centaine d'entre eux. »

Nous regrettons que les commissions établies dans les autres départements ne se soient pas montrées aussi généreuses.

GARONNE (Haute-).

Toulouse. — Mazamet. — Castelsarrazin. — Muret. — Nailloux.

Le mardi 2 décembre, le bruit se répandit dans Toulouse que de graves événements venaient de s'accomplir à Paris. Ces nouvelles ne tardèrent pas à se confirmer par une proclamation émanée de la préfecture :

Habitants de la Haute-Garonne,

Je viens de recevoir la dépêche télégraphique suivante :

Le Ministre de l'intérieur a MM. les préfets.

« Le repos de la France était menacé par l'Assemblée ; elle a été dissoute.

« Le président de la République fait un appel à la nation. Il maintient la République, et remet loyalement au pays le droit de décider de son sort.

« La population de Paris a accueilli avec enthousiasme (1) cet événement devenu indispensable.

---

(1) Nous ne nous arrêterons pas sur l'enthousiasme avec lequel la population de Paris avait reçu l'annonce du coup d'Etat, mais nous ferons observer qu'au moment où le préfet de la Haute-Ga-

« Le gouvernement vous donne tous les pouvoirs nécessaires pour assurer la tranquillité publique. »

Habitants de la Haute-Garonne, les mesures les plus complètes et les plus vigoureuses sont prises, de concert avec M. le général commandant la division, pour le maintien de l'ordre, et vous pouvez être assurés que nous ne faillirons pas à cette mission.

Habitants de la Haute-Garonne, nous comptons sur votre patriotisme pour nous aider à la remplir sans excès ni violence.

Respect aux personnes et aux propriétés; et si des tentatives criminelles venaient à se manifester, unissez-vous à l'autorité et à l'armée pour les réprimer avec la plus grande promptitude et la plus énergique vigueur.

Toulouse, le 2 décembre 1851.

Le préfet de la Haute-Garonne,

PIÉTRI.

A dix heures du soir, rue de la Pomme, où étaient situés les bureaux de l'*Emancipation*, ainsi que sur la place du Capitole, des groupes nombreux commençaient à se former. Mais la ville était trop garnie de troupes pour qu'une prise d'armes de la part des démocrates ne pût aboutir à autre chose qu'à une affreuse boucherie; néanmoins, ils ne voulurent pas laisser passer sans protestation l'acte du 2 décembre.

Le 3, les journaux la *Civilisation* et l'*Emancipation* publiaient une protestation signée par des noms honorables appartenant à diverses nuances de l'opinion républicaine. Cette protestation répandue dans la ville produisit une sensation profonde. A cette lecture, les Toulousains ne songent plus à la garnison chargée de les contenir; la place du Capitole est envahie par une foule immense et

---

ronne faisait afficher cette proclamation, le *Moniteur* insérait la dépêche suivante :

Haute-Garonne. — 3 décembre, minuit. — Les événements de Paris ont été accueillis avec satisfaction. Le plus grand ordre n'a pas cessé de régner. — C'est tout le contraire qui avait lieu.

peu sympathique au coup d'Etat et cette foule fait retentir les airs des cris de : Vive la République ! Vive la Constitution !

M. de Forgemolles, capitaine d'état-major du général Reveux, se présente pour passer au milieu de la foule, mais il est reçu aux cris de : Vive la République ! et on veut l'empêcher d'avancer ; il est assez mal inspiré pour tirer son sabre, un coup de pistolet est tiré sur lui, des pierres lui sont lancées. Presque au même instant, le général, le procureur général, le maire et quelques conseillers municipaux arrivent avec de l'artillerie à cheval et se rangent devant de nombreuses troupes d'infanterie qui étaient en bataille sur la place du Capitole ; des sommations sont faites et la cavalerie charge sur la foule, qui se disperse.

Le même jour, la proclamation suivante était affichée sur les murs de Toulouse :

« Les signataires de la proclamation incendiaire publiée aujourd'hui par *l'Emancipation* et la *Civilisation* ont été arrêtés, et la cour d'appel de Toulouse, sur les réquisitions du procureur général, vient d'évoquer, ce soir même, la connaissance de cette affaire, qualifiée de complot ayant pour but d'exciter les habitants à la guerre civile, ainsi que la tentative d'assassinat dont M. Forgemolles capitaine aide de camp de M. le général commandant la division, a été l'objet aujourd'hui.

« Les commissaires instructeurs sont : M. le premier président et MM. les conseillers Tarroux et Denat.

« Les arrestations ont été opérées sans résistance. Toulouse jouit, depuis ce moment, de la plus grande tranquillité.

« Les autorités civiles et militaires sont en mesure de réprimer toute nouvelle tentative de désordre.

« Toulouse, le 3 décembre 1851 (1).

« *Le préfet de la Haute-Garonne,*
« Piétri. »

---

(1) Dans l'*Histoire d'un coup d'Etat*, par M. Belouino, cette proclamation est datée du 4.

« La tentative dirigée dans la soirée d'hier contre l'hôtel du Capitole, par les révolutionnaires, a complétement échoué, disait le journal de Toulouse. Le conseil municipal, qui s'est constitué en permanence, est demeuré en séance jusqu'à une heure très-avancée de la nuit. Toutes les mesures prises par M. le préfet Piétri, de concert avec M. le général Reveux, M. le premier président et la municipalité, ont parfaitement réussi à ramener le calme dans la population.

« Une douzaine d'arrestations ont eu lieu à la suite de la proclamation incendiaire affichée et publiée dans la ville (1) ».

Les tentatives d'insurrection ne s'arrêtèrent pas à Toulouse ; Mazamet, Montauban, Muret protestèrent avec plus ou moins d'énergie contre le coup d'Etat.

Dans cette dernière ville, les arrestations furent nombreuses (2).

Nous publions, à titre de document curieux pour l'histoire locale de Toulouse, l'arrêté suivant, pris le 19 janvier 1852, par le préfet de la Haute-Garonne.

« Nous, préfet de la Haute-Garonne,
« Considérant que les sieurs d'Aldéguier, Capelle,

---

(1) Voici les noms des personnes qui furent arrêtées :
MM. Isidore Janot, Marcel Lucet, Armand Duportal, Paul Crubailles, Pierre Pech, Jean Bonnassiolle, Marie Achard, Fox, Joseph Abadie, Pratviel, Lange, Guillaume Lafont, François Cazeneuve, André Cau, Jean-Baptiste Abadie, Jean Cassan, Paul Cazelas, Jean Estrade, Jacques Castex, Simon Clair, Thomas Talur, Louis Cartié, Etienne Rolland, Laurent Vidal, Gabriel Gaillard, Alphonse Gottreux, François Dubernat, Guillaume Durand, François Lavigne, Henri Godoffre, Soudom, Jacques Jerla, Michel Mendement, Bernard Loubeau, Armand Laygues.

(2) Voici la liste donnée par le journal de Toulouse : MM. Bayard (Dominique), géomètre ; Broussouse (Jean), huissier ; Albert (Dominique), limonadier ; Dubernes (Jean), tourneur ; Melet (Philippe), maçon ; Garde (Jacques), tailleur ; Berrat (Antoine), plâtrier ; Vincent (Pierre), épicier ; Moré (Clément), ex-huissier ; Turon (Jacques), chévrier ; Capdeville (Jacques), cordonnier, tous de Muret ;
Lartigue (Jean), perruquier, de Pau ;
Beret (Raymond), cordonnier, de Toulouse.

Doujat-d'Empeaux, Dubourg, Montels, Pouges et Saint-Raymond, membres du conseil municipal de Toulouse, se sont formellement refusés à présider les sections électorales établies dans cette ville pour le scrutin du 20 décembre ;

« Considérant que ce refus est contraire à la loi qui confie la présidence des sections aux maires, adjoints et conseillers municipaux suivant l'ordre du tableau ;

« Qu'il est de plus contraire aux instructions spéciales données par le gouvernement pour l'exécution des décrets des 2 et 4 décembre 1851 ;

« Considérant que les conseillers municipaux dénommés ci-dessus ont manqué à leur devoir en refusant de participer, dans les limites de leurs attributions, à un acte dans lequel la nation était appelée à exprimer sa volonté ; qu'ils ont ainsi nié la souveraineté du peuple, base fondamentale de nos institutions et seule source légitime de tout gouvernement national et fort ;

« Considérant qu'en obéissant aux influences exclusives de l'esprit de parti, au lieu de consulter les intérêts de la France, ils ont fait acte de mauvais citoyens et ont méconnu la mission honorable dont les avait investis la confiance des électeurs ; que d'ailleurs des fonctionnaires qui, dans des circonstances aussi graves, déclinent les obligations attachées à leurs fonctions, doivent être considérés comme renonçant de leur plein gré au mandat qu'ils ont reçu ;

« En vertu des pouvoirs qui nous ont été conférés,

« Arrêtons :

« Art. 1er. Les sieurs d'Aldéguier, Capelle, Doujat-d'Empeaux, Dubourg, Montels, Pouges et Saint-Raymond, membres du conseil municipal de Toulouse, sont déclarés démissionnaires.

« Art. 2. A compter d'aujourd'hui, ils ne font plus partie du conseil municipal, et afin qu'ils n'en ignorent, le présent arrêté leur sera notifié à la diligence de M. le commissaire central de Toulouse.

« Art. 3. Ampliation du présent arrêté sera transmis

à M. le maire de Toulouse, qui demeure chargé, en ce qui le concerne, d'en assurer l'exécution.

« Fait à Toulouse, le 19 janvier 1852.

Piétri.

Il nous est assez difficile de dire quel chiffre atteignit la transportation dans la Haute-Garonne, mais nous croyons ne pas être au-dessous de la vérité en le portant à cent-cinquante. Parmi les personnes transportées en Afrique, nous citerons MM. Duportal, rédacteur de l'*Emancipation*, et Courbailhes, ancien rédacteur de la *Civilisation*.

GERS.

Auch.

Ce département était depuis longtemps entièrement acquis au parti démocratique ; les idées socialistes y étaient entretenues par l'*Ami du peuple*, journal qui avait pour rédacteur en chef M. Benjamin Gastineau ; les républicains du *National* y étaient aussi représentés et avaient pour organe le *Démocrate*. Les gens d'ordre, comme on disait alors, les modérés enfin, ceux qui disaient communément qu'il fallait exterminer les rouges, avaient leur opinion représentée par l'*Ordre*.

On a beaucoup blâmé la division qui régnait à cette époque entre les républicains du *National* et les démocrates socialistes, mais ceux qui parlent ainsi ignorent ou ne veulent pas se rappeler de quelle façon les hommes du *National* traitèrent les vaincus de juin : la transportation en masse, les commissions extraordinaires, les conseils de guerre, le séjour à bord des pontons, etc. En somme, les hommes de décembre ne firent qu'employer les moyens dont s'étaient servis en juin beaucoup des hommes qu'on nous présente aujourd'hui comme des purs et sans lesquels il n'y a pas de salut.

Dans tous les cas, à l'heure où l'existence de la République paraissait menacée, il ne pouvait y avoir fusion entre les deux partis, par la raison bien simple que chacun d'eux était divisé sur le caractère à donner à la protestation contre les actes du coup d'État : les rédacteurs de l'*Ami du peuple* étaient pour la lutte immédiate, et ceux du *Démocrate* pour la résistance légale. Nous ne savons trop ce que ces derniers entendaient par là. M. de Genoude fit pendant dix ou quinze ans de la résistance légale, et nous n'avons jamais entendu dire qu'il ait porté beaucoup d'ombrage à Louis-Philippe en refusant de lui payer l'impôt et en laissant vendre quelque chose de son mobilier.

Le pays était acquis à la démocratie, nous l'avons dit au début, mais il paraît qu'il était de plus travaillé par les sociétés secrètes, ce qui était le plus fâcheux, car la discipline qui en résultait enlevait au mouvement s'il devait se produire sa spontanéité, pour le placer sous les ordres d'un chef plus ou moins habile qui pouvait tout compromettre ou tout perdre par ses irrésolutions ou par peur de la responsabilité énorme qui lui incombait à l'heure de la lutte.

Les dépêches annonçant la dissolution l'Assemblée arrivèrent à Auch dans la soirée du 2 ; la perplexité du préfet fut grande, il n'ignorait pas les sentiments de la population ; nous voulons bien croire que l'honorable M. de Magnitot eut confiance dans le coup d'État, néanmoins il crut prudent avant de porter cette nouvelle à la connaissance du public de s'assurer du concours des autorités.

Que se passa-t-il dans cette réunion convoquée à la préfecture, et à laquelle assistaient, avec le préfet, le général de brigade Dupleix, commandant de la subdivision ; M. Saint-Luc Courborieux, procureur de la République, et M. Soullier, maire ; c'est ce que nous ne saurions dire ; mais ce qui est certain, c'est que la rédaction de la proclamation adressée aux habitants du Gers pour leur annoncer le coup d'État, rédaction qui fut adoptée dans cette séance et signée par ceux qui y assistaient, était loin d'être une adhésion aux mesures prises par le président de la République.

Cette proclamation pouvait se traduire ainsi :

« Il vient de se passer à Paris un fait excessivement grave, nous le portons à votre connaissance ; il peut causer de l'émotion, cependant il ne faudrait pas que cette émotion dégénérât en troubles. Respect aux personnes et aux propriétés. Attendons que Paris ait dit son dernier mot pour nous prononcer. »

De Louis-Napoléon, pas un mot. De la France sauvée (style de l'époque), rien. Nous ne savons ce que le metteur en œuvre du coup d'État, M. de Morny, dut dire en recevant copie de cette proclamation, mais il est probable que les signataires durent être classés parmi les prudents, nous allions dire les douteux ; il va sans dire que la proclamation n'eut point les honneurs du *Moniteur*. M. Bélouino, si amateur de prose préfectorale, oublie de la citer dans son *Histoire du coup d'État :* en revanche, le journal officiel insérait les deux dépêches suivantes :

« 3 décembre. — Toutes les autorités donnent leur concours au préfet. Le département jouit de la plus grande tranquillité.

« — Auch, trois heures. — Le département est calme. Les différentes autorités prêtent au préfet un concours dévoué. »

Tout était pour le mieux dans le meilleur des départements possibles.

« Décidément, se disaient les Parisiens en lisant ces dépêches, il n'y a plus à compter sur la province.... »

Nous ne savons si réellement le préfet fit parvenir ces dépêches au ministre de l'intérieur, mais ce que nous pouvons affirmer c'est que si le préfet expédiait cette dépêche à M. de Morny, il cachait la vérité à son supérieur, ou si M. de Morny.... Nous nous arrêtons pour faire intervenir un troisième personnage, c'est M. le général Géraudon, dont le rapport dut être fait avec les pièces et documents fournis par les autorités ; or il dit positivement (c'est son début) : que « les dépêches arrivées de Paris ne produisirent aucune émotion sensible dans la journée du 2; mais que le 3, les chefs des sociétés secrètes ayant eu le temps de se concerter, ils avaient décidé, dans une réunion qui avait eu lieu dans les bureaux de l'*Ami du Peuple*, de faire un appel aux populations des campagnes, et qu'on leur ordonnerait de se porter en armes sur le chef-lieu, et que le soir même des émissaires partirent dans toutes les directions (1). »

Si le préfet a envoyé la dépêche rassurante citée plus haut, il était donc bien mal renseigné.

La réunion avait eu lieu dans les bureaux de l'*Ami du Peuple*; outre les rédacteurs de ce journal, il y avait MM. Dausas, ex-commandant de la garde nationale d'Auch ; Violet, officier en non-activité, le docteur Prieur, etc.

Le *Journal de Lot-et-Garonne* dit que la réunion eut lieu dans la nuit du 3 au 4. C'est une erreur.

Cette réunion eut les mêmes incertitudes que celle tenue à la préfecture la veille ; le rédacteur en chef de *l'Ami du Peuple*, M. Benjamin Gastineau qui, à la suite du Coup-d'État, fut déporté en Afrique, était pour une prise d'armes immédiate.

Cette proposition de soulever Auch, de faire appel à la population des campagnes, de se barricader dans la ville, trouva peu d'adhérents.

« A quoi bon une lutte à Auch, dans une ville qui compte à peine douze mille habitants, alors que le reste de la France paraît se tenir calme; tenter une insurrection, ce serait folie; attendons! »

—Attendre quoi? que Paris ait renversé le président ? »

---

(1) Extrait du *Rapport officiel du général Géraudon, commandans l'état de siége dans le Gers, adressé au ministre de la guerre.* Ce rapport, sans être aussi complet que celui du général Lapène, n'en est pas moins un précieux document à consulter, et auquel nous avons fait de nombreux emprunts pour écrire l'histoire du département du Gers, en décembre 1851.

Ceux de nos lecteurs qui pourraient s'étonner de voir que le rapport sur les événements du Gers fut rédigé par le général de Géraudon, nous leur apprendrons que le général Dupleix, qui commandait la subdivision au début du coup d'Etat, fut mis en disponibilité le 8 et remplacé par le général Géraudon.

M. Victor Prieur, qui, au début de la discussion, était pour la lutte à main armée, se rallia à la majorité, et il fut décidé qu'une protestation serait rédigée, mais nous devons dire qu'outre cette protestation, le parti de la lutte obtint qu'on préparât tout pour le combat, et que des émissaires seraient envoyés dans les campagnes pour qu'elles se tinssent prêtes à marcher au premier signal.

A quoi bon tout ce débat, cette protestation... Quel parti ses auteurs espéraient-ils en tirer : faire de l'agitation, autant valait demeurer tranquille (1).

Soixante-quatre citoyens signèrent la protestation.

Ce fut en ce moment qu'un membre fit observer qu'en politique : l'hésitation est la plus grande faute qu'on puisse commettre.

« Votre hésitation nous perd ! » dit une voix.

Alors un débat tumultueux s'engagea. Les membres du parti de la résistance par la voie légale voyant qu'ils ne pouvaient l'emporter se retirèrent; ce fut alors qu'il fut décidé qu'un appel serait fait aux campagnes pour les engager à marcher sur Auch.

L'insurrection venait d'être en quelque sorte décrétée. Qu'allait-elle avoir à combattre ?

« Il n'y avait en ce moment, à Auch (2), que trois escadrons du 6e régiment de hussards. Ce faible effectif devait suffire à toutes les difficultés de la situation, car il n'y avait de renforts prochains à attendre d'aucun côté.

« Le régiment était ainsi réparti : le 1er escadron, de 170 chevaux, à Bayonne ; un demi-escadron partit pour Fleurance et un autre vers Mirande ; trois escadrons dans Auch. Sur ces trois escadrons, la moitié, divisée en petits pelotons, gardait les issues importantes de la ville. Il restait donc à la disposition du colonel *un escadron et demi.* »

---

(1) Les détails de cette séance dans les bureaux de *l'Ami du Peuple* nous ont été confirmés par l'un des hommes les plus actifs du mouvement.

(2) Rapport du général Géraudon.

Le préfet averti, sans nul doute, de ce qui se passait dans les bureaux de l'*Ami du Peuple*, se rallia à l'opinion du procureur de la République pour empêcher, même par la force, toute manifestation contre les actes présidentiels.

La scène que nous allons raconter ne se trouve pas dans les correspondances publiques ou privées, qui la passent sous silence; nous ne l'avons trouvée que dans le livre de M. Eugène Ténot, *la Province en 1851*, p. 74 :

« Le commissaire de police, dit-il, se présenta par l'ordre du procureur de la République aux bureaux de l'*Ami du Peuple*. C'était quelques heures après la réunion de l'après-midi. Il y fut reçu par les plus vives protestations. M. Prieur, qui avait fait tant d'efforts pour dissuader ses amis d'une insurrection immédiate, se faisait remarquer parmi les protestants les plus énergiques. Il suivit le commissaire de police à la mairie où toutes les autorités se trouvaient réunies. Là s'engagea entre lui et M. Saint-Luc-Courborieux une vive altercation. Le procureur de la République, ayant voulu se prévaloir de sa qualité de magistrat, s'attira cette verte réplique :

« Vous n'êtes plus que le magistrat d'un magistrat déchu ! »

Tout s'arrêta là, mais le procureur de la République, tout en laissant M. Prieur se retirer, se promettait probablement d'agir d'une façon plus vigoureuse le lendemain. »

Journée du 4.—Sur les divers incidents de cette journée, nous devons dire que tout en nous aidant des correspondances des départements, et du rapport du général Géraudon, nous ne sommes pas sans éprouver quelque hésitation. Voici, d'après le *Journal du Lot-et-Garonne*, comment cette journée aurait débuté :

« Le 4, un appel aux armes, signé de soixante noms, était placardé sur les murs de la ville. Des figures sinistres arrivaient du dehors et venaient dans la ville, où des groupes peu rassurants commençaient à se montrer. Dans une rue qui débouche sur la grande place, quelques insultes par paroles, sorties d'un groupe d'une trentaine d'individus, avaient été dirigées contre un officier supérieur qui passait isolément dans la rue. Instruit de cette manifestation, le procureur de la République d'Auch, M. Saint-Luc, qui passait alors sur la place, s'élance d'un bond au milieu du groupe, lui adresse quelques interpellations énergiques, pousse un des orateurs par les épaules, et disperse ainsi le groupe, qui recule devant l'autorité.

« Un autre journal, *le Démocrate*, avait fait le même jour un appel à l'insurrection. Le nouveau préfet, dont l'énergie est connue, avait ordonné de mettre les scellés sur les presses de ce journal. Le commissaire de police chargé d'accomplir cette mission se présente. Les portes sont fermées. Le commissaire insiste. Alors se présente M. Alem-Rousseau, ex-représentant, qui proteste contre l'illégalité de l'acte, et qui refuse l'entrée à l'autorité. On court avertir le procureur de la République. M. Saint-Luc arrive, escorté de vingt hussards (1).

Voici tout ce que dit le *Journal de Lot-et-Garonne*.

Le général ne dit pas tout à fait la même chose, dans son rapport; ainsi il ne dit pas un mot de l'acte d'énergie que le journal de *Lot-et-Garonne* met sur le compte du procureur de la République, voici ce qu'il dit :

« A onze heures et demie du matin, heure choisie par les insurgés, un escadron, commandé par le capitaine Michel, reçut l'ordre de se porter devant la préfecture pour y prendre le procureur de la République. Ce fonctionnaire se rendit, avec cet escadron, devant les bureaux de *l'Ami du Peuple*, où stationnait un rassemblement nombreux. Ce trajet s'effectua à travers une foule hostile qui faisait entendre les cris de *Vive le 6.ᵉ hussards! vive la Constitution!* Mais l'attitude calme des cavaliers de l'escadron imposa à cette multitude ; les sages dispositions prises par le capitaine Michel écartèrent la foule, et permirent au procureur de la République de faire les

---

(1) Le journal dit *vingt hussards*. Nous verrons tout à l'heure le général dire *un escadron*.

sommations au milieu des cris et des vociférations qui lui étaient adressés de toutes parts. »

Après la lecture de ce passage du rapport nous n'hésitons pas à dire que nous croyons de moins en moins au récit du journal de *Lot-et-Garonne*, touchant l'action héroïque du procureur de la République.

« Un nombreux rassemblement s'est déjà formé devant le journal; M. Alem est toujours là qui en défend l'entrée. Sommé d'obéir à la loi, M. Alem répond qu'il n'en existe plus, que la Constitution est violée, qu'il reconnaît M. Saint-Luc comme individu, qu'il ne le reconnaît plus comme magistrat.

« Eh bien, répond M. Saint-Luc, le magistrat va se montrer... »

« Et aussitôt, après les trois sommations à la foule, voyant que la foule ne bougeait pas, les hussards se mettent en mouvement. La foule est dispersée, et M. Alem est culbuté par un coup de poitrail de cheval. Les scellés sont apposés sur les presses. »

La foule refoulée escalada les murs des jardins voisins, s'y jeta précipitamment, et assaillit d'une grêle de pierres l'escadron à son passage. Ce fut à ce moment qu'un fourrier déchargea son pistolet sur les assaillants dont les pierres avaient déjà blessé quelques soldats.

Le capitaine Michel se porta avec sa troupe, sur la place de l'Hôtel-de-Ville, dont il garda toutes les issues. Pendant que ceci se passait, le commissaire de police, accompagné de vingt hussards, allait saisir la proclamation de *l'Ami du Peuple*.

« La lutte était engagée, dit le général dans son rapport ; les cris : *A bas les hussards ! Aux armes !* se faisaient entendre de tous côtés. Des coups de feu retentissaient. L'un d'eux fut tiré sur le maréchal des logis Gagnaire, qui s'était jeté à la poursuite de plusieurs hommes armés. »

En effet, l'ex-commandant de la garde nationale d'Auch était descendu dans la rue le sabre à la main : en criant : *Aux armes !*

De même que ce cri avait eu peu d'écho dans la rue du Faubourg-Saint-Antoine, alors qu'il était poussé par les représentants du peuple, de même la population d'Auch regarda passer ces quelques hommes héroïques qui ne se faisaient aucune illusion sur la triste issue de la lutte qu'ils entreprenaient et les funestes résultats qui devaient en découler pour eux.

Quelle phrase à la fois plus triste et plus poignante que celle adressée par M. Arexy, l'un des chefs du parti démocratique dans le Gers, à l'un des combattants, au moment où il s'armait d'un fusil :

« Allons, mon cher Gastineau, en route pour Nouka-Hiva ! »

Pendant cet appel aux armes des démocrates, les hussards se tenaient devant l'hôtel de ville prêts à le protéger en cas d'attaque.

Une députation du parti modéré put néanmoins être introduite près du maire, elle demandait le réarmement de la garde nationale.

Le maire se refusa de souscrire à cette proposition, qui, du reste, s'il y eût souscrit, eût rencontré des opposants chez le préfet et le procureur de la République. Vers quatre heures, il y eut un moment de répit; la foule, lassée de stationner, se retira ; les cavaliers rentrèrent à leur caserne, et il ne resta que vingt hommes sur la place pour maintenir l'ordre.

En ce moment arrivait à Auch le nouveau préfet, M. de Lagarde, qui avait été arrêté, puis relâché à Fleurance (1). Pendant que ce magistrat prenait la direction de l'administration supérieure du département, et les hussards du repos, que les indifférents, croyant en avoir fini avec l'insurrection, se frottaient les mains de contentement, un bruit grave se répandait dans la ville. Les campagnes auxquelles les membres de la réunion tenue dans les bureaux de *l'Ami du Peuple* avaient donné l'ordre de se soulever, marchaient sur Auch.

---

(1) Chef-lieu de canton de l'arrondissement de Lectoure (Gers).

Les bruits les plus contradictoires se croisent, ainsi qu'il arrive toujours en de semblables circonstances. Cependant les avis reçus de toutes parts annoncent qu'une immense agglomération d'hommes armés et recrutés au loin s'avance sur Auch, par la route de Vic à Condom.

« Une estafette arrivée de Mirande annonce pareillement qu'une masse, qu'on évalue à 2 ou 3,000 hommes, se dirige sur cette ville. On annonce bientôt qu'une armée de 4,000 hommes, armés de fusils, de faux, de couperets, traînant après elle des femmes, des enfants, des chariots, arrive militairement par la route de Vic, pour s'emparer du chef-lieu. On la dit à une demi-lieue seulement. »

C'est la révolution qui s'avance sur Auch !

Nous reprenons ici le rapport du général Geraudon :

« A l'approche de la nuit, le colonel de Cognord, qui s'était installé à l'hôtel de ville et avait pris le commandement de toute la partie disponible de son régiment, envoya le capitaine Michel, à la tête de deux pelotons, pour reconnaître la route de Bordeaux. Des avis parvenus à l'autorité donnaient à connaître que l'insurrection s'avançait sur cette route.

« En effet, le capitaine Michel se trouva bientôt en face d'une masse considérable d'insurgés venant de Vic-Fezensac, de Condom et des villages environnants. Ces bandes, que leurs chefs évaluaient à 6,000 hommes, s'arrêtèrent, malgré l'énorme disproportion du nombre, sur l'injonction du capitaine (1). Ce dernier mit à profit les instants qui s'écoulèrent pour informer immédiatement le colonel de Cognord de la position dans laquelle il se trouvait. Le colonel ne perdit pas un instant.

---

(1) Nous ne cherchons pas à mettre en doute la sincérité du rapport du général Geraudon, mais il est probable que le capitaine Michel ne dut pas au seul empire de son habit militaire d'arrêter les insurgés, mais bien au titre de parlementaire qu'il dut prendre vis-à-vis d'eux. Nous n'affirmons rien, mais il est évident que les choses durent se passer ainsi.

« Après avoir rendu compte au général et pris ses ordres : il se rendit, suivi de M. le procureur de la République et d'un peloton de renfort (seule force disponible), sur le lieu du rassemblement, et put juger, dès son arrivée, que les insurgés étaient au nombre de 4,000 environ, armés de fusils, de sabres, de pistolets et de faux. C'est contre une multitude pareille qu'il allait se trouver aux prises avec quatre pelotons seulement, formant un effectif de 90 hommes.

« M. le procureur de la République, M. Saint-Luc-Courtourieux, homme dont l'énergie remarquable ne s'est pas démentie un instant au milieu de ces troubles, enjoignit aux factieux de se disperser, s'ils ne voulaient y être contraints par la force ; mais ils ne tinrent aucun compte de ses injonctions, et cherchèrent à rentrer en pourparlers. Leur but devenait évident ; ils cherchaient à gagner du temps pour que les nouvelles bandes qu'ils attendaient pussent arriver devant la ville et augmenter, par leur présence, les chances de succès pour l'attaque.

« Le colonel de Cognord comprit qu'il n'y avait pas un instant à perdre. Il demanda que les sommations fussent faites sans délai ; et pendant qu'en présence de MM. de Magnitot et Lagaude, ancien et nouveau préfets, le procureur de la République remplissait cette formalité, le colonel disposa sa troupe en colonne d'attaque, par pelotons, à vingt-cinq pas de distance.

« Il était neuf heures du soir, la nuit était sombre, le moment solennel et décisif. Le colonel se mit à la tête de sa petite colonne et commanda la charge. Il s'élança le premier au milieu des insurgés, et, suivi par ses 90 hussards, que son courage et son exemple avaient électrisés, il traversa deux fois cette masse tumultueuse et menaçante, sabrant, bouleversant tout son passage. La vigueur et l'énergie de cette attaque imprimèrent à l'ennemi une terreur telle, qu'il prit la fuite dans toutes les directions, se précipitant dans les carrières et les ravins qui avoisinent la route.

« Mais cette charge brillante avait eu lieu sur un terrain où la cavalerie ne pouvait pas se déployer. Les insurgés qui, dans leur effroi, s'étaient jetés sur les berges qui dominent le chemin, avaient assailli les hussards, à l'aller et au retour, par une décharge foudroyante de toutes leurs armes. Aussi la victoire qu'on venait de remporter fut-elle chèrement achetée. »

Nous avons cité tout le récit du général Geraudon, sans en retrancher un mot; mais nous regrettons de le dire, les faits ne s'étaient pas tout à fait passés comme cela. Le général Geraudon, qui ne prit le commandement du département que le 8, fut mal renseigné sur cette échauffourée; pourtant il n'avait qu'à ouvrir les journaux dévoués au coup d'Etat pour y trouver le récit suivant, récit qui ne fut démenti par personne et que le *Moniteur* enregistra :

« Le colonel Cognord, l'ancien captif des Arabes et colonel du 6⁰ hussards, fait prendre les armes à un escadron de 90 hommes. Le major du régiment, M. Dulau, veut absolument faire partie de l'expédition. Ces braves gens arrivent presque en même temps que les insurgés à l'embranchement de la nouvelle route de Vic. Ils s'emparent de la chaussée, bordée à droite et à gauche par des précipices, et s'y rangent en bataille.

« Les insurgés arrivent tambour en tête. Ils s'arrêtent, au commandement de halte, à quelques pas des soldats de l'ordre. L'un des chefs insurgés se détache en parlementaire. Il dit que son armée vient prendre possession du chef-lieu ; qu'il a derrière lui 4,000 hommes armés et résolus. On parlemente en effet. Le colonel leur signale leur imprudence, les dangers qu'ils courent. Le parlementaire répond qu'avant tout sa troupe est exténuée, qu'il lui faut des vivres pour calmer sa faim, son irritation. On consent à leur en fournir. Une demi-heure après, plusieurs charrettes chargées de pain leur sont distribuées. On entend quelques cris sauvages dans la foule. (1).

---

(1) Cette petite armée était formée par des contingents fournis par les villages de Vic-Fazensac, de Jégun, de l'Ile-de-Noé, de Bassoues. Ces braves gens croyaient trouver Auch en pleine révolution. Il est à remarquer, dans cette insurrection, il n'en fut de même dans tous

« Tandis que cette masse bruyante, dont, vu l'obscurité profonde de la nuit, on ne pouvait distinguer les formes, se livrait à son repas, un agent, qui s'était introduit parmi eux à la faveur des ténèbres, et les gens qui distribuaient les aliments, racontèrent au colonel que ces individus, une fois repus, allaient, non se retirer, mais faire feu sur la troupe.

« Alors arriva M. Saint-Luc, qu'un hussard était allé prévenir.

« Il arriva ceint d'une écharpe, et ne consultant que son courage, il s'avance seul au milieu des insurgés qui l'entourent. « Il vient, dit-il, comme magistrat, comme parlementaire, pour les exhorter à se retirer devant la loi, devant le péril qui les menace, devant le sang qui va couler. »

« Ses exhortations sont vaines ; on veut la ville à merci. Des fusils sont placés sur sa poitrine ; on parle de le garder comme otage. Le magistrat reste impassible ; il réclame l'inviolabilité du parlementaire. Enfin les rangs s'ouvrent avec respect, car ces hommes ont compris le courage du magistrat, qui regagne tranquillement la troupe (1).

« Aussitôt les sommations légales, précédées du son de la trompette, leur sont faites, et, à la troisième, qui est accueillie dans les rangs des insurgés par un hourra sauvage, le colonel Cognord commande la charge, et, donnant l'exemple, se précipite le sabre au poing, suivi de ses braves hussards, sur les insurgés, qui ripostent d'abord par une décharge du premier rang, et qui, sentant le bras pesant des hussards, se dispersent dans la campagne, sautent dans les précipices et disparaissent dans toutes les directions, après une poursuite que l'épaisseur des ténèbres rendait fort difficile. »

---

les départements, le chef-lieu fait appel aux campagnes, les campagnes se lèvent et quand elles arrivent devant le chef-lieu, ceux qui les ont appelés ont changé d'avis.

(1) Que de phrases pompeuses pour arriver à dire que le procureur de la République est allé trouver les insurgés en parlementaire !

Voilà les deux récits ; et nos lecteurs ont pu voir que les insurgés ne sont ménagés ni dans l'un ni dans l'autre.

Il existe non pas une troisième version, mais un troisième récit complémentaire fait par M. Eugène Ténot, qui, croyons-nous, est du Gers. M. Benjamin Gastineau nous ayant garanti la parfaite exactitude de certains faits, nous n'hésitons donc pas, pour ce département, à nous servir des données du récit de M. Eugène Ténot en ce qui concerne la suspension d'armes ; nous allons résumer ces faits :

À la nouvelle de l'arrivée des habitants des campagnes devant Aude, M. Prieur, guidé par les meilleures idées de conciliation, se rendit à l'hôtel de ville dans l'intention d'empêcher un combat de nuit qui ne pouvait être que fatal aux deux partis. Le général Dupleix lui dit de formuler une proposition. M. Prieur demanda le partage des postes. Le général refusa. L'idée d'une sorte de suspension d'armes jusqu'au jour lui parut plus acceptable.

Or, voici ce qu'affirme M. Eugène Ténot :

« Il (le général) rentra, accompagné de M. Prieur, dans l'intérieur de l'hôtel de ville. La discussion recommença. Les deux préfets refusèrent même de parlementer avec M. Prieur ; mais M. Saint-Luc Courborieux, qui était devenu le chef réel de l'administration, prit sur lui d'accepter la suspension d'armes.

« M. Prieur et le procureur de la République sortant alors sur le péristyle de la mairie, déclarèrent, l'un au nom du peuple, l'autre au nom de l'autorité, que pas un coup de feu ne serait tiré de la nuit.

« De là, ils se rendirent aussitôt au faubourg de l'Oratoire pour faire accepter ces conditions par les insurgés. M. Prieur qui avait parlé en leur nom, ne connaissait aucun d'eux ; mais il comptait sur cet ascendant de la force morale qui, en temps de révolution, donne le commandement à qui sait le prendre.

« D'ailleurs, un républicain influent, très-connu des paysans, M. Zeppenfeld, était parmi eux, et les dissuadait de toute attaque immédiate.

« On fut bientôt en présence des insurgés. Quelques pas à peine les séparaient des hussards.

« Tous approuvèrent avec empressement l'engagement pris en leur nom, et il fut renouvelé en tête de la colonne. La nouvelle se répandit dans la ville et y excita une vive satisfaction. C'est en ce moment que les chefs d'insurgés demandèrent des vivres pour leurs hommes. La plupart marchaient depuis le matin sans avoir pris aucune nourriture. Ils étaient exténués. »

Pour nous, dans tout ceci il n'y a qu'une administration hésitante; un procureur de la République qui fait du zèle. Du reste, il est à remarquer que dans ces époques de troubles, ce n'est plus le supérieur qui domine, c'est le plus turbulent. Que voyons-nous dans cette affaire, s'il faut nous en rapporter au récit de M. Eugène Ténot. et nous nous y rapportons ; le général dit à M. Prieur de formuler une proposition, les deux préfets refusent de l'entendre, mais ne répondent pas carrément : Non ! nous ne voulons pas traiter avec les insurgés; que la troupe agisse ! Et voici le procureur de la République, qui, en sortant, traite avec M. Prieur, et là une sorte de compromis a lieu.

Nous avons vu les tristes suites de cette sorte de suspension d'armes.

Si les hussards parvinrent à faire abandonner la route aux insurgés, ceux-ci qui, pour se garantir contre les sabres des cavaliers s'étaient jetés sur les berges qui dominent le chemin et avaient assailli les hussards à l'aller et au retour par une décharge foudroyante : un maréchal des logis et un hussard furent tués ; trois officiers supérieurs et dix-huit hussards furent blessés.

Un vieux sous-officier, emporté par son ardeur ou par son cheval à la poursuite des insurgés, tomba au milieu d'un groupe de fuyards et fut tué d'un coup de feu. Un forgeron du nom de Paujos fut condamné à mort par contumace : on prétendait que c'était lui qui avait tué ce militaire.

A la suite de cette affaire, de nombreuses arrestations eurent lieu dans la ville : dans la seule soirée du 4, vingt et une arrestations furent opérées. Elles devaient bientôt se monter à près de deux cents ; parmi les personnes arrêtées se trouvaient MM. B. Gastineau et Violet.

Tandis que ces faits se passaient à Auch, la petite ville de Mirande se soulevait.

Le sous-préfet, M. Grabias, qui appartenait au parti de la réaction, comptait bon nombre d'ennemis dans la ville ; lorsqu'il reçut avis du coup d'Etat, il n'avait à sa disposition qu'une brigade de gendarmerie : c'était peu, d'autant plus qu'il n'ignorait pas que les individus composant le prétendu parti de l'ordre, le laisseraient parfaitement aux prises avec les républicains si ceux-ci tentaient de se soulever.

M. Grabias était un homme énergique, il crut peut-être qu'il tiendrait tête à l'émeute à force d'audace. Il fit afficher les proclamations, le 3 dans l'après-midi, et ne comptant que sur un soulèvement pour le lendemain, il convoqua pour ce jour-là toutes les brigades de gendarmerie de sa circonscription.

Il ne se trompait pas dans ses prévisions, les citoyens composant le parti démocratique furent pour une prise d'armes pour le 4.

« Nous n'avons pas besoin d'attendre aucun mot d'ordre d'Auch, dirent les plus influents, il faut s'emparer immédiatement des autorités. »

Cependant après une assez longue discussion, l'exécution fut renvoyée au lendemain.

Une chose qui peut paraître extraordinaire, c'est que le sous-préfet ne connut rien de ce qui avait été décidé dans cette réunion, réunion tenue dans un café.

Le 4, à sept heures, le tocsin se faisait entendre et deux tambours acquis aux insurgés battaient la générale dans les rues de Mirande.

De même qu'à Auch le cri : *aux armes!* poussé dans la rue par l'ex-commandant de cette ville avait produit peu d'effet ; de même à Mirande peu de personnes répondirent à l'appel du tocsin et des tambours.

Alors se produisit le fait suivant : tandis que les chefs de la future insurrection, MM. Pasca, Boussès, Parsama et Lacserre, se tenaient sur la place en armes ; le sous-préfet voyait arriver près de lui quelques-uns de ses amis.

La mairie est occupée par les insurgés ; le maire arrive et veut s'opposer à l'envahissement, il est couché en joue ; il croit avoir assez fait et se retire. Les rangs des insurgés se grossissent, une bande, à la tête de laquelle marche M. Eugène Terrail se rend à la sous-préfecture pour forcer le sous-préfet à se joindre à eux.

Le sous-préfet résiste. Le chef des insurgés veut le faire prisonnier, mais au moment où il porte la main sur lui, un inconnu, un misérable, lui tire un coup de pistolet ; le sous-préfet tombe, un tumulte indescriptible règne dans la foule.

Cependant M. Grabias, qui, heureusement, n'était blessé que légèrement, avait pu rentrer dans la sous-préfecture ; mais bientôt sur le bruit que c'était lui-même qui s'était tiré un coup de pistolet, la foule brise les portes et les fenêtres et se rue dans l'hôtel, d'où le sous-préfet venait de s'enfuir pour se réfugier dans une maison voisine. Enfin il est découvert dans sa cachette, on le force à crier : Vive la Constitution !

Mais cela ne suffit pas à la foule ; des cris de mort se font entendre. Les hommes qui se sont mis à la tête du mouvement comprennent que, s'ils ne parviennent à sauver M. Grabias, leur cause est perdue, ils lui font un rempart de leur corps pour le protéger à la sortie de la maison où il a trouvé asile. L'un d'eux va jusqu'à menacer de mort le premier qui portera la main sur le sous-préfet ; ce fonctionnaire sort la tête haute, répondant avec hauteur aux interpellations (1). Enfin tant bien que mal le cortége arrive devant la prison. Là les cris de mort se font entendre de nouveau, la position est des plus critiques, le geôlier qui hésite pour savoir s'il doit recevoir le prisonnier que l'émeute lui amène, et dont par ses hésitations il va peut-être causer la mort, se décide enfin à ouvrir. Le sous-préfet est sauvé, quelques moments après

---

(1) De l'avis de tous M. Grabias fut en cette circonstance magnifique de sang-froid.

les insurgés amenaient à la prison le juge d'instruction Daste; M. Chevert, procureur de la République; le percepteur des contributions directes.

Pendant que M. Boussès, nommé sous-préfet provisoire par le peuple, faisait un appel aux campagnes, la ville était barricadée en outre, les habitants établissaient une énorme barricade sur le pont de la Baïse. Cette barricade força, pendant trois jours, les diligences à faire un détour de quinze lieues pour arriver à Auch. A la nouvelle de ces événements, des hussards furent dirigés sur Mirande, mais ils s'aperçurent bien vite qu'ils leur seraient impossible de pénétrer dans la ville sans l'aide de l'infanterie, et ils durent rétrograder sans coup férir (1).

Des paysans qui entrent dans Mirande quelques heures après le départ des hussards, montés sur les chevaux des gendarmes qu'ils avaient fait prisonniers et qu'ils amenaient à leur suite, la corde au cou, font croire aux Mirandais qu'ils étaient invulnérables; à la tombée de la nuit, le poste établi à la barricade du pont de la Baïse arrête la diligence et fait prisonnier le sous-préfet de Bayonne, qui se rendait à son poste, et qui, moins heureux qu'à Fleurance, d'où il sortait, fut conduit en prison. Le sous-préfet provisoire, M. Boussée, fait transporter une partie des poudres qui se trouvent dans la poudrière du département, à Mirande, et chacun s'occupe de la confection des cartouches.

Voilà quelle était la physionomie de Mirande, dans la nuit du 4 au 5 décembre.

Ce même soir l'insurrection éclatait dans un grand nombre de villages de l'arrondissement. Bientôt les contingents des communes insurgées se dirigent sur Mirande; le 5, au matin, le chiffre des insurgés atteignait cinq à six mille.

Les chefs de l'insurrection étaient assez embarrassés, ils ne savaient que faire; sans doute que, si parmi eux, il s'était révélé un de ces hommes que l'insurrection impro-

---

(1) Voyez l'*Opinion du Midi*.

vise général, comme il s'en trouva dans la Vendée, lors de la première République, le pays eût été en feu au bout de quelques heures.

Un conseil de guerre fut tenu, on savait ce qui s'était passé à Auch la veille, on savait, ou si on ne le savait pas, on devait bien se douter que le succès remporté par les hussards avait dû donner de la confiance aux hommes du parti de l'ordre, indécis la veille ; néanmoins, M. Lasserre se mit à la tête de cinq à six cents paysans et marcha sur Auch. Mais arrivé à une lieue de cette ville, il fut averti que l'autorité était sur ses gardes, il n'osa pas continuer sa marche, et rétrograda sur Mirande ; une autre bande d'insurgés opérait la même manœuvre quelques heures après.

Cette rentrée de soldats de l'insurrection, dans Mirande, sans avoir brûlé une amorce, jeta le découragement dans les rangs de l'insurrection ; de plus, on annonçait l'arrivée, à Auch, d'artillerie venant de Toulouse, ainsi que de chasseurs à pied, et enfin la nouvelle que Paris avait accepté le coup d'Etat. Ce fut le coup de grâce.

Un second conseil de guerre fut tenu, et alors la résolution suivante fut prise : quatre hommes de cœur, dont tous les partis doivent admirer le dévouement, s'offraient en holocauste pour la ville tout entière ; une lutte était désormais insensée, ils l'avaient compromise.

« Nous nous présenterons aux chefs de l'armée, leur disant que nous assumons sur nous tout ce qui a été fait ! Notre vie, nos fortunes, nous offrons tout avec joie pour que pas un citoyen de cette ville ne soit inquiété. »

Tel fut probablement le langage que durent tenir à l'assemblée MM. Boussès, Pascau, Passama et Lasserre, quand ils prirent cette héroïque résolution.

Peut-être, en la prenant, songeaient-ils aussi à ces bourgeois de Calais, qui allèrent, la corde au cou, demander grâce pour leur ville au monarque anglais. Le roi avait fait grâce aux bourgeois et à la ville.

Mais en guerre civile, on est implacable, on pardonne difficilement et les actes héroïques émeuvent peu, ils n'émeuvent jamais !

Cette résolution fut annoncée au peuple, et voici ce qu'on pouvait lire dans la *République,* journal de Tarbes, le 6 décembre :

« Mirande n'a pas attendu l'arrivée des troupes et de l'artillerie dirigées contre elle pour rentrer dans l'ordre. A la nouvelle que son mouvement insensé faisait exception au calme de toute la France, et que dans les départements voisins il n'avait pas eu d'écho, mais était, au contraire, frappé d'une réprobation unanime, Mirande a, dans la soirée et la nuit dernière, défait ses barricades, aplani la voie publique et rendu la liberté aux nombreux étrangers qu'elle retenait prisonniers depuis quatre jours.

« Un seul fait donnera une idée du désordre sans nom par lequel les chefs du mouvement avaient remplacé l'administration et le droit commun pendant les quatre jours qu'ils ont commandé en maîtres. Ils délivraient à leurs héros, composés des démagogues de la localité et de quelques paysans de la banlieue, des cartes avec lesquelles ils avaient le droit de se faire délivrer, par tout habitant, tout ce dont ils pouvaient avoir besoin. Quelques aubergistes et taverniers en sont, dit-on, pour une somme importante ; et comme ils n'ont de recours que sur la démagogie, ils sont fort peu rassurés. »

Condom. — Nous donnons le récit des faits qui se produisirent d'après le *Mémorial bordelais:*

« Une bande de cinq cents individus, appartenant au parti socialiste, et qui se composait de vagabonds de toute nature, appartenant tant à Condom qu'aux localités voisines, fit son entrée en ville tambour battant, et proférant d'une voix sauvage de prétendus chants patriotiques. Cette masse d'assaillants, dont les armes étaient quelques fusils, des fourches, des faux redressées et des bâtons, arriva devant la mairie, dont le conseil municipal, cédant à la force, lui abandonna le terrain. Aussitôt s'installa, sous le titre d'administration démocratique et socialiste, une réunion de vingt-cinq individus, qui venaient, disaient-ils, pour maintenir le bon ordre, et qui signèrent le procès-verbal constatant leur prise de possession.

« Aussitôt la ville passa à l'état de ville prise d'assaut. Le sous-préfet intérimaire et le maire se virent révoqués. Les insurgés prirent possession du poste de la mairie, et des patrouilles armées de fusils et de bâtons se mirent à crier dans la ville.

« Dans la nuit, le nouveau gouvernement se mit en permanence. Un ballot de 25 kilogrammes de poudre fut livré de force par le dépositaire et placé à la mairie. A quatre heures du matin, un piquet de dix hommes armés jusqu'aux dents, et dont l'un portait une chaîne (1), se transporta à la demeure du procureur de la République et de son substitut pour s'emparer de leurs personnes. Instruits quelques heures auparavant que leurs jours étaient menacés, ces deux magistrats avaient prudemment quitté leur domicile. Trompés dans leur attente, les sicaires se retirèrent en proférant contre les deux magistrats d'épouvantables imprécations.

« A cinq heures du matin, les habitants qui avaient pu dormir furent subitement réveillés par un horrible vacarme. Les tambours des insurgés, toujours apparemment pour *maintenir l'ordre*, battaient à tour de bras la générale. Le son strident du tocsin vibrait à toutes les cloches de nos églises, des cris sauvages et inintelligibles résonnaient dans l'air.

« Dans la matinée, le son du tocsin se faisait entendre par intervalle, et à ce son succédait celui des cloches à la volée.

« Cependant, il faut le dire à la louange des chefs, qui avaient garanti à la ville le respect des propriétés, aucune atteinte de ce genre n'a été commise.

« A deux heures, les insurgés avaient réfléchi au péril

---

(1) Nous aimons la phrase *armés jusqu'aux dents*, surtout lorsqu'un peu plus haut le rédacteur de cette note dit que les insurgés étaient à peine armés. Quant à la chaîne portée par un des *sicaires*, ne serait-ce pas plutôt une cage de fer qu'il portait ?

de leur aventureuse position. Les journaux de Paris leur avaient dessillé les yeux.

« Des hommes courageux étaient intervenus pour les engager à la retraite. Le bruit de la mise en état de siège du département s'était répandu ; on annonçait même l'arrivée prochaine d'un escadron de hussards. Ces messieurs, alors, ont jugé à propos de déguerpir. Mais comme les choses se font régulièrement à Condom, la commission des vingt-cinq, avant de quitter son éphémère gouvernement, ne manqua pas de dresser un nouveau procès-verbal dans lequel il est dit que, l'ordre étant désormais rétabli à Condom, la mission de la commission est terminée, et qu'en conséquence elle se retire avec ses valeureux champions.

« Ainsi licenciés un peu brusquement, ces héros de la sociale se sont éparpillés et ont regagné piteusement leurs tanières respectives, le tout à l'extrême satisfaction des habitants. A quelques pas de la ville, dans la direction de l'Armagnac, l'armée en retraite rencontra un gros de deux cents frères et amis qui arrivaient à la curée (1). Instruits du dénoûment, ces honnêtes citoyens, désappointés, se mirent en fureur, jurèrent que désormais, dût la ville de Condom être mise à sac, à feu et à sang, on pourrait les appeler, mais qu'aucun d'eux n'y remettrait les pieds. »

Fleurance. — Cette petite ville, située à 30 kilomètres d'Auch, fut aussi agitée. Le 4 décembre, les habitants, en apprenant le coup d'État, prirent les armes, envahirent la mairie, cernèrent la caserne de gendarmerie et barricadèrent la route d'Auch.

M. de Lagarde, le nouveau préfet du Gers, qui se rendait à son poste, fut arrêté par les insurgés, ainsi que le sous-préfet de Bayonne.

Le préfet, qui avait hâte de se rendre à son poste, ne s'amusa pas à discuter l'opportunité du coup d'État ; il se

---

(1) A la curée de quoi ? puisque quinze lignes plus haut le correspondant du *Mémorial* reconnaît que la propriété et les personnes ont été respectées.

contenta de tâcher de faire comprendre aux habitants l'inutilité de leur tentative d'insurrection. Le langage de ce magistrat produisit un certain effet sur la foule ; ces messieurs furent relâchés, mais sans pouvoir obtenir la permission de continuer leur route sur Auch.

Cependant, le sous-préfet de Lectoure, M. Lacoste, averti que la brigade de gendarmerie était cernée dans la caserne, que le commissaire de police avait été arrêté, que des barricades avaient été élevées sur la route conduisant à Auch, et que la malle-poste avait été arrêtée, arrivait à Fleurance en ce moment, accompagné du juge d'instruction.

Les insurgés s'avancèrent au-devant des autorités, tambour en tête. M. Lacoste marche droit au tambour qui se trouvait sur la place, marchant à la tête des insurgés, le force à faire les roulements qui précèdent les sommations.

L'attroupement ne se dispersa pas.

Le sous-préfet, voulant faire une dernière tentative de conciliation, s'avança seul, et s'adressa à ceux qui paraissaient être à la tête du mouvement. Il finit, par la persuasion, à les amener à dire qu'ils se rendaient.

Les émeutiers détruisirent eux-mêmes leurs barricades, la gendarmerie fut délivrée ; M. de Lagarde put continuer sa route sur Auch ; quant au sous-préfet de Bayonne, on a vu comment il fut fait prisonnier à Mirande.

Les dernières nouvelles sur l'insurrection du Gers, étaient ainsi conçues :

« L'ordre le plus parfait a succédé comme par enchantement à une perturbation presque générale sur toute la surface du département du Gers. Lundi, la mise en état de siége de tout le département a été proclamée par suite d'une dépêche télégraphique. Des troupes nombreuses, dont deux batteries d'artillerie, plusieurs bataillons d'infanterie de ligne, huit cents chasseurs de Vincennes et un escadron de hussards venus de Tarbes, sont arrivés à Auch, où fonctionne, comme commissaire de la cour d'Agen, non M. Faucon, qui fonctionne dans le Lot-et-Garonne, mais M. Bouet, président de chambre de cette même cour, l'un de ses magistrats les plus distingués.

« Déjà de nombreuses arrestations ont été opérées. On cite notamment MM. Violet, lieutenant de gendarmerie en réforme; Arexy, journaliste; Gastineau, rédacteur de l'*Ami du Peuple*, Canteloup, avocat (1), et Zippenfeld, sculpteur ».

Le pays était devenu une vraie Béotie, au dire de cette correspondance. Seulement on cernait les villages, on fouillait les maisons; malheur à ceux qu'on soupçonnait d'avoir pris part au mouvement. La délation dut aider puissamment aux recherches. Nous ignorons quel put être le chiffre des arrestations. On est assez porté à croire qu'il s'éleva à près de deux mille; combien d'hommes furent transportés, c'est ce que l'on ignore complétement.

L'*Opinion du Gers* dit que le nombre des arrestations opérées dans le Gers est considérable; dans un autre numéro elle ajoute : On n'a pas de renseignements précis sur les arrestations dans les arrondissements de Lectoure, de Condom et de Mirande (2); mais on sait que dans cette dernière ville, le nombre des personnes incarcérées est considérable.

GIRONDE.

BORDEAUX.

L'attitude de Bordeaux devait décider du succès du coup d'Etat dans le midi de la France, Un mouvement sérieux était d'autant plus probable que les nouvelles des départements voisins, et surtout du Lot-et-Garonne,

---

(1) Le 2 février, on lisait dans le *Moniteur* :
On nous assure que le gouvernement, prenant en considération les nombreux intérêts confiés à M. Canteloup, avocat dans le département du Gers, et pour ne pas en compromettre l'importance, a ordonné sa mise en liberté. D'après les ordres de M. le ministre de la guerre, M. le général de Géraudon, commandant l'état de siége, a fait sortir, hier soir, M. Canteloup de la prison où il était détenu depuis le 6 décembre.

(2) M. Canteloup ne fut pas arrêté; accusé d'avoir tiré sur le sous-préfet de Mirande, il fut condamné à la peine de mort, par contumace.

faisaient espérer une diversion. Le général d'Arbouville commandait la garnison, forte d'environ 2,000 hommes, avec quelques pièces d'artillerie ; mais cette troupe aurait-elle sérieusement résisté au soulèvement d'une population de près de 150,000 habitants, appuyés par les républicains des départements voisins dont on annonçait la marche sur Bordeaux ?

Malheureusement l'indécision des Bordelais devait tout compromettre. Là, de même qu'à Paris et dans les autres grandes villes, les masses étaient disposées à croire que la tentative du président de la république manquerait son effet, en présence de la réprobation générale, et qu'il suffisait d'une manifestation purement pacifique pour faire rentrer dans l'ombre les ambitions dévoyées. Les républicains étaient divisés sur la marche à suivre : les artisans et la jeunesse bourgeoise se prononçaient pour la lutte armée ; tandis que ceux qui exerçaient le plus d'influence parmi les républicains et sans lesquels les masses ne croyaient pas pouvoir agir, cherchaient au contraire à prévenir tout engagement. L'effusion du sang leur paraissait inutile, si la capitale se prononçait ; car elle devait entraîner alors tous les départements ; d'un autre côté, si les Parisiens se soumettaient, pouvait-on espérer, pensaient-ils, que Bordeaux tiendrait en échec les forces qu'on enverrait sur cette ville ? Les événements ont trop bien montré combien ce calcul était funeste à la cause républicaine. Ajoutons que l'indécision qui se manifesta dans le parti républicain fut habilement entretenue par la nature des dépêches officielles. M. Haussmann venait de prendre possession de la préfecture de Bordeaux, en remplacement de M. Neveu.

Les réunions des principaux républicains et les résolutions violentes proposées par quelques-uns d'entre eux alarmèrent assez l'autorité pour que le département de la Gironde fût mis en état de siége le 4 décembre. En même temps, le maire de Bordeaux faisait placarder la proclamation suivante :

« Bordelais !

« Une dépêche télégraphique annonce que l'Assemblée

nationale est dissoute et que le président de la république a fait appel à la nation en maintenant la république.

« Dans ces circonstances, le maire de Bordeaux invite ses concitoyens à rester calmes et à continuer leurs travaux.

« Le département est en état de siége.

« Le général commandant supérieur concentre dans ses mains tous les pouvoirs. Il recourra au patriotisme et au courage de la garde nationale, si son concours devenait nécessaire.

« Toutes les mesures sont prises pour assurer la tranquillité publique de la ville. Tout attroupement sur la voie publique sera immédiatement dissipé.

« En l'hôtel de ville.

« *Le maire*, GAUTIER. »

Le *Mémorial bordelais* a enregistré les autres précautions prises par les autorités dans la journée du 4 décembre.

« *Dix heures du matin*. — A huit heures du matin, un escadron de chasseurs venant de Libourne, ayant à sa tête le lieutenant-colonel, est entré à Bordeaux pour prêter main forte à l'autorité dans le cas où la tranquillité publique pourrait être compromise sur quelques points.

« Dans la nuit, des ordres avaient été donnés dans toutes les casernes par M. le général d'Arbouville, commandant la zone militaire de l'Ouest.

« Les postes ont été doublés.

« Toute la ville est occupée militairement.

« Les troupes sont consignées dans les casernes.

« Le journal *la Tribune* est saisi, et les scellés sont apposés sur ses presses. »

La journée fut calme; on ne signala d'attroupements que dans la soirée : les cercles, cafés et autres établissements publics étaient encombrés. On y discutait les nouvelles reçues dans la journée, et bien peu de visages manifestaient une entière confiance. Ainsi, on racontait que les affaires étaient nulles à la Bourse, où les conversations particulières étaient très-animées. Beaucoup de commerçants s'étaient même montrés si peu rassurés qu'ils avaient encombré, dès le matin, les bureaux de la Banque pour y échanger leurs billets contre des écus.

Quoique les chefs du parti démocratique continuassent de s'abstenir, une manifestation eut lieu dans la soirée du 5 décembre, au cri de *Vive la république! Vive la Constitution!*

Le *Mémorial bordelais* en rend ainsi compte : « Dans la soirée d'avant-hier une foule considérable n'a cessé de parcourir, jusqu'à onze heures, les allées de Tourny, les fossés du Chapeau-Rouge et la rue Sainte-Catherine jusqu'à la hauteur de la rue Porte-Dijeaux. Il était facile de distinguer dans cette masse de promeneurs très-compacte des visages qui se montrent rarement sur nos promenades publiques.

« Vers dix heures, les attroupements ont pris un caractère, sinon offensif, du moins très-animé; des propos de nature à exciter les mauvaises passions étaient tenus.

« Vers dix heures et demie, des provocations à la résistance étaient formulées. En ce moment, l'autorité fit avancer un détachement de chasseurs, qui balaya la chaussée de Tourny. »

Cependant les rassemblements refoulés par les charges de cavalerie, allaient se reformer sur d'autres points. Après minuit le calme commença à se rétablir. La dépêche suivante, adressée de Paris et publiée par les journaux de Bordeaux, avait d'ailleurs beaucoup contribué à refroidir l'ardeur des républicains :

Du 5 décembre, à dix heures du soir.

« Le combat a cessé. L'insurrection est anéantie. Les démagogues sont en pleine déroute. Ceux qui ont échappé à la juste indignation de nos soldats cherchent leur salut dans la fuite. L'armée a été admirable de dévouement et d'enthousiasme.

« Grâce à son courage, Paris est délivré des barbares, et la France a été sauvée de l'anarchie.

« Certifié conforme :

« *Le préfet de la Gironde,*

« G.-E. HAUSSMANN. »

On arrêta dans cette soirée quatorze jeunes gens qui avaient refusé d'obéir aux sommations de la police ; on conduisit à l'hôtel de ville un commis-courtier qui avait proféré des menaces ; enfin on arrêta préventivement quelques républicains connus.

Dans la matinée du 6 décembre, M. Haussmann fit placarder sur les murs de la ville l'arrêté suivant :

« Vu les instructions de M. le ministre de l'intérieur en date du 2 décembre, présent mois ;

« Considérant que, dans la soirée d'hier, des rassemblements menaçants pour la paix publique ont eu lieu dans la ville de Bordeaux ;

« Usant des pouvoirs qui lui ont été conférés par le gouvernement ;

« Arrête :

Art. 1ᵉʳ. Il est interdit à toute personne de stationner sur la voie publique.

« Art. 2. Tout rassemblement sera considéré comme un acte d'agression contre l'autorité, et, sans qu'il soit besoin de sommations préalables, il sera fait usage de la force pour le dissiper.

« Art. 3. Tout individu porteur d'armes apparentes ou cachées sera traité suivant la rigueur des lois de la guerre.

« Art. 4. Tout café, cabaret ou autre lieu public trouvé ouvert passé l'heure fixée par l'arrêté préfectoral du 25 novembre 1851, ou devenu un foyer d'agitation, sera immédiatement fermé et interdit.

« Art. 5. Le présent arrêté sera publié et affiché dans la ville de Bordeaux.

« Bordeaux, le 6 décembre 1851.

« *Le préfet,*
« G.-E. Haussmann. »

De son côté, le maire publia la proclamation suivante:

« *Le maire de Bordeaux à ses concitoyens.*

« Bordelais,

« De mauvaises passions ont réussi à susciter hier au soir, dans notre population ordinairement si calme et si paisible, une légère agitation qui s'est produite en groupes plus ou moins nombreux sur la place de la Comédie et sur Tourny. On a dû les dissiper à l'aide de quelques cavaliers.

« Dans la crainte que ce fait ne se renouvelle ce soir, il est de mon devoir, mes chers concitoyens, d'avertir les hommes tranquilles et amis de l'ordre du danger auquel ils s'exposeraient si, par une imprudente curiosité, ils se mêlaient à ces groupes.

« Les hommes les mieux intentionnés pourraient être frappés en même temps que les fauteurs de désordre, puisque l'état de siége permet à la force publique, sans les sommations habituelles, de faire usage de ses armes contre tout rassemblement.

« A Bordeaux, en l'hôtel de ville, le 6 décembre 1851.

« *Le Maire,* A.-F. Gautier. »

Ces menaces ne produisirent pas l'effet que l'autorité en attendait. Loin de là, l'agitation fut à son comble pendant cette journée ; on s'attendait à une collision. Cette fois, les ouvriers, abandonnés de leurs chefs, paraissaient résolus à organiser une résistance sérieuse. Mais l'occasion était manquée : le mouvement des départements voisins était comprimé; le parti démocratique venait d'être écrasé dans la capitale, et les nouvelles, dont on avait d'abord voulu douter, se confirmaient par des renseignements irrécusables.

Le 6 décembre, vers 8 heures du soir, des rassemblements menaçants se montrèrent vers Tourny. On y parlait même d'attaquer la préfecture ; mais ce point était gardé par une force militaire imposante. Devant la porte principale, on remarquait deux escadrons de chasseurs, venus de Libourne. Une alerte ayant été donnée sur le Chapeau-Rouge, la troupe qui gardait la préfecture se rangea en bataille, chargea et amorça les armes. Toutefois, quelques charges des chasseurs suffirent pour disperser les principaux rassemblements. Deux heures après, la place de la préfecture ayant de nouveau été envahie par la foule, les chasseurs poussèrent une dernière charge et déblayèrent la place.

Aucune autre tentative ne se produisit dans la soirée ni les jours suivants.

Parmi les diverses personnes atteintes par les commissions mixtes, nous citerons M. E. Crugy, rédacteur en chef du *Courrier de la Gironde*, et M. Campan, secrétaire de la chambre de commerce, qui furent expulsés du département de la Gironde et internés dans la Bretagne ; la même mesure atteignit plusieurs autres citoyens.

HÉRAULT.

Le département de l'Hérault fut un de ceux où le coup d'État du 2 décembre produisit la plus vive agitation. L'ordre ne fut pas troublé à Montpellier, chef-lieu, occupé par une nombreuse garnison, et où des mesures avaient été prises par les autorités contre les démocrates influents ; mais les villes de Béziers, de Bédarieux furent le théâtre des plus déplorables événements. Nous empruntons au Journal de Béziers le récit suivant :

« Les démagogues viennent d'ensanglanter la ville de Béziers. Le 4 décembre, des bandes composées de tous les gens mal famés du pays, ont commencé à parcourir les campagnes, drapeau et tambour en tête. Vers le milieu du jour, les insurgés, dont on évalue le nombre à 1,500 ou 2,000 hommes, se sont dirigés sur la ville de Béziers. Ils y ont pénétré le lendemain matin vers six heures et ont immédiatement pris le chemin de la sous-préfecture. Avant qu'ils n'y arrivassent, trois des leurs les y avaient précédés et avaient fait sommation au sous-préfet de leur remettre les rênes de l'administration.

« Le sous-préfet fit arrêter ces trois anarchistes, et, accompagné du maire et du juge d'instruction, il s'avança à la tête d'une centaine de soldats au-devant des insurgés.

« La bande marchait toujours, se dirigeant sur l'hôtel de ville, lorsque les autorités arrivèrent en sa présence. Le sous-préfet fit inutilement trois sommations ; les insurgés, au lieu de se disperser, continuaient leur mouvement en avant ; un coup de feu, parti de leurs rangs, alla atteindre un soldat (1). La troupe riposta et mit sans peine les assaillants en déroute.

« Repoussée de la sous-préfecture, l'émeute a reflué dans quelques rues où des barricades étaient déjà élevées. Là ne devaient pas se borner les désordres et les faits sanglants de la matinée. Sur la place Saint-Félix, M. Vernhes, greffier en chef près le tribunal civil, et M. Bernard-Maury, son gendre, se rendaient au collége communal pour prendre leur jeune enfant. Rencontrés par un groupe d'émeutiers, ils ont été insultés d'abord, puis couchés en joue et lâchement assassinés. Les blessures de M. Vernhes ne sont pas graves ; mais son gendre, qui a reçu plusieurs coups de feu, est dans un état qui donne à sa famille et à ses nombreux amis de sérieuses inquiétudes. On dit, et ce récit fait horreur, que M. Bernard-Maury, renversé du

---

(1) Il est remarquable que, dans toutes les relations officielles de ces déplorables événements, les insurgés sont accusés d'avoir tiré les premiers. Nous pouvons affirmer que rien n'est plus contraire à la vérité. Voir, au surplus, la déposition du maire de Béziers.

premier coup, a subi deux ou trois décharges presque à bout portant, au moment où il implorait la pitié de ses assassins.

« Depuis neuf heures du matin, les émeutiers ont été dispersés sur tous les points, et force est restée à la loi.

« Les bons citoyens sont accourus spontanément à l'hôtel de ville, pour prêter leur concours à l'autorité. Ils ont été immédiatement armés, et des patrouilles, composées de militaires et de citoyens, ont sillonné, pendant toute la journée, les rues de la ville, dont les maisons fermées présentaient un aspect de terreur et de deuil.

« Le conseil municipal, réuni d'urgence hier soir, a voté des remercîments aux troupes de la garnison, qui ont tenu si fièrement et si courageusement le drapeau de l'ordre. Des fonds ont été mis à la disposition du maire pour fournir aux dépenses d'un service extraordinaire. Le conseil, en considération de la gravité des circonstances, s'est déclaré en permanence.

« Les mesures prises par les autorités civiles et militaires, l'énergie et le dévouement des troupes de la garnison préviendront, il faut l'espérer, le retour de ces épouvantables désordres et doivent rassurer pleinement les bons citoyens.

« On chercherait vainement une cause ou même un prétexte politique aux événements si regrettables que nous venons de raconter. Le drapeau arboré hier dans nos rues sera et doit être répudié par tous les partis, car c'est le drapeau de l'anarchie et du meurtre. Puisse la justice atteindre les instigateurs de ces désordres; à qui, dit-on, le courage a failli au moment du danger et sur qui pèsera éternellement le sang répandu. »

A la suite de cet article se trouvait la proclamation suivante :

LE MAIRE DE LA VILLE DE BÉZIERS A SES CONCITOYENS.

Habitants de Béziers,

De graves désordres viennent d'éclater ; des bandes anarchiques, arborant le drapeau du meurtre et du pillage ont envahi la cité. L'armée a fait son devoir et repoussé la force par la force ; le sang a coulé. Les autorités civiles et militaires comptent sur le concours loyal des bons citoyens, qui doivent venir se grouper auprès d'elles, pour défendre leurs foyers et l'ordre menacés.

Béziers, le 4 décembre 1851.

Le maire, H. LOGNOS.

Vu par le sous-préfet de Béziers,

COLLET-MEYGRET.

La lutte fut malheureusement plus longue et plus sanglante à Bédarieux.

Voici l'exposé de cette affaire, d'après les pièces de la procédure (1) :

« Dans la soirée du 3 décembre, Jarlan était venu à Bédarieux apporter le signal de l'insurrection. La société secrète comptait dans le canton de Bédarieux, autant de

---

(1) Cet exposé est extrait de la procédure instruite par le commissaire du gouvernement près le 2e conseil de guerre de la 10e division militaire. Voici la liste des accusés au nombre de 35 :

Pierre Mercadier, dit de la Liberté, tailleur d'habits. — Joseph-Frédéric Salasc, cultivateur. — Pierre Maurel, dit le garde. — Jean Carrière aîné, cultivateur. — Jean Delpech, tisserand. — André Denis, cordier. — Jean-Baptiste Barthès fils, dit le Maigre, serrurier. — Jean Alengri, cultivateur. — Alexandre Carrière, tanneur. — Justin Bonnafous, plâtrier. — Jean-Pierre Triadon, tailleur d'habits. — Jacques Bompayre fils, dit Jojotte, cultivateur. — Pierre Carrière, plâtrier. — Fulcrand Miquel, garçon jardinier. — Pierre Rufliel, fileur. — Etienne Calas, dit la Canne, vacher. — Louis Gardy, dit Muscadin, chaufournier. — Martin Berbigé, fileur. — Hercule Michel, cultivateur. — Pierre Vergely, plâtrier. — Jacques Pagès, dit Mignonne, teinturier. — Jacques Carrière, serrurier. — Isaac Lauze, tisserand. — Philippe Boniface, serrurier. — Louis-Achille Galzy, dit Barral, dit le Canari, serrurier. — François Boussard, tailleur d'habits. — Antoine Baïsse, jardinier. Alexandre Trousselier, dit Patrie — Hippolyte Mas, serrurier. — Mathieu Vène, charron. — Thomas Frié, dit Curamaou. — Fulcrand Malaterre cadet, cafetier. — Lucien Beaumont, dit la Vertu, maçon. — Jean Pradal, dit de Rose.

Tous les accusés n'étaient pas sous la main de la justice ; six d'entre eux étaient contumax, savoir : Mas, Vène, Frié, Malaterre, Beaumont et Pradal.

membres qu'il y avait d'ouvriers et de paysans (3,000 environ). Ils étaient organisés, armés, et en communication avec les sociétés de Béziers, Lodève, Lyon, Paris, et autres grands centres.

« A la tête, pour la direction, était Bonnal, horloger, ancien président du club ; Victor Caux, cordier ; Belagou, conseiller général, les deux premiers plus directement mêlés aux affiliés, le troisième plus particulièrement en correspondance avec les chefs étrangers. Pour l'action, les frères Berbiger, Mercadier, dits la Liberté, Denis André, Barthès, Pagès, Miquel, Mazoureau, Ruffet, Maurel, Delpas, etc., tous arrêtés.

« Confiants dans leurs membres et leurs forces, les affiliés qui s'étaient comptés dans différentes circonstances, étaient prêts à marcher ; aussi, lorsque le 4 décembre, arrivent les ordres, les ouvriers désertent les ateliers, se répandent dans la ville, et se réunissent en masse au café Villebrun. Là, les plus violentes excitations échauffent les têtes.

« Malaterre et Bonafous, montent sur les tables, les poussent à l'insurrection, indiquant pour programme de la journée, la prise de l'hôtel de ville et de la gendarmerie, A l'entrée de la nuit, ils se portent à la mairie pour déposer l'autorité municipale. En tête du rassemblement marchaient Bonnal, Planès, Roval, Trindon, Beaumont, Robert, Labié, Lajuille, Combes frères. Monsieur Vernazobre, maire, était seul à l'hôtel de ville, avec le commissaire de police et la brigade. Aux sommations de Bonnal, parlant au nom du peuple, il répond qu'il ne quittera pas son poste.

« Devant les baïonnettes des gendarmes, la foule se retire en criant ; aux armes ! et va chercher du renfort. Le maire qui, dans la journée, avait tenté de grouper autour de lui les hommes d'ordre restés pour la plupart sourds à sa voix, leur fait en ce moment un suprême appel. Pas un d'eux ne se rend à la mairie. Ainsi abandonné, ce magistrat, pour ne pas livrer à une mort certaine le commissaire de police et les gendarmes, leur ordonne de quitter la mairie, et il se retire lui-même ; après leur avoir remis des dépêches par lesquelles il réclame des secours à Béziers et à Lodève.

« Les insurgés revenant en armes et en plus grand nombre, s'emparent de la mairie, et, après une délibération tumultueuse, ils acclament membres de la commission municipale Bélagou, alors absent, Bonnal et Victor Caux.

« Vers sept heures et demie, la foule se porte vers la caserne de la gendarmerie, et l'entoure de sentinelles armées qui, jusqu'au pont, interdisent la circulation à tout ce qui n'est pas affilié et n'a pas le mot d'ordre (*Montagne*). Dès que les gendarmes chargés de porter les dépêches, se mettent en disposition de partir, ils se voient bloqués par une bande menaçante et armée. »

« Le maréchal des logis Léotard et le gendarme Brugnières font une sortie dans laquelle ils sont forcés de faire feu pour se dégager, et rentrent dans la caserne après avoir blessé un insurgé (1). »

La foule se répand alors dans les maisons voisines d'où elle dirige sur la caserne un feu nourri. A la première décharge la femme du gendarme Flacon, qui s'était mise à la fenêtre, tombe, atteinte d'une balle à la tête, et ex-

---

(1) Tel est le dire de l'accusation dans le procès auquel ces événements donnèrent lieu, mais la femme Séral dont voici la déposition ne raconte pas les événements de cette façon :

« Je fermai à demi les volets, et j'aperçus sur la grande route un jeune homme qui passait. Un coup de feu partit de la gendarmerie, puis un second qui l'atteignit; le gendarme Brugnière sortit pour l'aborder, et le relevant, il lui dit : « Tu es blessé, cochon ! tu es blessé. » Le jeune homme criait : « Mes amis, à mon secours ! » je m'avançai, malgré les coups de feu, et je fis rentrer ce jeune homme à la maison. »

Quant au vieillard qui fut tué raide par le brigadier Léotard, le juge de paix déclara qu'il revenait d'acheter pour deux sous de fromage, et regagnait paisiblement son domicile. Nous devons ajouter que l'instruction fut loin d'être d'accord avec le procès-verbal du juge de paix; le président du conseil de guerre soutient que Cabrol était armé d'un fusil.

Pour ce qui est du jeune homme blessé, les gendarmes Flacon et Seller déclarent, dans leur déposition, que le premier coup de feu est parti de la caserne.

pire quelques instants après. Enfermée dans la caserne, la brigade en soutient bravement le siége, et les insurgés, désespérant d'en forcer l'entrée, mettent le feu à la porte principale.

« C'est Raymond, Barthe et quelques autres qui ont pris des fagots chez des boulangers voisins, et allumé l'incendie, aux cris de fureur et d'excitation des femmes. Chassés par la flamme et la fumée, épuisés par la lutte, trois des gendarmes, Cirq, Flacon et Lamm se réfugient, en escaladant un mur mitoyen, dans la maison d'un sieur Mical. Peu après, une bande d'insurgés, parmi lesquels Delpech, Jacques Bompaire, Mas, Malaterre, Carals entrent, par une porte de derrière qu'ils enfoncent, dans la cour de la gendarmerie.

« Le gendarme Brugnière est là, blessé, étendu sur un fumier et caché par un matelas ; Malaterre le découvre, appelle ses camarades et Delpech, Bompaire, Gardy et autres restés inconnus, déchargent sur lui leurs fusils et l'achèvent à bout portant : « Il faut que tout y passe, hommes et bêtes ! » s'écrie Gardy, et aussitôt une décharge atteint les chevaux de la brigade. Une corde appendue au mur indique aux assassins le chemin de la retraite des trois autres gendarmes; ils envahissent la maison Mical, dans laquelle Cirq, Flacon, Lamm avaient trouvé un refuge; le premier, dans la trappe au fourrage; Flacon, sous un lit et Lamm, derrière des tonneaux. Les insurgés font les recherches les plus actives. Un d'eux, Mercadier, désespéré de ne rien trouver, s'écriait : « Je n'aurai donc pas, cette nuit, le bonheur de tuer un gendarme ! »

« Les insurgés parlaient déjà de passer par les armes les habitants de la maison Mical, si les gendarmes n'étaient pas découverts. Un factionnaire fut placé à la porte de la chambre de la fille Mical.

« Le malheureux Lamm est découvert le premier; Malaterne, Mercadier, Denis André, Pagès lui garottent les pieds et les mains : ils voulaient le fusiller dans la maison même.

« Comme Mical suppliait les insurgés de n'assassiner personne dans sa maison, ils font sortir le gendarme sur le seuil de la porte : un coup de poing, asséné avec force, l'atteint à la tête, et Malaterre, tirant la corde qui lui liait les pieds, achève de lui faire perdre l'équilibre. Lamm est renversé au milieu des outrages de toute espèce ; plusieurs fois il se relève, et de nouveau il est abattu. Dix fusils sont braqués sur lui, vainement il implore sa grâce : « Tu ne nous as pas fait grâce, quant tu as verbalisé contre nous, répondent les assassins. Et à l'instant, Malaterre, Pagès, Gardy, Mercadier, Denis Bonnafous font feu sur lui et le tuent. Chacun à l'envi s'acharne sur son cadavre ; Barthès le frappe de son sabre et Ruffet d'une broche ; Paulignier et Escale se font remarquer parmi les plus violents.

« La malheureuse femme de Lamm, cachée dans une maison voisine, eut la douleur d'être presque spectatrice du martyre de son mari ; voici comment elle a raconté cette scène devant le juge d'instruction :

« Pendant que j'étais réfugiée chez Cauvi, dans le haut de sa maison, près d'une petite fenêtre non loin du lieu du crime, j'entendis distinctement la voie de Mathieu Vènes dire, en jurant et en cherchant dans la maison Mical : « Ils sont ici, il nous les faut morts ou vifs. » A force de chercher, ils découvrirent mon mari derrière les tonneaux. Je l'entendis encore dire au moment où il le découvrit : « Ah ! tu es ici ! maintenant nous te tenons. » On lui attacha les mains derrière le dos ; mon mari leur demanda grâce, et s'adressant à un d'eux, il lui dit : « Pagès, je te demande grâce ! » A quoi Pagès répondit : « Tu ne m'as pas fait grâce, à moi, et tu es cause que je n'ai pas vingt sous par mois. » Mon mari lui répondit : « Je t'en donnerai quarante de plus s'il le faut ; fais-moi grâce ! » Il lui fut répondu qu'il n'y avait pas de grâce. Parmi ceux-là, j'ai reconnu la voie de Pradal, et aussitôt trois coups de fusil furent tirés sur mon mari au moment où il criait : « Grand Dieu ! ayez pitié de moi ! »

« Peu d'instants après, la femme Lamm, cherchant à sauver quelques effets de l'incendie, devint, près du cadavre de son mari, l'objet des brutalités obscènes de l'accusé

Miquel. Carals, qui veut la défendre, est frappé d'un coup de crosse sur la tête (1).

« La rage des insurgés n'est pas assouvie. Tous les gendarmes n'avaient pas été trouvés. Ils rentrent chez Mical, et Cirq est découvert dans la trappe au fourrage ; il allait être passé par les armes, lorsque Malaterre s'écria : « C'est un frère ! Il ne faut lui faire aucun mal. » Le gendarme fut respecté par la bande, et conduit à la mairie.

« Quant au gendarme Stacon, caché sous le lit du gendre de Mical, il échappa aux meurtriers.

« Le maréchal des logis Léotard, blessé et n'ayant plus de munitions, était monté dans une des pièces du second étage de la caserne en feu. Vers trois heures du matin, Mercadier, Mas, Pagès, Vergelly, Gardy, Salasc, Carrière y pénétrèrent armés de leurs fusils. Salasc éclaire les autres avec une chandelle. Léotard frappe sur le bras de Salasc ; la chandelle tombe et s'éteint. Malgré l'obscurité profonde, les assassins serrent de près Léotard ; ce dernier se précipite sur Mas, et lui égratigne le visage et les mains.

« Mais la lutte est trop inégale ; Léotard est renversé, et des coups de fusil lui sont tirés de si près, que le feu prend à son uniforme. On apporte une lumière, et c'est alors qu'ont lieu des scènes d'une atrocité presque incroyable. Un des meurtriers, Carrière, outrage le cadavre de Léotard en urinant dans sa bouche, pour lui donner,

---

(1) La déposition de la fille du gendarme Lamm émut profondément l'auditoire :

« Elle rappelle les injures dont elle a été l'objet quand elle s'est jetée à genoux au milieu de la rue en criant : « Grâce pour mon père ! » Elle désigne Pagès, après Cazals, comme ayant dit : « Va voir ton gros cochon qui est là ! » puis Barthès comme étant venu rapporter ses bijoux. Elle répète les propos cités par sa mère. Alexandre Berbigé lui a pris des cartouches. Delpech l'a constamment suivie. Un nommé Forestier l'a couchée en joue en criant : « On ne passe pas ! au large ! » Mercadier et Malaterre l'ont insultée. Vergely, quelques jours avant l'insurrection, avait dit : « Pourvu qu'avant 1852 on ne me fasse pas payer les procès-verbaux, je réglerai cela. »

dit-il, le coup de grâce. Deux autres passent sur le cadavre. Galzy, appuyant son pied sur la poitrine de Léotard, disait qu'il voulait faire comme ces bouchers qui pressent la poitrine des animaux pour leur faire rendre tout leur sang. Barthès enfonce son sabre dans le cadavre.

« Les insurgés s'emparent des provisions que renfermait le logement des gendarmes. Ils mangent le souper que la femme Bugnière avait préparé pour son mari, la première victime des insurgés; quelques-uns de ces cannibales mangent et boivent assis sur le cadavre du maréchal des logis (1).

« Le lendemain, la commission municipale commence à fonctionner officiellement. Bormal concourt aux actes de la justice, et rédige des proclamations que l'on publie par la ville. Bélugier reçoit les actes de l'état civil. Tous ensemble ils convoquent les notables négociants, et sous prétexte d'augmentation de salaire ou de secours aux ouvriers malheureux, ils les forcent à payer, au taux qu'ils déterminent, le prix des journées consacrées à l'insurrection.

« Jour et nuit, des patrouilles d'insurgés sillonnent la ville, et en occupent les avenues; des factionnaires armés montent la garde à la mairie. La ville et l'administration sont en leur pouvoir. Sous la menace du pillage et de l'incendie, les habitants passent dans la terreur six mortelles journées. Enfin, le 10 décembre, le général Rostolan arrive à la tête d'une colonne. Les insurgés tremblent à leur tour, abandonnent leurs postes et leurs armes, et l'ordre se rétablit.

« Appelée à constater ces faits, la justice est venue à son tour. L'information, un instant hésitante, prit une direction plus ferme après les révélations de l'accusé Cazals. Instruit que cet individu avait chez lui un des pistolets du maréchal des logis, ce qui trahissait sa pré-

---

(1) La scène est assez horrible par elle-même sans qu'il soit besoin de l'assombrir davantage.

sence sur le lieu du crime, le commissaire de police procède à son arrestation, découvre le pistolet, le suspend au cou de Cazals avec une ceinture, et lui fait ainsi traverser la ville. Arrivé à la mairie, Cazals, profondément impressionné par cette épreuve, raconte tous les faits, révèle les noms des coupables, et, confronté avec eux, il arrache à quelques-uns des aveux, réduit les autres au silence par la précision de ses accusations, et jette ainsi un jour éclatant sur cet épouvantable drame (1).

« Trois mois auparavant, l'autorité militaire sollicitée pour envoyer à Bédarieux une garnison, imposait pour condition la fourniture des logements et de la literie. Une souscription fut ouverte, et dans une ville qui compte par centaines de grandes fortunes, le maire ne put obtenir que quatre ou cinq adhésions, *non que les refusants obéissent à un sentiment d'avarice; mais parce que nul n'osait donner une signature qui signalât aux ouvriers la coopération à l'appel d'une garnison.*

« Lorsqu'il fallut procéder à l'inhumation des malheureux gendarmes nul ne voulait porter les cercueils; on proposa un tombereau; ces cadavres, transportés à l'hôpital, y furent l'objet d'une déplorable curiosité; la foule voulait encore qu'on les transportât au cimetière, le cercueil découvert, pour se repaître plus longtemps de ce hideux spectacle.

« Un seul prêtre accompagna les restes des gendarmes, et lorsque quelques heures après, eut lieu l'inhumation d'un des insurgés, 2,000 ouvriers et un grand nombre de bourgeois formèrent le cortége.

« Voici deux des proclamations publiées par les insurgés lorsqu'ils étaient maîtres de la ville :

« Le peuple victorieux aujourd'hui après la lutte, est obligé de veiller activement à la défense de l'ordre, de la propriété, de la famille.

---

(1) Ce Cazals fut, pendant les débats, plusieurs fois convaincu de mensonge, et plusieurs des défenseurs demandèrent même qu'il fût arrêté sous la prévention de faux témoignage ; mais le conseil refusa de faire droit à leur requête.

« A cet effet beaucoup d'ouvriers ont dû quitter leurs ateliers, leurs épouses et leurs enfants pour prouver que la révolution ne veut pas le pillage ni la ruine de la mère patrie.

« Aujourd'hui beaucoup de ces ouvriers souffrent, et le seul remède à leurs souffrances, c'est du pain !

« Il est donc nécessaire que les boulangers de Bédarieux qui possèdent les farines convenables cuisent immédiatement et fassent porter à la mairie tout le pain qu'ils auront cuit. »

Signé : LE PEUPLE SOUVERAIN ! Vive la république.

AUTRE :

« Dans les révolutions, les uns viennent pour le bien, les autres pour le mal. Tous les honnêtes citoyens qui verront commettre le vol ou l'attentat à la pudeur, *sont priés* de punir de mort les coupables. »

AUTRE :

« Des malheurs regrettables ont eu lieu, et ne peuvent être imputés qu'à ceux-là qui les ont provoqués par le meurtre de quelques citoyens.

« Les républicains gémissent d'un pareil désastre; mais ne craignez pas, une garde veille, et tout le monde doit être rassuré.

« Les personnes et les choses seront respectées.

« Mort aux voleurs ! »

AUTRE :

« Citoyens, soyez sans inquiétude ; sous le gouvernement du peuple souverain, chacun trouve la sauvegarde de tous les intérêts, de tous les droits, de toutes les libertés.

« Le peuple, sur qui reposent tous les pouvoirs, sera digne de sa responsabilité et de sa mission, et ses efforts feront qu'aucun autre accident ne se renouvellera.

« Citoyens, une ère, l'ère nouvelle arrive.

« Vive la république ! LE PEUPLE. »

Nous arrêtons ici le récit de ce qui se passa dans Bédarieux, d'après les pièces de la procédure, instruite contre les auteurs du meurtre des gendarmes, pour nous occuper plus spécialement du département de l'Hérault.

Le 10 décembre, le général Rostolan, qui avait proclamé la mise en état de siége du département, entrait à Bédarieux à la tête de la colonne mobile qu'il commandait et traînant à sa suite plusieurs pièces de canon; mais déjà presque tous les insurgés avaient quitté cette ville; on fit néanmoins de nombreuses arrestations et un fort détachement d'infanterie fut lancé à la poursuite des nombreux ouvriers qui s'étaient réfugiés dans les Cévennes. Un certain nombre de ces malheureux, désormais sans asile, furent tués impitoyablement, ainsi que cela résulte de ce fragment d'une proclamation du général aux ouvriers qui n'avaient pas quitté la ville : « En prolongeant leur fuite, vos anciens compagnons aggravent encore leur position, déjà plusieurs ont été frappés de mort pour n'avoir pas obéi aux sommations de se rendre qui leur étaient faites. »

M. Durand de Saint-Amand, nouveau préfet de l'Hérault, tenait à peu près le même langage dans cette proclamation adressée à ses administrés :

« Habitants de l'Hérault,

« Le Président Louis-Napoléon Bonaparte vient de rendre l'ordre et la liberté à la nation française, menacée par les intrigues des partis.

« L'assemblée législative allait porter la main sur lui, au mépris du mandat que vous lui aviez conféré : il l'a dissoute.

« C'est vous, c'est le peuple tout entier qu'il appelle à se prononcer sans retard sur les grandes questions d'où dépend le salut public.

« A vous de répondre à cet appel.

« Lorsque le pays applaudit universellement à la courageuse initiative du Président, lorsque Paris, qui est le cœur de la France, s'unit avec joie à sa noble entreprise, laisserez-vous à quelques insensés qui s'agitent au milieu de vous le droit de troubler à eux seuls la paix publique?

« Des crimes odieux viennent d'être commis dans ce département : des citoyens honnêtes et paisibles ont été assassinés ; des gendarmes, gardiens de la sécurité de tous, ont subi un supplice que des cannibales seuls osent inventer !

« La population de l'Hérault, que révoltent de tels attentats, se félicitera, comme moi, des mesures énergiques prises aussitôt par les autorités du département et de la mise en état de siége, double garantie de sécurité pour les bons et de répression contre les méchants.

« A ces mesures je viens apporter mon concours et mon inflexible résolution de rétablir et de conserver l'ordre.

« Habitants de l'Hérault,

« Serrez-vous autour d'une autorité protectrice et bienveillante.

« Rappelez-vous l'idolâtrie que l'empereur Napoléon portait à la France et ralliez-vous auprès du prince son neveu, qui vous rend la liberté de suffrage et qui promet l'ordre à l'agriculture, au commerce et à l'industrie.

« La France, fatiguée de révolutions, veut le repos. Le gouvernement, que je représente au milieu de vous, saura le lui assurer. Il ne demande qu'un seul appui, celui de l'assentiment des honnêtes gens ; votre patriotisme me répond que vous le lui accorderez.

« Montpellier, le 6 décembre 1851.

« *Le préfet de l'Hérault,*

« A. DURAND-ST-AMAND. »

Des colonnes mobiles parcouraient le département dans tous les sens, et l'on écrivait de Pézénas dans les premiers jours de janvier :

« De nouvelles arrestations, se rattachant à l'insurrection du 4 décembre, viennent d'être opérées à Pézénas et dans les environs. Quatre individus ont été arrêtés dans cette ville, deux à Roujan, douze à Puisalicon, un plus grand nombre encore à Caux et à Neffiès, dix-sept à Saint-Thibery. Ces derniers surtout ont donné au détachement qui s'est mis à leur poursuite une peine infinie; pour fuir les recherches de la justice, ils s'étaient réfugiés dans les bois qui avoisinent le village où ils avaient établi leur domicile ; mais, traqués à deux heures du matin par la troupe de ligne, ils ont préféré se jeter dans l'Hérault, où les ont d'ailleurs intrépidement poursuivis et atteints, en partie, les courageux soldats du 35ᵉ, plutôt que d'obtempérer à la sommation qui leur était faite, et de se constituer prisonniers (1). Un assez grand nombre a pu s'échapper, grâce à l'ignorance dans laquelle la troupe était des lieux.

« Chaque jour, l'autorité militaire ordonne la fermeture de nouveaux cafés ou cabarets. A Clermont, Canet, Saint-André, Aspiron, et dans plusieurs autres communes de l'arrondissement de Lodève, un assez grand nombre de lieux publics viennent d'être l'objet de ces mesures exceptionnelles, que commande la sûreté publique. »

On lisait en même temps dans l'*Echo du Midi* de Montpellier :

« Ce matin, à quatre heures et demie, soixante détenus politiques, tous de la ville de Montpellier, parmi ceux arrêtés le 4 au Manége, ont été extraits de la prison cellulaire du Palais et conduits au chemin de fer de Cette, entre une double haie de gendarmerie et de soldats du 35ᵉ. Deux piquets du génie ouvraient et fermaient la marche.

« Ce transfèrement a été fait sous la direction de MM. les commissaires de police Segond et Cammas, assistés de leurs agents. M. Reynaud, commissaire central, et M. Paimbœuf, commissaire de police, avec le reste des agents, gardaient les abords et l'intérieur de la gare.

« Arrivés au chemin de fer, les prisonniers y ont trouvé M. le préfet, M. Godefroi, secrétaire général, et

---

(1) L'ordre du jour du général Rostalan était peu fait pour les engager à se rendre à cette invitation.

M. le capitaine de gendarmerie, qui ont pris avec eux le convoi de Cette pour surveiller leur internement au fort Saint-Pierre.

« Parmi les prisonniers transférés, nous avons remarqué MM. Beaume, avoué; Coulondre, Anterrieu, avocat; Caisse et Murat, étudiants en médecine, Grecs d'origine; Plantel, Rossignol, Simonnet, directeur de l'association fraternelle des fabricants de chaises; Laussel, commis négociant; Gustave Brun, Masson, Sicart, bouchers; Mongier (Félix), Girardot (Jean), entrepreneurs; Clergeau, Peyre, Bedos, propriétaires; Gros, ancien commissaire de police à Gignac, sous le gouvernement provisoire; Foulliat, ex-garde champêtre à Celleneuve; Pintard, fabricant de chaises; Aubagnac, cloutier; Guitard (Alexandre), François, marchands d'hommes, etc. »

L'ordre semblait complétement rétabli dans tout le département, et cependant le nombre des arrestations grossissait de jour en jour; nous pourrions dire d'heure en heure; ainsi le 30 décembre, on écrivait de Saint-Gervais à l'*Echo du Midi* :

« Hier matin, à sept heures moins quelques minutes, une colonne du 35e de ligne fit silencieusement son entrée dans notre ville et se dirigea vers la caserne de gendarmerie. Elle était composée d'environ 80 hommes et commandée par un capitaine. Un piquet s'en détacha, et, sous la conduite d'un gendarme, allait procéder à l'arrestation de M. Emile Crozes, conseiller d'arrondissement, qui fut arrêté dans son lit. Le restant de la colonne alla se former en bataille devant la mairie, d'où quatre piquets se détachèrent sous la conduite d'autant de gendarmes.

« Le premier de ces piquets se rendit au quai, où il arrêta le nommé Crassous, dit *Coural;* le second piquet, commandé par le gendarme Barbier, se porta au quartier de Villeneuve, où il arrêta M. Moulinier, ex-juge de paix, conseiller général, chef de la démocratie à Saint-Gervais. En revenant, il rencontra les nommés Mecle, bourrelier, et Mas, tailleur, dit *Tafin*, qui furent mis également en état d'arrestation.

« Le troisième piquet, conduit par le gendarme Gairal, arrêta d'abord le nommé Villemagne, coutelier, puis il se transporta au domicile des nommés Arnaud, Augé, Blancassou jeune, Caumel, Granier, dit *Barraque*, et Terral ; mais ces prévenus, avertis à temps de ce qui se passait, avaient jugé prudent de prendre la fuite. Enfin il se présenta chez un huitième prévenu, le nommé Chaon, qui fut trouvé chez lui et arrêté.

« Après avoir arrêté le nommé Sanssol et l'avoir déposé à la mairie, le gendarme Moulmatier, qui commandait le quatrième piquet, se rendit chez le nommé Mas fils, dit *Petet*, qui fut emmené prisonnier.

« Ces arrestations avaient toutes été faites en moins d'une demi-heure. Il faut y ajouter celles des nommés Viguier et Pons, ex-greffier de la justice de paix.

« A huit heures, le capitaine qui commandait le détachement fit faire une proclamation qui ordonnait le désarmement des habitants, lequel s'effectua en bon ordre. Toutes les armes étaient rendues avant la nuit.

« Ce matin, le nommé Augé, qui avait pris la fuite la veille, a été arrêté dans son lit. Terral et Arnaud se sont constitués eux-mêmes prisonniers. A une heure, la colonne est partie pour Bédarieux, emmenant les quatorze prisonniers, ainsi qu'une charrette chargée d'armes. »

On lisait en même temps dans le *Mémorial bordelais* :

« On se rappelle que la brigade de gendarmerie nouvellement établie à Capestang s'étant présentée sur la place de cette commune, le 4 décembre, pour réprimer une manifestation séditieuse, fut accueillie par des huées et des coups de feu. L'un des gendarmes fut mortellement blessé. Cet attentat, dont les auteurs sont encore inconnus, ainsi que la participation d'un grand nombre d'habitants de Capestang à l'insurrection de Béziers, le 4 décembre, ont motivé une descente de la force publique dans cette commune. Mercredi matin, avant le jour, une colonne, composée de 250 hommes de cavalerie et d'infanterie, sous le commandement de M. de Montfort, lieutenant-colonel du 5e hussards, investit le village. Défense fut faite aux habitants de quitter leurs demeures. Quelques-uns d'entre eux enfreignirent la défense et firent feu sur la troupe, qui riposta. Un des fuyards, nommé Raucoul, tomba mort; deux autres furent blessés. Le premier a été signalé comme l'un des meneurs politiques de la commune, et l'un de ceux qui avaient le plus contribué à la marche de la population sur Béziers, dans la nuit du 3 au 4 décembre.

« On a procédé à quelques arrestations et au désarmement de la population. Cette mesure s'est accomplie sans résistance. Plus de cent fusils ont été trouvés. Le nombre eût été plus considérable si plusieurs des habitants qui marchaient sur Béziers n'étaient en ce moment en fuite.

« M. le sous-préfet, M. le procureur de la république et M. le juge d'instruction avaient suivi la colonne expéditionnaire. M. le maire de Capestang a été déposé et le conseil municipal dissous. L'autorité municipale a été confiée à M. Mirabel, distillateur, auquel a été adjointe une commission municipale composée des citoyens les plus honorables de la commune.

« Dans la même journée, on a procédé à l'arrestation de la femme de l'assassin de M. Cavalier, curé de Polhes. La colonne expéditionnaire est rentrée à Béziers hier matin. »

Le 5 janvier, une colonne composée d'infanterie, de cavalerie et d'une brigade de gendarmes, sous les ordres du lieutenant-colonel de Montfort, faisait son entrée à Puisserguier pour opérer le désarmement des habitants, opération qui fut suivie de l'arrestation de 14 personnes accusées d'affiliation aux sociétés secrètes. Un plus grand nombre parvinrent à se soustraire, par la fuite, aux recherches dont elles étaient l'objet. MM. Sivière et Banbit, maire et adjoint, furent révoqués par arrêté du lieutenant-colonel.

A Agde, le colonel Dumont, commandant d'une colonne mobile, fit son entrée le 8 janvier, à la tête de quelques cavaliers et de 40 hommes du 35e de ligne, et fit un grand nombre d'arrestations.

La ville de Cette, bien qu'elle jouît d'une parfaite tranquillité; ne fut pas traitée avec moins de rigueur; dix cafés furent fermés, par ordre de l'autorité militaire, et l'on écrivait de cette ville le 11 :

« Pendant cette semaine, on a opéré à Cette une quinzaine d'arrestations. Tous les individus arrêtés, parmi lesquels se trouvent MM. Lassalvy, médecin, Bonnet et Izard, imprimeurs, ont été conduits à Montpellier et incarcérés à la maison centrale. La plupart de ces prisonniers sont accusés d'avoir fait partie de quelque société secrète ou « d'avoir paru en public, portant une ceinture rouge. »

A Mèze, chef-lieu de canton, où la tranquillité n'avait pas été troublée un seul instant, les arrestations ne furent pas moins nombreuses, ainsi qu'il résulte des lignes suivantes, écrites le 19 décembre à l'*Echo de Montpellier*.

«Les huit prisonniers amenés hier avec le convoi d'armes provenant du désarmement du canton de Mèze, appartenaient également à ce canton. Dans le nombre se trouvent le maire et l'un des adjoints de la ville de Mèze, et M..., médecin à Loupian. Voici ce qu'on raconte au sujet de ces arrestations, qui ont surpris d'autant plus que l'on n'avait pas appris que la tranquillité eût été un seul instant troublée à Mèze :

« Il paraîtrait que, lors de son passage, M. le lieutenant-colonel Dumont voulait laisser un détachement dans cette ville pour y maintenir l'ordre, et qu'il en aurait été dissuadé par le maire ; ce fonctionnaire lui aurait dit que personne n'avait bougé et que personne ne bougerait.

« Cependant la colonne ne s'était pas plutôt mise en marche pour Pézenas que des émissaires auraient été envoyés à Loupian, à Gigean, à Poussan, à Villeveyrac, à Florensac, à Bessan, etc., pour convoquer les affiliés. Ceux de Loupian seraient arrivés avec la nuit, et leur exactitude aurait fait compter sur celle des autres communes. Aussi les fusils déposés à la mairie auraient-ils été distribués, et l'on aurait attendu toute la nuit en conciliabule l'arrivée des autres confédérés ; mais, avec le jour, voyant que personne ne venait au rendez-vous, la partie aurait été abandonnée.

« Ce soulèvement avorté serait passé inaperçu sans le commissaire de police. Ce fonctionnaire, voyant qu'il se complotait quelque chose, se déguisa si bien qu'il lui fut possible de passer la nuit au milieu des conjurés, et d'être de moitié dans toutes leurs délibérations sans être reconnu. Les renseignements dont il prit note auraient motivé les arrestations dont nous parlons plus haut. »

Des troubles avaient aussi éclaté à Clermont-l'Hérault, le 4 décembre ; mais ils avaient été promptement réprimés, ainsi que le prouve la proclamation suivante, adressée par le maire de cette ville à ses concitoyens :

« Des désordres graves ont affligé notre cité. La nuit dernière, des hommes égarés, conduits par des meneurs que couvre le mépris public, ont parcouru nos rues en vociférant et hurlant comme des bêtes fauves, en frappant aux portes, en insultant et menaçant les citoyens paisibles. Le domicile de votre maire lui-même n'a pas été respecté.

« Les vrais coupables sont connus, justice sera faite.

« Mais il ne faut pas que l'autorité demeure impuissante et désarmée en présence de tels faits et en face de ces ennemis de la société.

« Je fais un appel aux bons citoyens, aux hommes d'ordre de tous les partis ; je convoque aussi le conseil municipal. Je les invite tous à se rendre ce soir, à cinq heures, à la mairie, pour prêter leur concours à l'autorité, et aviser aux mesures à prendre pour maintenir le bon ordre et assurer le respect des personnes et des propriétés.

« Fait à l'hôtel de ville, à Clermont, le 4 décembre 1851.

« *Le maire,* Jules Rey. »

Plus d'un mois s'était écoulé depuis la publication de cette pièce ; l'ordre était complètement rétabli lorsque, le 8 janvier, plusieurs habitants de cette ville furent subitement arrêtés et conduits à Montpellier. Les prisons du département devenaient tout à fait insuffisantes : Dans l'arrondissement de Béziers, le nombre des personnes arrêtées s'élevait à plus de cinq cents (1).

Cependant l'instruction se poursuivait contre les insurgés de Bédarieux, dont trente-cinq furent renvoyés devant le conseil de guerre séant à Montpellier. Le cadre de cet ouvrage ne nous permet pas de faire ici la relation des longs et dramatiques débats qui eurent lieu devant ce conseil; nous dirons qu'ils se terminèrent par la condamnation à la peine de mort de dix-sept des accusés dont voici les noms :

Hippolyte Mas; Mathieu Vène; Thomas Frié, dit Caramaou; Fulcrand Malaterre; Lucien Beaumont, dit la Vertu; Prodal, dit la Rose (tous contumax); Pierre Mercadier, dit la Liberté; Jean Delpech; André Denis; Jean-Baptiste Barthès fils, dit le Maigre; Jean-Pierre Triadon; Pierre Carrière; Louis-Achille Galsy, dit le Canari; Étienne Calas, dit la Canne; Louis Gardy, dit le Muscadin; Jacques Pagès, dit Mignonne, et Hercule Michel.

Aux travaux forcés à perpétuité : Joseph-Frédéric Salase; Jacques Bonpayre, dit Jojotte; Fulcrand Miquel; Pierre Ruffel, dit Forte-Empeigne; Isaac Laure.

A la déportation dans une enceinte fortifiée et à la dégradation civique : Pierre Maurel, dit le Garde; Justin Bonnafous; Alexandre Berbigé; Pierre Vergely.

A la déportation simple et à la dégradation civique : Alexandre Carrière; Martin Barbigé; Jacques Carrière; François Bouffard.

A vingt ans de travaux forcés : Jean Carrière aîné, Jean Alengry.

A cinq ans de travaux forcés : Jean Carrière, dit la Patrie.

Et tous solidairement au remboursement des frais envers l'Etat.

Deux seulement furent acquittés.

---

(1) Dans le seul département de l'Hérault, le nombre des proscrits, par suite des événements que nous venons de rapporter, s'éleva à plus de deux mille.

La lecture de ce jugement fut faite aux condamnés à onze heures du soir ; amenés dans la salle d'audience devant la garde assemblée, pas un d'eux ne trahit par une parole ni par un geste la plus légère émotion ; tous conservèrent une impassibilité complète. Après cette lecture, les onze condamnés à mort furent conduit par un détachement de 200 sapeurs du génie et de 30 hussards à la prison cellulaire de Montpellier.

Béziers.— L'organisation des sociétés secrètes était très-avancée à Béziers ; le sous-préfet, M. Collet-Meygret, ne l'ignorait pas. Aussi, fut-il fort étonné, après avoir fait annoncer à la ville de Béziers les faits graves qui s'étaient accomplis, par voie d'affiches, du peu d'animation que produisaient ces nouvelles.

— Je pensais bien, dit-il, lorsqu'il fut entendu dans le procès fait aux insurgés de cette ville, que les sociétés secrètes s'apprêtaient alors à faire un mouvement, comme elles avaient projeté de le faire lors de la loi du 31 mai (1).

Le jeudi 4, à quatre heures du matin, les rassemblements étaient des plus nombreux dans Béziers. La veille le commissaire de police, en faisant une tournée dans la ville, avait entendu M. Perret dire :

— Le président a violé la constitution ! Eh bien ! nous violerons autre chose.

— Prenez garde, répondit le commissaire à M. Perret, ce que vous dites est grave, et nous pourrons bien vous empêcher de faire ce que vous voudrez.

Le commissaire de police s'avançait beaucoup en parlant ainsi, car il n'avait que quatre agents à sa disposition, et les agents secrets qu'il employait se trouvaient le lendemain dans les rangs des insurgés.

M. Perret, maire de Béziers en 1848, était le chef de la démocratie, et il le méritait à tous égards ; sa conduite

---

(1) Voir, dans le *Droit* du mois de mars 1852, le compte rendu des événements de Béziers, assassinats de MM. Vergnes et Bernard Maury.

en 1848 fut tellement appréciée, que les notables de la ville de Béziers lui envoyèrent une députation pour le remercier de la conduite qu'il avait tenu lorsque les hommes des ateliers nationaux voulurent s'emparer de la sous-préfecture. Ce fut chez lui que fut prise la résolution de résister à main armée au coup d'Etat; or, le lendemain même, sans avoir recours ni au tambour, ni au tocsin, trois mille hommes au moins marchèrent sur la sous-préfecture.

Le maire, M. Lognos, dont la maison était voisine du lieu de rassemblement, était tellement rassuré qu'il avait envoyé un poste de gardes-champêtres, ces hommes lui ayant affirmé que tout était tranquille; quand il vit défiler l'insurrection sous ses fenêtres, il court à la mairie, réveille tout le monde, fait fermer les grilles et se rend à la sous-préfecture et met le sous-préfet au courant de ce qui se passe; il avait à peine achevé son récit, lorsque deux délégués du peuple se présentèrent et firent remettre au sous-préfet la sommation suivante :

« Au nom du peuple français, le président de la répu-
« blique ayant violé la constitution, le peuple rentre dans
« la plénitude de ses droits. En conséquence, vos fonc-
« tions doivent cesser. En qualité de délégués du peuple,
« nous venons vous remplacer. »

Le sous-préfet, tout d'abord, crut que le billet qu'on lui remettait provenait d'une saisie opérée par la police; lorsque MM. Pujol (dit Verdale) et Redon, condamnés politiques, se présentent tout à coup devant lui :

« Qui êtes-vous ? que demandez-vous ? dit M. Collet-Meygret.

— Nous sommes délégués du peuple, remettez vos fonctions entre nos mains et retirez-vous.

— Je tiens mes pouvoirs d'un gouvernement régulier, répliqua M. Collet-Meygret, et je ne les céderai pas à une députation de l'émeute.

— Vous comptez sur vos soldats, dit Redon (1), ils ne

---

(1) La garnison de Béziers se composait d'un bataillon d'infanterie, avec deux pièces de canon, et de deux escadrons de hussards.

feront pas feu. Ils savent comme nous que la constitution est violée, que le peuple est rentré dans ses droits. Toute résistance est impossible. Nous sommes d'ailleurs en nombre ; plus de dix mille hommes sont réunis et prêts à marcher.

— N'aurais-je que deux hommes avec moi, répondit le sous-préfet, que je n'hésiterais pas à me faire tuer avec eux. Je m'adresse à votre conscience. A ma place, agiriez-vous autrement ? »

Redon ému s'approcha du sous-préfet :

« Je voudrais tout à l'heure pouvoir mettre mon corps entre une balle et vous. »

Et les deux délégués se retirèrent (1).

La déposition faite devant le conseil de guerre, par M. Lognos, maire de Béziers, nous fait connaître ce qui arriva immédiatement après le départ des délégués.

« Aussitôt après le départ des délégués, ordre fut donné de faire charger les armes aux 25 hommes de garde. Bientôt le tambour se fit entendre, ce bruit releva notre courage ; les 100 hommes demandés arrivaient. Aussitôt les 25 hommes du poste furent rangés en bataille devant le mur de face de la sous-préfecture ; les 100 hommes de renfort furent placés en ligne de bataille devant la croix de mission. Leurs armes n'étaient pas encore entièrement chargées ; une foule immense et serrée, précédée des trois délégués que j'ai désignés plus haut, composée d'hommes à figures sinistres et grimées, revêtus de ceintures, de cravates et de turbans rouges, en costumes déguenillés, armés de fusils de guerre et de chasse, de piques et de bâtons, de sabres et de stylets, de fourches et de faux, envahit la place au milieu de vociférations qu'un tumulte effroyable empêchait de saisir, en criant : « Vive la ligne ! vous êtes libres, nous sommes frères ! »

« En présence d'un danger aussi menaçant, d'une

---

(1) Bélouino, *Histoire d'un coup d'État*, p. 326.

mort certaine, il n'y avait pas à hésiter. M. le commissaire de police venait d'arriver juste à temps pour partager notre danger, auquel s'était déjà associé M. le juge d'instruction. Les sommations furent aussitôt faites. Après la seconde, des coups de feu furent tirés sur nous. Le commissaire de police ayant fait la troisième sommation, le capitaine Lehongre commanda le feu, qui ne put être exécuté que quand ce chef militaire, qui s'était porté devant les tambours qui continuaient le roulement, pour couvrir les vociférations des insurgés, les eut fait reculer en arrière pour démasquer une partie du peloton qui ne pouvait agir.

« En attendant, les insurgés avaient gagné du terrain, au point qu'ils se trouvaient déjà à moins de dix pas de nos soldats. Ceux-ci commençaient déjà à faire feu, et, encouragés par les fonctionnaires présents au combat, firent une décharge qui laissa sur place une vingtaine de morts ou blessés. Malgré les préoccupations du moment, j'ai pu remarquer Faure fils, Farret, cordonnier, Cœur-d'Acier, entrepreneur, Lognos dit Marrot, Jean-Jean, Azaïs dit Pierrette, Sabes, placés en face de nous. Aussitôt la confusion se déclara dans les rangs des insurgés; la foule, repoussée sur une petite place voisine, opposa cependant de la résistance, et pendant trois quarts d'heure nous fûmes inquiétés par des feux de tirailleurs exécutés par des insurgés placés à des fenêtres, derrière les coins des maisons ou aux embouchures des rues adjacentes. Bientôt arriva la cavalerie, qui déblaya le terrain et nous délivra du danger. »

Le président du conseil demanda à M. le maire si l'ordre de faire feu avait été donné en premier lieu par le capitaine Lehongre:

« Oui, monsieur le président, répondit M. Lognos ; et s'il n'a pas été exécuté rapidement, c'est que les soldats n'ont pas entendu, à cause du roulement de tambours qui précéda la sommation. Ce n'est pas moi qui ai donné l'ordre de tirer, mais dans le moment dont je parle, toutes les autorités présentes excitaient les troupes et criaient : « Feu ! feu ! »

Voici les faits tels qu'ils furent racontés à l'audience. Cependant bon nombre d'insurgés se retirent, dépavent les rues; pendant une demi-heure la fusillade s'engage, quelques hommes sont tués à la troupe, mais bientôt la cavalerie prend les insurgés en flanc et les disperse.

Mais en ce moment avait lieu une scène odieuse : A l'heure où des républicains tombaient, des misérables indignes du nom d'hommes, assassinaient M. Bernard-Maury, qui se rendait au collége, accompagné de M. Vernhes, son beau-père, greffier du tribunal.

Place Saint-Félix, il y avait un nombreux rassemblement formé par les traînards; à la vue de M. Bernard-Maury :

« Aoussou-lous! aoussou-lous! biro-lous, s'écrièrent-ils.

— Mais, je suis des vôtres, je suis républicain ! s'écrie M. Bernard-Maury. »

Mais les misérables sont sourds à ses accents. Ils font feu, leur victime tombe, et Cadelard, un homme arrivé au déclin de la vie, un vieillard, lui tire un dernier coup à bout portant.

Laissons la parole à la seconde victime de cette agression sauvage :

« Je fus accosté, dit-il, par trois hommes : un petit, l'autre grand et brun, le troisième par derrière, que je vis à peine, et qui avait le cou entouré d'une cravate rouge; puis je sentis un grand coup sur la tête; le sang m'aveugla; puis je tombai à terre, puis plus rien, plus rien, je n'y vis plus. Aucun souvenir, monsieur, sinon deux heures après, que je me retrouvai dans mon lit, et mon malheureux gendre allait mourir : on l'avait assassiné ! »

Ces deux meurtres attérèrent la population; l'autorité devint facilement maîtresse de la ville, mais elle n'en était pas moins bloquée ; Pézénas, Florensac, Servian, Vias, Bessan, Capestang étaient en pleine insurrection ; ce ne fut que le 7 que l'autorité put respirer.

Plus de deux cents arrestations furent faites; quatorze accusés passèrent devant le conseil de guerre :
Laurent, Vidal, Candelard, Pagès furent condamnés à la peine de mort; Ferret et Cœur-d'Acier à dix ans de détention.

M. Perret, ce maire de 1848, dont tout le monde dans Béziers faisait l'éloge, fut envoyé à Cayenne et périt en s'évadant.

Capestang. — « Dans la nuit du 4 au 5 décembre, deux émissaires arrivèrent de Béziers à Capestang. Ils étaient porteurs de la nouvelle télégraphique annonçant le coup d'État, et d'une invitation des démocrates de Béziers à ceux de Capestang de prendre les armes et de marcher sur Béziers. A dix heures du matin, on apprit que Béziers était en pleine insurrection. Alors tous les membres des sociétés secrètes prirent les armes; on battit le rappel, et on marcha sur la mairie pour s'en emparer.

« Le brigadier de gendarmerie, nommé Duval, traversa la foule et entra dans l'hôtel de ville. Aussitôt des menaces terribles se firent entendre, et le fameux cri : Aoussou-lou! (pendons-le) fut proféré à l'envi. On voulait entrer dans la mairie pour s'emparer du brigadier, mais il en était sorti par une porte de derrière. Quelque temps après, une grande rumeur se fit entendre. Le brigadier venait de reparaître; mais, cette fois, à la tête de ses gendarmes. Les insurgés devinrent plus menaçants; le brigadier fit signe de la main qu'il ne venait que pour maintenir l'ordre; le maire, M. Saisset, qui était là sans son écharpe, cria aux gendarmes :

« Retirez-vous; votre présence n'est pas nécessaire. »

« Malgré cette invitation, le brigadier fit avancer ses hommes. Alors les bandes apprêtèrent leurs armes; quelques fusils s'abaissèrent pour tirer; le maire les releva avec sa canne, et renouvela aux gendarmes l'injonction de se retirer. A peine le brigadier avait-il commandé le demi-tour, qu'une décharge fut faite sur les gendarmes, par derrière. Le gendarme Cassan tomba grièvement blessé au bras gauche et au genou; l'une de ces blessures a déterminé la paralysie du bras; l'autre a nécessité l'amputation de la cuisse. Le brigadier et les autres gendarmes furent aussi atteints de divers projectiles, qui ne produisirent pas de blessures dangereuses, parce que les fusils étaient chargés avec du plomb de chasse et de mauvaise poudre fabriquée par les sociétés secrètes.

« Les villages voisins de Capestang fournirent leur contingent à l'insurrection, et quelques-uns furent le théâtre de désordres regrettables. Mais la commune de Poilhes fut attristée, le 5 décembre, par un épouvantable assassinat.

« Valat père, de Capestang, méditait depuis longtemps des projets de vengeance contre M. Cavaillé, curé de Poilhes, qu'il accusait d'avoir capté l'héritage d'une de ses parentes. Atteint d'une grave maladie, et pouvant à peine se traîner, il se rendit chez le curé, accompagné de son fils. Sa résolution était tellement arrêtée que, la veille, sa femme voulait emprunter une monture, si son état de maladie ne lui permettait pas de marcher. Au moment de l'entrée de Valat, M. Cavaillé était dans son salon, disant son office. Valat échange quelques paroles, et, comme le malheureux curé ne se levait pas de son siége, l'assassin déchargea sur lui, à bout portant, un pistolet, dont la balle l'atteignit au cœur, et le tua sans lui laisser le temps de proférer un seule parole. »

Voilà le récit que nous avons trouvé dans le compte rendu de l'instruction faite à la suite des troubles qui eurent lieu à Capestang.

Pendant six jours, les républicains furent maîtres de la ville, et il ne se produisit aucun fait de jacquerie, comme beaucoup d'auteurs mal informés l'ont prétendu à cette époque.

Le mercredi 10, le colonel de Montfort arrivait à Capestang avec deux cents hommes ; il n'y eut aucune résistance ; quelques-uns des habitants ayant essayé de fuir furent poursuivis, et l'un d'eux, Raucoul, fut tué et deux autres blessés.

Le 12 avril, le conseil de guerre, séant à Montpellier, rendait le jugement suivant, à propos des troubles qui avaient eu lieu dans Capestang :

« Maxime Chambert, Roux, Pech (dit Grimal), Petit (dit Mousquet), César-Auguste Valat, Caumettes (dit Chaumelle), Bel (dit Burral), Mignon Garbèle, étaient condamnés à la déportation dans une enceinte fortifiée et à la dégradation civique. — Rey, à la déportation simple. — Lignon (dit la Grêle) et Claude Foursines, à dix ans de détention et à la dégradation civique. — André Chucasse, à cinq ans de détention et à la dégradation civique. — André Etienne (dit Boîte), était acquitté à la minorité de faveur.

Pézénas. — Cette ville était divisée d'opinions en deux parties bien distinctes : les légitimistes et les montagnards ; dès le 3 décembre, il y eut de l'agitation ; Caux, village près de Pézénas, se souleva ; la gendarmerie y alla et fit huit prisonniers qu'elle ramena à Pézénas, mais les ouvriers demandèrent leur délivrance et le maire dut céder ; il n'y eut à déplorer dans toute cette affaire que les blessures qui furent faites à M. Billiers, qui fut insulté et blessé, alors qu'il se rendait en armes à la mairie pour prêter son concours à l'autorité ; les auteurs de cette agression furent poursuivis comme assassins ; le 22 avril, le conseil de guerre, séant à Montpellier, condamnait :

« Lavergne, Savi et Bonnarce, coupables d'avoir fait partie de bandes secrètes et de tentative d'assassinat sur M. Billiers, à dix ans de détention. — Bassas et Cambon, déclarés coupables seulement d'avoir fait partie de bandes armées, furent condamnés à cinq ans de la même peine. »

ILLE-ET-VILAINE.

Rennes.

Nous ne trouvons sur ce département que trois dépêches que nous enregistrons sans commentaire :

« 4 décembre, quatre heures et demie du soir. — Tout est tranquille dans le département.

« Rennes, 4 décembre, quatre heures du soir. — Le département est tranquille.

« Fougères, 4 décembre. — L'arrondissement est calme. »

INDRE.

Le département de l'Indre fut peu troublé à la nouvelle du coup d'État. Les autorités purent même télégraphier à Paris que le calme le plus complet régnait à Châteauroux, à Issoudun, au Blanc et à la Châtre, où le parti républicain comptait cependant un grand nombre d'adhérents. Un commencement d'agitation tardive se produisit dans la journée du 6 ; mais il fut aisément comprimé, et tout se borna à des arrestations que le *Représentant* raconte en ces termes :

« Avant-hier encore, nos magistrats avaient eu la satisfaction de n'avoir pas à prendre de nouvelles mesures rigoureuses, lorsqu'ils apprirent qu'à la nouvelle des troubles de Paris, les meneurs s'agitaient et s'efforçaient de soulever la population.

« La sévérité devenait un devoir. Nos magistrats n'y ont pas failli. Immédiatement des ordres d'arrestation étaient lancés, et, quelques instants après, les principaux meneurs étaient écroués à la maison d'arrêt. Quelques-uns ont pu fuir à la première alerte, malgré le zèle de M. le commissaire de police et de ses agents.

« De son côté, M. le préfet s'étant transporté à Issoudun, avait fait saisir et diriger sur Châteauroux neuf des chefs connus de la démagogie. La voiture qui les contenait arrivait vers dix heures dans notre ville, flanquée d'un peloton de gendarmes et suivie d'une vingtaine de hussards, prêts à comprimer la moindre provocation. Pas un cri, pas une marque de sympathie n'a accueilli les prisonniers sur leur passage.

« Dès son retour à Châteauroux, M. le préfet est immédiatement reparti pour le Blanc, où de nouvelles arrestatations ont eu lieu. M. le préfet est rentré à Châteauroux ce matin seulement. »

Cependant ces arrestations ne suffirent pas pour calmer l'agitation, si nous en croyons le même journal, à la date du 8 janvier :

« Le jour du vote sur le plébiscite, le dimanche 21 décembre, le nommé Roux-Villordan, connu par de fâcheux antécédents, avait réuni autour de lui, dans la cour de l'Hôtel-de-Ville, un grand nombre d'individus, les haranguant et leur substituant des bulletins négatifs à la place de ceux dont ils étaient porteurs. Ce rassemblement devint assez bruyant pour que l'autorité s'y interposât. Roux-Villordan, principal coryphée du groupe, méconnut les injonctions qui lui furent faites et même se répandit en injures envers les dépositaires de la force publique. A la fin, doué d'une force athlétique, il se débarrassa bientôt des mains de deux agents de police. Survint M. le commissaire en chef Chapeau, lequel, mettant le pistolet à la main, ordonna à cet homme de le suivre jusqu'à la prison, ou sinon qu'il lâcherait son coup. Alors toute résistance devint inutile.

« Cette affaire venait hier en police correctionnelle, au milieu d'un grand concours de curieux.

« Malgré les efforts de Me Delorme, son avocat, Roux-Villordan a été condamné à un an et un jour de prison, 100 fr. d'amende et aux frais. »

Les rapports officiels annoncèrent que plusieurs républicains, échappés à l'exécution des mandats dirigés contre eux, avaient tenté de soulever les populations de plusieurs communes environnant Châteauroux; mais que l'autorité, prévenue à temps, avait fait échouer cette tentative.

Parmi les citoyens arrêtés, nous citerons : Jamet, ancien garde-champêtre, chez qui l'on avait trouvé des armes, de la poudre et des balles, et qui passait pour l'un des chefs d'une société secrète ; un charron, des Bordes, qui avait repassé des faux et préparé des piques devant servir à l'armement des républicains ; MM. Sineau-Jarbert, fabricants de draps, à Chinault; Peignet, tourneur à Issoudun; Germann; Lumet; Cussonnet; Bouzique; Lelièvre; Pagnat, ménétrier; Fromenteau, menuisier; Clément Blondeau, ancien percepteur.

Une foule de cafés et de cabarets furent fermés, notamment à Châteauroux, au Blanc et à Belâtre; des conseils municipaux furent dissous et des maires révoqués.

Quant au sort qui fut réservé aux citoyens arrêtés, voici ce que nous lisons dans le *Représentant de l'Indre* :

« Par décision de la commission départementale de l'Indre, six individus de notre département ont été expulsés du territoire français; douze, éloignés momentanément; vingt-sept, internés dans d'autres départements; dix-huit, placés sous la surveillance de la police. Dans ce nombre, ceux qui étaient détenus ont été relâchés hier.

« Il reste encore dans la prison de Châteauroux quatorze prisonniers qui doivent être transportés en Algérie. »

INDRE-ET-LOIRE.

Tours.

Deux pièces curieuses à enregistrer, pouvant servir à l'histoire locale de ce département :

Indre-et-Loire. — « Les membres du conseil général présents à Tours ont signé la déclaration suivante:

« A la première nouvelle des événements qui se sont passés à Paris, plusieurs membres du conseil général, MM. Derouet, Martin d'Anzay, de Croy, Catois, de la Roche-Aymon, de Latour, de Bridieu, Veneau, Jacquet-Delahaye et de Quinemont, conséquents avec l'engagement pris à la dernière session du conseil général, en prévision des dangers que pourrait courir la société, se sont rendus à la préfecture pour prêter leur concours à l'autorité départementale dans ces graves circonstances.

« Après avoir constaté que l'ordre avait été maintenu

avec une louable énergie, que toutes les mesures pour assurer la tranquillité publique avaient été prises, les membres du conseil général ont pensé qu'ils devaient à M. le préfet un témoignage d'estime et d'approbation.

« Tours, le 3 décembre 1851. »

(*Suivent les signatures.*)

Tours, 8 décembre, quatre heures. — « Le conseil général s'est réuni spontanément, en majorité, au chef-lieu; il a pris les deux résolutions suivantes :

« Nous soussignés, membres du conseil général d'Indre-et-Loire, convaincus qu'il est du devoir de tous les bons citoyens de se grouper autour du pouvoir, déclarons adhérer au gouvernement de Louis-Napoléon Bonaparte.

« Les membres du conseil général d'Indre-et-Loire, réunis en majorité, convaincus que le pouvoir saura, par la sagesse des mesures, répondre aux besoins légitimes du pays, confirment l'adhésion donnée par leurs collègues dans la journée du 4 de ce mois dans les termes ci-dessus.

« Ont signé la première résolution :

« MM. Dérouet, Calois (1), Deycroix, Veneau, de la Roche-Aymon, Jacquette, de la Haye.

« Ont signé la seconde résolution :

« MM. Martin d'Anyay, Hervé, Laurans, César Bucot, Debridieux, de Quenemente, Boisselève, Chesneau. »

ISÈRE.

Grenoble.

Une série de dépêches à enregistrer sur ce département.

— Grenoble, 3 décembre, onze heures du matin. —

---

(1) Nous respectons, pour MM. Calais ou Catois, d'Anyay ou d'Anzay, l'orthographe du *Moniteur*. — Quoique le *Moniteur* soit muet sur les arrestations, nous dirons que MM. Naintret, David, Leblanc, furent exilés; Chauvelin, Dubrac, Thévenot, etc., internés; et pourtant l'ordre n'avait pas été troublé.

Les proclamations ont été affichées au petit jour, de telle sorte que c'est à son réveil que Grenoble a appris les nouvelles. Elles ont été accueillies avec satisfaction. L'autorité municipale a donné tout son concours. L'appel au peuple a produit un excellent effet.

— Grenoble, 4 décembre, neuf heures du matin. — La nuit s'est passée tranquillement ; il y a eu un peu d'émotion dans la ville, mais aucun symptôme d'agitation ; les nouvelles du département sont bonnes.

Le théâtre a été ouvert à Grenoble. Aucun symptôme d'agitation ne s'est manifesté dans la ville.

Le préfet de l'Isère. — Grenoble, 4 décembre au soir. — Les nouvelles des campagnes sont excellentes ; les maires assurent l'administration de leur concours ; ils disent qu'ils sont contents de leur Président. La ville est rentrée dans le calme. Les ouvriers ont fait afficher dans les ateliers la proclamation du Président.

Enfin, pour compléter cette série de nouvelles favorables au coup d'Etat, nous terminerons par cet extrait d'un article du *Vœu National*, journal de Grenoble :

« Le préfet de l'Isère reçoit à l'instant des dépêches de Vienne, de la Côte-Saint-André, de la Tour-du-Pin et de Voiron. Dans cette dernière ville, la plus grande tranquillité règne. A Vienne, même calme, adhésion sympathique. Le maire de la Côte-Saint-André se prononce avec énergie en faveur des actes du gouvernement, et dans sa lettre il annonce l'adhésion de l'immense majorité de la ville et du canton.

« Hier 4, à midi, a eu lieu le banquet des sapeurs-pompiers de la Tour-du-Pin. Il a été présidé par le sous-préfet. Ce magistrat a prononcé un discours dans lequel il a annoncé les événements. Ce discours était conçu dans les termes d'un dévouement chaleureux pour Louis-Napoléon et la République. Une immense acclamation a accueilli les paroles du sous-préfet, et les cris de *Vive Napoléon ! vive la République !* se sont prolongés longtemps. La ville de la Tour-du-Pin manifeste hautement son adhésion.

« Les courriers et les voyageurs qui arrivent de Valence

et de Lyon annoncent que sur ces deux points les populations se livrent paisiblement à leurs travaux ordinaires. »

Nous aimons surtout cette fin de l'article relativement à ce qui se passait dans le Var qui était entièrement soulevé; comme cela est bien fait pour faire croire à cet enthousiasme dépeint plus haut en traits de feu!

Au commencement de février, on pouvait lire dans le *Moniteur officiel* :

« Le sieur Girard, commandant la compagnie des sapeurs-pompiers de Grenoble, vient d'être privé de son grade par un arrêté du préfet de l'Isère. Le sieur Girard avait réuni les officiers de sa compagnie pour discuter et délibérer sur l'invitation qui lui avait été adressée par le maire de Grenoble, à l'effet d'assister à la cérémonie du 1er janvier 1852. »

JURA.

Poligny.

Dans ce département, la ville de Poligny, chef-lieu d'arrondissement, vit éclater un mouvement dont les conséquences eussent été fort graves, si les républicains de cette contrée avaient pu faire jonction avec les populations soulevées dans la Nièvre et l'Allier. Mais là, comme sur la plupart des points où des troubles se produisirent, le découragement succéda à une effervescence de courte durée; et il n'y eut à vraiment dire qu'une simple protestation sans conflit et surtout sans aucun de ces actes de violence dont il a plu à l'imagination de certains écrivains de grossir leurs récits.

Le 3 décembre, on connut, à Poligny, les proclamations qui annonçaient le coup d'État. Aussitôt, et sans s'inquiéter si leur mouvement serait secondé, les républicains, si nombreux dans ce département qui donna toujours l'exemple du patriotisme, coururent spontanément aux armes, échangèrent des correspondances avec les communes voisines, et préparèrent les éléments de résistance. Il fut résolu que Poligny se soulèverait pendant la nuit.

« La sous-préfecture, instruite de ces menées, mais dans l'impossibilité de réunir une force armée capable de résister, avait convoqué à la hâte quelques amis prêts à lui prêter appui.

« Minuit. — Les contingents des villages voisins arrivent en armes, et, à un signal donné, toutes les cloches sonnent le tocsin, et une bande armée fait irruption à la sous-préfecture, où elle enlève avec violence M. le sous-préfet, M. Chevassu, ancien représentant; M. Gagneur, receveur particulier des finances, et son fils; et M. Magnin, lieutenant d'infanterie en congé, et les conduit à la prison. En vain M. Outhier, qui remplit les fonctions de maire, cherche-t-il à s'opposer à ces arrestations; bien que revêtu de son écharpe, son autorité est méconnue, et il va lui-même partager la prison de ses amis.

« Il est impossible de dépeindre le vacarme qui se fit dans la Grand'Rue, de minuit et demi à sept heures du matin.

« Le tocsin ne cessait que par intervalles, et plusieurs tambours parcouraient la rue en battant la générale ou le rappel; joignant à cela le bruit des chariots qu'on traînait et des pavés qu'on enlevait pour faire des barricades, on aura une idée de l'horrible nuit que les habitants paisibles de Poligny ont dû passer.

« Les villages voisins n'ont pas été plus tranquilles; le tocsin se faisait entendre de toutes parts dans la campagne.

« Le 5, sept heures du matin. — La fièvre semble se calmer un peu; de nombreux curieux circulent, et on les voit par groupes arrêtés aux coins des rues pour lire la proclamation que les individus, qui s'étaient emparés de l'autorité, venaient de faire placarder. Cet appel aux armes était signé : H. Bergère, sous-préfet provisoire; J.-B. Lamy, maire provisoire; Dorrival, commandant provisoire de la garde républicaine.

« 10 heures du matin. — La malle-poste de Paris est obligée de traverser la plaine pour entrer en ville ; on s'empare des dépêches. Par ordre du sous-préfet provisoire, deux jeunes gens se rendent chez quelques personnes suspectes aux émeutiers, pour les désarmer ; on leur remet quelques fusils de chasse.

« La tranquillité n'a plus été troublée jusqu'à trois heures du soir ; les rassemblements ont stationné devant l'hôtel de ville, qui était occupé par les insurgés, ainsi que la sous-préfecture ; à cette heure, les prisonniers étaient encore sous les verrous. »

Au milieu du désordre inhérent d'une prise d'armes, on peut dire, malgré la *Sentinelle du Jura*, que les propriétés furent respectées, aucun acte répréhensible, aucun attentat ne se produisit au milieu du tumulte général ; et l'on se demande sur quels fondements les chroniqueurs ont pu parler de *barbares pillant, volant, se gorgeant de vins et de spiritueux, pour ensuite se livrer aux infamies les plus lâches et les plus cruelles, et outrager les femmes de la façon la plus atroce.* Comme on avait évoqué le spectre rouge, on tenait à prouver que ce n'était pas une vaine fantasmagorie, et que la société avait été vraiment sauvée d'un grand péril. Aussi, ne trouvant pas de moyens sérieux d'accusation, on forgeait des calomnies (1).

Les chefs du mouvement avaient fait afficher une proclamation dans laquelle ils commandaient le respect aux personnes et aux propriétés.

---

(1) Dans son embarras de justifier les horribles imputations qu'il accumule, imputations vagues, dont une feuille locale, *la Sentinelle du Jura*, ne craignit pourtant pas de se faire l'écho, l'auteur de l'*Histoire d'un coup d'État*, M. Belouino, dit :

« Si nous ne disons rien des horreurs commises à Poligny, c'est que nous n'en voulons pas salir nos pages, et qu'en outre nous nous sommes imposé l'obligation de ne raviver aucune douleur et de n'apporter à aucun deuil l'aggravation d'une publicité qu'assez d'autres ont maladroitement provoquée. »

Il n'eût plus manqué que de voir des historiens inventer des faits, alors qu'aucun conseil de guerre ne fut appelé pour punir des crimes ou des délits qui auraient été relevés.

Le 4 décembre, un rassemblement formé dans les villages de Bray, Plainoiseau, Manay et Sellière, ainsi que de citoyens de Poligny, se porta sur Lons-le-Saulnier; ces hommes étaient à peine armés. Cette troupe était composée en grande partie d'ouvriers et de paysans; ils arrivèrent ainsi, se recrutant sur leur route, jusqu'à quelques kilomètres de Lons-le-Saulnier. Là, ils rencontrèrent un piquet de troupes de ligne devant lequel ils s'arrêtèrent; bientôt survint à bride abattue la gendarmerie ayant à sa tête le nouveau préfet du Jura, M. de Chambrun; l'infanterie s'étant dispersée en tirailleurs, et la cavalerie ayant fait une charge à fond, les insurgés lâchèrent pied; une quinzaine de prisonniers furent faits; parmi eux se trouvait M. Barbier, gérant du journal *la Tribune de l'Est*, dont les bureaux étaient occupés militairement.

Cependant, les insurgés demeurés à Poligny n'étaient pas sans inquiétude à mesure que le temps se prolongeait, mais cette inquiétude se changea en stupeur quand ils apprirent que la colonne expéditionnaire dirigée sur Lons-le-Saulnier avait été dispersée et que plusieurs hommes qui la composaient étaient arrêtés, et que des forces formidables (1) se dirigeaient de leur côté; qu'Arbois, Salins et tout le département étaient paisibles. Les chefs de l'insurrection comprirent qu'essayer d'entrer en lutte serait une folie.

Les prisonniers furent immédiatement rendus à la liberté; les rues furent réparées tant bien que mal et grossièrement repavées, puis tout rentra dans l'ordre et le silence.

Néanmoins les troupes dirigées sur Poligny s'y rendaient à marche forcée, ayant avec elles le préfet du département, qui avait cru devoir s'y transporter; mais tout était devenu superflu. Quand le préfet et les troupes entrèrent dans la ville, il n'y avait plus besoin d'eux.

Quoique la plupart des insurgés eussent pris la fuite,

---

(1) Ces forces se composaient de chasseurs de Vincennes, de cuirassiers et d'artillerie.

un certain nombre d'arrestations furent cependant mises à exécution.

Une commission militaire qui siégeait à Lons-le-Saulnier décida du sort des personnes arrêtées; il nous est assez difficile de préciser le chiffre des personnes sur le sort desquelles elle eut à prononcer, les journaux du temps sont muets à cet égard ; seulement, on peut lire dans le *Moniteur* de décembre 1851 que le nombre des prévenus renvoyés devant la commission militaire est considérable, surtout pour l'arrondissement de Poligny.

Le 9 décembre, elle désigne pour être transportés à Lambessa : Auguste Breton, pendant sept ans ; Alexandre Aubry, Prosper Beuron, Eugène Billot, Claude-Marie Bonnot, Joseph-Eugène Bosne, Constant Bride, Félicien Bride et Augustin Cabaud, pendant cinq ans. Henri Barbier, gérant de *la Tribune de l'Est*, et désigné comme l'un des chefs de l'insurrection dans le Jura, fut envoyé pour dix ans à Cayenne.

Dans les séances du 12 et du 13, trente nouvelles décisions furent rendues.

Elle désigna pour la transportation à Lambessa, pendant cinq ans, Auguste Chalumeau, Cyrille Dalloz, Pierre Gaudard, Charles-Edouard Gaudin, Gaudot dit *Quiqui*, Adolphe Génot, François Giboudot dit *Savoir*, François Gourdon, Désiré Guérillot et Emmanuel Jalley ; pour la transportation au même lieu pendant six ans, Marie-Joseph Crolet, Louis Fournier ; pour la même peine, pendant sept ans, Jean-François Gaudot, Clément-Faustin Grand ; pour la même peine, pendant huit ans, Fallot ; pour la même peine, pendant dix ans, Claude Chavannes, Jean-Claude Dalloz, Joseph Dauvergne, Auguste Ethevenaux, Antoine Jeandot ; pour la transportation à Cayenne, pendant six ans, Victor Gorin, Elysée Jourd'huy et Claude-Ambroise Larfeuillet ; pendant huit ans, Louis Jousserandot ; pendant dix ans, Wladimir Gagneur, l'un des chefs de la bande qui s'est portée sur Lons-le-Saulnier, le 4 décembre, pour s'emparer de la préfecture, disait l'arrêt.

Le 14 et le 15, elle désigna pour la transportation à Cayenne Félix Renn et Jean-François-Alexandre Richard, pendant cinq ans ; Trouvé pendant six ans, et Willermoz, l'un des auteurs du placard insurrectionnel publié par *la Tribune de l'Est*, pendant dix ans ; pour la transportation à Lambessa, pendant cinq ans, Ferdinand Loup, Jacques-Sylvestre Meynier, Jean-François Mouillard, Alexis Poisson, Joseph Ravier, François Richon, Joseph Romand, François-Joseph Rouiller, Victor Rousselot, François Terrier et Charles Villemot ; pour la même peine, pendant sept ans, Christophe Voland ; pour la même peine, pendant dix ans, François Poisson (1).

LANDES.

Mont-de-Marsan.

Peu de choses à dire ; deux dépêches au *Moniteur* que nous reproduisons :

« Mont-de-Marsan, 4 décembre. — L'ordre le plus parfait continue à régner dans le département. Les décisions prises par le gouvernement ont, dans les villes, l'approbation du plus grand nombre. L'assentiment est plus vif encore dans les campagnes. »

« Dans les Landes, le peu de population qui est renfermé dans ce département, quoique infesté par les théories des montagnards Pascal Duprat et consorts, n'a pas bougé.

« A Mont-de-Marsan, les autorités ont pris les mesures les plus rassurantes pour la tranquillité. L'adhésion des Lancesquets vis-à-vis du chef de l'Etat paraît certaine, bien que les meneurs de Dax et de Saint-Sever affichent des prétentions contraires. »

---

(1) Un seul prévenu, Pierre-Léonard Mottet, fut renvoyé devant le conseil de guerre ; mais nous ne croyons pas qu'il ait passé en jugement.

LOIR-ET-CHER.

Blois. — Saint-Claude.

Pour ce département, nous en sommes réduits à publier les dépêches insérées au *Moniteur* :

« Vendôme, 4 décembre. — Les notabilités du pays sont venues assurer le préfet de leur concours.

« Vendôme, 5 décembre. — Aujourd'hui, jour de marché, les habitants des campagnes sont venus en foule à la ville. Les proclamations ont causé une satisfaction générale. Les populations sont heureuses du grand acte qui met un terme à une incertitude inquiétante pour l'avenir de tous.

« Blois, 5 décembre, huit heures du soir. — Blois est parfaitement tranquille, et les nouvelles du département sont bonnes.

« Romorantin, 5 décembre. — Légère émotion. Bonne attitude des ouvriers. »

Pourtant nous trouvons, dans la *France centrale* de Blois, une note qui ferait assez croire que le département de Loir-et-Cher, malgré l'excellent esprit qui animait la population, ne fut pas exempt des arrêts de proscription :

« Dans la journée d'hier, de nouvelles perquisitions ont été faites dans les communes de Saint-Claude, Nozieux et Morée, par M. le juge d'instruction, deux membres du parquet, M. le commissaire de police, accompagnés de la gendarmerie et d'un détachement de chasseurs.

« Les dites perquisitions, faites chez quarante-et-un individus, ont amené la découverte d'écrits séditieux, de quelques armes et munitions de guerre, et l'arrestation du sieur Charles Deniau, cultivateur à Saint-Claude.

« Le sieur Tissier, ouvrier menuisier à Mer, a été arrêté sous la prévention de propos séditieux, et déposé à la maison d'arrêt de Blois.

« Par décision de M. le colonel du 5ᵉ régiment de chasseurs, commandant l'état de siége dans notre département, la société fraternelle de secours mutuels de Blois vient d'être dissoute. »

Le 6 décembre, le nouveau préfet de Loir-et-Cher, M. Chambaron, adressait aux habitants du département une proclamation dont voici les deux derniers paragraphes.

« Habitants de Loir-et-Cher,

« J'arrive parmi vous pour servir le gouvernement. Je le ferai avec la résolution qu'inspire le sentiment du devoir et que donne la conviction.

« Ma tâche sera facile, si j'en juge par les offres de concours qui m'ont été spontanément faites, par l'empressement de tous les fonctionnaires à m'assurer de leur dévoûment, par l'élan de la garde nationale de Blois, que j'ai trouvée armée pour la défense de l'ordre : le danger a été pour elle un appel. »

Ce fut à Blois que fut arrêté, en juin 1852, M. Berthier, ex-rédacteur de la *Constitution*, qui, jusqu'alors, avait pu échapper aux recherches dont il était l'objet et qu'une commission militaire avait condamné à la déportation en Afrique. Le Loir-et-Cher fournit aussi son triste contingent à la transportation.

LOIRE.

Montbrison. — Saint-Etienne.

Dépêches des plus rassurantes pour le pouvoir à enregistrer :

Montbrison, 3 décembre.— La tranquillité continue.

Saint-Etienne, 4 décembre. — Les proclamations ont été lues avec avidité par des groupes nombreux et accueillies avec plaisir par les ouvriers qui manifestaient toute leur approbation.

Montbrison, 4 décembre. — On applaudit unanimement à la dissolution de l'assemblée.

Saint-Etienne. — Nouvelles les plus favorables. Les dépêches de Paris y sont arrivées au moment de la fête des mineurs, au programme de laquelle rien n'a été changé.

« Les ouvriers se sont promenés avec leur drapeau, comme ils le font chaque année, et l'ordre n'a pas été troublé un seul instant. »

Montbrison, 5 décembre. — Toujours la même tranquillité dans le bassin houiller. La démagogie est atterrée.

Saint-Etienne, 5 décembre, minuit. — De fausses nouvelles répandues par les fauteurs de désordre ont excité dans la ville de Saint-Etienne une assez vive agitation. Les dépêches du ministère de l'intérieur ont rétabli la vérité et ramené le calme.

« Voici quelques nouvelles des départements environnants :

« Dans la Loire et l'Isère, calme profond. Dans la Drôme, à Crest, une manifestation de peu d'importance, immédiatement comprimée. A Tournus (Saône-et-Loire), deux cents anarchistes se sont emparés de la mairie. L'ordre a été rétabli à l'arrivée de quatre compagnies du 4ᵉ léger, envoyées de Mâcon à Chagny, après quelques mouvements sans importance (1). »

Mais patatras ! Il ne reste pas grand'chose de tout cela : et voici qu'on écrit de Saint-Etienne au *Moniteur* le 31 décembre :

« Ce matin, dès six heures, toute la police, sous les ordres de notre infatigable commissaire central, était sur pied et cernait les habitations d'une douzaine d'individus signalés comme affiliés à des sociétés secrètes. Ces individus, parmi lesquels figurent les noms trop fameux d'un certain nombre d'hommes qu'on est habitué à rencontrer constamment à la tête de toutes les émeutes, dans tous les désordres, ont été mis en état d'arrestation.

---

(1) Nos lecteurs peuvent se reporter à ces départements pour voir combien la dépêche était dans l'erreur. Ceux qui les faisaient afficher étaient-ils vraiment dans l'erreur ?

« On a trouvé dans le domicile de la plupart d'entre eux des papiers, des correspondances, des brochures prohibées, et l'accessoire obligé de bonnets phrygiens, de balances et de niveaux égalitaires. On a arraché du jardin de l'un d'eux un arbre de liberté encore orné de ces enseignes démocratiques. »

L'épithète d'*infatigable*, décernée au commissaire de police, nous porte à croire que, le 31 janvier, il ne devait pas en être à son coup d'essai pour les arrestations ; le 6, on écrivait de Saint-Étienne, mais cette fois la prose du correspondant officieux s'adressait au *Salut public* de Lyon :

« Depuis peu de jours, des arrestations assez nombreuses ont été faites, soit à Saint-Etienne, soit dans les communes qui en forment la banlieue. On prétend que ces mesures sont la suite de la découverte d'une liste d'affiliés saisie chez un de nos députés montagnards.

« Le nombre des individus actuellement détenus est, dit-on, de douze à quinze ; un certain nombre d'autres signalés ont pu se soustraire à l'exécution des mandats décernés contre eux. On cite notamment deux ou trois personnages qui, au moment où la police pénétrait dans leur domicile, ont trouvé moyen d'échapper à toutes ses recherches. Comme il arrive en pareil cas, on a mis sur la liste des arrêtés bien des gens qui n'ont pas été un seul instant inquiétés, et, par conséquent, citer aujourd'hui des noms, ce serait s'exposer à des erreurs toujours fâcheuses.

« Un fait certain, c'est que l'on cherche à répandre des bruits de nature à alarmer la multitude. Ainsi on a parlé de l'augmentation des patentes, quand les gens sensés ont, au contraire, la conviction que cette nature d'impôt ne saurait manquer d'appeler toute la sollicitude de l'administration. »

LOIRE (Haute-)

Le Puy. — Brioude.

Le 6 décembre, le *Moniteur* publiait un décret du président de la République qui nommait M. Girard, sous-préfet de Saint-Omer, préfet du département de la Haute-Loire, en remplacement de M. de Vedaillan.

Une tentative d'insurrection eut lieu à Brioude, voici comment le journal officiel en rend compte :

« Le 7 de ce mois, un rassemblement, composé de deux cents individus environ, s'est formé devant le bureau de la poste, à Brioude, pour obtenir, par la force, la remise immédiate des journaux de Paris. L'autorité s'est vue forcée d'opérer l'arrestation de cinq des plus mutins. Dès que les individus arrêtés furent déposés à la maison d'arrêt, des cris *Aux armes! au feu! à la prison!* se firent entendre. Des patrouilles de gendarmerie furent organisées, et le calme ne tarda pas à se rétablir.

« On a constaté qu'un grand nombre d'habitants de Brioude s'étaient montrés disposés à seconder la force armée. »

Seulement, il est probable que, si l'on avait essayé de faire appel à leur concours, ils seraient restés chez eux.

LOIRE-INFÉRIEURE.

Nantes.

Un bruit qui courut quelques instants dans Paris avec une certaine insistance, relativement au conseil général de la Loire-Inférieure, amena la rectification suivante de la part du journal *La Patrie :*

« On a dit aujourd'hui que le conseil général de la Loire-Inférieure s'était assemblé et déclaré en permanence. Cette nouvelle est tout à fait dénuée de fondement. Il en est de même des bruits qu'on a fait courir d'une prétendue résistance de la ville de Bordeaux. L'ordre n'a cessé d'y régner, et aucune opposition à l'acte du 2 décembre ne s'y est manifestée.

« Nantes, 7 décembre. — L'opinion publique se prononce en faveur du président. Ses derniers actes sont généralement acceptés, surtout par la classe des commerçants. De nombreuses commandes arrivent de toutes parts ; toutes les denrées sont en hausse. »

D'arrestations, de suspensions de journaux, il n'en est nullement question.

LOIRET.

Orléans. — Montargis. — Pithiviers. — Gien. — Bonny-sur-Loire.

La ville d'Orléans, déjà fort agitée en apprenant les événements de Paris, le fut bien davantage, quand elle vit arriver dans ses murs deux de ses représentants, MM. Martin et Michot. Les principaux républicains se joignirent à eux et marchèrent sur la mairie ; la dépêche suivante, expédiée par le préfet au ministre de l'intérieur, fait connaître l'issue de la tentative insurrectionnelle.

Orléans, 3 décembre 1851, 7 heures quarante minutes.

« Le parti démagogique, excité par ses meneurs, a tenté d'envahir la mairie ; il a été énergiquement repoussé par la garde nationale et la troupe réunies. On a arrêté environ quarante-cinq des principaux fauteurs, entre autres les représentants Martin, Michot ; Tavernier et Pereira. Cette répression a produit un bon effet sur l'esprit public.

« Le même jour, le général Grand, commandant l'état de siége dans la 3e subdivision militaire, annonçait aux habitants qu'il était décidé à réprimer le désordre de la manière la plus énergique :

« L'invasion de l'hôtel de la mairie, tentée par le parti démagogique, ajoutait-il, vient d'être résolûment repoussée par la garde nationale et la troupe de ligne réunies, et les principaux chefs de l'émeute, au nombre d'une cinquantaine, ont été arrêtés : MM. Martin, Michot, représentants ; Pereira, ancien préfet ; Tavernier, journaliste, etc.

« La même répression attend partout la même tentative. »

Nous nous contentons de citer cet extrait de la proclamation de M. le général Grand. Quant aux différents arrêtés émanés de lui, nous ne ferons que de les indiquer d'une façon sommaire : Dissolution, à Orléans, de la société de secours mutuels dite l'*Union fraternelle*, en se fondant : 1° sur ce que parmi les individus arrêtés le 3 décembre pour tentative d'envahissement de l'hôtel de ville d'Orléans figuraient plusieurs membres du conseil d'administration de cette société ; et 2° sur ce que, dans les perquisitions faites chez divers habitants d'Orléans, inculpés d'affiliation à des sociétés secrètes, on avait constaté que tous étaient munis d'un livret de l'*Union fraternelle*.

Un autre arrêté qui dissout les gardes nationales de treize communes du canton de Briare (Loiret), pour avoir pris part au mouvement socialiste, et avoir livré leurs armes aux insurgés.

Tandis que le général Grand rendait des arrêtés qui étaient loin de montrer que le coup d'État était reçu avec enthousiasme dans certaines parties du département, le *Moniteur*, qui allait chercher ses informations à la *Patrie*, devenue presque le journal officiel, annonçait gravement que la situation du département était satisfaisante.

Les arrestations dans Orléans ne s'arrêtèrent pas seulement aux citoyens qui avaient pris part à l'envahissement de la mairie. Ainsi, le 6 décembre, c'est le *Moniteur du Loiret* qui nous l'apprend, trois commissaires de police, accompagnés chacun d'un piquet de garde nationale, commandé par un officier, et de deux gendarmes, allèrent opérer des perquisitions au domicile des personnes arrêtées pour l'invasion de la mairie. Cette opération avait pour but de rechercher et de saisir des armes ou munitions. Des fusils de munition, de chasse, des pistolets, sabres, épées, couteaux-poignards, furent saisis et déposés au greffe du juge d'instruction. Pendant que ces perquisitions avaient lieu, des mandats d'amener lancés par le général étaient mis à exécution.

« Toutes ces arrestations se rattachent, dit-on, à l'affaire de la mairie. On a trouvé, dans la cour et dans les salles de la mairie, des balles et des couteaux dont se seraient débarrassés quelques-uns des envahisseurs au moment de leur arrestation.

« Deux cabarets du faubourg Bannier et le cabaret du sieur Bordeaux, à Saint-Jean-le-Blanc, ont été fermés par ordre du général. »

Les prisonniers ne demeurèrent pas longtemps à Orléans : un ordre du ministre de la guerre les fit diriger sur Paris.

« A neuf heures et demie, dit le *Moniteur du Loiret,* les cinquante-cinq détenus, réunis dans la cour de la prison, furent placés au milieu d'un carré d'infanterie. La troupe chargea ses armes sous leurs yeux, au milieu d'un profond silence, puis l'officier donna l'ordre du départ. La plus grande partie des prisonniers semblaient fort abattus.

« Quelques curieux, qui s'étaient groupés dans la rue Bretonnerie, furent dispersés par la gendarmerie.

« Le trajet de la prison au chemin de fer s'accomplit avec le plus grand ordre et à pied ; M. Martin seul était dans un fiacre.

« Arrivés au chemin de fer, où les attendait un convoi spécial, les détenus, divisés en deux catégories, furent placés dans les wagons entre les soldats, et à dix heures moins un quart, la locomotive entraînait le convoi vers Paris.

« Voici les noms des dix-huit prévenus de la première catégorie : MM. Martin, Michot, Pereira, Tavernier, Vion, Desjardins, Dailly, Nollant, Cloutier-Delalevée, Deslandes, Chevalier, Bassot, Campagnet, Cointepas, Cosson, Santerre, Girotteau, Thibaud.

« Voici les noms des trente-sept détenus de la deuxième catégorie :

« MM. Lanson, Berge, Fourniquet, Malibas, Fouqueau, Duneau, Morand, Moulin, Leroy, Rieffel, Guérin, Villermay, Mulot, Picoux, Granno, Girard, Asselin, Dubois, Angenard, Thiercelin, Taveau, Pasquier, dit *Nantais*, Rèche père, Rèche fils, Leflocq, Regnault, Mignon, Lejeune (Joseph), Mitrop, Tardit, Loiselle, Goberville, Doublet, Boutet, Deschamps, Bordeaux, Aliani. »

Le 18 décembre, l'autorité fit procéder au désarmement des gardes nationaux membres de l'*Union fraternelle* ; 8 janvier, on écrivait d'Orléans au *Moniteur* que la gendarmerie avait encore opéré trois arrestations nouvelles : celle de MM. Pécantin fils, arquebusier à Orléans ; Arnaud, lieutenant de la garde nationale, et Michou, Cormier ; à ces noms nous devons ajouter celui de M. Deschanel, ancien rédacteur du *National* et de la *Constitution* du Loiret.

Tout se borna donc, à Orléans, à une manifestation de la part du parti républicain, suivie d'une répression rigoureuse ; sur divers points du département la résistance au coup d'État devait être plus sérieuse, et le sang couler malheureusement.

Montargis.—Le 6 décembre, on pouvait lire dans le *Moniteur* aux nouvelles du département : « Montargis est calme, malgré les efforts du parti rouge. On a saisi une lettre d'un montagnard qui faisait appel aux armes. »

Or, nous allons tâcher de raconter les faits, pour cela nous nous servirons un peu de ce que nous avons entendu dire dans le pays, et beaucoup des récits des journaux et débats devant le conseil de guerre. D'abord, il faut faire justice des récits qui nous ont été transmis par les journaux officieux du temps. Ainsi nous ne trouvons, dans les débats qui ont eu lieu devant le conseil de guerre de Paris, aucune mention de la formation de rassemblements armés, suivant le drapeau rouge, de cris de mort proférés par une multitude animée, de coups de feu tirés sur la gendarmerie..... »

Un ancien commandant de la garde nationale de Montargis, M. Zanotte, imprimeur, connu pour son attachement à la république, et qui, pendant les journées de juin, avait conduit sur Paris les gardes nationales de son canton, était désigné par tous comme le démocrate le plus influent et le plus ardent. Quelques hommes résolus vinrent le trouver, à la nouvelle de ce qui se passait à Orléans. Ne doutant pas que les habitants de Paris ne protestassent les armes à la main, espérant aussi que les populations rurales se porteraient sur Paris pour seconder le mouvement, les citoyens réunis chez Zanotte avaient projeté la destitution et le remplacement des autorités établies à Montargis. Pendant que la délibération se prolongeait, quelques gardes nationaux de Villemandeur, petite commune voisine, qui s'étaient rassemblés et armés à la hâte, accouraient à Montargis ; leur arrivée entraîna ceux qui étaient irrésolus, et une manifestation fut décidée. On fut toutefois d'avis que le rassemblement se présenterait sans armes.

Les autorités n'étaient pas restées inactives ; plusieurs brigades de gendarmerie avaient été appelées pendant la nuit ; l'une d'elles, venue de Nogent, était postée à l'hôtel de la *Poule Blanche*, et comptait dix gendarmes ; elle était sous les ordres du brigadier Lemeunier. Le lieutenant Lefebvre-Desnouettes commandait les détachements.

Un rassemblement de moins de cent personnes sortit de la maison de M. Zanotte, qui marchait en tête, en uniforme de chef de bataillon de la garde nationale ; à ses côtés se trouvait M. Souesmes, conseiller général du canton de Montargis ; on distinguait encore les citoyens Magniez, meunier à Souppes ; Géraud, Tibulle Gaulier, etc. ; le reste se composait de bourgeois, ouvriers et paysans. Un drapeau tricolore, sur lequel étaient écrits ces mots : *Respect à la propriété*, était porté par le citoyen Tibulle Gaulier.

Arrivés devant l'hôtel de la *Poule Blanche*, les républicains furent arrêtés par les gendarmes, et sommés de se disperser, ils répondirent qu'ils obéissaient à la loi en défendant la constitution.

Comme le cortége continuait d'avancer, malgré la sommation, le brigadier Lemeunier abaisse sa carabine sur M. Souesmes; celui-ci, qui portait une canne à la main, abaissa l'arme qu'il saisit ensuite par la baïonnette pour détourner le coup. Le brigadier Lemeunier ne craignit pas alors de faire feu, quoiqu'on lui opposât que le rassemblement était sans armes, et la balle alla frapper un malheureux jeune homme, à qui M. Tibulle Gaulier venait de remettre le drapeau, et qui tomba raide mort. La foule, indignée de cette agression, se rua sur le brigadier à qui l'on arracha son arme, et qu'un citoyen nommé Norrest perça de sa propre baïonnette. Ce citoyen succomba à son tour dans cette terrible mêlée. Le reste des gendarmes fut désarmé. Cependant, les autres brigades de gendarmerie accourant sur le terrain, les hommes qui composaient le rassemblement renoncèrent à continuer une lutte inégale et se dispersèrent.

Quelques arrestations furent opérées; M. Zanotte faillit être fusillé après avoir été pris; mais le lieutenant de gendarmerie ordonna qu'il fût épargné. Un autre citoyen, nommé Lebon, ne dut la vie qu'à son mépris du danger. Un gendarme l'ayant couché en joue : « Tirez, si vous l'osez, lui cria-t-il, en découvrant sa poitrine. »

M. Souesmes, qui avait d'abord pu s'enfuir, vint se constituer prisonnier. Il dut la vie à une circonstance fortuite. Un gendarme le vit passer, et ce ne fut que lorsqu'il fut hors de la portée de son arme, qu'il reconnut M. Souesmes.

— S'il l'avait reconnu, disait un paysan, il le tuait et avait la croix !

Quelle brute (1).

Les prisonniers furent dirigés sur Orléans : ils étaient

---

(1) Ces faits nous furent racontés, dans le Loiret, trois ans après; le narrateur était un modeste instituteur : « Croiriez-vous, nous disait-il, que ces événements ont eu de l'influence sur l'instruction. Ainsi, j'ai reçu, d'un supérieur, des reproches, parce que mes élèves étaient assez forts en analyse logique.

« Vos élèves doivent savoir obéir et non discuter ! »

Il est probable que les choses ont dû changer depuis cette époque.

placés dans quatre voitures, lisons-nous dans le *Moniteur du Loiret* :

« Quatre chasseurs à cheval marchaient en avant, le mousqueton au poing; suivaient un peloton d'infanterie, les voitures et un autre peleton d'infanterie fermant la marche. Des gendarmes à cheval entouraient les voitures, et d'autres gendarmes, le pistolet au poing, étaient assis à l'intérieur entre les détenus. Ceux-ci avaient les menottes.

« La compagnie d'infanterie qui escortait les voitures était partie de la veille, vendredi, d'Orléans, et était allée au-devant du convoi jusqu'à Châteauneuf.

« Sur le dessus des voitures se trouvaient les pièces à conviction, notamment des fusils, une longue pique et un drapeau rouge (1) qui a servi d'étendard à l'émeute de Montargis, et qui était porté par le jeune homme de dix-neuf ans tué par la balle destinée à M. Souesmes.

« Voici les noms des vingt-trois détenus incarcérés hier au soir à la prison d'Orléans, et qui doivent être dirigés aujourd'hui ou demain sur Paris :

« Jacques Chaineau, Frédéric Bourlon, Jules-Laurent Baudenon, Auguste Thierry, Eugène Fénis, Louis Guillonnet, Claude Riset, François Moreau, Blaise Riché, Hippolyte Baune, Pierre Houy, Cluzet, Barthélemy Gagé, Édouard Lordereau, Jean Ligona, Martin Lemoine, Victor Mauraison, Jean Peynot, Pierre Moreau, Pierre Bondu, Joseph Chatou, Félix Harry, Louis Houy, dit *Maurice*.

« Il reste encore à la prison de Montargis environ soixante détenus. »

Sur ces prisonniers, treize : MM. Souesmes, Zanotte, Gollier, Lebert, Chéru, Wild, Julot, Pardé, Rocard, Ligona, Girault, Gaudin, Blondeau furent dirigés vers Paris

---

(1) Le rédacteur voit un drapeau rouge et il y avait un drapeau tricolore ; peut-être, après tout, le drapeau était-il roulé de telle façon qu'il ne pouvait apercevoir les deux autres couleurs.

et enfermés à Ivry, en attendant leur mise en jugement (1).

Bonny-sur-Loire. — Une manifestation qui se produisit avec le même caractère d'isolement qu'à Montargis eut lieu à Bonny-sur-Loire.

Là, le mouvement n'éclata que le 7 décembre, alors que les tentatives étaient déjà comprimées dans le reste du département. Quelques hommes déterminés, connaissant d'ailleurs l'énergie de cette population dévouée à la cause républicaine, prirent le parti d'organiser la résistance.

Une dizaine de citoyens montèrent au clocher, après la messe, et sonnèrent le tocsin, en même temps que la générale était battue dans les rues du bourg. En un instant, quatre cents hommes armés furent rassemblés à la Maison commune. Le drapeau tricolore était porté par une mère de famille ; le curé de Bonny fut sommé de livrer des armes dont il disposait, ce qu'il fit sans difficulté. Ce respectable prêtre rendit hommage à la modération des habitants qui s'étaient levés pour la défense de la Constitution, bien que la plupart des journaux du temps aient fait un fabuleux récit de violences commises sur sa personne et de profanations dont l'église du lieu aurait été souillée.

Une fois maître de la maison commune, le rassemblement résolut de s'emparer de la caserne de gendarmerie (2).

---

(1) Au nombre des personnes arrêtées, il convient de citer M. Rondeau, représentant du Loiret à l'Assemblée constituante.

Les insurgés de Montargis passèrent devant le conseil de guerre de Paris. Parmi les condamnations qui furent prononcées, nous citerons celle encourue par M. Zanotte, qui fut condamné à dix ans de détention.

(2) Voici comme le juge d'instruction de Gien (Loiret) rend compte du mouvement dans les pièces de l'instruction :

« Le dimanche, 7, un groupe d'individus, en petit nombre, s'empara de la tour de l'église et sonna le tocsin. Peu d'instants après, plusieurs tambours, accompagnés d'hommes armés, parcoururent la ville en battant la générale. Aussitôt, on vit accourir de toutes parts des individus porteurs de toutes sortes d'armes ; les femmes,

En ce moment, arrivaient de tournée les gendarmes Denizeau et Bonnin.

Aussitôt, plusieurs individus leur crièrent : « Arrêtez ! rendez vos armes ! » Ils entourèrent Bonnin, qui rendit les siennes. Denizeau fit faire demi-tour à son cheval, en répondant qu'il ne rendrait les armes qu'à la mort. Dans ce moment, un coup de feu partit, qui fit chanceler et tomber de cheval le gendarme Denizeau. Le pied gauche de ce gendarme était resté dans l'étrier; on le dégagea. L'homme qui avait tiré le coup de fusil se nommait Mallet.

« Le malheureux gendarme, dit dans sa déposition Mme Lécuyer, femme de l'adjoint au maire, est resté couché dans la boue pendant un quart d'heure, sans que personne osât le relever, dans la crainte de se faire un mauvais parti avec la bande d'insurgés. »

Maintenant, voici le récit fait par Mallet, accusé du meurtre du gendarme Denizeau, devant le Conseil de guerre :

« L'accusé, après avoir déclaré qu'il reconnaissait avoir fait partie d'un attroupement armé, mais qu'en agissant ainsi, il ne faisait que défendre les droits de l'Assemblée nationale, ajoute : je me suis porté du côté où l'on battait la générale. Nous allions tous, comme un troupeau de moutons ; quant à moi, je n'ai pris les armes qu'en entendant le tambour de ville et sonner le tocsin. Je suis parti armé. D'abord, nous nous rendîmes à la mairie : nous y prîmes un drapeau tricolore et nous nous dirigeâmes vers la caserne de la gendarmerie. Notre intention n'était pas de désarmer les gendarmes ; nous voulions qu'ils ne nous fissent pas de mal, ni nous non plus à eux. Au moment où nous arrivâmes à la hauteur de la rue de Bicêtre, les gendarmes Bonnin et Denizeau parurent devant nous. On les mit en joue, moi comme les autres, et nous leur criâmes de se rendre. Denizeau dit qu'il ne se rendrait pas. Je l'en-

---

armées d faux et de couteaux, y figuraient en grand nombre. Lorsque les insurgés furent réunis au nombre de trois ou quatre cents, ils se portèrent vers la caserne d gendarmerie. »

gageai à plusieurs reprises en ces termes : « Denizeau, je vous en prie, mon ami, rendez-vous ! cela me ferait trop de peine de vous faire du mal. » Dans ce moment-là, ma baïonnette touchait presque sa poitrine ; il détourna mon arme avec le bras droit, puis, faisant un demi-tour avec son cheval, comme j'avais mon doigt placé sur la détente, il est présumable que le fusil est parti par suite de la secousse qu'il a donnée à mon arme en la détournant (1).

« Nous nous sommes rendus à la caserne de la gendarmerie ; nous avons sommé les gendarmes de se rendre, et comme ils n'étaient pas dans les chambrées du devant, et que craignant qu'on nous tirât des coups de fusil, je m'approchai d'une fenêtre, et d'un coup de poing, je brisai le petit bois qui la tenait fermée. Le brigadier s'est présenté, et le peuple a pénétré dans la caserne. Je n'ai pas pris part au désarmement, et je n'ai pris aucune cartouche : mais je demandai au brigadier Malfray de me faire voir un registre rouge sur lequel, m'avait-on dit, on inscrivait des notes de police sur les hommes politiques de l'endroit. »

Nous rapporterons encore la déposition du curé de Bonny-sur-Loire, qui démontre pertinemment que les insurgés ne se sont portés sur lui à aucun acte de violence.

« Le dimanche matin, dit le curé, une personne vint me trouver à la sacristie, au moment où je revêtais mes ornements sacerdotaux, et me dit : « C'est aujourd'hui que vous devez être immolé à l'autel. » Je fus peu touché de cette confidence, parce que je connaissais le caractère impressionnable et facile de la personne. Je chantai la grand'messe sans émotion. Vers midi, je me trouvais au presbytère. Tout à coup, j'entendis la sonnette de la porte s'agiter avec une extrême violence. Ma nièce vint à moi en

---

(1) On voit, par la déclaration de Mallet, qu'il est loin de reconnaître avoir tué volontairement le gendarme Denizeau ; aussi est-ce avec le plus profond étonnement que nous avons lu, dans un journal du Loiret, quelque temps avant la comparution de Mallet devant le Conseil de guerre, qu'il avouait son crime et montrait un grand repentir.

s'écriant : « Nous sommes perdus ! » Je répondis : « Si Dieu a marqué notre heure dernière, il ne sert à rien de se tourmenter ; prions Dieu, et attendons avec calme et résignation. » Je fis fermer les contrevents ; j'allumai ma lampe, et j'attendis l'heure solennelle devant mon crucifix. Et des clameurs inouïes se firent entendre ; je parus à une croisée, et je vis la foule des insurgés qui nous entourait. Une tête parut en haut du mur de mon jardin, et me fit signe, j'allai à cet individu qui me dit : « Soyez sans crainte, monsieur le curé, on ne veut vous faire aucun mal, nous vous respectons ; mais ne faites aucune résistance. Livrez-nous les armes que vous avez ; il ne sera pas touché à un cheveu de votre tête. » Le presbytère fut envahi, et on m'entraîna à la mairie.

« Je fus conduit à la mairie, et là, je dois le dire, on s'empressa de me donner la place d'honneur au foyer pour me chauffer. Je n'entendis aucune parole qui pût blesser mes oreilles. Je demandai la permission d'aller voir le gendarme Denizeau que l'on disait mourant ; on me l'accorda, sous condition qu'après l'avoir visité, je reviendrais me constituer prisonnier. Malheureusement Denizeau était mort, je revins et je passai la nuit en prières dans une salle isolée, loin du tumulte qui se faisait dans la mairie. »

Sur la demande du défenseur qui prie le témoin d'éclairer le conseil sur la moralité de l'accusé, M. le curé dit que Mallet est un honnête ouvrier, laborieux, qu'il est marié en secondes noces ; qu'il est aussi bon père que bon époux et remplit tous ses devoirs de chrétien (1).

Une fois maîtres du bourg, une colonne de républicains fit une démonstration dans la direction de Gien et de Briare ; mais ces deux villes parurent peu disposées à se

---

(1) Mallet fut condamné à la peine de mort, mais sa peine fut commuée en celle de la déportation, grâce aux démarches empressées du curé de Bonny-sur-Loire. Ce fut lui qui répondit à M. de Persigny, quand celui-ci lui annonça que la peine de son protégé serait commuée en celle des travaux forcés : « Plutôt la mort que le bagne ! » Le ministre, vaincu par cette réponse, consentit à ce que Mallet ne fût que transporté.

conder le mouvement. Ce fut seulement dans la journée du 9 décembre que le rassemblement armé se décida à se disperser à l'approche d'un fort détachement d'infanterie et de cavalerie.

Pendant trois jours que dura cette insurrection locale, on n'eut pas à déplorer le plus léger attentat contre les personnes ou les propriétés; ceux qui étaient notoirement hostiles au parti de l'action ne furent pas non plus inquiétés.

Il s'en faut beaucoup, cependant, que l'on ait rendu justice à leur conduite; ainsi le *Journal du Loiret*, après avoir raconté la prise d'armes des habitants de Bonny-sur-Loire, terminait ainsi :

« Le tocsin a fait entendre ses sons lugubres depuis midi et demi, à l'issue de la grand'messe, jusqu'à une heure du matin sans interruption, puis a recommencé à quatre heures. Pendant la nuit il s'est passé des scènes révolutionnaires horribles. »

Mais citez-les donc, ces scènes horribles !

A Gien, petite ville située sur les bords de la Loire, des tentatives de barricades furent faites, mais les insurgés trouvèrent peu d'appui dans la population ; un grand nombre d'arrestations furent faites dans cette ville, ainsi qu'à Châteaurenard, chef-lieu de canton de l'arrondissement de Montargis; et à Trainou, commune de l'arrondissement d'Orléans ; parmi les personnes arrêtées, nous citerons : Jaillet, journalier, et Auguste Izouar, tailleur d'habits, à Trainou, qui furent écroués à la prison d'Orléans;

M. Aubron, officier de santé à Châteaurenard, ex-maire de cette ville ;

Et enfin, tant à Gien que dans les différentes localités : MM. Louis Loiseau, Pierre Fyel, Serizel, Catin, Germain Loiseau, Constant Bodeau, Armand Bodeau, Glazé, Louis Charles, dit *Coco* ; Loiseau de Faverelles, Jouannet, Chereau, Poulain, Tric, Millet, Pillard, Vatant, Desmoulins, Désiré Granson, Deschamps, Condamine, Gustave Mallet, Casimir Maret, Hippolyte Tissier, Prosper Jamet, George Pascal, Vilain, Eugène Aignan, Frossart, Violette, Martra, Beaupin Pâris, Picard, Delson, Désiré David, Robin

Mallet, Gillet, Géron, Pascal (le tanneur), Jean Saugeot, Paul Saugeot, Hyacinthe Mallet, Xavier Mallet, François Jardinau, Agnan Casimir, Jacques Ravou, etc.

LOT.

Cahors. — Figeac.

Le Lot acceptait le coup d'État. L'infaillible *Moniteur* est là pour nous l'affirmer. Le 3 décembre, à trois heures du soir, le ministre de l'intérieur recevait, toujours d'après le *Moniteur*, une dépêche dans laquelle les autorités du Lot constataient qu'à Cahors la population, empressée et curieuse, était tout à fait calme (1).

Le 8, le silence du *Moniteur* cesse un peu, et il se risque à publier, aux nouvelles des départements, l'extrait suivant du *Courrier du Lot* :

« Nous recevons de tous les points du département les nouvelles les plus rassurantes sur l'attitude de la population. La réception des dépêches n'a été signalée par aucun acte d'hostilité, et, en un grand nombre de localités, la sympathie et l'adhésion ont été spontanées.

« Il n'y a que deux exceptions : à Figeac et à Gramat des scènes de désordre ont eu lieu, mais nous n'avons point encore de détails assez précis pour pouvoir les pu-

---

(1) Ce même jour, Cahors voyait se retirer en masse sa municipalité, ainsi qu'un des principaux fonctionnaires de la préfecture. M. Martel, l'ex-rédacteur du journal le *Réformateur*, s'installait à l'hôtel de ville. C'est le *Courrier du Lot* qui nous l'apprend : « Au moment même où, dans la journée du mercredi, il s'installait au poste de l'hôtel de ville de Cahors, M. Martel faisait par écrit un appel à ses complices des campagnes, qui devaient se porter en masse sur Cahors. Ses projets étaient d'exciter un grand trouble au son du tocsin de la cathédrale, de livrer le pouvoir aux anarchistes et d'accomplir dans le département les actes odieux dont il menaçait, depuis longtemps, dans son journal, les honnêtes gens. »

blier. L'autorité est prête, et la répression ne tardera pas.

« En ce moment, le plus grand nombre des fusils de la garde nationale est remis à la mairie. »

Deux jours après, le *Moniteur* s'aventure à raconter ce qui suit :

« Dans le Lot, les nouvelles de Paris ont amené quelque agitation, dans les arrondissements de Figeac et de Gourdon.

« Les démocs-socs ont tenté de soulever la population de Gramat. Les autorités locales, trop faibles pour comprimer ces mouvements, laissent les factieux livrés à eux-mêmes jusqu'à l'arrivée des troupes.

« A Cahors, on signale la retraite de M. Périer, de M. Cléophas, secrétaire général, et celles de M. le maire Caviole et de ses adjoints. M. de Châteauneuf-Randon a pris les rênes de l'administration, et s'occupe activement de la formation d'une nouvelle municipalité. »

Paris était assez préparé pour savoir une partie de la vérité ; du reste, on avait télégraphié par toute la France que l'émeute était comprimée à Paris ; ce qui après tout était vrai. L'autorité put donc publier dès lors ce qui s'était passé à Figeac :

Figeac.— « Une heure après l'arrivée de la dépêche télégraphique annonçant les événements de Paris, les autorités de Figeac, depuis le commissaire de police jusqu'au sous-préfet, étaient poursuivis par les démagogues qui, après avoir désarmé la gendarmerie et s'être emparés de la mairie, de la sous-préfecture et de la poudrière, nommèrent une commission composée de ce qu'il y avait de plus exalté parmi eux. Les honnêtes gens ont été au moment d'en venir aux mains pour défendre leurs personnes et leurs propriétés. Les insurgés agitaient la question de savoir si on commencerait par le fer ou par le feu (1).

---

(1) Le *Journal de Toulouse*, c'est lui qui parle ainsi, paraît vouloir renchérir sur la *Patrie*. Heureusement que les insurgés

« Aujourd'hui tous les rouges compromis sont en fuite. Figeac est parfaitement tranquille ; mais des bandits courent les campagnes pour soulever les paysans ; on attend des troupes pour avoir raison des insurgés. »

Ce n'était pas tout. Il paraît que ces rouges avaient fait des recrues, même dans les rangs de l'administration. Un arrêté de M. V. du Hamel, préfet, en date du 6 décembre, nous l'apprend.

« Nous, préfet du Lot, chevalier de la Légion d'honneur,

« Vu la circulaire de M. le ministre de l'intérieur, en date du 2 décembre courant, qui nous donne tout pouvoir pour révoquer immédiatement tous les fonctionnaires dont la conduite aurait été de nature à porter atteinte à l'ordre public ;

« Considérant que M. Fournet, contrôleur des contributions directes à Figeac, s'est offert spontanément à la commission insurrectionnelle qui s'était emparée de la mairie de cette ville, pour monter la garde, et que, dans la matinée du 5 décembre courant, M. Fournet, obéissant aux ordres de cette commission, a été placé en faction à la porte de la caserne de la gendarmerie ;

« Considérant qu'en agissant de la sorte le sieur Fournet a formellement adhéré à l'acte insurrectionnel dont la ville de Figeac a été le théâtre, et qu'il a méconnu tous les devoirs du fonctionnaire public et du citoyen dévoué à l'ordre,

« Arrêtons :

« M. Fournet, contrôleur des contributions directes à Figeac, est révoqué de ses fonctions, etc. »

Ce ne fut pas le seul arrêté de ce genre pris par le préfet. Le 15 janvier, il révoquait M. de Montmaur de

---

ne firent qu'agiter cette question ! dit-il. Et cette phrase : « Les honnêtes gens ont été au moment d'en venir aux mains pour défendre leurs personnes et leurs propriétés, » est-ce assez joli comme..... charge ?

ses fonctions de conseiller municipal de la ville de Cahors.

De même que dans beaucoup d'autres départements, les insurgés du Lot déposèrent les armes lors qu'ils eurent appris que le mouvement avait avorté à Paris ; des colonnes de troupes parcoururent le département. Le 16, le *Courrier du Lot* disait :

« La colonne du 17ᵉ de ligne et de gendarmerie envoyée à Figeac rentre après-demain à Cahors, après avoir parcouru les principales localités du haut Quercy. Partout la démagogie est abattue ; ceux qui s'étaient compromis dans les derniers événements ont pris la fuite. On a opéré cependant quelques arrestations. Les mesures énergiques prises par l'administration ont produit le meilleur effet. Les populations, délivrées du joug des anarchistes, respirent à l'aise et se préparent à assurer le repos du pays par le scrutin du 20 décembre.

« Les nouvelles que nous recevons de tous les points du département nous annoncent qu'on a pu constater sur tous les marchés une amélioration notable dans le prix des denrées. Cette reprise, déjà sensible, sera bien plus grande encore si, comme tout le présage, le vote du 20 décembre est favorable à la politique sage et conservatrice du Président de la République. »

A la date du 23, nouveaux détails donnés par le *Courrier du Lot* :

« Les agents de la force publique ont procédé, dans la soirée de samedi 20 décembre courant, à d'importantes arrestations dans la ville de Cahors. Les personnes arrêtées sont MM. Béral, ex-procureur de la République, bâtonnier de l'ordre des avocats ; Cayla, piqueur des ponts et chaussées ; Sahut, maître de pension ; Martin fils, marchand de fer ; Laroque, médecin-vétérinaire ; Lavergne, dit Galisque, cabaretier ; Méjès, dit Mir, fabricant de chaises (1).

---

(1) Voilà les hommes que, dans leur correspondance, les admirateurs du coup d'État mettaient sur le même rang que les bandits de la pire espèce.

« Ces arrestations, nécessitées par les faits qui se sont accomplis soit à Cahors, soit dans le département du Lot, dans les journées des 3, 4, 5 et 6 décembre courant, ont été opérées en vertu de mandats d'amener décernés, le 19 de ce mois, par M. Chaubard, conseiller en la cour d'appel d'Agen, délégué de M. le premier président près ladite cour. De semblables mandats avaient été décernés contre quelques autres personnes qui n'ont pu être arrêtées, et notamment contre M. Delord, membre du conseil général, juge au tribunal de première instance, qui s'est soustrait par la fuite à l'action de la justice, malgré les recherches faites simultanément à Cahors et dans les cantons de Luzech et de Cazals (1). »

Nous avons réservé pour la fin la pièce suivante :

Arrêté du commandant supérieur de l'état de siége dans le département du Lot.

« Le colonel chef de la 12e légion de gendarmerie, commandant les troupes et l'état de siége dans le département,

« Considérant que les nommés Marlet, ex-rédacteur du journal *le Réformateur* du Lot et du Cantal, demeurant à Cahors ; Delord, juge au tribunal de première instance de Cahors : Combarieu (Isidore), de Cahors, ex-conducteur des ponts et chaussées : Ange Pechméja, ex-rédacteur du *Réformateur* ; Teyssedou, sellier ; Lausser, gra-

---

(1) Le *Courrier du Lot* annonçait en ces termes de nouvelles arrestations :

« M. Valrivière, membre du conseil général du Lot, a été arrêté et va être conduit dans les prisons de Cahors, conformément aux ordres de M. le colonel commandant l'état de siége.

« La brigade de gendarmerie de Vayrac a arrêté en même temps MM. Prasbourgnoux (Jean), cafetier à Vayrac, et Galbotte, cultivateur à Saint-Denis, trouvés armés chacun d'un fusil et de deux pistolets. Ils étaient porteurs de papiers très-compromettants, de chansons anarchiques et de munitions de guerre.

« M. Calmel, ancien adjoint, tapissier à Figeac, a été aussi arrêté. »

veur; Séguy, marchand tanneur; Nuéjouls, serrurier; Brassac fils, commis de librairie; Pinel, orfévre; Coste, sculpteur, tous de Cahors; Jourdanet, propriétaire à Labastide-du-Vert; Desprats, percepteur à Labastide; de Tulle, de Saint-Cyprien; Sabatier, teinturier à Puy-l'Evêque; Sarlat, propriétaire à Puy-l'Evêque; Foumentèze, ex-instituteur à Girac; Gauzens, ex-commandant de la garde nationale à Figeac; Calmels, limonadier; Ligonie père, ex-secrétaire de la mairie; Calmel (Eugène), tapissier; Bailly, horloger; Rames aîné, tailleur; Massip, employé à l'hospice; Tourtoude, dit *Barriol*, tous de Figeac; Vanel, ex-maire de Thémines; Cayrel, huissier à Lacapelle-Marival; Montbertrand, dit *Cadet*, ex-adjoint d'Aynac; Bouscarel, Charles de Latronquière; Vayrac, limonadier; Thomas, employé en retraite; Ribayrol, garçon cloutier; Mespoulié, limonadier, ces quatre derniers de Saint-Céré; Bergougnoux et Andral, maire et secrétaire de la mairie de Gramat; Valeus, ex-instituteur à Cazillac; Valrivière aîné, à Garennac, et Gimel, ex-instituteur à Bétaille; contre lesquels ces mandats d'arrêt ont été lancés comme prévenus d'avoir participé aux actes insurrectionnels et aux désordres qui se sont produits sur plusieurs points du département, sont en fuite;

« Vu l'état de siége;

« Arrête :

« Art. 1er. Tous les individus ci-dessus désignés seront recherchés avec soin, arrêtés et conduits dans les prisons de Cahors.

« Art. 2. Toute personne qui leur donnera asile ou qui leur prêtera secours sera arrêtée et poursuivie comme complice de l'insurrection.

« Art. 3. Tout individu répandant de fausses nouvelles sera immédiatement arrêté et conduit à Cahors.

« Art. 4. MM. les officiers de police judiciaire, les officiers de police judiciaire auxiliaires, les agents de la force publique du département du Lot, sont tenus d'assurer l'exécution du présent arrêté.

« A Cahors, le 29 décembre 1851.

« Le colonel PELLAGOT. »

Mais l'officier supérieur qui rédigeait cet article 2 dans son arrêté ignorait donc que le proscrit a droit d'hospitalité? Sous les Bourbons, Didier proscrit, fuyant dans les montagnes, fut accueilli dans les chaumières, quoique le général Donnadieu, de triste mémoire, eut, lui aussi, déclaré que quiconque lui donnerait asile serait traité comme son complice. Que d'imprécations n'arrachèrent pas à la foule la condamnation des officiers anglais qui avaient favorisé la fuite de M. de la Valette? Et quels étaient ces hommes auxquels on devait refuser non-seulement le droit d'asile, mais encore le feu et l'eau? c'étaient un juge au tribunal de première instance, un maire, un instituteur, des négociants honorables........ Nous nous arrêtons, car nous pourrions oublier que nous ne voulons faire que de l'histoire et non de la passion.

LOT-ET-GARONNE.

Agen. — Nérac. — Villeneuve-d'Agen.

Le soulèvement de ce département fut sérieux ; mais il manqua son effet, parce que les républicains, venus de divers points, manquèrent de confiance dans leurs chefs, ou ne comprirent pas le plan d'insurrection qui avait été adopté, et qui témoigne d'une certaine habileté. Dès lors, les rassemblements, qui ne pouvaient triompher qu'en présentant des masses compactes, se laissèrent désarmer isolément par les détachements envoyés des grandes villes. Nul doute que les colonnes mobiles n'eussent été en péril, si les républicains avaient su unir leurs forces pour leur couper les communications. Ce qui contribua encore à l'insuccès, c'est que les républicains du Lot-et-Garonne paraissent avoir compté sur le soulèvement de Bordeaux, de même que les Bordelais comptèrent un peu trop sur une diversion qui aurait été opérée par les départements voisins.

Le parti démocratique comptait de nombreux adhérents dans le Lot-et-Garonne ; et si l'on en excepte la petite ville de Nérac où dominait l'élément réactionnaire, on pouvait espérer une levée en masse.

Quelques républicains influents se réunirent à Agen, chef-lieu du département, pour concerter un plan. On convint de soulever les cantons de Nérac et de Villeneuve-d'Agen, et de former sur chacun de ces points des rassemblements qui se porteraient en deux colonnes sur Agen, et feraient leur jonction devant cette ville. La garnison ne se composait que d'un bataillon de dépôt, de quelques brigades de gendarmerie sous le commandement d'un capitaine, et d'une partie de la garde nationale.

Le citoyen Darnospil, entrepreneur de travaux publics, fut désigné pour diriger les républicains de l'arrondissement de Nérac. Son énergie bien connue, l'ardeur de ses convictions républicaines, les condamnations que ses opinions politiques lui avaient fait encourir, et l'influence qu'elles lui donnaient dans la contrée justifiaient ce choix.

Darnospil eut d'abord un plein succès dans sa mission ; à son appel, deux mille républicains se levèrent comme un seul homme au son du tocsin ; une seule journée suffit pour les discipliner et les armer. Malheureusement les fusils manquaient : l'avant-garde seule put en être munie ; les autres suivaient, armés de faux ou de longs bâtons ferrés. Les plus résolus étaient les ouvriers de Darnospil, qui savaient combien ils pouvaient compter sur leur chef.

La colonne traversa Nérac, se dirigeant sur Agen. Le sous-préfet, M. Vignes, qui avait rallié une compagnie de gardes nationaux à la sous-préfecture, n'essaya pas d'arrêter sa marche. Les républicains, de leur côté, ayant hâte d'arriver sous Agen, ne perdirent point de temps à engager un combat partiel, dont le résultat eût été peu important.

Le 5 décembre, la colonne de Nérac arriva en vue d'Agen, et repoussa un détachement de gendarmerie. Cependant les ponts de la Garonne étant barricadés et défendus par quelques pièces d'artillerie, Darnospil hésita à franchir cet obstacle avant l'arrivée de la colonne attendue de Villeneuve-d'Agen. Mais on apprit bientôt que le mouvement de Villeneuve avait échoué. On acquit même la conviction que les républicains d'Agen, qui avaient promis de donner le signal de l'attaque et de la seconder, renonçaient à rien entreprendre.

Qu'on juge de l'effet de ces nouvelles sur une multitude qui ne s'était mise en marche que sur l'assurance d'un concours qui lui manquait ! On cria à la trahison. Puis la colonne se débanda et battit en retraite en désordre. Dans la soirée, il ne restait plus de traces de cette agitation.

Que s'était-il passé à Villeneuve-d'Agen?

Les républicains s'étaient emparés de la sous-préfecture, avaient désarmé les gardes nationaux qui la défendaient, après une courte résistance, et chassé le sous-préfet. Celui-ci s'était retiré sous la protection d'un détachement d'infanterie qui gardait la maison centrale de cette ville, et n'avait rien tenté pour rétablir son autorité. Une commission provisoire s'était installée à la sous-préfecture ; mais ceux qui en faisaient partie ne voulurent pas sortir de la ville pour seconder le mouvement que les républicains de Nérac tentèrent sur Agen. Comme on l'a vu plus haut, leur inaction compromit le succès.

Nous empruntons au *Journal de Lot-et-Garonne*, du 15 décembre, le récit des circonstances dans lesquelles les autorités furent rétablies dans Villeneuve :

« Le samedi 13, les colonnes expéditionnaires, ayant en tête le préfet de Lot-et-Garonne, ont fait leur entrée dans la ville. Un peloton de vingt gendarmes, sous les ordres du brave commandant Poterlet, entré le premier à Villeneuve, fut reçu par les habitants d'une façon assez malveillante ; mais l'énergique attitude de la gendarmerie et l'allocution plus énergique encore du commandant à la foule imposèrent silence à cet essai de démonstration.

« Une demi-heure après, l'infanterie, la cavalerie, l'artillerie, arrivaient dans toutes les directions, et le calme se rétablissait par enchantement.

« Le préfet de Lot-et-Garonne avait un grand acte de réparation à accomplir. Escorté d'un détachement de chasseurs, il s'est rendu à l'abbaye d'Eyssès, où le sous-préfet et plusieurs des autorités avaient dû se réfugier. Chassé de Villeneuve par la violence, le sous-préfet y est rentré avec les honneurs dus à l'autorité.

« Le préfet s'est empressé de prendre toutes les mesures de sûreté que commandaient les circonstances. Tous les clubs, cabarets et autres réunions socialistes, ont été fermés et gardés par la troupe. Quarante mandats d'amener ont été lancés ; mais, comme on le pense bien, la commission municipale et toutes les autorités provisoires avaient pris la volée au son du tambour, et l'on n'a pu seulement ramasser une douzaine de personnes.

« Quant aux Dubruel, aux Philips, aux Broudeau et autres premiers sujets de ce gouvernement pour rire, qui se permettaient de destituer les fonctionnaires, d'arrêter les courriers et de mettre les caisses publiques sous le séquestre, on est à leur poursuite, et bientôt, sans doute, ils rendront compte au conseil de guerre de leur conduite pendant ces tristes journées.

« Quelques habitants ayant mis obstacle *aux réquisitions frappées pour la nourriture et le logement des troupes, les soldats ont été logés militairement chez les récalcitrants.*

« Diverses autres mesures d'ordre ont été prescrites par le préfet, avec une promptitude et une vigueur remarquables.

« Le plus difficile a été de se procurer un maire. Des démarches ont été faites auprès de plusieurs des habitants de Villeneuve restés fidèles à la bonne cause. Aucun n'a voulu encourir la responsabilité municipale. Le préfet alors a pris *un moyen héroïque :* Il a fait venir trois conducteurs des ponts et chaussées, dont les principes et la conduite étaient des plus satisfaisants, et il les a nommés maire et adjoints.

« Hier matin, le calme le plus profond régnait dans cette ville, la veille insurgée. Le préfet est rentré à Agen.

« Le 6 décembre a paru un arrêté de l'autorité qui ordonnait la dissolution de la garde nationale d'Agen et son désarmement immédiat.

« Cette mesure, jointe à la fermeture des cafés et cabarets, à celle des sociétés démagogiques, à la suspension du *Conciliateur agenais*, et enfin à la mise en état de siége, complète la série des précautions prises par l'autorité. »

Le désarmement de la garde nationale d'Agen s'opéra dans le plus grand calme ; la place du Palais fut bientôt couverte de citoyens qui venaient déposer leurs armes.

On arrêta à leur domicile les citoyens Delpech, Serret (Ulysse), Fournel, Boé, instituteur ; Démail, carrossier ; Lamothe, Larroche, Barrère, Ricard, maçon ; Pandelé, Remorin, Joseph, Narbonne, teinturier ; Galinier, Durand, Ratire aîné, Laon Gratien, Armagnac, Sommabère, Bergès, chantre ; Descayrous fils.

Quelques troubles sans importance avaient eu lieu à Clairac. Le maire, M. Audibert, avait fait afficher une proclamation qui déclarait que le président de la République était mis hors la loi.

A Bruch, la maison commune fut occupée pendant quelque temps par un rassemblement qui avait mis en fuite une compagnie de gardes nationaux.

L'insurrection de Marmande présente un grand caractère de gravité. Là nous ne rencontrons aucunement l'élément réactionnaire pour contre-balancer l'action des républicains ; bourgeois et artisans sont unis dans la même pensée : défendre la Constitution et la République. Le soulèvement de cette ville, située à quinze lieues de Bordeaux, peuplée de plus de 10,000 habitants, eût acquis une grande importance s'il avait été appuyé par les populations rurales, et si les républicains, hardis dans l'exécution, avaient eu un plan qui leur permît de poursuivre leurs succès. Mais ils s'obstinèrent à rester sur la défensive, à ne point prendre d'attitude franchement révolutionnaire, et s'appliquèrent au contraire à observer minutieusement une légalité que leurs adversaires respectaient moins.

Le maire, M. Dufour, qui seul, ou à peu près, représentait le parti réactionnaire, prit, d'accord avec le sous-préfet, M. Pelline, quelques mesures pour combattre l'agitation qui se manifesta, le 3 décembre, à la nouvelle du coup d'État. Plusieurs brigades de gendarmerie furent concentrées dans la ville.

Pendant ce temps-là, les bourgeois les plus notables et les plus influents se réunissaient chez un ancien membre de l'Assemblée constituante, M. Vergnes. Là on décida que le conseil municipal serait convoqué extraordinairement dans la journée. L'assemblée eut lieu à l'hôtel de ville, des délégués du peuple y furent admis, et l'on délibéra dans le plus grand calme.

Malgré l'opposition de M. Dufour, le conseil municipal vota une adresse qui déclarait le président de la République déchu de ses pouvoirs, déliait le peuple de l'obéissance aux fonctionnaires institués par lui, et appelait tous les hommes valides à la défense de la Constitution. La foule accueillit cette proclamation avec un enthousiasme indescriptible.

Le lendemain, 4 décembre, le sous-préfet fit publier une invitation aux hommes d'ordre de se réunir à lui pour faire respecter les décrets présidentiels; des avis conçus dans le même sens furent envoyés aux maires des communes voisines. La garde nationale de Cocumont voulut se distinguer dans cette circonstance; mais, quoiqu'elle eût l'occasion de faire briller son courage, elle se laissa désarmer sans combattre à l'entrée de Marmande. Après ce mince résultat, le sous-préfet, à qui l'on signifia le retrait de ses fonctions, put quitter la ville sans être inquiété, et partit pour Bordeaux. Le lieutenant fit également retraite à la tête de 35 gendarmes à cheval.

Une commission municipale de trois membres fut investie de l'autorité absolue : elle se composait de MM. Vergnes, avocat, président; Goyneau, avoué, et Mouran aîné, commerçant. Le sous-préfet avait été remplacé par M. Bersot, marchand vannier.

La garde nationale, licenciée quelque temps auparavant, fut réorganisée, et M. Bacarisse, avoué, appelé à en prendre le commandement; mais le lendemain, M. Peyronni, chef d'escadron en retraite, le remplaça dans le commandement supérieur. C'était un soldat d'un courage éprouvé, mais qui n'avait aucune des qualités militaires qui recommandent un chef d'armée. Il lui manquait surtout le courage civique et l'ardente conviction. Nous renvoyons, pour que le lecteur apprécie mieux le caractère de M. Peyronni au compte rendu de son procès. Cependant, grâce à son intervention, on n'eut pas à déplorer le moindre attentat pendant toute la durée de l'insurrection (1).

M. Peyronni avait fait afficher la proclamation suivante :

« Investi du commandement des forces républicaines de l'arrondissement de Marmande, j'invite tous les citoyens à s'armer dans chaque commune pour protéger l'ordre et la loi.

« La Constitution doit être la loi des lois, jusqu'à ce que le peuple en ait décidé autrement dans sa souveraineté.

« Chaque commune, après s'être organisée pour sa défense intérieure, enverra de suite à Marmande, chef-lieu de l'arrondissement, tous les citoyens disponibles.

« *Le commandant des gardes nationales de l'arrondissement,*

« PEYRONNI. »

Marmande, 5 décembre 1851.

La commission municipale, de son côté, annonçait le rétablissement de la garde nationale, et appelait tous les citoyens à la défense de la Constitution.

Les artilleurs de la garde nationale et d'autres citoyens

---

(1) Quoique l'insurrection de Marmande ait été pure de tout excès, on lisait le récit suivant dans la presse réactionnaire :
« La garde nationale, sous les ordres du général Peyronni, manœuvrait chaque jour au milieu des cris les plus sauvages. Toute la nuit les vivats à la sainte-guillotine, à Ledru-Rollin, retentissaient dans les rues et répandaient la consternation parmi les habitants. »

faisaient de la poudre, fondaient des balles, fabriquaient même des boîtes à mitraille ; le peuple avait à sa disposition deux pièces d'artillerie.

Les républicains comptèrent bientôt plus de 4,000 hommes parfaitement armés. Ces forces étaient suffisantes pour marcher sur Bordeaux et y donner le signal d'un soulèvement qui eût peut-être rallié tout le Midi. La population demandait hautement à marcher en avant. Mais le commandant ne semblait user de son autorité que pour maintenir une discipline dont il était glorieux, et paradait sans oser rien entreprendre. Il lui manquait assurément cette audace sans laquelle rien ne se fait en temps de révolution.

On commença à soupçonner sa faiblesse quand on le vit congédier quelques rassemblements armés, accourus des communes voisines, pour ne mettre sa confiance que dans la garde nationale régulière.

La troupe républicaine était bien près de crier : *A la trahison!* quand Peyronni, obligé de céder à l'enthousiasme général, consentit à se mettre en route pour Bordeaux. Son énergie sembla se réveiller quand un citoyen lui eut mis un pistolet sur la poitrine, en lui disant : *Marche, ou tu es mort!* Il bondit alors, furieux de ce qu'on doutait de son courage, et promit de marcher.

Une colonne de près de 1,000 hommes sortit de Marmande, en chantant la *Marseillaise* et le *Chant du Départ*.

Le général d'Arbouville, qui commandait la garnison de Bordeaux, avait déjà envoyé contre les républicains de Marmande un bataillon d'infanterie, un escadron de cavalerie et un détachement d'artillerie avec deux canons. L'infanterie remontait la Garonne en bateau à vapeur ; la cavalerie et l'artillerie suivaient par terre.

Le bataillon d'infanterie, fort de 500 hommes, débarqua près du village de Sainte-Bazeille. Le commandant, qui ignorait le départ des républicains marmandais, crut ne devoir attaquer la ville qu'avec certaines précautions ; il évita la route de Bordeaux, où il présumait que les Marmandais s'étaient retranchés avec leur artillerie, et pénétra dans la ville par le côté opposé. Il ne fut pas peu étonné de ne rencontrer aucune résistance. Au reste, tous les hommes en état de porter les armes avaient quitté la ville.

En prenant possession de Marmande, le commandant fit afficher la proclamation suivante :

LE MINISTRE DE L'INTÉRIEUR A MM. LES GÉNÉRAUX.

« Toute insurrection armée a cessé à Paris par une répression vigoureuse; la même énergie doit avoir partout les mêmes effets. Les bandes qui apportent le pillage, le viol et l'incendie se trouvent hors les lois. Avec elles on ne parlemente pas, on ne fait pas de sommations, on les attaque et on les disperse. Tout ce qui résiste doit être fusillé, au nom de la société en légitime défense. »

Des ordres sont donnés en conséquence.

Le commandant militaire,

BOURRELY.

Agen, le 10 décembre 1851.

En même temps, le sous-préfet reprenait possession de son hôtel, et le fils de l'un des présidents de la cour d'appel d'Agen, M. Donnoderie, qui remplissait à Marmande les fonctions de procureur de la République, faisait afficher sur tous les murs et proclamer à son de trompe l'arrêt de la mise en état de siége du département.

Pendant ce temps-là, Peyronni suivait la route de Castelnau, au lieu de marcher sur Bordeaux par le chemin le plus direct. Son hésitation jetait déjà le découragement parmi sa troupe, et bon nombre de combattants, désespérant du succès sous la conduite d'un tel chef, commencèrent la désertion. Les Marmandais eurent toutefois à soutenir un engagement qui tourna à leur avantage, et qui eût pu changer la face des choses, si Peyronni n'avait semblé avoir eu à cœur d'arrêter l'élan de ses hommes.

La colonne marmandaise, sous les ordres du généralissime Peyronni, ayant à ses côtés Vergnes, ancien constituant et avocat, et Laffiteau, notaire, s'était déployée sur la grande route en prenant la direction de la Garonne vers Sainte-Bazeille.

Les Marmandais venaient d'arriver à Sainte-Bazeille et y prenaient position, quand les éclaireurs signalèrent une troupe de cavalerie. M. le sous-préfet Pelline était en effet parti de La Réole avec une cinquantaine de gendarmes à cheval, sous le commandement du lieutenant Flayette. Cette troupe venait de protéger le débarquement de l'infanterie au port de Meilhan, et s'était ensuite mise en marche pour éclairer la route.

Peyronni, qui avait massé sa troupe sur le chemin en la faisant protéger par des tirailleurs jetés de chaque côté, arrêta les gendarmes d'avant-garde par le cri de : *Qui vive!* Quelques coups de feu, tirés par les gendarmes, furent la seule réponse. Une terrible fusillade suivit cet acte d'agression; mais les gendarmes ne peuvent tenir, ils prennent la fuite en voyant tomber le lieutenant Flayette, le maréchal des logis Gardette et une dizaine d'autres gendarmes.

Un triste incident se produisit après l'action. Le maréchal des logis était resté gisant sur le terrain. Un Marmandais, nommé Mazumet, misérable crétin, qui avait suivi la colonne, quoiqu'on eût tout fait pour l'en dissuader, et qui s'était armé d'une broche, s'approcha du malheureux gendarme qui gémissait baigné dans son sang, et lui porta plusieurs coups qui, heureusement, ne furent pas mortels.

Cette cruauté inutile, et dont l'auteur même ne saurait être déclaré responsable, a fourni le thème d'un récit mensonger qu'on trouve dans les journaux du temps. Ainsi, il n'est pas vrai que plusieurs individus se soient acharnés après le cadavre d'un ennemi; qu'un certain Masson lui ait porté deux coups de sabre; et qu'enfin un autre ait dit :

« S'il a tiré sur nous, c'est tant mieux qu'il soit tué; il faut le jeter dans un fossé (1). »

---

(1) Les citoyens Prévot et Plazanet furent accusés d'avoir voulu assassiner le maréchal des logis Gardette. Le premier fut con-

Après l'engagement, Peyronni s'éloigna davantage de la route de Bordeaux, comme s'il eût voulu éviter une

---

damné à la déportation simple, et le second à la détention à perpétuité. Un troisième accusé, Cabeau, dit Sisclet, fut acquitté. (Conseil de guerre de Bordeaux, audience du 7 avril.)

Cette accusation laissa planer un doute dans l'esprit du public, et nos lecteurs pourront en juger par les témoignages recueillis à l'audience, et dont nous donnons un extrait d'après le *Droit* du 11 avril 1852 :

M. le président — Monsieur Gardette, persistez-vous dans les affirmations que vous avez faites sur les accusés? Avez-vous bien reconnu Prévot? — R. Je l'ai vu comme je vous vois, mon colonel.

M. le président. — Pour Cabeau, avez-vous la même certitude? Avez-vous entendu les propos que vous lui avez attribués?

R. — Oui, mon colonel. Cabeau a dit en parlant de moi : « Ah! la canaille! il nous a fait assez de mal. »

Me Carbonnier. — Monsieur le président, faites appeler le témoin Cassaigneau et le témoin Archi, pour qu'ils certifient de nouveau de la vérité de leurs dépositions.

M. Cassaigneau. — Je ne puis que répéter, monsieur, ce que j'ai déjà dit. M. Gardette m'a dit que celui qui l'avait frappé était un ancien gendarme, et qu'il l'avait reconnu, parce que ce gendarme lui avait donné le nom de Changarnier, sobriquet que lui seul pouvait connaître.

Archi. — Je puis vous afirmer que je n'ai pas vu Prévot sur le champ de bataille.

M. Gardette. — Monsieur le président, voulez-vous demander au témoin s'il y a longtemps qu'il a quitté le service du beau-frère de Prévot?

R. — J'ai été au service de Laporterie, beau-frère de Prévot; je suis quelquefois employé par lui à charroyer de l'eau; je ne suis pas au mois ou à la journée chez lui.

Antoine Rat est appelé.

D. — Persistez-vous dans votre déposition?

Rat. — Ce que je vous ai dit hier, je vous le dirai aujourd'hui. J'étais présent quand on a donné le coup de sabre à Gardette; ce n'était pas Prévot. Cet individu a dit à Gardette : « Tu es Changarnier, il faut que je te tue. »

M. le président. — Les accusés n'ont plus rien à ajouter à leurs moyens de défense?

Prévot demande qu'on interroge de nouveau Coulon.

Coulon. — Je n'ai rien à changer à ma déposition. Les enfants me dirent que celui qui avait frappé Gardette n'était pas Prévot, et comme je leur fis observer qu'il était accusé de lui avoir porté des coups : « Non, me dirent-ils, car si c'eût été lui, nous l'aurions reconnu. »

nouvelle rencontre, et alla camper pendant la nuit entre Castelnau et Escassefort. Cette marche inutile fit murmurer les Marmandais, et leur troupe acheva de se désorganiser, quand ils apprirent qu'une colonne, partie de Bordeaux, occupait Marmande; ils surent aussi qu'une forte colonne s'était déployée entre Levignac et Seyches, pour les cerner dans le bois de Caubon, où l'on supposait qu'ils se trouvaient.

Le découragement était à son comble parmi eux. En quittant Castelnau, après avoir sonné le tocsin et donné l'alarme, ils étaient au nombre de trois cents environ; mais, depuis ce moment, il y eut dans leurs rangs de nombreuses désertions, et bientôt ils ne furent plus qu'une cinquantaine.

Moreau, Bacarisse et quelques autres avaient déjà fui du côté de Casteljaloux.

Des colonnes mobiles, envoyées dans toutes les directions, ramenèrent un bon nombre de prisonniers et ramassèrent les armes. Ordre était donné par le général Pays de Bourjolly de fusiller quiconque serait pris les armes à la main. On appliqua également, dans toute sa rigueur, l'instruction ministérielle en vertu de laquelle tout individu qui recélait des insurgés fugitifs était considéré comme complice de l'insurrection.

Dans la soirée du 2 janvier, les gendarmes de Lavardac arrêtèrent le nommé Bertrand Fournier, charpentier et aubergiste, commune de Nérac, qui recélait chez lui le nommé Jean Dufaure, insurgé.

La commune du Mas-d'Agenais fut la dernière à faire sa soumission. Mais il suffit, pour apaiser les troubles sur ce point, de trois compagnies détachées par le commandant du 46e, qui commandait à Marmande.

Le 14 décembre, l'on avait déjà amené trente prisonniers à Marmande. De ce nombre étaient Peyronni et son lieutenant Séré-Lanauze. Tous deux avaient pris une barque sur laquelle ils descendaient la Dordogne, dans l'espoir de s'embarquer à l'embouchure de la rivière sur quelque navire en partance pour l'étranger.

Les troupes envoyées à la poursuite des chefs de l'insurrection furent sur le point de les saisir. Ils s'étaient réfugiés chez madame Renol-Faget, belle-mère d'Emmanuel Arago. Les gendarmes avaient trouvé cette dame seule dans sa maison. Une table à huit couverts était dressée, mais les convives avaient disparu.

Le signalement de ces chefs était donné partout.

Le préfet ne pensa pas que la ville de Marmande offrît assez de garanties pour conserver le centre administratif. En conséquence, le sous-préfet fut transféré à Tonneins.

M. le chef de bataillon Sarrauton, commandant la colonne expéditionnaire dans le Lot-et-Garonne, rendit, le 10 janvier, un arrêté motivé sur ce que la veille, une attaque avait été dirigée contre une sentinelle, arrêté portant :

« La circulation est interdite dans la ville de Marmande, à partir de neuf heures du soir. Passé cette heure, toute personne trouvée dans la rue sera arrêtée. Toute personne qu'une nécessité grave obligerait à sortir devra être munie d'un permis délivré par l'autorité municipale et être porteur d'un falot. Les cafés, cabarets, cercles et autres sans exception, devront être fermés à huit heures du soir. »

Dans la matinée du 19 décembre, les individus arrêtés à la suite des troubles et détenus dans la prison d'Agen furent embarqués sur un bateau à vapeur, sous bonne escorte et dirigés sur Bordeaux, où l'instruction militaire de leur procès allait être commencée.

Dans le nombre figurait le maire révoqué d'une des communes de l'arrondissement d'Agen.

La population agenaise fut vivement impressionnée à la vue des insurgés défilant enchaînés, conduits par la troupe et la gendarmerie, et au milieu des cris et des pleurs des femmes.

Au moment du départ, on lut aux détenus un ordre de voyage qui prescrivait de passer par les armes ceux qui tenteraient de se révolter ou de pousser leurs compagnons à la révolte.

Cette lecture produisit une sensation profonde sur les prisonniers et sur tous ceux qui l'entendirent.

« Les transportés embarqués il y a trois jours à bord du *Trim*, rapporte le *Moniteur*, étaient au nombre de quatre-vingt-quatre. Quarante-six d'entre eux avaient été expédiés à Bordeaux la veille par un des vapeurs l'*Éclair*, et avaient passé la nuit en face du quai de la Grave. Les trente-huit derniers étaient arrivés le lendemain par *le Courrier-du-Commerce*. Un premier transbordement avait eu lieu au quai de la Grave, afin de faire passer les prisonniers de *l'Éclair* à bord du *Courrier-du-Commerce*. C'est avec ce double chargement que ce dernier bateau à vapeur est venu mouiller en face des Quinconces et a opéré un second transbordement avec *le Trim*. »

Voici quelques détails sur l'arrivée et le séjour des insurgés de Lot-et-Garonne au fort de Blaye :

« Dès que l'approche du vapeur *le Trim* a été signalée, le sous-préfet, accompagné du commandant de place, s'est rendu à l'embarcadère pour recevoir les prisonniers. Les troupes de la garnison avaient été échelonnées sur la jetée.

« Les condamnés ont débarqué deux à deux, ils ont été conduits au milieu d'un fort détachement composé de fantassins de la ligne et de gendarmerie, jusque dans l'enceinte de la forteresse, où, comme nous l'avons dit, tout avait été disposé pour leur casernement.

« Le débarquement s'est accompli en présence d'une foule considérable de curieux qui ont assisté, dans le plus grand silence, à cette pénible opération. On remarquait parmi les prisonniers un prêtre qui avait conservé son costume ecclésiastique.

« Ces malheureux ont été renfermés dans une des casemates de la citadelle. Rien n'a été négligé pour les mettre à l'abri du froid et de l'humidité ; leur prison est éclairée par le haut ; des ouvertures vitrées, pratiquées dans la voûte, y envoient le jour.

« On nous annonce que plusieurs des prisonniers, en franchissant le dernier pont-levis et en pénétrant sous les casemates, n'ont pu retenir quelques cris de désespoir. Cette triste impresison produite par l'aspect tout à fait inaccoutumé pour eux d'une forteresse, n'a pas tardé à se calmer. »

De nouvelles arrestations eurent lieu, à mesure que l'instruction pénétra dans les ramifications de l'insurrection du Lot-et-Garonne.

Par suite de l'encombrement des prisons, le général de division fit disposer le fort du Hâ pour recevoir des prisonniers, qui furent dirigés sur ce point, escortés par la gendarmerie.

M. Faucon, conseiller à la cour, fut d'abord chargé d'évoquer l'affaire relative aux mouvements insurrectionnels dans le ressort de la cour. Le 12 janvier suivant, la commission militaire, séant à Agen, commença l'examen des dossiers des individus arrêtés par suite des troubles de l'arrondissement de Nérac.

Nous croyons devoir reproduire les principaux interrogatoires dans l'affaire Peyronni, parce que l'attitude de cet homme devant le conseil de guerre de Bordeaux et son langage nous font voir clairement les causes qui firent échouer le soulèvement de Marmande :

Peyronni avait déclaré dans son interrogatoire qu'il n'avait voulu que défendre la République. — « Du reste, dit-il, si le coup d'Etat du prince président peut donner la gloire, la sécurité et le bonheur à mon pays, je serai le premier à le bénir ; je dis cela sans arrière-pensée, et sans aucun sentiment de faiblesse. »

Le greffier donne lecture d'une note du ministre de la guerre. « Peyronni, dit cette note, était d'un caractère violent et indiscipliné, il faisait partie du 2e d'Afrique, où il commandait comme chef d'escadron ; il fut mis à la retraite en 1844, sur un rapport du maréchal Bugeaud, à la suite d'une affaire contre les Arabes dans laquelle il engagea imprudemment ses hommes en dehors des ordres de ses chefs et des opérations de la colonne. »

La pension de Peyronni fut réglée en 1847.

La lecture de diverses pièces constate l'état d'insurrection où se trouvait Marmande pendant les journées des 3, 4, 5, 6, 7 et 8 décembre.

Peyronni avait pris le titre de commandant ; les ordres étaient signés de lui ; Vergnes signait, en se qualifiant de président de la commission municipale, des billets de réquisition, qui obligeaient les propriétaires de Marmande à loger les hommes de la bande.

Cette troupe d'insurgés se forma, principalement dans la journée du 5, sur la place, en poussant divers cris, parmi lesquels celui de *trahison*.

Vers trois heures, cette foule s'empara de fusils déposés à la mairie, en criant : « Aux armes ! » Elle enfonça le parc d'artillerie et se répandit en désordre dans la ville, qui se trouva, à partir de ce moment, en son pouvoir. Des détonations assez fréquentes partaient des rangs de la troupe.

Elle reçut bientôt une sorte d'organisation. Divers citoyens furent requis pour livrer ou fabriquer de la poudre ; d'autres reçurent l'ordre de fondre des balles. Sur l'ordre de Peyronni, trois cents cartouches furent fabriquées par les gardes nationaux. Peyronni s'impatientait de voir la fabrication des cartouches avancer si lentement. « Il m'en faut mille avant minuit! » s'écria-t-il ; et les artilleurs de la bande furent mis à la tâche sous peine d'amende, jusqu'à ce que le nombre exigé fût complet.

Il paraît cependant que tous ces hommes n'étaient pas disposés à marcher. Une compagnie, spécialement, refusa d'obéir. Peyronni ayant appris cela, manifesta l'intention de donner sa démission. Il paraîtrait même qu'il l'aurait envoyée au président de la commission municipale, Vergnes.

Une déposition constate que l'insurrection a commencé dans la soirée du 3 décembre, au cri de : « A bas le maire ! » Une foule assez considérable s'était agglomérée devant l'hôtel de ville ; elle demandait à entrer. Dans les groupes, on distinguait Serrelanier qui s'écriait : « Le peuple est souverain, et on le laisse mourir de faim ! » Il engagea avec le maire des pourparlers pour obtenir l'entrée des chefs de l'insurrection dans le sein du conseil municipal.

Le maire, se trouvant sans force pour résister, céda, et une commission municipale fut formée. Elle tint immédiatement une séance dans laquelle Petit-Laffitte, Lafitteau et quelques autres se signalèrent par leur violence ; ils se disaient les délégués des communes voisines ; ils demandaient la déchéance de Louis-Napoléon et le maintien de la Constitution.

La sous-préfecture fut à son tour entourée ; des députations populaires furent envoyées au sous-préfet ; celui-ci, après avoir longtemps résisté, et n'ayant pour le garder qu'un piquet de gendarmes, vit enfin son hôtel envahi ; il dut se retirer en protestant. On se mit à sa poursuite pour le séquestrer, mais le sous-préfet en fut averti ; il abandonna aussitôt la ville, accompagné du procureur de la République.

Cette annonce causa, à ce qu'il paraît, une certaine panique ; quelques-uns trahissaient leurs appréhensions par ces mots : « Tout est perdu ! » Les plus hardis s'écrièrent : « La troupe n'est pas en nombre, allons à sa rencontre ! Nous en aurons bon marché ! » Et la bande se mit en marche, sous le commandement de Peyronni.

Le 5, l'insurrection se développa.

Peyronni enleva le commandement de la garde nationale à M. Bacarisse ; le nouveau chef et Vergnes, portant l'écharpe de maire, passèrent une revue de leur troupe. Peyronni poussait le cri de « Vive la République ! Je veux mourir pour elle ! » Vergnes rédigea une proclamation qui prononçait la déchéance de Napoléon.

D. — Qu'avez-vous fait après votre mise à la retraite ? demanda le président du conseil à l'accusé, après la lecture des pièces.

R. — Je me retirai paisiblement chez nous. J'étais domicilié chez ma mère, à Miramont. Là, je ne pensais pas le moins du monde à la politique ; je faisais de l'agriculture. C'est dans cette situation que m'ont trouvé les événements de 1848. On m'a offert à cette époque une candidature que je ne recherchais pas, et c'est à la suite de cette candidature que je me suis mêlé de politique.

D. — Où étiez-vous le 2 décembre 1851 ?

R. — En rentrant à ma campagne, dans la soirée du 3 décembre, j'appris par la rumeur de la population de Miramont la nouvelle du coup d'État. L'émotion était très-vive dans cette ville. On savait que j'étais un ancien officier, que j'étais décoré; que j'avais eu 18,000 suffrages dans les départements en 1848. Ce sont ces circonstances qui ont fait ma situation ; on a fait appel à moi pour défendre la Constitution ; j'ai cru pouvoir me rendre à cet appel. Jamais je n'ai conspiré de ma vie; j'ai toujours eu pour règle de conduite de me lier avec les honnêtes gens, quelles que fussent leurs opinions. Il y avait à Miramont des tentatives de formation de sociétés secrètes; j'ai repoussé toutes ces associations avec horreur. Mon idéal était la république; je la voulais franche, loyale, amie du progrès et de la fraternité. Jamais il n'est venu dans ma pensée de vouloir l'anarchie. J'ai servi trente ans; je suis militaire, et vous savez que les militaires n'aiment pas la canaille.

D. — Que s'est-il passé à Miramont le 3 ?

R. — Lorsque la nouvelle arriva dans ma localité, il s'éleva une grande effervescence, que j'essayai de calmer. Je me rendis, dans la même soirée, à Marmande. On a dit que j'étais un délégué de mon canton ; or, je ne connais pas la plupart des individus qui sont désignés dans la procédure. Serré est celui qui a voulu me brûler la cervelle si je ne marchais pas à son gré ; j'avais à peine vu deux ou trois fois Petit-Laffitte, et les autres m'étaient inconnus.

D. — Comment vous êtes-vous trouvé à la mairie, à Marmande ?

R. — Après avoir essayé d'apaiser la population de Marmande, j'entrai pour me chauffer au secrétariat de la mairie. M. le procureur de la république m'y rencontra, et m'engagea à employer mon influence pour pacifier la foule. Je lui répondis que je ne demandais pas mieux, mais qu'il fallait se rattacher à la défense de la loi. Le conseil municipal était en séance, à une heure de la nuit. Les portes étaient ouvertes aux délégués du peuple; c'est alors que fut rendu le décret de déchéance contre le président. On lut ce décret à la foule; plusieurs en furent mécontents. Je ne suis ici pour dénoncer personne ; mais quelqu'un que tout le monde connaît descendit et lut cette proclamation au peuple, en y ajoutant des commentaires de nature à exciter la population. Je fus si indigné des provocations de cet individu, que je m'écriai : « Quel blagueur ! » Et en même temps je remontai à cheval pour aller annoncer à mes concitoyens de Miramont ce qui se passait. J'ai passé toute la journée du 4 chez moi. Le maire et moi avons fait tous nos efforts pour empêcher la population de Miramont de se rendre à Marmande. C'est le 5 seulement, dans l'après-midi, lorsque les événements ont été accomplis à Marmande, que j'ai été nommé commandant de la garde nationale. Voici comment cela s'est accompli. Je partis par un motif secret, et appelé par M. Vergnes, dans la nuit du 4. J'arrivai à minuit à Marmande ; j'entrai à la sous-préfecture ; j'y rencontrai plusieurs bourgeois qui me dirent : « Tout est fini. Par suite d'une capitulation entre la commission municipale et les autorités locales, il est décidé qu'on attendra les événements. » La nomination de la commission en remplacement du conseil avait été résolue pour éviter des malheurs. Voyant, d'après ce qu'on disait, que tout était pacifié, je fus pour me coucher ; mais, avant de me mettre au lit, j'eus avec Vergnes la conversation suivante. Je n'en ai pas encore parlé ; mais je veux la rapporter pour faire connaître certains hommes. « Figurez-vous qu'on est venu chez moi, me dit M. Vergnes, me proposer d'enlever la préfecture et la gendarmerie à huit heures ou à minuit ; je vous attendais avec impatience, et j'espère que nous pourrons prévenir un pareil malheur. » On appelle ces gens qui voulaient renverser toute autorité la *sociale* ; je l'appelle, moi, la déloyale ; ce n'est pas là de la république.

D. — Expliquez-nous pourquoi vous avez ordonné de faire de la poudre, de fabriquer des cartouches, de fondre des balles et des boîtes à mitraille ?

R. — D'abord, c'est la commission municipale qui m'avait donné ces ordres, je n'ai fait que les faire exécuter. Marmande n'avait pas la prétention, en agissant ainsi, de conquérir la République ; elle voulait seulement faire une protestation légale. Si nous avons pris les armes, c'est pour faire face aux événements ; pour garantir Marmande et l'arrondissement contre les bandes de pillards et de misérables qui auraient voulu se servir du prétexte de défendre la République pour attaquer les citoyens et les propriétés.

D. — Pourquoi êtes-vous sorti de Marmande ?

R. — La population était dans un état d'excitation. On faisait courir toutes sortes de bruits ; on disait qu'on marchait sur nous d'Agen, de Nérac et de partout. La commission municipale apprit positivement que deux mille rations de vivres, quatre cents hommes d'infanterie, une pièce de canon et un obusier arrivaient de Bordeaux.

Une bande de deux cent cinquante énergumènes s'écria aussitôt : « Il faut nous battre ! Aux armes ! etc. » Si ces individus étaient restés dans Marmande, il y aurait eu rixe entre ces gens exaltés et la population. C'était le dimanche 7, la commission provisoire se réunit, et on se dit : « Gardons-nous bien de rien dire à personne ; il serait à craindre qu'on fît des barricades dans la ville, qu'on ne voulût résister aux troupes, et que les rues fussent ensanglantées. C'est alors qu'il fut résolu d'aller au-devant des troupes ; il est bien évident qu'avec deux cent cinquante hommes armés de fusils, nous n'avions pas la prétention de résister à vingt ou trente mille cartouches. Si nous nous sommes mis en marche, c'était pour éviter l'effusion du sang et obtenir une capitulation. Voulant aussi éviter une rencontre, je portai les troupes non pas sur la route, mais dans la traverse de Sainte-Bazeille, afin d'envoyer des parlementaires. J'étais obligé de dissimuler et d'employer toute sorte de stratégie pour retenir autant que possible ma colonne, qui se serait jetée aveuglément sur la troupe de ligne, et qui ne parlait que de tout enlever. Je n'en étais pas maître, et ce qui s'est passé à Sainte-Bazeille, malgré moi, en est la preuve. Les magistrats de Marmande savaient que ma personne, à la tête des insurgés, était une garantie pour eux. Sans moi, on ne saurait prévoir à quelles extrémités ces individus se seraient peut-être portés. »

Ici l'accusé donne lecture du passage d'une brochure qu'il a publiée en 1849, et où il est dit que s'opposer à la volonté du peuple, c'est faire l'anarchie. Me Faye, son défenseur, se hâte de l'interrompre, et de lui faire remarquer qu'il doit se borner à dire pourquoi il a entraîné la colonne hors de Marmande. L'accusé répond :

« J'avais la crainte que, sous prétexte de défendre la Constitution, il n'arrivât quelque collision. Tout était à craindre si cette bande était rentrée dans Marmande. Moi-même dans la nuit du 7 au 8, on a voulu me tuer............ Si j'ai passé des revues, c'était pour discipliner les gardes nationaux, les avoir sous mes ordres et les mieux retenir. Ils étaient tous maîtres, et voulaient tous se battre...... On a parlé de pillage ; les armes n'ont pas été pillées, elles ont été distribuées »

Invité à s'expliquer sur les événements de Sainte-Bazeille, l'accusé s'exprime ainsi :

« J'allais pour avoir des renseignements, il était quatre heures du matin; l'avant-garde était commandée par Séré-Lanauze. Arrivé à Sainte-Bazeille, je fis porter Séré-Lanauze sur l'embranchement de la route de Castelnau. Nous étions là depuis trois minutes, lorsqu'on s'écria : « La cavalerie arrive sur nous ! » Je fis battre la charge et crier *qui vive* à la cavalerie que nous entendions, en effet, arriver sur nous. Voyant qu'on ne nous répondait pas, je fis taire le tambour, et crier de nouveau *Qui vive* ! Une décharge qui nous arriva en pleine poitrine fut la seule réponse que nous reçûmes. »

Ici l'accusé prend, à côté de lui, une casquette qu'il pose sur sa tête, et fait remarquer au président un trou dans la visière, qui a été fait dans la décharge de la cavalerie.

« C'est alors, reprend-il, que je donnai l'ordre de faire feu, et je tirai moi-même. Une fois le nuage de fumée disparu, je m'aperçus que le peloton de cavalerie tournait bride, et que ce que je prenais pour un escadron, se composait seulement d'un petit groupe de gardarmes. Excepté M. Vergnes, M. Séré-Lanauze et M. le capitaine Gergerès, je ne connaissais personne dans cette rencontre, que je déplore. Je n'ai été témoin d'aucune des atrocités que quelques-uns des individus de ma colonne ont commises sur les blessés. A la suite de cette affaire, je filai avec ma troupe sur Castelnau.

D. — Qu'êtes-vous devenu, après cette malheureuse affaire ?

R. — Peu à peu, je fus abandonné de toute ma bande. J'étais resté presque seul, entouré de cinq ou six hommes, qui persistèrent à me tenir compagnie...... Sachant que les vaincus ont toujours tort, et voulant échapper aux poursuites dont je prévoyais être l'objet, j'engageai mes compagnons à chercher leur salut chaoun de son côté, et moi-même je me mis en route avec l'intention de passer à l'étranger, lorsque j'ai été arrêté à Branne, alors que je descendais la Dordogne, avec l'intention de m'embarquer à l'embouchure du fleuve.

Le conseil entend ensuite les témoins; ces dépositions offrent peu d'intérêt, après le récit que nous avons fait.

Peyronni donne encore des explications sur sa situation à la tête des insurgés. Il dit que les quatre cents hommes qu'il avait renvoyés à Miramont n'avaient pas été amenés par lui à Marmande; mais qu'il les avait rencontrés sur la route. Il ajoute : « On m'a accusé d'avoir exercé le droit de vie et de mort sur mes hommes: Voici ce qui en est. Je savais que dans le parti républicain il y avait de la canaille, c'est pour cela que je me suis écrié : « Si quelqu'un se permettait quelque acte contre la propriété des habitants, je demanderais qu'il fût traduit sur-le-champ devant une commission militaire, et fusillé. » Je ne voulais que maintenir l'ordre. Il y avait là des mauvais sujets que je ne connaissais pas, et qui auront pu se glisser sur les flancs de la colonne pour tirer, soit sur les gendarmes, soit sur moi-même. Il n'y aurait rien d'étonnant à ce que quelques-uns de ces misérables aient voulu se débarrasser de moi, dans la pensée de se livrer plus librement à leurs projets de désordre et de pillage. »

Peyronni crut devoir ajouter à la défense présentée en sa faveur la déclaration suivante :

« Je n'ai jamais désiré que la grandeur et la gloire de ma patrie. J'ai déjà dit que si ce grand acte de Napoléon, Austerlitz politique, pouvait donner le bonheur à mon pays, j'étais tout prêt à le bénir. Il a été acclamé par la France entière, je lui donne dès à présent mon assentiment, et quel que soit le sort qui m'attende, je l'accueille avec espoir. »

Peyronni fut condamné à la peine de la déportation. Cette peine entraînant la dégradation, il y fut procédé dans les formes ordinaires ; mais cette triste formalité donna lieu à l'incident suivant entre la défense et le président.

Le président. — On va se rendre à la prison où a été ramené Peyronni, et on va procéder à sa dégradation.

Le commissaire du gouvernement et le greffier sortent de la salle pour exécuter cette sentence.

Le défenseur demande qu'il soit sursis à l'exécution du jugement et à la dégradation de l'accusé dans la Légion d'honneur, attendu qu'il n'est pas militaire. Il déclare en outre former pourvoi en cassation et en révision.

Le président. — Cela n'est pas possible ; l'arrêt est prononcé. La loi nous oblige à prononcer la dégradation immédiatement après la condamnation.

Le défenseur insiste pour qu'on ne procède pas à cette exécution.

Le président. — Vous pensez peut-être qu'on arrache la décoration ; il n'en est rien : il n'y a qu'une simple formule à prononcer. Elle est déjà assez pénible.

M⁰ Faye. — Je me démets de mon observation du moment où il ne s'agit pas d'une exécution matérielle.

Peyronni est ramené.

Le président. — Peyronni, vous avez manqué à l'honneur; au nom de la Légion, je déclare que vous avez cessé d'en faire partie. — Emmenez l'accusé.

Après l'insurrection. — Nous insérons ici par ordre de dates les différentes nouvelles insérées au *Moniteur* et extraites des journaux des départements, et relatives aux mesures prises à l'égard des insurgés du Lot-et-Garonne :

Du 28 janvier. — « Ce matin, il est parti des prisons d'Agen, pour la citadelle de Blaye, un nouveau convoi de détenus. Ces individus, au nombre de soixante-neuf, appartiennent aux arrondissements d'Agen et de Nérac. La commission militaire est sur le point d'achever son travail sur les inculpés de ces deux arrondissements. Elle doit s'occuper ensuite de l'arrondissement de Villeneuve et se transporter à Marmande, pour y examiner les dossiers des individus détenus dans les prisons de cette ville. »

Du 24 mars. — « Les détenus politiques arrivés d'Agen, mercredi 24 mars, ont été conduits devant le quai Vertical (à Bordeaux), et ont attendu huit personnes de Bordeaux, destinées à l'Algérie. »

Du 6 avril. — « Le cinquième convoi de transportés attendu d'Agen est arrivé, hier, en rade de Bordeaux. Le nombre des prisonniers était de soixante et quelques. Ces individus sont, pour la plupart, du département du Gers. »

Du 13 avril. — « Le bateau à vapeur de descente a emporté huit détenus, dont quatre viennent de Cahors et quatre de Toulouse. Ces condamnés sont destinés à Cayenne (1). »

---

(1) Vers la fin d'avril, pour répondre aux bruits qui couraient sur la situation pénible faite aux transportés en Afrique, le *Jour-*

On lit dans le *Journal du Lot-et-Garonne*, du 27 avril :

« Des bruits fâcheux ont été répandus sur la situation pénible des transportés en Algérie. Voici une lettre écrite par un transporté d'Agen, et qui dément ces prétendus mauvais traitements :

« Mers-el-Kébir, le 18 avril 1852.

« Que d'émotions agréables ont succédé aux souffrances du mal de mer ! Depuis que nous sommes ici, on dirait une foire. Oranges superbes, fèves, pois, artichauts, salades de toute nature, tous ces produits que vous n'avez pas encore sur votre marché se trouvent ici en abondance et se vendent presque pour rien.

« Nous sommes logés dans des baraques en planches, très-bien construites, très-spacieuses, bien aérées, sur le bord de la mer. Nous avons d'immenses préaux pour nous promener, nous communiquons tous ensemble. Nous allons nous promener dans un fort joli village où nous prenons l'eau. Notre nourriture est excellente, seulement nous n'avons pas de vin. Nous l'achetons 7 ou 8 sous la bouteille. Il vaut à peu près le vin de notre pays.

« Aujourd'hui, nous ne sommes plus traités en prisonniers. On a commencé hier le travail de la classification. Le Gers a été entièrement questionné.

« On demande à chacun s'il désire rester en Algérie comme colon, quelle est son industrie, sa situation de famille. Les agriculteurs sont très-recherchés, et on leur fait de très-belles offres.

« Un colonel vint nous visiter hier. Il parla de former une colonie d'hommes intelligents. Nous ne savons pas encore ce qu'il a voulu dire.

« Je l'avoue : si je trouvais à travailler par ici, je m'y plairais beaucoup. Le pays est admirablement beau. Nous

---

nal du *Lot-et-Garonne prit sur lui* de publier la lettre que nous donnons ci-après ; seulement, ce qui nuisit beaucoup à l'effet que ceux qui la publiaient pouvaient attendre de sa publication, c'est qu'ils avaient oublié de la faire suivre de la signature de son auteur.

avons un temps superbe, et j'aspire l'air à pleins poumons. Tout le monde est bon autour de nous. D'après ce qu'on racontait de l'Algérie, je n'aurais jamais pu croire à ce que je vois. »

Nous n'avons rien trouvé qui puisse nous renseigner sur le nombre des transportés appartenant à ce département. Nous savons seulement que le chiffre des arrestations dépassa cinq cents.

LOZÈRE.

MENDE.

Nous n'avons trouvé sur ce département qu'un arrêté du préfet, en date du 6, qui révoquait M. Granier (Didier), des fonctions de maire d'Arzenc.

MAINE-ET-LOIRE.

ANGERS. — SAUMUR. — CHOLET.

Le 3 décembre, M. Ern. Duboys, maire d'Angers, faisait afficher la proclamation suivante :

« Habitants de la ville d'Angers,

« Un événement dont il est impossible de prévoir la portée et les conséquences vient de s'accomplir à Paris. La dissolution de l'Assemblée nationale a été prononcée.

« Dans des conjectures aussi graves, mes fonctions deviennent et plus pénibles et plus difficiles ; j'ai pris la résolution de les accomplir. Placé à la tête de votre administration municipale, je suis chargé de veiller à la tranquillité de la ville, d'assurer la sécurité des personnes et le respect des propriétés. Je ne faillirai pas à mon devoir.

« Ma mission n'est point une mission politique, mais de protection, mais de salut pour les intérêts communaux.

Afin de l'accomplir, je compte sur le concours et le dévoûment de tous; que tous les Angevins, au moment d'un danger commun, se groupent, sans distinction de parti, autour de leur administration municipale, et donnons une fois de plus la preuve que dans notre ville, quelles que soient les révolutions qui tourmentent notre malheureux pays, les principes d'ordre sont toujours inviolablement maintenus.

« ERN. DUBOYS, *maire*. »

Cette proclamation, quoiqu'elle ne pût pas passer pour une adhésion au coup d'Etat, n'en eut pas moins les honneurs du *Moniteur*; en ces circonstances les auteurs du coup d'Etat ne devaient pas se montrer très-difficiles sur les proclamations de la première heure, car comme on a déjà pu le voir, beaucoup de maires firent comme bon nombre d'insurgés, ils attendirent que Paris se fût prononcé, pour savoir quelle conduite ils devaient tenir.

Une dépêche d'Angers, datée du 5 décembre, dix heures du matin, disait :

« La ville a été très-calme hier. Un grand nombre de propriétaires et d'ouvriers (3 ou 400) se sont réunis à la préfecture pour seconder énergiquement, au besoin, l'administration.

« Saumur, Cholet, toutes les villes et communes du département sont calmes. »

Maintenant, en présence de toutes ces dépêches plus rassurantes les unes que les autres, comment expliquer l'article suivant publié par le *Journal de Maine-et-Loire* et signé Casimir :

« Angers continue à jouir d'une tranquillité parfaite, et chacun se félicite de la répression des tentatives de désordre qui ont éclaté dans la soirée du mercredi.

« Tout le monde a rempli son mandat dans cette circonstance, qui fait époque dans l'histoire de notre cité. C'est cet accord complet, régulier, qui remplit les cœurs de confiance et d'espoir. Les autorités civiles, comme les autorités militaires, se sont, sur tout point, montrées à la hauteur de leurs importantes fonctions. Les magistrats attachés au parquet ont, dès le premier moment, secondé avec zèle l'action de l'administration préfectorale et de la municipalité. Pour achever de rendre un juste hommage à qui de droit, nous ne devons pas omettre que, partout où les appelait leur devoir, MM. Gaultier et de Soland n'ont cessé un seul instant d'apporter leur concours de dévouement. Ils ont été parfaitement secondés par M. le commissaire en chef, ainsi que tous les agents de la force publique.

« Nous ne devons pas terminer cette appréciation des faits qui viennent de se passer, sans répéter après tout le monde que si l'autorité a exercé une si salutaire influence, c'est à son premier représentant parmi nous que nous en sommes surtout redevables. Par son désir, sa volonté de bien faire, sa fermeté toujours efficace, parce qu'elle est toujours intelligente et opportune, M. Vallon, qui veillait aux graves intérêts qui lui sont confiés à chaque instant, pour ainsi dire, du jour et de la nuit, inspirait une confiance absolue aux citoyens de toutes les nuances du parti de l'ordre, qui, sans interruption, lui apportaient l'offre de leur dévouement.

« Heureux les administrateurs qui inspirent de tels sentiments, mais plus heureuses encore les populations qui, sans préventions, sans flatterie, peuvent unanimement les exprimer! »

Si les autorités n'ont pas été satisfaites de cet article, elles ont dû être bien difficiles. Mais tout cela ne nous éclaire pas sur les désordres qui avaient éclaté dans la soirée de mercredi 3 décembre, et sur le nombre de citoyens privés de leur liberté.

MANCHE.

Saint-Lô.

Saint-Lô, 4 décembre, dix heures du matin. — Tout va bien, le nom du Président n'est prononcé qu'avec reconnaissance.

MARNE.

Chalons. — Reims. — Aï.

Les dépêches du 3 décembre étaient faites pour rassurer les esprits les plus timorés :

« Rien n'a troublé l'ordre à Reims, dans la population ouvrière, disait l'une d'elles, ni à Epernay, ni dans les ateliers du chemin de fer. Les nouvelles de Vitry et de Sainte-Menehould sont bonnes comme celles de Châlons. Partout la tranquillité habituelle. »

De son côté l'*Industriel de Reims* du 3 décembre publiait l'article suivant :

« En présence des événements de Paris, la pensée de l'ordre est la première qui se présente à l'esprit. Loin du théâtre des événements, une seule pensée préoccupe les citoyens : c'est le maintien du calme, c'est la continuation du travail, qui est la vie de l'ouvrier. La garde nationale a compris qu'avant toute opinion politique elle a pour mission de garantir la sûreté publique. De forts piquets, renforcés d'un détachement de troupes de ligne, ont occupé le poste de l'hôtel de ville, où les membres des administrations municipale et supérieure s'étaient réunis.

« Quelques groupes assez nombreux se formaient dans les rues adjacentes, devant les affiches apportant les dépêches ministérielles, mais sans séjourner, et se dissipant d'eux-mêmes devant les injonctions de l'autorité, en sorte que la tranquillité de la ville n'a pas été troublée, et ne le sera pas, nous l'espérons. »

Le même jour, on lisait dans la *Concorde* :

« Le sous-préfet de Reims a pris, de concert avec le maire, toutes les mesures nécessaires pour maintenir l'ordre et la tranquillité de la cité. L'hôtel de ville est occupé par une compagnie du 9e, qui fait le service conjointement avec la garde nationale, dont l'excellent esprit et le zèle rivalisent avec les dispositions parfaites de la garnison et de la gendarmerie.

« Nous faisons un appel à tous les bons citoyens pour que, par leur concours, ils rendent plus facile la tâche des magistrats énergiques et dévoués qui répondent au salut commun.

« Sur la demande du sous-préfet de Reims, un escadron du régiment de chasseurs, en garnison à Châlons-sur-Marne, doit prendre aujourd'hui même position à Sillery.

« Ce matin, le sous-préfet passera en revue toute la gendarmerie de l'arrondissement réunie en ce moment à Reims.

« La compagnie d'artillerie de Reims a été convoquée ce matin à six heures et demie. »

D'adhésions au coup d'Etat, il n'en était pas question, comme on le voit.

Le 4 décembre les événements prirent une tournure assez grave à Reims ; voici le récit que nous en trouvons dans la *Concorde* du 5 ; en l'absence de tous documents contradictoires, nous l'insérons sans commentaires. Cela ne veut pas dire, toutefois, que nous avons une confiance absolue dans ce récit.

« Une tentative de désordre, qui pouvait avoir des suites graves, a échoué dans la journée d'hier, grâce à la vigilance de la police, à la fermeté de nos autorités et au bon esprit de la population.

« M. le sous-préfet de Reims fut informé à onze heures, que sous le prétexte d'une de ces manifestations *pacifiques*, dont la signification est connue, un coup de main devait être tenté par quelques centaines d'individus égarés à la suite de quelques meneurs.

« On se proposait, en enlevant l'hôtel de ville, de paralyser d'avance les opérations de M. le général de Neuilly, dont l'arrivée à Reims était annoncée.

« A peine informé, M. le sous-préfet se rendit à l'hôtel de ville, où furent mandés immédiatement M. le procureur de la République, M. le commandant du bataillon, et M. le commissaire central.

« D'après les dispositions concertées entre M. le sous-préfet et M. le maire, la gendarmerie, précédée de M. Dufaure de Prouillac, commissaire de police, se porta vivement sur la place Saint-Nicaise, qui était déjà envahie par 200 individus, au milieu desquels on distinguait, entre autres meneurs, le sieur Bressy. Des proclamations incendiaires venaient d'être placardées.

« L'agitation était extrême dans les groupes, d'autant plus surexcités que des nouvelles mensongères de la nature la plus alarmante étaient habilement exploitées par les meneurs qui se trouvaient là.

« A la vue de la gendarmerie, il se fit un mouvement qui fut à l'instant comprimé par l'arrestation des sieurs Bressy (1), Gellé et quelques autres, opérée sans la moindre résistance. En même temps qu'on saisissait sur eux des pièces compromettantes, les proclamations étaient arrachées sous les yeux mêmes de ceux qui venaient de les afficher et qui ne bougeaient pas.

« Les groupes de la place Saint-Nicaise, une fois en déroute, l'escadron de chasseurs et une partie de la gendarmerie vinrent se ranger en bataille devant l'hôtel de ville, où se trouvaient déjà six compagnies, tant de la garde nationale que du bataillon du 9e.

« Pendant ce temps, une descente était faite par la police, ayant à sa tête M. le commissaire central, dont la vigueur égale la vigilance, dans deux établissements de la ville qui passent pour les foyers d'une agitation permanente : nous voulons parler des *cafés du Progrès* et *du Nouveau-Monde*.

« Après quelques arrestations qui n'eurent pas lieu sans résistance, car un sabre fut levé sur la tête du commissaire central (2), ces établissements ont été fermés.

« Des patrouilles, organisées sur une grande échelle, furent mises en mouvement, et nous sommes heureux de

---

(1) M. Bressy était rédacteur de l'*Association rémoise*.
(2) Nous avions promis au début de ne pas faire de commentaire; ce sabre levé, sans citer le nom de l'individu qui le tenait à la main, nous paraît suspect. Une souscription fut ouverte quelque temps après les événements de décembre pour offrir au commissaire central une épée d'honneur ! Nous ignorons si la souscription eut des suites.

faire connaître que, dans tous les quartiers, dans le faubourg Saint-Remy notamment, que parcourait en colonnes l'escadron de chasseurs, la population encourageait de son adhésion toutes les mesures qui étaient prises dans l'intérêt de l'ordre public.

« En somme, la journée d'hier a été excellente ; il n'y a qu'une voix pour rendre hommage à l'énergie intelligente et au dévouement de nos autorités, aussi bien qu'au zèle, au courage et au bon esprit qui animent la garde nationale et les divers corps armés, auxquels sont confiées la sûreté des personnes et la sauvegarde des biens.

« Il paraît que les chefs du mouvement, si promptement comprimé, avaient fait croire à leurs malheureuses dupes que deux cents ouvriers de Rethel étaient en marche sur Reims, et qu'ils arrivaient cette nuit. Des estafettes, envoyées sur la route, sont revenues sans avoir rencontré personne. D'ailleurs, toutes les précautions étaient prises par l'autorité. Les compagnies casernées à Béthleem étaient sur pied, et la gendarmerie s'était portée en avant du faubourg Cérès pour arrêter la bande.

« Les arrestations déjà opérées s'élèvent au nombre de onze.

« Des pièces qui ont été saisies sur les meneurs mis en état d'arrestation, il résulte que le plan d'insurrection devait s'étendre à l'arrondisssment tout entier, et que Reims devait donner le signal. Pour parer aux éventualités, M. le sous-préfet a donné l'ordre à toutes les brigades de gendarmerie de rentrer dans leurs casernements respectifs.

« M. le préfet de la Marne est arrivé à la sous-préfecture à cinq heures du matin. »

Les arrestations ne se bornèrent pas à Reims ; ainsi en mars on arrêtait MM. Menesson, membre du conseil général, ancien maire provisoire de Reims, après 1848 ; Maldan, médecin, ancien membre aussi de l'administration provisoire ; Bienfait, médecin ; Hanrot fils, médecin ; Lejeune fils, ancien professeur au lycée de Reims.

A Aï on opéra également des arrestations.

Le chiffre des arrestations dans ce département, si nous

devons nous en rapporter aux notes prises dans les journaux s'élevèrent à deux cents environ.

La commission mixte décida comme suit sur les prévenus politiques : 4 furent transportés en Algérie ; 5 expulsés de France ; 9 internés ; 17 renvoyés en police correctionnelle ; 42 placés sous la surveillance de la police.

MARNE (Haute-).

Chaumont. — Vassy.

« Chaumont 3 décembre. — Aucun symptôme d'agitation ne se manifeste. » Voilà tout ce que le *Moniteur* dit de ce département.

L'*Union de la Haute-Marne* sort un peu de ce mutisme pour annoncer l'arrestation à Vassy de MM. Vivier, ancien huissier, Chaussin, huissier, et Charton, son clerc.

Nous ne clorons pas ce département sans citer un passage de la proclamation du préfet pour engager ses administrés à voter pour Louis-Napoléon.

« Habitants de la Haute-Marne, c'est pour la seconde fois qu'un Bonaparte entrevoit l'étoile de la France. Pour vous en montrer tout l'éclat, Louis-Napoléon vient de disperser les derniers nuages qui pouvaient encore l'obscurcir. C'est là, vers ce pur zénith qui vient de se former, que sont écrites nos destinées. Consacrez-les donc par un vote qui puisse les assurer, en les confiant à l'homme prédestiné dont une fois déjà vous avez fait votre élu. Ce titre, vous le lui conserverez en pensant aux services qu'il vient de rendre à la patrie, aux souvenirs que son nom rappelle, et parce qu'avant tout vos arrêts ne peuvent être que ceux d'une nation qui veut rester civilisée. »

Il y a cinquante lignes comme cela. Dans ce département qui ne manifesta d'après le *Moniteur* aucun symptôme d'agitation, nous trouvons, à propos des travaux de la commission mixte, la note suivante dans *l'Echo de la*

Haute-Marne du 8 avril : Par suite d'une décision de la commission mixte de ce département, les sieurs Rigollot, médecin ; Plomb, propriétaire, demeurant tous deux à Hores, et Déchand, de Bonnecourt, ont été placés sous la surveillance de la police.

« Par décision du président de la République, en date du 7 avril, la peine d'expulsion prononcée par la commission mixte contre M. Gillat, docteur en médecine, a été commuée en un internement dans la ville de Troyes.

« Le sieur Jolibois, rédacteur d'un journal dans le département du Haut-Rhin, et qui avait été interné à Besançon, vient d'être dirigé sur Bar-le-Duc, résidence qui lui est définitivement assignée. »

MAYENNE.

LAVAL.

Laval, 3 décembre, huit heures du matin.— Tranquillité absolue.

Mayenne, 4 décembre.— La tranquillité continue de régner. Les dépêches télégraphiques ont produit un excellent effet. La grande masse de la population approuve.

La dépêche oublie de nous dire ce que fait le reste de la population.

MEURTHE.

NANCY.

Les renseignements sur ce département sont excessivement sommaires, mais toutefois assez complets. Nous les donnons par ordre de date, tels qu'ils furent insérés dans le *Moniteur* et le *Courrier de Nancy*.

Nancy, 3 décembre, six heures du soir. — La démagogie a été surprise et consternée. Aucun cri, aucune manifestation n'ont encore eu lieu. Le calme le plus parfait règne dans la ville.

Nancy, 4 décembre.— Une tentative d'assassinat a été faite sur un gendarme par un individu qu'on arrêtait. A part cet incident, l'ordre n'a pas été troublé. Les nouvelles de Lunéville sont excellentes. L'autorité municipale rivalise de zèle avec le sous-préfet. A Toul, tout est tranquille.

5 décembre, au matin. — La journée du 4 a été calme.

Nancy, 8 décembre.— L'agitation a complétement disparu dans le département (1). Le président ne recueille que des témoignages de sympathie et d'approbation. Les personnes les plus contraires jusqu'à ce jour au gouvernement, pendant l'existence de l'Assemblée, sont entraînées par le courant. La manifestation du 20 décembre réunira tous les suffrages.

Le 18 janvier, à 6 heures du matin, la gendarmerie procédait à l'arrestation de MM. Louis, avocat, ancien membre du conseil général de la Meurthe et du conseil municipal de Nancy ; Laflize, avocat, ex-constituant ; Antoine, avoué et de Vallerot, ancien sous-préfet de Toul.

A propos des travaux de la commisson mixte établie dans ce département, voici ce que nous lisons dans le *Moniteur* du 18 mars :

« Dimanche, les portes de la prison ont été ouvertes pour MM. Laflize, Louis, de Vallerot, Lelièvre, Boureiff, Coquignot et Wetzlin (2) ; on leur annonça qu'il leur était accordé huit jours pour régler leurs affaires et qu'ensuite il leur serait délivré des passe-ports pour l'Angleterre ou la Belgique.

---

(1) Il y en a donc eu ?
(2) De la façon dont la note est rédigée, on pourrait croire qu'il s'agit d'une mise en liberté sans conditions.

« La nuit précédente, étaient partis pour Paris, pour être ensuite dirigés sur Lambessa : MM. Quesne, Brêche, Gourieux, Gilbert, Paille, Ravod, Poirson, Rayer, Marc, Saudmayer, Chaudron et Michel. »

Nous devons ajouter à cette note que dix-neuf personnes furent, en outre, internées et huit placées sous la surveillance du ministère de la police.

Et les journaux constatent qu'il n'y eut aucun soulèvement dans ce département, et que de plus le préfet transmit au gouvernement une lettre contenant les adhésions de 519 maires, adjoints et conseillers. Quelles peines aurait donc prononcé la commission mixte, s'il y avait eu quelque mouvement?

MEUSE.

BAR-LE-DUC.

Peu de choses à dire sur ce département : nous en sommes réduits aux dépêches officielles.

Bar-le-Duc, 3 décembre, neuf heures du soir. — Les actes du gouvernement ont été généralement approuvés par la population du chef-lieu et de ses environs. Les fonctionnaires y ont donné leur adhésion. La population ouvrière exprime une vive satisfaction.

Montmédy, 3 décembre. — L'approbation est générale.

Bar-le-Duc, 5 décembre, sept heures et demie du matin. — Le département est dans la plus parfaite tranquillité. Les adhésions pleuvent. La campagne est dans l'enthousiasme.

A une population que l'on disait chaude pour le coup d'Etat, il fallait un préfet à la hauteur de son enthousiasme ; la proclamation suivante, que M. Albert Langlé fit afficher dans la nuit du 2 au 3, est une preuve que le ministre avait su trouver l'homme qui convenait :

« Habitants de la Meuse,

« Le président de la République vient de prendre une résolution que le pays attendait ; il a mis un terme au pouvoir d'une assemblée qui s'était elle-même frappée d'impuissance, et qui a été dissoute aux applaudissements de toute la population de Paris.

« L'inquiétude s'emparait de tous les esprits, les factions n'attendaient qu'une occasion ; quelques jours encore, et la société se serait trouvée, comme en 1848, à deux doigts de sa perte.

« L'élu de 6 millions de suffrages ne pouvait oublier que le pays avait remis dans ses mains son repos, sa tranquillité, sa grandeur ; et l'acte qu'il vient d'accomplir est une preuve nouvelle de la sincérité de son patriotisme.

« Louis-Napoléon en appelle à la nation ; il remet loyalement au pays de décider de son sort, il s'inclinera ensuite devant sa décision souveraine.

« Quoi qu'il arrive, la tranquillité publique sera maintenue.

« Ayons confiance dans la parole qu'il vient de nous donner, et groupons-nous autour de lui pour porter haut et ferme le drapeau de la France et de la liberté.

« Habitants de la Meuse, je sais d'avance tout ce que je dois attendre de votre bon esprit : il y a peu de temps encore, vous aviez vous-mêmes jugé de la gravité de la situation en demandant spontanément la révision de la constitution. Ce n'est donc pas aujourd'hui que votre concours me fera défaut ; comme toujours, vous appuierez l'autorité, et nous concourrons ensemble au maintien du repos public et au salut du pays.

« Fait en l'hôtel de la préfecture, le 2 décembre 1851.

« *Le préfet de la Meuse,*

« ALBERT LANGLÉ. »

M. de Morny dut se montrer satisfait de cette proclamation, devant laquelle pâlissent celles des préfets de Maine-et-Loire, de la Charente-Inférieure, etc.

MORBIHAN.

Vannes.

Vannes, 3 décembre. — Calme complet.

Vannes, 4 décembre. — Le département continue à être très-calme. Le parti légitimiste commence à revenir de l'étonnement que lui avait causé la nouvelle des événements politiques du 2 décembre, et à comprendre que le président de la République peut seul sauver la société en péril ; qu'aucun des anciens partis ne saurait lui donner la sécurité dont elle a besoin ; qu'enfin il faut soutenir le pouvoir dans l'intérêt de tous. Les démagogues seuls sont consternés.

Vannes, 5 décembre. — Le pays est calme. Aucun symptôme d'agitation ne se manifeste.

D'arrestations, il n'en est point question ; cependant nous avons fini par découvrir dans le *Moniteur*, à l'article départements (mois de février), la série des nouvelles suivantes, qui prouvent que, là aussi, il y eut des proscriptions.

La *Concorde*, de Vannes, à la date du 5 février, annonce que six personnes, qui avaient été arrêtées dans cette ville par mesure de sûreté, ont été mises en liberté après une détention de près de deux mois.

Une décision de la commisson départementale oblige le sieur Quennec, ex-huissier, à quitter le territoire français dans le délai de huit jours. M. Quennec a été déposé à la maison d'arrêt.

Le sieur Pelletier, ex-employé de la préfecture, et le sieur Leprioul, ex-garde champêtre, ont reçu l'injonction de sortir du Morbihan dans un délai de huit jours, avec interdiction de résider dans les départements du Finistère, des Côtes-du-Nord, d'Ille-et-Vilaine et de la Loire-Inférieure.

MM. Le Pontois, Lorenziti, Amelot fils et Villers, de Lorient, sont soumis à la surveillance de la police.

MM. Beauvais, Troppier, Boutibonne et Cresson sont

exclus du Morbihan et il leur est défendu de résider dans les départements du Finistère, des Côtes-du-Nord, d'Ille-et-Vilaine et de la Loire-Inférieure.

MM. Ratier, Rondeau, Jégo, Le Floch et Henri ont reçu l'injonction de sortir de territoire français dans un délai de huit jours.

Mais ce n'est pas trop mal pour un département où aucun symptôme d'agitation ne s'était manifesté.

MOSELLE.

Moselle.

La proclamation de la République avait été accueillie avec enthousiasme à Metz; les habitants de cette ville frontière, au contact des troupes nombreuses qui y tiennent constamment garnison, ont acquis un esprit belliqueux qui ne leur faisait pas trop aimer le gouvernement bourgeois et ultra-pacifique de Louis-Philippe.

Aussi la candidature de Louis-Napoléon à la présidence souleva le fanatisme de cette population qui, n'ayant pas eu à souffrir de l'invasion, grâce aux bons remparts de la ville, se rappelait les beaux jours du premier empire et oubliait les malheurs et l'amoindrissement de la France qu'il avait causés.

Ce fanatisme, aux approches de l'élection, prit même un caractère séditieux. Des groupes parcouraient les rues aux cris de *Vive Napoléon! Vive l'Empereur!* Le préfet, M. Billaudel, connu par ses sympathies pour le général Cavaignac, se vit assiéger dans son hôtel dont les vitres volèrent en éclats sous les pierres. Lorsque les journaux annoncèrent l'élection de Louis-Napoléon à la présidence, ce fut un délire qui se traduisit par une manifestation. Les ouvriers civils de l'arsenal se cotisèrent, spontanément sans doute, pour acheter un buste du président qu'ils promenèrent triomphalement par la ville. Mais lorsque le 2 décembre 1851, les bons habitants virent la place d'Armes, ou place Napoléon, occupée militairement avec des canons braqués sur l'ouverture des rues des Jardins, Fournirue, etc., leur enthousiasme se changea en une morne consternation, et ce fut bien pis lorsqu'on apprit que des arrestations avaient été faites pendant la nuit. On citait entre autres, parmi les personnes arrêtées, M. Quesnel, rédacteur en chef du *Républicain*, qui, transporté à Cayenne, parvint plus tard à s'évader et devint l'un des rédacteurs du *Courrier des États-Unis*.

Les gardes nationaux ne songèrent guère à prendre les armes; l'honorable M. Campariol, général de la garde nationale, digne vieillard aux cheveux blancs, fut le seul qui protesta; il alla à l'hôtel de ville et interpella énergiquement l'officier qui l'occupait avec sa troupe, le sommant de l'évacuer. Mais on comprend que cette courageuse mais unique protestation fut inutile.

Le *Républicain* fut supprimé, et les autres journaux furent *invités* à soumettre leurs épreuves à la préfecture (1). Le *Courrier de la Moselle*, qui avait vu un de ses numéros mutilé par la censure, crut devoir paraître en blanc; mais on lui signifia, sous peine de suppression, d'avoir à ne pas priver ses lecteurs de leur pâture intellectuelle.

Le parti socialiste comptait fort peu d'adhérents à Metz; les partisans des autres idées n'étaient pas gens à remuer les pavés; aussi le luxe de précautions militaires développé en cette circonstance parut tout à fait inutile aux gens sensés.

NIÈVRE.

Clamecy. — Sougères. — Druyes. — Eutrains. — Coulange-la-Vineuse, etc.

Clamecey, ville dont le nom ne sera jamais oublié dans l'histoire de nos guerres civiles, nous offre le triste tableau

---

(1) Cette mesure fut prise à Paris pour tout ce qui s'imprimait: on ne pouvait plus tirer sans le visa du ministère.

d'une population profondément divisée par les passions politiques. Ici, nous voyons les haines farouches faire explosion, et quelques forcenés, comme il s'en rencontre toujours au sein d'une multitude dévoyée, souiller, par des vengeances inutiles, une cause qu'il eût été beau de voir pure de tous excès. Gardons-nous, toutefois, de rendre toute une population, généreuse et éminemment patriotique, solidaire des violences de quelques hommes. En effet, à quelque parti qu'on se rattache, on est forcé d'admirer la grandeur d'âme, l'abnégation et le rare courage que montrèrent les chefs du mouvement dans Clamecy. En prenant les armes, ont-ils dit au conseil de guerre, ils ont cru remplir un devoir.

Le département de la Nièvre avait été mis en état de siége dès le mois d'octobre. Le parti démocratique avait là une organisation qui le rendait redoutable. — Les réactionnaires n'étaient pas moins ardents, et il faut le reconnaître, ils ne s'étaient unis fortement aux autorités que pour faire sentir à leurs adversaires tout le poids de leur colère. On a remarqué, en effet, que les démocrates sont généralement portés à user de générosité envers leurs ennemis, après la victoire; tandis que la réaction, ne pardonnant point les frayeurs qu'on lui a causées, use trop souvent du pouvoir pour satisfaire ses ressentiments.

Tandis qu'une partie de la bourgeoisie adhérait au programme démocratique, le reste de la classe aisée manifestait une joie secrète de voir renverser la République, et applaudissait au coup d'État. La colère des républicains s'était accrue par les mesures rigoureuses dont ils étaient l'objet depuis quelque temps : les poursuites judiciaires ne leur avaient pas été épargnées, et l'état de siége pesait durement sur eux.

Pendant plusieurs jours, le *Moniteur* fut muet sur les événements de Clamecy ; il n'y était même fait aucune mention du département de la Nièvre. Aussi, ne fut-on pas peu surpris d'apprendre tout à coup la nomination de M. Carlier, ancien préfet de police, aux fonctions de commissaire extraordinaire du gouvernement dans ce département, ainsi que dans ceux du Cher et de l'Allier.

La *Patrie* rendait compte en ces termes des premiers événements.

« Une insurrection socialiste a éclaté dans la ville de Clamecy, dans la matinée du 6 décembre. Les pompiers et la garde nationale de la ville, joints à la gendarmerie, ont tenté de réprimer le désordre. Plusieurs personnes ont été tuées, beaucoup d'autres blessées. Les factieux ont sonné le tocsin et sont restés maîtres de la ville, que les autorités ont eu le temps d'évacuer en se réfugiant dans les hameaux voisins.

« Des gens de la campagne, dont on évalue le nombre à 5 ou 6,000, sont entrés dans la ville. La sous-préfecture a été pillée et saccagée. Trois gendarmes ont été massacrés et les insurgés délibéraient entre eux pour savoir s'il ne fallait pas torturer leurs victimes avant de les tuer. Ces détails ont été rapportés par un gendarme qui avait été assez heureux pour pouvoir s'échapper.

« Aussitôt que le préfet a été informé de ces tristes événements, il est parti à la tête d'un escadron de chasseurs. Le 7 décembre au soir, l'avant-garde a rencontré, à deux kilomètres de Clamecy, une patrouille d'insurgés qui a fait feu sur la troupe. L'avant-garde a riposté sur-le-champ, et cinq factieux sont restés sur le terrain. M. Armeury, officier du 10e chasseurs, a reçu une légère blessure à la main. Cet engagement n'a pas eu de suite.

« De nouveaux renforts sont arrivés dans la nuit. Le 8 au matin, les troupes bivaquaient en vue de la ville, où le tocsin se faisait entendre sans relâche. Une batterie est attendue de moment en moment. On a cru devoir recourir à l'artillerie, pour en finir plus vite et pour épargner le sang de notre généreuse armée.

« Il est probable qu'à l'heure où nous écrivons force est restée au pouvoir. »

Clamecy est une ville de six mille âmes, située sur la limite de la Nièvre, dans le voisinage de l'Yonne dont les populations républicaines devaient lui apporter un fort contingent, et à dix-huit lieues de Nevers.

Bien que les autorités ne doutassent pas du succès du coup d'État dans la capitale, elles crurent néanmoins nécessaire de décapiter le parti républicain dans Clamecy, en procédant à l'arrestation de ceux qui passaient pour en être les meneurs. Cette mesure était certainement inutile et en tout cas imprudente, car les arrestations ne pouvaient pas s'accomplir sans amener une explosion, et les autorités ne disposaient pas de forces suffisantes pour étouffer le mouvement. Les citoyens Millelot et ses deux fils, Rousseau, Moreau, Guerbet, et quelques autres, étaient les plus résolus.

La journée du 3 décembre fut assez tranquille; mais, malgré le calme qui régnait à la surface, une sourde colère agitait les républicains, et il était aisé de voir qu'ils attendaient des nouvelles de la capitale, avant d'entrer dans le mouvement. L'autorité, avisée de ce qui se passait, prit quelques précautions pour sa défense : MM. Saulnier, sous-préfet, Baille-Beauregard, procureur de la République, et les autres fonctionnaires se préparèrent un refuge dans la caserne de gendarmerie; tandis que les gardes nationaux sur lesquels on pouvait compter se réunissaient à la Maison commune, sous les ordres du maire, M. Legeay. Des armes et des munitions furent distribuées, et les autorités se crurent ainsi en force pour tenir ferme, en attendant l'arrivée des renforts qu'on avait demandés au préfet de la Nièvre.

Pendant que le préfet se mettait en marche avec une avant-garde de deux cents hommes, l'insurrection grandissait dans Clamecy. Les communes voisines avaient reçu avis de marcher au premier signal qui serait donné dans la journée du 5. Ce fut seulement dans l'après-midi que les troubles commencèrent, sur l'avis certain que les autorités se disposaient à opérer des arrestations. Les républicains avaient d'abord décidé qu'ils attendraient pour agir l'arrivée des rassemblements armés qui se formaient autour de Clamecy et dans les villages des confins. M. Millelot père, imprimeur à Clamecy, devait introduire dans la ville une forte colonne recrutée à Druyls; mais l'impatience gagna la population, et pendant que le tocsin sonnait dans les moindres hameaux environnants, des citoyens en armes s'attroupèrent dans le faubourg de Bethléem, séparé du reste de la ville par un pont jeté sur l'Yonne. La place de la prison fut bientôt envahie, et les détenus politiques délivrés, pendant que le tambour battait la générale et que des citoyens, qui avaient forcé l'entrée du clocher de l'église, faisaient entendre le tocsin.

Les républicains se portèrent ensuite à la mairie, sans écouter la voix du maire, M. Legeay, généralement estimé pour sa modération.

Les gardes nationaux qui défendaient la maison communale, sentant leur courage faiblir au moment du danger, abandonnèrent leur poste, et prirent la fuite dans diverses directions. Il suffit pour cela de quelques coups de feu tirés sur une patrouille de gendarmerie, qui venait renforcer les gardes nationaux. Les gendarmes ayant engagé la fusillade presque à bout portant, tuant un citoyen et en blessant cinq autres, les républicains avaient répondu par un feu terrible; deux gendarmes avaient été tués, deux autres blessés, et ceux qui avaient échappé purent chercher un refuge dans la caserne.

Pendant leur fuite, les gardes nationaux perdirent un des leurs, M. Meunier, instituteur; un autre garde national, M. Tartrat, dut la vie à l'intervention du citoyen Guerbet, commerçant à Clamecy.

Les républicains trouvèrent à la mairie cinq cents fusils et des munitions. On fouilla en ordre les maisons particulières pour y chercher les armes disponibles. Dans la soirée, Eugène Millelot se fit remettre, par le receveur particulier, une somme de cinq mille francs, dont il donna un reçu. Cette somme fut employée en partie à solder des bons de pain, et le reste fut fidèlement restitué à la recette principale.

La ville de Clamecy fut témoin, dans cette journée, de scènes que tout historien impartial doit enregistrer, tout en se gardant des exagérations dans lesquelles n'ont pas manqué de tomber les ennemis de la République.

Un honnête républicain, M. Mulon, avoué, ancien commissaire du gouvernement provisoire, passait dans la rue, donnant le bras à une femme qu'il conduisait à sa demeure, quand tout à coup un homme resté inconnu lui fracasse le crâne avec un outil appelé bisaiguë. On attribua cet attentat à une lâche vengeance. Peut-être aussi le meurtrier croyait-il frapper une autre victime.

Deux individus, Sabatier et Guilleminot, furent condamnés pour ce fait, par le conseil de guerre de Clamecy, à la déportation dans une enceinte fortifiée (1).

---

(1) Voici la partie de l'interrogatoire qui se rapporte à ces deux accusés :

Le président. — Sabatier, levez-vous. Vous voyez sur cette table cette bisaiguë (outil de charpentier) : la reconnaissez-vous ? Est-ce celle qui a servi au crime ?

Sabatier. — J'avais une bisaiguë comme celle-là ; mais elle n'a pas servi au fait qu'on me reproche : M. Mulon était déjà frappé lorsque je l'approchai ; il fut frappé d'un petit instrument avec la main. Je dis à M. Mulon, qui était alors devant l'église, non loin de la mairie : Ne craignez rien ; vous n'avez probablement pas de mal ; il y a plus de peur que de mal. M. Mulon marchait toujours, et quand il perdit toutes ses forces, je m'offris pour le porter chez lui.

Le président. — Vous n'avez jamais dit la même chose depuis que vous avez été interrogé pour la première fois. Gendarmes, représentez la bisaiguë aux membres du conseil.

Cet outil a des proportions fort grandes ; il a une douille dans laquelle on met un manche ; une de ses extrémités est faite comme une petite hache ; l'autre extrémité est pointue et à biseau. L'instrument a plus d'un mètre de longueur.

Le président. — Il y a encore du sang à la petite extrémité.

Me Lomier-Moret, défenseur de Sabatier. — Pardon, il n'y a pas de sang ; M. d'Arcy, qui a fait son rapport, déclare qu'il n'en a pas remarqué.

Le président. — M. d'Arcy déclare qu'il a râclé une poussière qui ressemblait à du sang. Du reste, M. d'Arcy sera entendu. Accusé Sabatier, vous avez nié d'abord vous être trouvé sur le chemin de M. Mulon ; maintenant vous dites que vous l'avez vu frapper. Il est étonnant que vous ne puissiez pas dire par qui il l'a été. Accusé Guilleminot, vous reconnaissez cette bisaiguë ?

R. — Oui, Monsieur, elle m'appartient, c'est moi qui l'ai donnée à Sabatier.

D. — Vous a-t-il demandé à aller avec lui ?

R. — Non, Monsieur, il ne m'a pas dit de l'accompagner.

D. — Qui était avec Sabatier ?

R. — Je n'ai vu personne.

D. — Voyons, vous paraissez avoir plus de franchise que Sabatier, cela peut vous être utile auprès du conseil.

R. — Monsieur, je ne nie pas que je ne me sois trouvé aux barricades ; mais j'y ai été entraîné par force.

Le premier témoin entendu est madame Courot, femme du notaire

Un autre démocrate, M. Poulain, fut fusillé à bout portant par un nommé Roux, qui fut condamné à mort pour ce fait, mais dont la peine fut commuée en celle de la déportation.

Le curé d'Artrel, M. Vernet, fut insulté et frappé à coups de bâton par quelques forcenés qui voulaient le forcer à prendre un fusil et à les suivre. Un des agresseurs lui porta un coup de bisaiguë qui fut paré par les vêtements; un autre lui fit avec une épée une blessure qui, fort heureusement, ne fut pas mortelle.

M. Vernet raconta ainsi le fait devant le conseil de guerre :

---

de ce nom. Cette dame était au bras de M. Mulon quand il a été frappé.

Le président. — Vous étiez présente au moment où M. Mulon a été frappé ?

R. — J'étais au bras de M. Mulon, quand nous fûmes entourés de cinq ou six personnes; un de ces hommes donna un coup violent à M. Mulon. Je crus d'abord qu'il avait reçu un coup de poing. M. Mulon dit, en se retournant : Que c'est lâche de frapper un homme par derrière ! que vous m'avez fait mal !

Le président. — Sabatier, levez-vous. Madame, reconnaissez-vous cet homme ?

R. — Monsieur, j'ai dit que celui qui a frappé était de taille moyenne, comme cet homme. Lorsqu'il eût donné le coup, il se retira en arrière, et se mit sur la ligne des autres pour se déguiser.

Après l'audition de plusieurs témoins, entr'autres du fils de M. Mulon, âgé de douze ans, dont la déposition n'éclaircit point les faits, on entend M. d'Arcy, médecin à Clamecy.

Le président. — Sabatier, avez-vous quelque chose à opposer non-seulement à cette déposition, mais à toutes celles que nous avons entendues ?

Sabatier. — Non, Monsieur. Je dirai seulement que la blessure peut avoir été faite par un bec-d'âne, instrument de menuiserie. D'ailleurs, j'avais remis ma bisaiguë à un nommé Cazat, maçon, bien avant que le meurtre eût été commis.

D. — Pouvez-vous faire connaître les hommes qui ont porté M. Mulon chez lui ?

R. — Si je les connaissais, je n'hésiterais pas à le dire ; cela me rendrait un grand service dans ce moment.

Le commissaire du gouvernement soutient énergiquement l'accusation.

Après avoir entendu les défenseurs, le conseil se retire pour délibérer.

Les deux accusés sont condamnés à la déportation dans une enceinte fortifiée.

« Je venais de descendre de voiture dans la maison Deschamps, j'entrais dans une chambre pour prendre un repas... Un individu armé d'une bisaiguë se présenta devant moi, et voulut me forcer à marcher à l'émeute. Je voulus temporiser en disant qu'il me fallait manger un morceau. Pinet Ferrières me répliqua : « Il ne s'agit pas de cela ; il faut que tu marches. » Je le suppliai de me laisser manger avant ; mais Ferrières et ses camarades s'y opposaient. Mme Deschamps me fit apporter une bouteille de vin et une couronne de pain entre autres choses. Ferrières prit la bouteille de vin et la but avec ses camarades. On en apporta une seconde qui eut le même sort. Une troisième fut apportée ; on voulut alors m'obliger à boire au goulot ; ils ne voulurent pas me permettre de boire dans un verre. Bref, je ne pus manger qu'un morceau de pain.

« Les insurgés me firent sortir de chez Mme Deschamps. Ils me demandèrent ma pensée sur les événements. Je répondis que Napoléon avait la victoire partout, et que les pays que j'avais traversés étaient tranquilles. Ferrières, me menaçant toujours de sa bisaiguë, me fit avancer. — Où me conduisez-vous ? lui dis-je. — Chez des amis, me répondit-il. Arrivé devant une maison dans laquelle beaucoup de monde buvait, je demandai un verre de vin pour faire descendre le pain que j'avais avalé, et qui m'était resté dans l'œsophage. Au lieu de vin, on m'offrit de l'eau-de-vie. Je commençai à être l'objet des mauvais traitements des insurgés. Un moment, je me trouvais entouré de gens très-hostiles. J'avais d'un côté un jeune homme qui me menaçait d'une épée ; de l'autre, un individu assez jeune qui me tira un coup de pistolet, dont heureusement l'amorce ne prit pas. On voulut me contraindre à crier : Vive la République démocratique et sociale. On voulut me donner un fusil que je repoussai en disant que les lois de l'Eglise s'opposaient à l'effusion du sang. On m'accabla de coups de bâtons et de coups de poing.

« Ce que je dis est exact ; je me le rappelle parfaitement, car je n'avais pas peur : j'avais recommandé mon âme à Dieu. On me ramena chez Mᵐᵉ Deschamps d'où j'étais parti. Là gisait un homme blessé ; on m'engagea à lui donner les secours de la religion, ce que je fis aussitôt, mais le blessé expirait. Quelques instants après, on me précipita dans le foyer de la cuisine sur le cadavre du malheureux que j'avais voulu consoler. Je sentis une douleur : j'avais reçu un coup d'épée dans les côtes. »

A cette déposition, l'accusé Ferrières répond : « Si M. le curé a dit cent paroles, il a dit quatre-vingt-dix mensonges. On m'a poussé sur lui alors que je tenais ma bisaiguë, et c'est accidentellement qu'il a été blessé. »

Il faut dire, à l'appui de cette version, que les vêtements seuls du curé ont été percés de la bisaiguë, et que l'épiderme a seulement été effleuré.

L'accusé Ferrières, bien qu'on puisse penser que l'imagination effrayée de M. Vernet eût beaucoup grossi les faits, fut déclaré coupable d'assassinat sur ce prêtre, et condamné aux travaux forcés à perpétuité.

Un certain Galloux fit feu sans avoir été provoqué et même sans motif explicable, sur des passants inoffensifs ; deux habitants de Clamecy tombèrent mortellement frappés. L'auteur de ce double meurtre fut condamné à mort par le conseil de guerre ; mais sa peine fut commuée.

Voici les faits relatifs à Galloux et qui motivèrent sa condamnation.

Dans la nuit du 5 au 6 décembre 1851, une bande de cinq à six cents hommes, armés de fusils, de faux, de bâtons et dont aurait fait partie Galloux, dit Damné, se serait précipitée d'abord à la barricade du pont de Bethléem, puis vers celle du pont de Ladron. C'est de ce dernier point que Galloux, âgé de cinquante ans, flotteur à Clamecy, aurait tiré sur deux hommes, les sieurs Bordet et Morin, morts depuis des suites de leurs blessures.

Galloux nia les faits qui lui étaient reprochés ; il prétendit être la victime de vengeances. Il déclara n'avoir jamais fait de mal à personne (1).

---

(1) L'interrogatoire de Galloux et la déposition des témoins de cette affaire offre assez d'intérêt pour que nous les reproduisions :

Le président. — Il est fâcheux que les deux victimes qui vous

Les faits excitaient déjà par eux-mêmes trop d'horreur, sans que la chronique eût besoin de les grossir et d'inventer pour en rejeter la responsabilité sur tout un parti dont la masse les réprouvait.

« Un enfant de treize ans fuit devant les assassins, raconte le *Messager de Moulins*, et après lui, M. Bélouino ; il se réfugie dans les bras de sa mère. Ah ! le voilà

---

ont accusé ne soient pas là pour confirmer leurs déclarations ; ces déclarations sont formelles ; vous avez été reconnu, et l'on a signalé votre costume, et jusqu'à une ceinture dont les bouts flottaient au vent. Après ce double homicide, vous avez pris la fuite.

L'accusé. — Je suis bien innocent, je n'ai jamais eu de fusil, et si j'en avais eu un, on l'aurait trouvé quand on m'a arrêté.

Le président. — On n'a pas non plus retrouvé votre ceinture, par la raison toute simple que vous vous êtes empressé de vous en débarrasser.

L'accusé soutient qu'il n'avait ni fusil, ni ceinture.

On entend les témoins : le premier est un nommé Victor Deber, boulanger à Clamecy, qui a entendu un coup de fusil et a vu tomber deux hommes, qui ne peut dire *de visu* par qui le coup de fusil a été tiré.

L'autre témoin est la femme Adélaïde Chamblin, femme Moreau.

« Le 6 décembre, dit-elle, j'étais sur ma porte, il y avait un attroupement de monde entre ma porte et celle de madame Deschamps ; j'ai dit à un soldat, en lui montrant un homme qui était devant nous : « Mon Dieu, si vous aviez la bonté de lui ôter son fusil, ça empêcherait peut-être un malheur. » Je n'ai pas vu le visage de l'homme ; je ne le connais pas. Quand il a fait feu, je l'ai entendu dire : « Je tire sur eux. » Et il s'est sauvé. On m'a dit après que c'était Galloux ; mais je ne l'ai pas vu et je ne puis l'affirmer. »

D. — Mais, plus tard, ne l'avez-vous pas reconnu ?

R. — Il me semble que c'était la voix qui avait dit : « Je tire sur eux. »

D. — Vous ne nous parlez pas de la ceinture que portait Galloux ?

R. — Je ne lui ai pas vu de ceinture.

D. — C'est la découverte de la ceinture qui a fait retrouver les traces de l'accusé ; cette ceinture, vous ne l'avez pas vue, mais vous en avez entendu parler, et vous en avez parlé vous-même dans vos premières déclarations ?

R. — Ça ne me revient pas.

D. — Il faut que la mémoire vous revienne, ou je vous fais arrêter comme faux témoin ; il faut qu'ici chacun fasse son métier,

sauvé ! une bête féroce s'arrêterait. Ils assassinent cet enfant dans les bras de sa mère... »

Or, aucune scène de ce genre n'a été signalée dans les pièces lues au conseil de guerre. Il n'y a pas non plus été question de ces actes de pillage et de viol que la calomnie a enregistrés, en citant même les noms des femmes qui en auraient été victimes. Aucun témoin ne se souvient davantage d'avoir entendu proférer les noms de : *Vive Barbès ! vive la guillotine ! mort aux riches.* Il faut plutôt voir l'esprit qui animait la masse des démocrates de Clamecy, dans cette proclamation affichée dans la ville, et dont la rédaction paraît avoir été due aux frères Millelot.

---

vous, moi, tout le monde. Nous ne cherchons que la vérité, mais nous la voulons tout entière.

Le témoin, effrayée, avoue avoir entendu dire qu'au moment où *l'homme* avait fait feu, il avait une ceinture.

On entend encore plusieurs témoins : les femmes Deschamps, Bougé, Durat. Toutes ont entendu dire que c'était Galloux qui avait tiré, mais aucune ne l'a vu ; leur dire n'est évidemment que le résultat de commérages.

La femme ajoute à sa déposition un fait important :

« Le lendemain de ce jour-là, dit-elle, je priai Galloux d'aller chercher ma fille à sa pension. Il me répondit qu'il n'osait même pas sortir pour aller acheter du tabac, de peur d'être pris pour faire des barricades. Pour avoir refusé de marcher avec les autres, ils l'ont traité de lâche et de fainéant. »

Pas un fait répréhensible n'est réellement constaté contre cet homme.

Le commissaire du gouvernement n'en soutient pas moins l'accusation avec la plus grande sévérité de paroles, ne tenant compte de rien de ce qui est à la décharge de l'accusé : l'homme qui a fait feu avait une ceinture, et plusieurs ont dit que Galloux avait une ceinture. M. le commissaire chargé de remplir les fonctions du ministère public ne sort pas de là.

En vain, l'accusé soutient qu'il n'a jamais eu ni fusil, ni ceinture ; en vain, son défenseur, Me Alapetite, produit un certificat signé de plusieurs négociants et habitants notables de Clamecy, duquel il résulte que Galloux a toujours été un ouvrier paisible, laborieux, un honnête homme d'une conduite irréprochable. Tout cela est mis à néant, et le conseil, après trente-cinq minutes de délibération, déclare Galloux, dit Damné, coupable, et le condamne aux travaux forcés à perpétuité.

ORDRE DU COMITÉ

La probité est une vertu des républicains.
Tout voleur ou pillard sera fusillé.
Tout détenteur d'armes qui, dans les douze heures, ne 'es aura pas déposées à la mairie ou rendues, sera arrêté et emprisonné jusqu'à nouvel ordre.
Tout citoyen surpris ivre sera désarmé et mis de suite en prison.

Vive la République sociale !

LE COMITÉ RÉVOLUTIONNAIRE SOCIAL.

Clamecy, 7 décembre.

Un ordre semblable ne pouvait émaner de bandits comme on ne se lassait d'appeler les citoyens qui s'étaient mis à la tête du mouvement insurrectionnel.

Les fonctionnaires, ne se croyant plus en sûreté sous la protection de la gendarmerie, avaient abandonné la ville, laissant dans le poste une brigade aux ordres d'un lieutenant.

Dans la matinée du 7 décembre, l'attaque de la gendarmerie fut résolue ; mais le lieutenant capitula, jugeant impossible de résister avec succès. Le désarmement des gendarmes paraissait avoir calmé le peuple, quand un jeune homme de vingt ans à peine, nommé Rollin, sortit de la foule et vint menacer le gendarme Bidau, à qui il reprochait de l'avoir fait condamner à un mois d'emprisonnement pour rébellion. En un instant, le malheureux gendarme essuie plusieurs coups de feu, et tombe pour ne plus se relever.

Sept individus furent accusés du meurtre du malheureux Bidau :

Martin Roux, 20 ans ; Pierre Cuisinier, dit Mauluron, 49 ans ; Augustin Gillet, 50 ans ; Jean Rollin, Charles Guinet, Thomas Maimery, 50 ans ; Pierre Bodin, 24 ans.

Ils s'étaient mis à la tête d'un rassemblement de près de sept cents personnes. La foule poussait des cris de mort contre les gendarmes. Rollin ayant présenté le canon de son fusil à Bidau, celui-ci l'avait saisi et s'était senti ainsi tiré jusqu'au bas de l'escalier. Ce fut là qu'il reçut plusieurs coups de feu. Le malheureux fait un effort pour se relever, lorsque Guénot, armé d'une carabine, l'acheva en lui portant trois coups de crosse sur la tête. On l'entendit crier :

« Apportez de la paille pour le faire brûler comme un cochon. »

Un autre individu, Cuisinier, porta à son tour un coup de picois sur la tête de la victime.

Le conseil de guerre rendit un jugement qui condamna Rollin, Roux, Guénot, Maimery, à la peine des travaux forcés à perpétuité; Gillet, à vingt ans de la même peine ; Bodin, à dix ans de surveillance de la haute police, et Cuisinier, à la peine de mort.

Fallait-il encore ajouter à tant d'horreurs les traits suivants, dont le *Messager de Moulins* et d'autres journaux après lui ont cru devoir orner leur récit :

« Un gendarme tombe entre les mains de ces bandits ; on délibère sur le genre de mort qu'on lui fera subir. Enfin, on se décide à l'attacher sur une échelle ; on lui ouvre le ventre, dont on fait sortir les entrailles, et une danse infernale a lieu autour du malheureux supplicié avec l'aide de quelques infernales mégères, dignes compagnes de pareils anthropophages. »

Quoi qu'il en soit, ces scènes lugubres affligèrent les républicains sincères, à tel point qu'ils parlèrent de se dissoudre, pour ne pas accepter la responsabilité de tels excès. M. Rousseau, avoué, qui avait été nommé maire provisoire, quitta même une ville où les hommes d'ordre ne pouvaient que difficilement se faire entendre. Millelot père proposa aussi de ne pas prolonger une insurrection dont quelques bandits dénaturaient le caractère. Toutefois ses fils s'y opposèrent, tout en flétrissant les attentats contre les personnes et en menaçant même d'en faire fusiller les auteurs; ils ne voulaient pas pour cela renoncer à une partie si bien engagée, ils disposaient de plus de quatre mille hommes assez bien armés, résolus à tout braver, et il leur semblait possible de soulever le département de l'Yonne, puis de jeter sur la route de Paris une avalanche humaine qui eût fait lever les populations en masse sur son passage. L'indiscipline des bandes armées était la principale objection qu'on leur opposait.

Millelot père avait amené avec lui dans Clamecy les colonnes qu'il avait recrutées dans le département de l'Yonne ; mais la plupart des paysans qui avaient quitté leurs foyers surent bientôt que le mouvement de la capitale avait été comprimé, et commencèrent à se débander dans la journée du 7. On savait d'ailleurs que le préfet de la Nièvre s'avançait sur Clamecy avec de l'infanterie et de la cavalerie. Quelques barricades furent élevées pour recevoir l'attaque des troupes ; les tambours battirent la générale ; le tocsin continua à retentir ; mais, malgré ce tumulte, l'alarme gagna les cœurs.

Quelques citoyens honorables offrirent de parlementer, et se portèrent au devant du préfet qui avait déjà pris position au sommet de la hauteur qui domine Clamecy, et s'y était retranché avec sa troupe. Les parlementaires furent arrêtés sans avoir été entendus.

Pendant la nuit du 8, les républicains apprenant le sort de leurs parlementaires, et étant informés que des forces nombreuses accouraient de Nevers, d'Auxerre et même de Bourges, abandonnèrent leurs barricades, sortirent de la ville en désordre, et cherchèrent un refuge dans les villages environnants.

Quelques bandes isolées furent attaquées par la troupe, et fusillées à l'entrée de Clamecy.

Un nommé Chapuis, plâtrier de Corbigny, se trouvait au nombre des détenus dans la prison de Clamecy au moment où l'insurrection a éclaté. Cet homme, après sa délivrance par les insurgés (1), n'eut rien de plus pressé que de se rendre en toute hâte à Corbigny pour y venir chercher dans son domicile des armes et des munitions

---

(1) La prison de Clamecy renfermait quarante détenus politiques qui furent ainsi délivrés.

en réserve. Il recruta dans le même endroit deux citoyens qu'il remmena à Clamecy.

Après avoir marché toute la nuit, ils arrivèrent le 7, au matin, aux portes de Clamecy, au moment où déjà le préfet et le détachement de troupes cherchaient à gagner la position des Acacias. Dans le premier engagement auquel ils prirent part, ils tombèrent tous trois sous les balles des chasseurs, mortellement atteints; leurs cadavres furent reconnus par plusieurs habitants.

Le lendemain matin, la ville était occupée par le 41e de ligne et le 10e chasseurs à cheval; et le préfet faisait afficher la proclamation suivante :

« Habitants de Clamecy,

« Des bandits, des factieux, des assassins ont jeté le deuil à Clamecy les 5, 6 et 7 décembre. Des citoyens honorables, des vieillards, des enfants, des gendarmes intrépides, préposés à la défense des lois et de la société, ont été massacrés; des habitations ont été dévastées.

« Le sang le plus honorable crie vengeance : la punition sera éclatante.

« Que les bons citoyens se rassurent et s'unissent au nom des familles menacées.

« M. Legeay, maire de Clamecy, qui a méconnu ses devoirs en fuyant lâchement, sous un déguisement, son poste, sa famille et ses concitoyens, est révoqué de ses fonctions.

« M. Ruby, homme de courage, est nommé maire de Clamecy.

« Tous les rassemblements sont interdits; ils seront immédiatement dissipés par les armes.

« Tous les cafés et cabarets des cantons de Clamecy et des communes de Corvol-l'Orgueilleux, Entrains et la Chapelle-Saint-André, sont fermés.

« Les habitants de Clamecy me trouveront toujours tel qu'ils m'ont connu dans les mouvements insurrectionnels de 1836 et 1837, inflexible dans la volonté de punir avec rigueur les factieux qui ne veulent que le pillage, le meurtre et la destruction.

« *Le préfet de la Nièvre,*
« PETIT DE LA FOSSE. »

Nous avons fait la juste part de l'indignation que font éprouver les actes de vengeance qui souillèrent le soulèvement de Clamecy ; mais les combattants ne firent que céder à une sorte d'ivresse, tandis qu'on ne trouve point d'excuse pour les rigueurs cruelles indignes d'un peuple civilisé, qui accompagnèrent la répression de l'insurrection. Les chefs des républicains firent tout ce qu'ils purent pour prévenir les attentats que ne justifiait point la nécessité de la défense ; l'autorité, au contraire, qui n'eut point à combattre pour rétablir l'ordre, et qui ne trouva devant elle qu'une multitude effarée, ordonna froidement des exécutions barbares et sanguinaires. Il faut remonter jusqu'aux plus mauvais jours révolutionnaires où l'exaltation des passions étouffait le sens moral et dénaturait le cœur humain, pour trouver des ordres tels que ceux-ci :

On fusillera tout individu pris les armes à la main, OU MÊME QUICONQUE ESSAIERA DE FUIR.

De tels ordres émanaient du ministère de la guerre ; ils furent exécutés à la lettre, et plusieurs des fuyards traqués dans les bois des environs de Clamecy furent fusillés par les chasseurs, quoiqu'ils eussent jeté leurs armes, et par cela seul qu'ils fuyaient.

Une battue générale amena l'arrestation de deux cents malheureux.

Les hommes de la réaction peuvent-ils trouver le moindre argument pour condamner, de la part des révolutionnaires, la violation de certaines lois fondamentales, qui sont la garantie de l'ordre social, lorsqu'ils approuvent des prescriptions du genre de celle-ci :

« *Toute personne qui donnerait sciemment asile à un insurgé serait réputée complice et traitée comme telle.* »

Ne croirait-on pas, si la date de décembre 1851 n'était ajoutée à une telle disposition, qu'il s'agit d'un de ces décrets que les proconsuls, sous la Terreur, fulminaient contre les émigrés ?

Cette déclaration est signée *Carlier*. — Il paraît que les tribunaux n'hésitèrent pas à lui donner force de loi, car le conseil de guerre de Lyon en fit l'application à un garde champêtre, nommé Astier, et à un certain paysan, du nom de Brun (Voir l'appendice à la fin du volume) (1).

La terreur fut bientôt telle dans l'arrondissement de Clamecy, que les malheureux révoltés ne trouvèrent d'asile nulle part, et furent pour la plupart contraints de se rendre. Des colonnes mobiles, lancées sur les villages voisins, enlevaient les gens suspects et ramassaient les armes. La seule ville de Clamecy renferma bientôt plus de 1,500 prisonniers. Les soldats occupaient les maisons abandonnées par les habitants.

La *Patrie* raconte comment eut lieu l'occupation de la ville :

« A l'arrivée des premières troupes, une patrouille d'insurgés eut l'audace d'engager le feu avec l'avant-garde, et cette avant-garde, composée de cavaliers du 10e chasseurs et de grenadiers du 41e de ligne, s'élança avec tant de vigueur qu'elle en jeta huit sur le carreau.

---

(1) Voici le texte de cette instruction, adressée au maire de la Nièvre :

Clamecy, le 8 décembre 1851.

Monsieur le maire,

Un grand nombre de factieux et de bandits s'est évadé de Clamecy : la justice saura les atteindre.

Vous aurez à prendre immédiatement les mesures pour que tout individu étranger à votre commune, qui ne serait pas pourvu de papiers en règle, soit sur-le-champ amené devant M. le procureur de la république de Clamecy.

Vous ferez immédiatement connaître que toute personne qui leur donnerait sciemment asile serait réputée complice et traitée comme telle.

Le commissaire extraordinaire du Gouvernement, dans les départements du Cher, de l'Allier et de la Nièvre,

P. CARLIER.

« Les insurgés avaient conçu le fol espoir que la troupe agirait mollement contre eux ou peut-être même se déclarerait en leur faveur ; aussi, quand ils apprirent la réception faite à leur patrouille, le découragement se mit dans leurs rangs, et dans la nuit même ils évacuèrent la ville en se dispersant dans toutes les directions; et lorsque, le lendemain, le général Pellion se présenta avec la colonne venue de Nevers à marches forcées, il ne trouva plus, à son grand regret et à celui de ses soldats, aucun ennemi à combattre.

« Les troupes occupèrent immédiatement la ville. M. Carlier, commissaire extraordinaire du gouvernement, M. Corbin, procureur général, et M. Petit de La Fosse, préfet de la Nièvre, entrèrent avec elles.

« Aussitôt toutes les mesures militaires furent prises comme en pays ennemi ; l'ordre fut donné à tous les habitants d'éclairer leurs maisons; des patrouilles fréquentes et de nombreux postes furent disposés de manière à assurer la tranquillité.

« Le lendemain, 9 décembre, les perquisitions et arrestations commencèrent; un gendarme fut frappé d'un coup de tranchet par un insurgé dont il voulait se saisir ; les soldats qui se trouvaient présents se précipitèrent sur l'assassin, et le laissèrent pour mort sur la place (1). Des détachements furent lancés dans diverses directions à la

---

(1) L'auteur de cette tentative encourut la peine de mort. Le résumé de cette affaire donnera une idée de la sévérité du Conseil de guerre.

Après l'enterrement des gendarmes tués à Clamecy, le premier jour de l'insurrection, Pierre Trotet, menuisier à Clamecy, fut reconnu pour un des insurgés qui avaient assiégé la mairie. Plusieurs gendarmes s'emparèrent de lui, et il blessa le maréchal des logis Granson, à la hanche, d'un coup de ciseau de menuisier; il allait porter un deuxième coup, mais on lui retint le bras. Il disait : « Nous en avons tué, et nous en tuerons encore. »

L'accusé avait des habitudes d'ivrognerie. Sur la question qui lui fut faite à ce sujet pendant l'instruction, il répondit : « Je ne me suis livré à la boisson que depuis 1835, pour me consoler de la perte de ma fille. »

Le président. — Accusé, approchez. Reconnaissez-vous cet

poursuite de ces bandits, avec ordre de passer par les armes tout ce qui ferait résistance : ils ramenèrent plus de deux cents prisonniers ; l'un d'eux, ayant tenté de faire usage de ses armes, fut fusillé sur-le-champ, par les chasseurs du 10e régiment. »

Les funérailles des gendarmes eurent lieu le même jour. M. Carlier, commissaire général du gouvernement, marchait après les familles avec le général Pellion et M. Corbin, procureur général. M. le préfet Petit de La Fosse venait ensuite avec toutes les autorités et 1,200 à 1,500 habitants. Des détachements des 27e et 41e de ligne et des 1er et 10e chasseurs fermaient la marche.

Les événements de Clamecy avaient été tellement grossis ou dénaturés par les récits malveillants de certains journaux réactionnaires, que le gouvernement crut devoir insérer la note suivante au *Moniteur* :

« Le mal est grand, sans doute, à Clamecy ; mais il est

---

outil ? (C'est un ciseau qui a 12 centimètres de long sur 1 de large.)

R. — Oui ; je l'avais dans ma poche au moment de mon arrestation. C'est le gendarme lui-même qui s'est blessé. Mon ciseau avait un bouchon au tranchant pour qu'il ne fût pas dangereux. Je n'ai pas frappé le gendarme ; je n'ai pas fait de résistance quand on m'a arrêté, malgré les insultes et les coups qu'ils m'ont prodigués.

Le président. — Pendant l'insurrection, vous vous trouviez à la mairie ?

R. — Oui, j'étais là pour garder ; sans moi, tous ces hommes qui étaient en ribote auraient peut-être pillé.

D. — Mais quelle était la garde qui était là ?

R. — C'était moi.

On entend les témoins.

Billardon, receveur d'octroi à Clamecy. — Je vis Trotet parmi les insurgés de la mairie. C'est moi qui, lors de l'enterrement des gendarmes, le désignai au maréchal des logis Guyon, qui l'arrêta.

Plusieurs autres témoins déclarent avoir vu Trotet, en armes, travailler à la construction des barricades. Le maréchal des logis Guyon dépose en ces termes : « Je reconnais l'accusé, c'est lui que le receveur de l'octroi du Gros-Pinçon m'indiqua, comme ayant été parmi les insurgés de la mairie. Aussitôt, j'empoignai loin d'égaler les proportions que leur donnent les bruits exagérés que l'on fait courir. Déjà on est rassuré sur le compte d'une foule de personnes que l'on disait avoir péri victimes de la révolte. »

Il nous reste à parler du soulèvement de Neuvy-sur-Loire (arrondissement de Cosne), qui se rattache à celui de Clamecy.

Les événements de Clamecy décidèrent les républicains de Neuvy à prendre les armes. Le 7 décembre, pendant la messe, un rassemblement se forma sur la place publique; les chefs du mouvement étaient réunis dans le cabaret tenu par un certain Thème, et procédaient à la distribution des armes. Le maire fit aussitôt demander des secours à Cosne, il lui fut impossible de réunir les pompiers, qui étaient presque tous favorables au mouvement.

La mairie renfermait quelques armes dont les républicains s'emparèrent; le poste de gendarmerie se laissa

---

Trotet, et je l'emmenai en prison. Comme il résistait, j'eus recours au gendarme Stob, que je rencontrai plus loin. Parvenu à l'angle de la place de l'Église, il nous dit : « Je suis républicain; je le serai toujours; nous en avons tué, et nous en tuerons d'autres. » Au moment où nous étions sur les marches qui sont devant la porte extérieure de la prison, Trotet me frappa. D'abord, je ne me crus pas blessé; ce fut lorsqu'il leva le bras pour me frapper une seconde fois, que j'aperçus une arme. Je m'écriai : « Il est armé. » Stob et moi nous lui saisîmes le bras; des soldats accoururent, et nous nous rendîmes maîtres du prisonnier. Je sentis, alors, le sang qui coulait de mon pantalon. Je portai la main à l'endroit où j'avais reçu le coup, et je la retirai teinte de sang.

Le président. — L'accusé dit qu'il avait le ciseau dans sa poche?

R. — C'est impossible, puisqu'on lui a enlevé l'outil de la main. Au reste, ce n'est pas moi qui l'ai désarmé.

D. — Il vous reproche dans ces interrogatoires de l'avoir mal traité et insulté.

R. — Pas du tout. Au moment où nous arrivions sur la place, il nous dit : « Je suis républicain. » — « Dites plutôt, lui répondis-je, que vous êtes des assassins. »

D. — Mais vous ne l'avez pas maltraité?

R. — Non.

désarmer sans résister. L'attitude hostile du maire, du percepteur et de quelques autres habitants décida les républicains à s'assurer de leurs personnes.

L'insurrection de Neuvy devait être souillée, comme celle de Clamecy, par un meurtre sans excuse. Le curé de Neuvy, sommé de livrer ses armes, avait répondu qu'il n'en avait point. Après avoir fouillé sa maison, quelques mauvais sujets, égarés par la haine qu'ils portaient depuis longtemps à ce prêtre, lui déclarèrent qu'ils allaient le conduire en prison : ils le poussèrent en effet dehors, la baïonnette dans les reins, en l'accablant d'injures. Ils avaient à peine franchi la porte du jardin que le curé essaya de fuir. Le cabaretier Thème lui tira alors un coup de pistolet à bout portant ; la balle déchira les chairs et sortit par le côté gauche. On l'entraîna tout sanglant, et on le jeta dans un cachot, où il resta quelque temps sans secours. La supérieure des sœurs qui dirigeait l'école communale obtint de le faire transporter à son presbytère, pour lui donner les soins qu'exigeait son état.

Ce meurtre, qu'aucune provocation ne justifiait, saisit d'horreur les honnêtes gens, qui ne s'étaient armés que pour le respect du droit ; ils menacèrent même de punir rigoureusement les moindres violences qui seraient exercées contre les hommes du parti contraire.

Les républicains sonnèrent le tocsin, et établirent une forte barricade à l'entrée de la principale rue de Neuvy. Cependant le secrétaire de la préfecture de la Nièvre s'avançait avec une colonne d'infanterie composée de deux détachements des 41e et 18e régiments de ligne. Lorsqu'il arriva devant Neuvy, le tocsin sonnait à l'église, et les insurgés, barricadés dans la ville, menaçaient d'une opiniâtre résistance.

La troupe essuya un feu de tirailleurs embusqués de chaque côté de la route, à une certaine distance de Neuvy. Trois d'entre eux furent faits prisonniers et fusillés sur-le-champ, conformément aux ordres donnés par le ministère de la guerre. Six autres républicains, indignés de la conduite des officiers, accoururent au secours de leurs camarades. Ils furent pris également, et ils allaient éprouver le même sort, quand les soldats, honteux sans doute de remplir cette sanglante besogne, insistèrent pour qu'on les épargnât. Ce qu'on aura peine à croire, c'est que le secrétaire général, M. Ponsard, qui raconte lui-même les faits dans un rapport, était le plus animé contre des malheureux qui croyaient en combattant obéir à un devoir.

« J'allais, dit-il, leur faire subir le même sort; mais les braves militaires chargés de l'exécution ont eux-mêmes demandé merci pour leurs ennemis, et j'ai cédé à leurs instances. »

M. Ponsard ajoute dans son rapport :

« Entré à Neuvy, j'ai ordonné que tous les habitants (hommes) vinssent se présenter, déclarant que ceux qui ne répondraient pas à l'appel seraient déclarés insurgés et traités comme tels. J'ai ordonné la remise de toutes les armes dans le délai d'une heure.

« La plus grande partie des habitants est rentrée, rapportant beaucoup de fusils ; j'en ai fait arrêter environ CINQ CENTS, et parmi eux les chefs ; et j'ai déclaré que le premier qui oserait faire des menaces serait fusillé à la minute. On procède à leur interrogatoire. »

La barricade ne fut enlevée qu'après un combat sanglant. Presque tous les habitants qui avaient pris les armes furent faits prisonniers ou réduits à se sauver dans les bois, où des détachements allèrent les traquer.

Le cabaretier qui avait fait feu sur le curé fut l'objet d'une dénonciation spontanée de tous les habitants ; on le fusilla sur la grand'place, sur l'avis d'un conseil de guerre improvisé (1).

---

(1) Trois autres personnes furent accusées du meurtre du curé de Neuvy ; Jean Bilbaut, cantonnier ; Jean Bijoux, marinier ; Gustave Dime, couvreur, tous trois de Neuvy ; Bilbaut était l'un de ceux qui conduisaient le curé ; il était armé d'une baïonnette enmanchée au bout d'un bâton. Il le frappa avec cette arme, après avoir plusieurs fois demandé s'il ne devait pas lui passer sa baïonnette au travers du corps. On reprochait surtout aux deux

Une certaine agitation s'était aussi manifestée à Cosne et à Pouilly-sur-Loire. Le *Journal de la Nièvre* en rendit compte en ces termes :

« M. Dethou, avoué, et M. Gambon, notaire et adjoint à Cosne, qui avaient déchiré les proclamations du président de la République, ont été arrêtés et conduits à la prison de Cosne.

« Le préfet de la Nièvre, en vertu des pouvoirs qui lui ont été conférés par le président de la République, vient de révoquer M. Gambon de ses fonctions d'adjoint de la ville de Cosne.

« M. Ponsard, en arrivant de Cosne, a déployé la plus grande énergie. Quelques tentatives de rassemblements avaient eu lieu à Pouilly-sur-Loire. Par ses ordres, plusieurs arrestations ont été faites. On cite entre autres celles du sieur Dumangin et du sieur Tardy, tailleur d'habits, qui avaient été signalés l'un et l'autre comme les instigateurs de ce mouvement. »

Dès que les rassemblements furent dispersés, le général Pellion organisa dans les bois et les campagnes une battue qu'on appelait alors la *chasse aux rouges*, et dont le terrible souvenir ne s'effacera jamais parmi les malheureuses populations de la Nièvre. Laissons parler la *Constitution* d'Auxerre.

« L'armée des sociétés secrètes, battue la semaine dernière à Clamecy, Toucy, Escamps, s'est dispersée, et ces misérables soldats de l'émeute, fuyant à toutes jambes, se sont jetés dans les bois et les marécages de la Puisaye. Ce pays, pittoresque et accidenté, formé de collines boisées, de vallées sombres et profondes, traversé de nombreux cours d'eau, coupé de chemins creux entièrement

---

autres accusés d'avoir proféré des menaces de mort contre les gendarmes.

Le compte rendu des débats est muet sur l'interrogatoire des accusés et des témoins. Bilbaut fut condamné à vingt ans de travaux forcés; Bijoux et Dime, à la déportation.

recouverts par les arbres qui les bordent, et dont tous les champs, très-morcelés, sont séparés par des haies vives, épaisses et élevées, qui ne peuvent être franchies que par des *échelliers*, rappelle entièrement la physionomie et la topographie de la Vendée.

« C'est là qu'ils se sont réfugiés, mendiant de ferme en ferme, vivant au jour le jour ; c'est là qu'ils cachent leurs crimes et leurs remords ; mais quelque impénétrables que soient leurs retraites, elles n'échapperont pas aux actives poursuites de la force armée ; des colonnes mobiles, organisées par les ordres du commandant de l'état de siége, ont été mises en mouvement et accompagnées par les gardes nationaux, guidés par les gardes champêtres et les gardes forestiers ; elles traquent et pourchassent tous ces bandits.

« Dans les campagnes, le dégoût, la haine contre ces rebelles sont portés à leur comble. Chacun à l'envi offre son concours, jaloux de délivrer la société de semblables fléaux. L'acharnement des populations à les poursuivre ne saurait s'exprimer. On dit que plusieurs fois nos militaires, aussi humains après la victoire que braves pendant la lutte, ont dû s'opposer aux terribles représailles qu'elles voulaient exercer. Toutes les communes limitrophes de la Nièvre ont déjà été fouillées et sont nettoyées.

« A Taingy, Druyes, Andryes, Sougères, etc., les colonnes ont saisi un nombre considérable de fuyards, qui ont été de suite dirigés sur Clamecy ; parmi eux se trouve l'huissier Guyard, de Sougères.

« A Entrains, le sieur Commeau, propriétaire aisé, convaincu d'avoir trempé dans le soulèvement, a été arrêté et conduit dans les rues de la ville attaché derrière une charrette. Terrible leçon pour ceux qui, par ambition, jalousie, perversité, rêvaient le bouleversement de l'ordre social et avaient mis à exécution leurs affreux projets !

« Dans cette dernière commune, on a aussi capturé un des chefs de l'insurrection de Saint-Sauveur, le sieur Landré, ex-cordonnier. C'est lui, dit-on, qui, dans la nuit du 6 au 7 décembre, conduisait à cheval les bandes organisées pour le pillage et le renversement de la société.

Un autre frère à cheval tenait la queue de la colonne et surveillait les fuyards qui étaient impitoyablement poursuivis à coups de fusil. On cite encore parmi les personnes arrêtées les sieurs Dousset (de Saint-Sauveur), Saulnier et Garet.

« Dans le canton de Coulange-la-Vineuse une battue a été aussi faite par la force armée accompagnée des habitants de Migé. Elle a eu pour résultat la capture de cinq de ces scélérats qui avaient envahi la commune d'Escamps.

« De tous côtés, les investigations se font avec autant d'ensemble que d'activité. »

Le 10, aussitôt l'arrivée de deux bataillons du 65e, venus de Dijon par la route d'Auxerre, le général Pellion organisa, pour le lendemain 11, un grand mouvement de troupes, ayant pour but d'envelopper des bois considérables situés au nord de Clamecy, et dans lesquels tous les rapports s'accordaient à dire qu'un grand nombre d'insurgés s'étaient réfugiés. Cette opération, à laquelle prirent part les trois bataillons du 65e, un bataillon du 41e, 50 chevaux du 1er chasseurs, 25 du 10e et des artilleurs du 9e, fut activement conduite. Les troupes déployées en tirailleurs, avec des réserves, firent une battue en suivant des directions concentriques sur Clamecy, de manière à fouiller plus de trois lieues de terrain et de bois.

Dans le cours de cette opération, pendant laquelle un bataillon du 27e gardait la ville, les insurgés furent débusqués sur plusieurs points ; mais ils eurent toujours le soin de se présenter désarmés devant la troupe, de manière à éviter d'être fusillés sur place ; pourtant un certain nombre de coups de feu furent échangés ; un chasseur à cheval du 1er régiment placé en vedette fut blessé d'une balle à la cuisse ; un insurgé, manqué de deux coups de feu par les artilleurs, se jeta dans l'Yonne et s'y noya. Les troupes, parties à sept heures du matin, rentraient à Clamecy à huit heures du soir, ramenant avec elles plus de 100 prisonniers.

Le 12, et les jours suivants, l'infanterie et la cavalerie

exploraient tous les villages ayant pris part à l'insurrection et opéraient de nombreuses arrestations ; plusieurs maires, entre autres ceux de Billy et de Pousseaux, étaient ramenés la corde au cou, à la tête des insurgés de leurs villages.

En même temps s'exécutait le désarmement général de la ville et des environs. Cette opération importante se poursuivit dans tout l'arrondissement.

L'aspect de Clamecy était des plus tristes, les maisons étaient pleines de soldats. Chacun tremblait d'être arrêté dans les pays environnants ; les insurgés, traqués dans les villages, se réfugiaient dans les bois, et menaçaient de s'y former en troupe de guérillas ; mais le froid, la faim et l'activité militaire les forcèrent bientôt à faire leur soumission.

Un ingénieur des ponts et chaussées, M. Ducros, qui avait déjà reçu la décoration de la Légion d'honneur, en récompense des services par lui rendus lors des troubles survenus quelque temps auparavant dans le Cher, avait trouvé une nouvelle occasion de se signaler. Il avait embrigadé deux cents cantonniers, ainsi qu'un certain nombre de mariniers, d'artisans et de vignerons. Le préfet du Cher le nomma colonel de la garde nationale de Sancerre et commandant du littoral de la Loire, entre le Cher et la Nièvre. M. Ducros dépeignait ainsi l'état des prisonniers ramassés dans les campagnes :

« Tout est fini chez nos voisins de la Nièvre. Hier est passée ici, retournant à Bourges, une colonne du 9e d'artillerie, escortant cent douze prisonniers faits à Neuvy, à Cosne, à Pouilly et à la Charité. La vue de ces hommes, marchant attachés deux à deux, les uns abattus par la fatigue et le remords, les autres audacieux encore et menaçants, a produit la plus vive impression sur nos populations. »

Le parquet de Bourges s'émut de voir une si grande agglomération de prisonniers dans cette ville et proposa au ministère de faire juger pour ainsi dire sur place ceux qui avaient pris part au mouvement.

« S'il est fait droit à cette proposition, écrivait la *Répu-*

blique de Bourges, notre conseil de guerre transporterait provisoirement le lieu de ses séances à Clamecy, Nevers, etc. Cette mesure aurait pour avantage de tenir éloignés de notre ville ces nouveaux éléments de fermentation, et, en outre, produirait une grande économie de frais de justice. Autrement, les prisons de Bourges ne pouvant contenir de nouveaux détenus, on serait dans la nécessité d'en créer à grands frais ; il faudrait, en outre, subvenir aux frais de transport des accusés et des témoins. »

On lit dans le *Journal de la Nièvre,* du 24 janvier :

« Les commissions militaires chargées de prononcer sur les prévenus politiques de la Nièvre sont déjà instituées depuis longtemps à Nevers, à Clamecy et à Cosne. La première de ces commissions est présidée par le lieutenant-colonel Quitteray, du 41e ; la deuxième par le lieutenant-colonel de la Serre, du 27e, et la troisième par le commandant Fraboulet de Kerléadec, également du 27e.

« Les opérations marchent activement sous la haute et habile direction du général Pellion. Il y a tout lieu de penser que dans un temps très-rapproché la justice du pays sera satisfaite et la tranquillité publique définitivement assurée par l'éloignement de tous ces misérables qui depuis quatre ans tiennent audacieusement le couteau sur la gorge de la société.

« Le nombre des détenus est d'environ trois cents à Nevers, de cinq cents à Clamecy, de quatre cents à Cosne, et de cinquante à Château-Chinon. Ces derniers seront amenés et jugés au chef-lieu. Ainsi qu'on le voit, c'est à Clamecy que se trouve le plus grand nombre de prisonniers ; c'est aussi dans cette ville que le désordre a été le plus grave, et que l'instruction, commencée le plus tôt, se trouve naturellement le plus avancée.

« Il paraît que sur ce point une soixantaine de prévenus sont déjà désignés pour le conseil de guerre, et que beaucoup le sont sous la présomption de la peine capitale.

« On peut prévoir dès aujourd'hui que notre département fournira à la transportation, soit à Cayenne, soit en Afrique, un contingent d'un millier d'individus au moins, si le repentir d'un grand nombre ne fléchit pas la sévérité si légitime du gouvernement.

« Ce chiffre énorme, destiné à s'accroître encore par suite des découvertes journalières de la justice, prouvera jusqu'à l'évidence, même aux optimistes les plus aveuglés, ou plutôt les plus intéressés, quelle était la profondeur de l'abîme creusé par le socialisme. Nous qui chaque jour touchions le mal du doigt, nous n'avions pas besoin de cette dernière et terrible preuve pour être assurés que la société allait sombrer si un remède héroïque n'était appliqué.

« A la suite de l'exploration faite dans le canton de Saint-Saulge par la colonne mobile partie de Nevers la semaine dernière, un certain nombre d'arrestations ont été faites. Une douzaine d'individus ont été amenés à Nevers et écroués dans la prison. »

Des maîtres de poste, des libraires, des notaires, un avoué, des chefs d'institution, tant à Clamecy que dans d'autres localités troublées, avaient pris part aux actes qui avaient préparé l'insurrection ; ils furent privés de leurs brevets ou suspendus de leurs fonctions. Il en fut de même de débitants de tabac, d'huissiers, de maires et adjoints, etc.

Par divers arrêtés du préfet de la Nièvre, le sieur Bonnereau, porteur de contraintes pour les cantons de Prémery et de la Charité, fut révoqué comme prévenu de faire partie des sociétés secrètes.

La factrice de la poste aux lettres de Varzy fut également révoquée. Son mari fut arrêté comme affilié à une société secrète.

Le citoyen Florent Cornet, l'un des entrepreneurs du service des dépêches de Nevers à Château-Chinon, ayant été arrêté par ordre du procureur de la République, le préfet lui retira immédiatement le service des dépêches.

D'autres arrêtés de M. Carlier atteignirent également M. Lyonnet, ingénieur des ponts et chaussées, qui avait accepté des républicains de Clamecy la mission de traiter pour eux, MM. Rousseau, avoué, et Marcou, huissier dans la même ville, qui avaient pris part au mouvement.

En voyant dans quelle classe se recrutèrent les plus ardents défenseurs des lois et des institutions républicaines, on n'est pas peu surpris de voir les journaux du temps dénaturer à l'envi le caractère du parti qui venait de succomber, et jeter à la face des vaincus les calomnies suivantes que la *Patrie*, le *Constitutionnel* et le *Moniteur* lui-même empruntèrent à la *Constitution* d'Auxerre :

« Leur but, c'était le renversement de l'ordre social ; aussi les mécontents de toute sorte, les hommes ruinés, perdus de réputation et de crimes, s'y jetaient à l'envi, aspirant à la satisfaction de toutes leurs mauvaises passions. Joignons-y les peureux et les ambitieux. Mais les moyens les plus étranges étaient mis en pratique pour entraîner dans leurs sociétés les habitants des campagnes. On flattait leurs passions les plus grossières, la cupidité, l'envie, et surtout on frappait leur faible esprit.

« Le néophyte était entraîné la nuit, les yeux bandés, au fond des bois ; là, une affreuse cérémonie, accompagnée de poignards dirigés contre son sein, de caractères ensanglantés, frappait son esprit de terreur, et il signait de son sang un exécrable serment. Puis, les lumières éteintes, les affiliés se dispersaient et laissaient leur nouveau frère sous le coup d'un épouvantable effroi. Ces scènes ténébreuses, ces fantasmagories sanglantes terrifiaient ces malheureux. (V. l'Appendice à la fin du volume.)

« Le fantastique et le surnaturel a, de tout temps, exercé une grande influence sur l'esprit des hommes simples ou privés d'éducation. Ces malheureux, initiés sous le coup de la terreur, se croyaient obligés à leur serment ; liés par ce pacte ténébreux et sanglant, comme au moyen âge les gens qui donnaient leur âme au démon, ils se considéraient comme engagés par le pacte infernal. Aussi, quand le signal a été donné, ils se sont livrés, comme obéissant à une puissance surnaturelle et fatale, semblables à des fantômes évoqués au sein des ombres, et, ainsi que des légions infernales, se sont précipités à la curée de la société. »

Le récit des événements de la Nièvre ne serait pas complet, si nous ne mettions sous les yeux du lecteur le résumé des débats du conseil de guerre.

Millelot avait été le héros du soulèvement de Clamecy. Cet héroïque jeune homme avait fait le sacrifice de sa vie à l'opinion républicaine. Aussi sa défense fut hardie, et on ne peut se défendre, en la lisant, d'une émotion d'autant plus vive que le temps a émoussé les passions politiques qui aveuglaient alors les hommes les plus sensés, poussaient à des représailles que nous voudrions effacer de notre histoire.

Affaire d'Eugène Millelot.

PRÉSIDENCE DU COLONEL MARTIMPREY.

A l'ouverture de l'audience du 1er février, Me Alapetite, défenseur de Millelot, prend des conclusions tendantes à ce que le conseil se déclare incompétent, à raison de ce que le sieur Millelot, prévenu, n'étant point militaire, ne peut être jugé par un conseil de guerre ; et subsidiairement à ce que ledit se déclare incompétent pour statuer sur l'accusation d'assassinat, ce crime ne rentrant point dans la catégorie de ceux dont la loi du 9 août 1849 attribue la connaissance aux conseils de guerre.

Le conseil, après en avoir délibéré, se déclare compétent.

Le greffier lit les pièces de l'information. Il en résulte que divers témoins ont vu Millelot conduisant des bandes. Il disait : « Le peuple est maître et souverain, nous ne voulons pas de dictateur. » Millelot est allé avec les insurgés chez le receveur particulier de Clamecy ; il a demandé de l'argent. « De quel droit ? lui a demandé le receveur. — Du droit révolutionnaire qui est au bout de nos fusils. » Le receveur n'a pas voulu remettre les 5,000 francs qui étaient dans sa caisse sans obtenir un reçu qui pût compromettre le chef des spoliateurs ; après quelques hésitations, Millelot consentit à donner le reçu qui est ainsi conçu : « Reçu du receveur la somme de cinq mille francs, au nom du peuple. Signé : Millelot. » Aussitôt que l'insurrection eut été désarmée, le receveur particulier reçut la somme de 4,760 francs, accompagnée d'une lettre signée Charbonneau. Plusieurs témoins déposent que Millelot, fils aîné, a déchargé ses deux pistolets sur Munier, instituteur primaire, au moment où il descendait de la mairie et se rendait chez sa belle-mère. Cet assassinat fut commis le 5 décembre, à trois heures et demie du soir.

L'accusé a arrêté le courrier d'Auxerre : il a lu et déchiré les dépêches.

Le président. — Accusé Millelot, qu'avez-vous à dire ?

Millelot. — Les actes qu'on me reproche sont si nombreux, que j'aimerais, afin de mettre plus d'ordre dans mes réponses, que M. le président me fît des questions.

Le président. — Parlez, dites ce que vous voudrez.

Millelot. — D'abord, je dirai que j'ai agi avec la conviction que j'étais dans mon droit.

Le président. — Sans doute, nous savons cela; vous l'avez déjà dit, et nous en sommes convaincus. Mais il ne s'agit pas de faire du prosélytisme; vous ne persuaderez personne. Puisque vous voulez des questions précises, je vous demanderai ce que vous avez à opposer à l'accusation d'assassinat?

Millelot. — Les gendarmes, du moins c'est mon opinion, ont fait feu les premiers, nous avons riposté. On me dit que j'ai tué le malheureux Munier, cela est possible s'il se trouvait en face de nous; mais dire, comme un témoin l'a fait, que je m'étais approché de M. Munier pour lui tirer des coups de feu dans le cœur, c'est proférer une insigne fausseté. Peut-être même les gendarmes ont-ils tué M. Munier en faisant feu. L'un des témoins qui ont déposé contre moi me voulait du mal; il était d'une opinion opposée à la mienne, et ce n'est pas un homme estimable.

Le défenseur. — Il y a trois dépositions différentes de ce témoin qui se nomme Fèvre.

Le président. — Le témoin dit qu'il a assisté à la fusillade, et qu'il a vu Millelot aîné, l'accusé que voilà, se porter sur Munier, et décharger les deux pistolets contre sa poitrine.

Le défenseur. — Dans les deux premières dépositions, Fèvre dit qu'il a assisté à la fusillade de la place de la Mairie; dans sa troisième déposition, il dit qu'il n'y était pas. Comment se fait-il.....

Le président interrompant le défenseur. — Si le Conseil juge nécessaire de s'éclairer sur ces dépositions, il demandera les pièces. Il me semble que vous entrez dans la discussion. Laissez-moi, je vous prie, conduire les débats; c'est mon droit, et j'en userai. Nous ne venons pas ici en ennemis; nous cherchons la vérité en hommes croyants. Accusé, continuez; vous avez la parole.

Millelot. — Le témoin Fèvre, qui a parlé trois fois, dit que j'ai tiré deux coups de pistolets sur Munier qui était un démocrate. D'ailleurs, après la fusillade, loin de m'être avancé contre quelqu'un qui pouvait être à une certaine distance, je m'employai à transporter un blessé.

Le président. — Quel était ce blessé?

Millelot. — Je ne le connais pas. Il faisait tout noir.

Le défenseur. — Ce blessé est connu, c'est Victor Dauboude, flotteur.

On appelle les témoins. Jean Fèvre, garde-port à Clamecy, est le premier entendu; il dépose en ces termes:

« Le 5 décembre, vendredi, à huit heures du soir, Madame Morizot me pria d'aller chez Madame Munier pour lui dire que son mari était à la mairie, et que la mairie était prise. Arrivé au pont du canal, j'aperçus MM. Millelot, père et fils; ce dernier avait des pistolets; il criait : Aux armes, citoyens! A mon retour j'entendis une première fusillade, puis une seconde ; j'entendis briser la porte de la prison, puis je vis tomber M. Munier, et je fus si ému que je n'osais pas avertir Madame Morizot, belle-mère de M. Munier, de la perte qu'elle venait de faire.

Le président. — Qui l'a tué ? — R. Millelot.

D. Vous en êtes sûr ? — R. Oui, Monsieur, en conscience.

R. Bien sûr ?... Vous n'avez pas d'émotion ? — R. Non, Monsieur, je suis calme.

Le défenseur fait poser au témoin plusieurs questions qui tendent à savoir s'il a vu l'assassin tirer sur M. Munier, et s'il y a eu une ou deux fusillades, à quelle distance était la victime de l'agresseur.

Le président. — Il me semble que le défenseur compromet sa cause plus qu'il ne la sert. Nous ne sommes hostiles à personne ; voilà pourquoi je le préviens qu'il s'égare. Le témoin dit positivement ce qu'il a vu ; je ne sais où vous pouvez voir des contradictions ; le conseil n'en voit aucune.

Plusieurs autres témoins sont encore entendus. Un des plus importants est M. Emile Duplessis, receveur particulier à Clamecy. Il dit : « Il était environ cinq heures du soir, quand je vis l'accusé entrer chez moi. Il me somme de livrer mes fonds ; j'y mis une condition, ce fut que deux hommes seulement entreraient dans mes bureaux. Millelot et Munier entrèrent. Ils me dirent qu'il fallait de l'argent pour nourrir les insurgés qui se trouvaient dans le faubourg de Béthléem. J'avais un solde de 14,000 francs. J'ouvris mon registre, et je le mis sous les yeux des deux insurgés. Munier se montrait exigeant, mais Millelot borna ses prétentions à 5,000 francs. Cependant j'y mis encore des conditions : je voulais un reçu motivé de la somme versée. Millelot fit des difficultés ; une discussion très-vive s'engagea, Munier me dit (pardon des termes) : « F.... canaille, allez-vous-en ; vous n'êtes plus rien ! » Enfin Millelot me donna le reçu, et en se retirant il me dit que ces 5,000 francs étaient destinés à nourrir les 1,500 hommes qu'il avait fait venir d'Auxerre. Millelot était armé de ses pistolets.

Le président. — Vous a-t-il fait des menaces ? — Non, aucune.

L'accusé. — Je n'avais pas fait la moindre difficulté de donner un reçu ; je savais que cela était nécessaire et plus régulier. Le témoin se souvient-il que je lui ai dit de ne pas livrer de fonds au premier venu ? — R. Je ne m'en souviens pas.

L'accusé. — C'est cela : vous avez oublié tout ce qu'il pourrait y avoir de louable dans mes actes, ou vous ne vous en souvenez que pour les aggraver. Le témoin sait-il quelles étaient les armes que j'avais ? — R. Deux pistolets.

L'accusé. — On ne peut pas se tromper plus grossièrement, j'avais une carabine.

Les autres dépositions des témoins, soit à charge, soit à décharge, n'éclaircissent aucun point des débats. Ils ne roulent que sur cette question : Munier a-t-il été tué dans la première fusillade ou dans la seconde ? Question oiseuse d'après la déclaration de l'accusé qui avoue avoir fait feu pour riposter aux gendarmes, et qui convient que Munier a pu être atteint par ses balles aussi bien que par celles des gendarmes : « Pourquoi, dit-il, aurais-je tué Munier qui était un démocrate ? »

On rappelle le témoin Fèvre ; il persiste dans sa déclaration, et soutient que Munier a été tué par Millelot. On ne peut s'empêcher de faire ces réflexions que la nuit était très-sombre, et que, dans le tumulte qui se passait, il était très-difficile de se reconnaitre ; que Fèvre était un ennemi politique de Millelot, et que ce dernier avait dit tout d'abord que ce témoin n'était pas un homme estimable. Toutes ces considérations, qui avaient bien leur prix, passèrent presque inaperçues.

La parole est au commissaire du gouvernement, qui soutient fortement la double accusation d'insurrection et d'assassinat de Munier, instituteur primaire ; Me Alapetite présente la défense ; après quoi le président demande à l'accusé s'il a quelque chose à ajouter. Millelot se lève et s'avance au milieu de deux fusiliers jusqu'à la table placée devant le conseil ; là il dit d'une voix ferme :

« Si j'avais connu la combinaison infernale au moyen de laquelle ce scélérat de Fèvre m'accuse, j'aurais préparé ma défense, et j'aurais su lui répondre. Je ne puis concevoir ce qui a porté cet homme à me poursuivre d'une manière si cruelle. »

L'accusé frappe avec indignation sur la table, puis il reprend :

« Il a dit qu'il avait vu mon père, cela est faux : mon père était parti à la campagne. Eh ! mon Dieu, je vais vous dire pourquoi. C'était pour soulever les paysans. C'était son devoir ; nous pensions, nous, que c'était notre devoir.

« On n'a parlé jusqu'ici que de fusillade ; mais le malheureux Munier n'a-t-il pas pu être tué par un coup de feu isolé, un coup de feu, par exemple, tiré de la tour de l'église.

« Je ne crains pas la mort ; si vous me condamnez à mort pour des faits insurrectionnels, vous ne me verrez pas sourciller ; mais ce que je veux défendre, c'est mon honneur. Je suis persuadé qu'un jour la vérité se fera jour, que celui qui m'accuse fera un aveu. Mais cet aveu, l'aveu de ce scélérat...... »

Le président. — Vous devez respecter les témoins. J'ai laissé passer cette expression une première fois ; mais je ne puis vous laisser continuer.

L'accusé ajoute quelques mots, en disant qu'il s'en rapporte à la providence divine.

Le président prononce la clôture des débats, et le conseil entre dans la chambre de ses délibérations. Il en sort un quart d'heure après avec un jugement qui déclare, à l'unanimité, que Millelot est coupable d'insurrection et d'assassinat, et, en conséquence, le condamne à la peine de mort.

Le condamné a entendu avec le plus grand calme la lecture de ce jugement.

« Je suis innocent ! s'est-il écrié ; Vive la République !

Cependant la condamnation à mort ne fut pas exécutée. Eugène Millelot s'évada peu de temps après sa condamnation. Il erra quelques jours aux environs de Clamecy et vint se reconstituer prisonnier. Le courageux jeune homme fut conduit à Cayenne, où il expira le troisième jour de son arrivée.

AUTRE JUGEMENT :

Treize autres accusés comparurent devant le Conseil de guerre, le 11 février suivant.

Les accusés étaient Millelot, membre du tribunal de commerce, père du condamné à mort par ce même conseil; Numa Millelot; Jean-Baptiste Guerbet; Corant, inspecteur à Clamecy; Pierre Séroude; Jean-Baptiste Mounier; Édouard Coquard; Denis, dit Kok; Casimir Gonat; Basile Guillien; François Cornu; Durand Delume; Aventin Cornu; Pierre Foulon.

L'identité des accusés ayant été constatée, l'un d'eux, Numa Millelot, prend la parole, et dit : « Monsieur le président, la circulaire du 3 février nous ayant envoyé devant une commission départementale, nous ne comprenons pas que nous soyons ici. Nous n'avons pas eu le temps de préparer notre défense. Nous sommes ici sans défenseurs et sans témoins. »

Le président répond qu'il n'y a pas de sa faute; qu'il a pris toutes les mesures qui pouvaient être dans l'intérêt des accusés. Cela dit, il ordonne au greffier de donner lecture des pièces.

Un avocat, Mᵉ Duprey, se lève et demande à poser des conclusions; le président déclare que si elles sont de nature à entraver les débats, le Conseil ne les entendra pas. Mᵉ Duprey, sans s'émouvoir, s'exprime ainsi :

« Plaise au Conseil; attendu qu'il résulte des circulaires du 29 janvier et 3 février, que l'intention du gouvernement est qu'il soit statué dans le plus bref délai possible sur le sort de tous les individus compromis dans les mouvements insurrectionnels, ou les tentatives de désordre qui ont eu lieu le 2 décembre; attendu que, pour arriver à ce résultat, MM. les ministres de la justice, de la guerre et de l'intérieur, par leur circulaire, en date du 3 février, ont substitué au mode d'instruction et de juridiction adopté jusqu'à ce jour, un mode nouveau, et devant offrir aux intérêts de la société et des accusés plus de garantie, de célérité et de modération, dans l'appréciation des faits imputés aux détenus, etc., etc.

« Par ces motifs et autres surseoir aux débats, jusqu'à ce que la commission départementale ait statué sur le sort des prévenus... »

Malgré cette protestation, le président déclare qu'il passera outre aux débats, et ordonne au greffier de donner lecture des pièces.

Le premier entendu est M. Gaudinot. Il résulte de sa déposition, qu'il déjeunait avec quelques autres personnes chez Mᵐᵉ Julien, lorsque des insurgés sont venus les inviter à aller défendre les barricades. Ils y allèrent; mais ils trouvèrent là Séroude, un des accusés, qui leur dit : « Nous ne marchons pas sous le même drapeau; nous n'avons pas besoin de vous; retirez-vous. »

Le second témoin, Tartrat, agent général du commerce de bois, à Clamecy, raconte longuement les diverses phases de l'insurrection de cette ville, et il commet de graves erreurs que les accusés relèvent énergiquement. Il s'exprime ainsi :

« Lorsque les citoyens qui voulaient résister à l'émeute quittèrent la mairie, des coups de feu isolés furent tirés sur eux de divers points. La fusillade sur les gendarmes eut lieu peu d'instants après, et elle fut provoquée par une première fusillade venue du côté de la mairie, dont les insurgés s'étaient emparés. Au moment où le témoin passait sur la place de l'église pour empêcher qu'on sonnât le tocsin, il fut interpellé par l'accusé Guerbet, qui lui demanda ce qu'étaient devenues les munitions déposées à la mairie. A cette question, un homme à longue barbe noire s'écria : « Oh! celui-ci était à la mairie; il faut le fusiller. » Guerbet empêcha toute violence en disant : « Ce serait un assassinat. »

Le témoin parle de plusieurs des accusés : de Seroude, qui voulait épargner les gendarmes, et qui disait : « Citoyens, le peuple a triomphé; il doit être magnanime, » et auquel cependant il reproche de n'avoir pas fait tout ce qu'il pouvait faire. Seroude répond qu'il n'était pas un des chefs de l'insurrection, qu'il n'avait pas assez d'influence pour empêcher tout le mal qu'on voulait faire.

Le témoin Tartrat dit aussi qu'il a vu les Millelot, à l'attaque de la mairie, et que Millelot père marchait à la tête d'environ trente hommes. — C'est une erreur, répond Millelot, père, j'étais à Druyes ce jour-là. Je ne suis pas allé à la mairie, mais bien à la gendarmerie pour presser la capitulation qu'on était en train de négocier, afin d'éviter l'effusion du sang. Je n'étais pas à la tête de trente hommes, je marchais seul, les mains dans mes poches. »

Numa Millelot dément également le témoin Tartrat qui déclare l'avoir vu à l'attaque de la mairie. Il est constant en effet que, pendant cette attaque, Numa et Millelot père parcouraient la campagne pour soulever les paysans.

Millot, concierge de la prison, dépose que l'accusé Mounier a tiré un coup de fusil sur la porte de la prison, et qu'en délivrant les prisonniers, on lui a volé une somme de 750 francs. « Mounier, ajoute-t-il, portait une redingote noire ou bleue. » Mounier soutient qu'il était vêtu d'une blouse.

Victor Naluhodor, facteur, dépose que des individus qu'il ne connaît pas lui ont enlevé les dépêches, et qu'il a été conduit à la mairie, où il a parlé à Millelot. Il ne reconnaît que ce dernier parmi les accusés.

Chrétien, receveur de l'octroi : — J'ai vu Seroude près de la gendarmerie, avant et après l'assassinat de M. Bidau (gendarme). Il est monté à la gendarmerie plusieurs fois, il avait toujours une carabine à la main. M. Millelot, père, était aussi à la gendarmerie. J'ai vu traîner par les pieds le corps du malheureux gendarme. — Seroude avait provoqué la démolition de l'octroi, il conduisait des bandes armées qu'il paraissait commander. — Seroude répond qu'il marchait un des premiers dans la colonne, mais qu'il ne commandait pas.

Auguste Thirault a vu les trois Millelot, armés pendant les événements de Clamecy.

Goyard dépose que les insurgés ont voulu lui faire prendre un fusil pour marcher avec eux, et qu'il les a tout simplement mis à la porte.

Joseph Croitou, agent général du commerce de bois. — Guerbet et Seroude étaient à la gendarmerie ; Seroude parlementait avec les personnes qui étaient renfermées dans la caserne; il semblait parler en son nom.

Femme Sonnié Moret, débitante de poudre. — Guerbet est venu avec d'autres personnes me demander de la poudre. J'assayai de leur faire croire qu'il n'y avait pas de poudre à la maison; mais sur les menaces qui me furent faites, je donnai la poudre.

Segretin dépose que Numa Millelot voulait qu'on n'enterrât les gendarmes qu'après les démocrates.

Numa Millelot répond qu'il voulait éviter que les parents des défunts de partis opposés se trouvassent côte à côte.

Raymond Lavigne. — Il a vu Guerbet et Millelot à la caserne de gendarmerie. Guerbet semblait tout diriger ; c'est lui qui entrait en pourparler pour les négociations avec les gendarmes. Il allait communiquer aux hommes armés la réponse des gendarmes aux propositions qui leur étaient faites.

Auguste Turpin. — Huit individus sont entrés à la gendarmerie. Seroude et Guerbet ont demandé à faire une perquisition dans les chambres pour s'assurer si les conventions avaient été bien exécutées. Je dois dire que ces deux hommes ont fait tous leurs efforts pour maintenir la capitulation.

Pierre Gaillard. — Il a été obligé de livrer une des pièces du rez-de-chaussée de sa maison pour y établir une barricade, et on l'a forcé de donner à boire et à manger aux hommes armés.

Après les dépositions sans importance de plusieurs autres témoins, l'agent de police Moreau dépose qu'il a vu la plupart des accusés à la gendarmerie. Cette attaque a duré plus d'une heure, et ils y sont presque tous successivement venus. Sur les interpellations de plusieurs des accusés, ce témoin déclare que Coquard et Deluine sont les seuls qui n'y sont pas venus.

Sigrier, menuisier. — J'ai vu M. Millelot qui disait : « Tout est fini; nous avons gagné, ouvrez vos boutiques. Il faut faire chanter un *Te Deum*. » Je rencontrai Guillien qui marchait le gilet déboutonné, portant un pistolet d'une main et un poignard de l'autre.

Millelot père. — J'ai pu dire: « Ouvrez vos boutiques; tout est fini. » A ce moment j'avais reçu de mauvaises nouvelles de Paris, et je voyais que nous étions dans une mauvaise position. Quant au *Te Deum*, c'est une absurdité contre laquelle j'ai déjà réclamé dans l'instruction.

Adèle Perrault, femme Guillemot. — Des insurgés en armes, parmi lesquels étaient Bourgon et Guerbet, sont venus lui demander du pain, mais on ne lui a pas fait de menaces. Elle en a livré 800 livres, qui ne lui ont pas été payées.

Boutron, boulanger, dépose un fait analogue. Il reçut en payement des bons du comité révolutionnaire et socialiste de Clamecy. L'accusé Guerbet déclare que ce comité n'a jamais existé. « C'est possible, réplique le témoin, car chaque fois que je me présentais pour toucher, on me disait que le comité était sorti. »

Pierre Achet, greffier du tribunal civil de Clamecy.—Je n'ai à déposer que des faits relatifs à Guillien. Il vint chez moi pour requérir les armes et la poudre que je pouvais avoir; il me dit: Je ne veux pas vous faire de mal; nous ne voulons que vos armes.

Mme Bonneau, propriétaire à Clamecy. — Guerbet est venu chez moi, accompagné de plusieurs insurgés; ils ont demandé à faire une perquisition pour prendre la poudre, les balles ou munitions qui pouvaient être chez moi.

Guerbet. — Je demande à madame si nous n'avons pas été polis.
— Il n'y en avait qu'un qui était poli; les autres ont dit que si je refusais, notre vie était au bout de leurs fusils. Après les premiers coups qui furent frappés à la grille de la rue, je me retirai chez moi, après avoir dit aux agresseurs que mon mari était absent. Peu d'instants après, la grille était forcée, la porte de la maison brisée, et on pénétrait dans le corridor. Je m'y rendis aussitôt, et Guerbet est un des trois premiers que je vis dans le corridor. Ceux qui étaient là me menacèrent de leurs armes. Ils me demandèrent de leur livrer les armes de mon mari et les munitions qui pouvaient être chez moi. Guerbet me dit de me tranquilliser, qu'il ne me serait pas fait de mal, et qu'il était venu là pour l'ordre. Je ne crus pas à cette mission d'ordre, puisqu'il était là, en avant de ceux qui avaient déjà brisé deux portes, et qui, sous menaces de mort, me demandaient des armes et des munitions. On prit en effet le peu d'armes et le peu de munitions qu'on trouva; mais on dit qu'il n'y en avait pas assez, et on m'en demanda d'autres. On voulut alors me forcer d'ouvrir le cabinet de mon mari, dont je n'avais pas la clé. Bien que je protestasse que je ne l'avais pas, Guerbet insistait en me disant : « Donnez-nous donc la clé, on vous demande la clé; donnez-nous vos munitions. Je ne veux pas vous faire de mal; mais je ne réponds pas des gens qui sont là. » Je lui répondis : « Autant me dire tout de suite de me mettre à genoux, et que je n'ai plus qu'un instant à vivre, puisqu'on me demande et qu'on veut me faire donner une clé que je n'ai pas. » Quant aux munitions, je n'en avais même pas.

Guerbet.—Mme Félix Bonneau doit bien se rappeler le ton d'intérêt avec lequel je lui parlais.

Le témoin.—Un ton d'intérêt! Je n'étais pas rassurée, quand il me disait qu'il ne répondait pas des gens qui étaient là, et que j'avais vus derrière lui. Pendant ce temps-là, on a donné quelques coups de hache à la porte du cabinet, mais on n'a pas insisté, et on s'en est allé.

Le président.—Les insurgés prétendent qu'on a tiré sur eux de votre propriété. Le fait, fût-il vrai, n'atténue en rien leur acte, car votre domicile était violé nuitamment par des bandes armées qui proféraient des menaces de mort, et vous étiez dans le cas de légitime défense.

Plusieurs autres témoins à charge sont encore entendus. Ce sont : Anne Sautereau, femme de Joseph Philippe, jardinier; Nicolas Daudier, charpentier; Théophile Cavenne, marchand; Auguste Chapuis, aubergiste; Claude Dompierre, gendarme. Tous déposent de l'état d'exaltation des insurgés; mais aucun ne fait connaître des charges nouvelles.

La déposition des témoins à décharge est d'une insignifiance vraiment déplorable.

Colon, aubergiste dépose : —Seroude mangeait chez moi au moment où la première fusillade annonça l'attaque de la gendarmerie. Il prit son fusil, qui était sur la table, et dit : « Je cours sur les lieux; ils n'ont peut-être pas tiré sur la gendarmerie. » Au retour il me dit : « Ils ont tué ce malheureux Bidau. » Il était ému.

Le président. — Seroude, qu'avez-vous à conclure de cela?

Seroude.—Cette déposition prouve que j'étais très-ému du meurtre de Bidau.

Le président. — Je le comprends; mais la déposition du témoin *prouve d'un côté l'impatience que vous aviez de voir tirer sur la gendarmerie*, et de l'autre, que vous en avez vu les tristes résultats... *Jusqu'à présent, nous n'avons rien entendu de si accablant* contre vous.

Le directeur de la poste de Clamecy est ensuite entendu; c'est un peu tard peut-être; mais il a si peu de chose à dire! Tout ce qu'il sait, c'est que le premier jour de l'insurrection, un homme l'a menacé d'un pistolet, et qu'un autre lui a donné un coup de poing.

M. Pagès de Lafitole prend ensuite la parole, et après avoir scindé, groupé, analysé tous les faits résultant des débats dans le sens de l'accusation, conclut à la condamnation des accusés.

La défense est présentée par maîtres Boullay, Alapetite, Sonnié-Moret, Thébaut, Duprey, Godineau; mais à la physionomie du conseil, il était aisé de voir qu'elle aurait peu de succès. En effet le conseil, après une demi-heure de délibération, condamne à la peine de la déportation, dans une enceinte fortifiée, Millelot père, Numa Millelot, Guerbet, Seroude, Coquard, François Cornu, Aventin Cornu et Foulon; et à la déportation simple, Monnier, Denis Kok, Gonnet, Guillien, Delume.

Une condamnation à la peine de mort, prononcée par le même conseil de guerre, contre un certain Jouanin, nous paraît tellement inexplicable, que nous croyons devoir en reproduire le compte rendu, en laissant à l'intelligence de chacun le soin d'apprécier le fondement de l'accusation d'assassinat dont le malheureux Jouanin était l'objet.

Jouanin (Pierre-Isidore), cordonnier et cabaretier à Clamecy, est introduit. Il est accusé d'insurrection et de tentative d'assassinat sur la personne du sieur Blin. L'accusé avoue avoir fait partie d'une société secrète et avoir pris part à l'insurrection de Clamecy; mais il nie énergiquement la tentative d'assassinat. François Blin, cabaretier, est le premier témoin entendu :

« Le dimanche, dit-il, j'avais l'intention de me sauver de la ville. On m'empêcha de passer et on me demanda où j'allais. Je répondis que j'allais au-devant des troupes. On me força alors à aller à la barricade de l'Abreuvoir. Là, je rencontrai Jouanin, à qui je n'en ai jamais voulu et qui n'a pas lieu de m'en vouloir. Il s'approcha de moi; il avait un pistolet à la main; il le dirigea sur moi et je reçus le coup dans ma blouse. Je ne sais pourquoi il a fait cette action, car je ne le connais pas pour un méchant homme; il faut qu'il ait été excité, je ne sais par qui ni comment. »

Il résulte des explications données ensuite par ce témoin que le coup a été tiré de si près, que sa blouse a pris feu et qu'il n'y avait personne entre Jouanin et lui.

Un témoin, Jean Bretagne, a vu l'accusé près de l'abreuvoir; il avait un fusil et un pistolet. Le témoin a entendu une détonation, mais il ne sait qui a tiré.

Le second témoin, Claude Moreau, agent de police, ne sait rien, sinon qu'il a vu passer l'accusé dans la rue.

Troisième témoin. Christophe Bonneau, propriétaire. Il n'était pas chez lui le 6; mais sa femme lui a dit que Jouanin avait pris sa cartouchière et qu'on avait chargé son fusil.

Quatrième témoin. Sulpice Boisanté, garde-port. « Dans la nuit du 5 au 6, j'ai entendu monter dans mon escalier; ma femme a demandé ce qu'on voulait. On a répondu qu'on voulait mon fusil, vieille arme qui n'a pas servi depuis vingt ans. Ils en ont exigé la remise; mais après l'avoir examiné, ils l'ont trouvé trop mauvais et l'ont laissé. Jouanin était parmi ces hommes; mais il n'a rien dit et n'a pas touché le fusil.

Cinquième témoin. Femme Blin, femme de l'individu sur lequel le coup a été tiré, déclare que, dans la soirée du 7, Jouanin est venu lui demander à boire, et qu'il avait un fusil.

Le président. — Comment a été faite cette demande?

R. — Mon Dieu, comme il l'aurait faite dans un autre moment.

D. — Ainsi, ce n'est pas par peur que vous l'avez satisfait?

R. — Non, Monsieur

Me Boullay présente la défense de l'accusé. M. Pujot de Lafitole, commissaire du gouvernement, soutient l'accusation, et le conseil, après avoir délibéré, à l'unanimité sur toutes les questions, condamne Jouanin à la peine de mort.

Parmi les autres accusés dont les jugements offrent un intérêt moindre, nous citerons :

Pierre Meunier, dit Pitois, condamné à la déportation dans une enceinte fortifiée; Jules Girard et Jacques Beaufils, condamnés à la déportation simple; Thomas-Victor Bellin, docteur en médecine à Corvol, contumace, condamné à la déportation dans une enceinte fortifiée, et Cavoit à la déportation simple; François Mitandre et Louis-Marie Boudin, à la déportation dans une enceinte fortifiée; Alphonse Duveaux, Joseph Cordier et Baptiste Roblin, à la déportation simple; Hippolyte Roblin et François Moreau, l'un à vingt ans et l'autre à cinq ans de détention; Gonnier, limonadier; Meunier, son beau-frère; Rousseau, avoué,

Lachevrie, médecin ; Aizières, frotteur, tous contumaces, à la déportation dans une enceinte fortifiée ; Jean-Baptiste Aubert, à la déportation dans une enceinte fortifiée ; Henri Baumier, Louis Cordelier, Saint-Paul dit Janvier, à la déportation simple ; Henri Boisseau et Jean Coudret, à vingt ans de détention ; Jean-Rollin, ACQUITTÉ, EST NÉANMOINS CONDAMNÉ A CINQ ANS DE SURVEILLANCE DE LA HAUTE POLICE. Jacques Soubard père et Pierre Soubard fils aîné, à la déportation dans une enceinte fortifiée ; Verain, Soubard cadet, à la déportation simple (1) ; Louis Bouillery, de Dornecy, contumace, à la déportation dans une enceinte fortifiée (2) ; Auguste Geoffroy dit Flambant et François Tapin dit Titat, également de Dornecy, à la déportation dans une enceinte fortifiée ; Torstais, boulanger, à cinq ans de détention ; Cuisinier, flotteur, et Hanneiweck, cordonnier, à la déportation dans une enceinte fortifiée ; André Clément, de Surgy, à la déportation dans une enceinte fortifiée ; Pierre Sassié, également de Surgy, ACQUITTÉ, EST NÉANMOINS CONDAMNÉ A CINQ ANS DE SURVEILLANCE DE LA HAUTE POLICE, etc., etc.

NORD.

LILLE. — VALENCIENNES. — ROUBAIX. — AVESNES. — TOURCOING. — SAINT-AMAND. — TROIS-VILLES. — ANZIN.

Nous n'avons à enregistrer sur ce département que les mesures prises par les autorités, les arrestations et une tentative d'insurrection à Anzin. Nous allons donner ces différentes nouvelles par ordre de date :

Lille, 3 décembre. — Lille est toujours tranquille. Les mesures sont prises pour faire échouer toute tentative de désordre. Le préfet a adopté quelques précautions qui ont réussi complétement. On a fait fermer l'estaminet de *la Fraternité*.

Lille, 5 décembre, à quatre heures. — Les nouvelles

---

(1) Soubard avait encore un autre fils qui fut jugé par la commission départementale.
(2) Cette condamnation a été prononcée absolument sans débats.

du département continuent à être satisfaisantes. Le commandant de la garde nationale de Condé a adressé au préfet la lettre suivante :

« Je viens spontanément vous déclarer que je donne mon adhésion la plus complète au décret du président, du 2, ainsi qu'à toutes les mesures qui en ont été la conséquence. Je suis heureux de pouvoir vous donner l'assurance que mes camarades, à une immense majorité, applaudissent à l'acte énergique par lequel le président a sauvé la France de l'anarchie. »

Lille, le 5 décembre, minuit. — Lille et tout le reste du département sont tranquilles ; la confiance et les sympathies se manifestent hautement sous l'impression des bonnes nouvelles de Paris ; le maire de Valenciennes demande à reprendre ses fonctions (1).

Par arrêté du préfet du Nord, les administrations municipales de la commune de Trois-Villes et d'Honnechy ont été révoquées. A Trois-Villes, cette révocation a été accueillie avec une vive joie par la majorité de la population (2).

Le sieur Cattiaux, officier de santé, demeurant dans la commune de Gouzeaucourt, et bien connu par l'exaltation de ses opinions, a été arrêté lundi à son domicile et conduit à la citadelle de Cambrai. Ce citoyen s'occupait sans doute beaucoup de préparations chimiques (3), car, parmi

---

(1) Nous n'avons trouvé aucune explication sur ce fait ; cependant tout porte à croire qu'à l'annonce du coup d'État, le maire de Valenciennes qui ne remplissait ces fonctions qu'à titre provisoire était peu disposé en faveur des mesures prises à Paris.

(2) Voilà un enthousiasme assez difficile à expliquer. Ces administrations avaient été nommées par la majorité de la population, cette même majorité approuve un acte de révocation qui rejaillit sur elle. Du reste, les correspondances des préfets, à cette époque sont des plus curieuses à étudier ; pour n'importe quelle mesure prise en dehors de la légalité, on est sûr de rencontrer cette phrase : « la majorité a applaudi à cet acte énergique. » En a-t-on abusé de ce mot *énergie* !

(3) Que de finesse dans ces quelques lignes. Il est à remarquer que chaque fois que les journaux réactionnaires ont voulu faire de l'esprit, ils ne sont parvenus qu'à paraître ridicules.

ses papiers, on a saisi trois recettes différentes pour la fabrication de la poudre.

Parmi les arrestations qui furent faites à Lille, nous citerons celles de MM. Demessine, d'Henry, Ganidel, Groulez, G. Testelin et Glorieux (de Tourcoing), qui recouvrèrent leur liberté après un mois de détention; et celles de MM. Brasseur, maire de la commune de Tesnières, Chauveau, Deswarlez, Guilloux, Gramain, journaliste, Fémy, secrétaire du conseil des prud'hommes, et Leloir.

Un petit article extrait de la *Liberté* de Lille :

« Par ordre du préfet du Nord, le journal l'*Abeille lilloise*, qui s'imprime à Lille, vient d'être suspendu jusqu'à nouvel ordre pour le même motif qui avait fait suspendre à Paris l'*Opinion publique*. Le gérant de l'*Abeille* avait, malgré les instructions, laissé en blanc la première page d'un numéro dans lequel des articles avaient été supprimés. »

Dans un département que nous pourrions nommer (1), un journal auquel on avait supprimé deux colonnes de rédaction fit comme l'*Abeille lilloise* : il parut avec plusieurs colonnes en blanc; une heure après l'apparition du numéro, le gérant était mandé à la préfecture, avec cette courtoisie que vous savez, et dont on abusait à cette époque.

« Si vous voulez voir votre journal supprimé, lui dit le préfet, vous n'avez qu'à recommencer. »

A cette époque, il fallait que les journalistes de l'opposition imitassent le soldat de Scribe qui savait « souffrir et se taire sans murmurer. »

Valenciennes. — Du 3 décembre, on a fermé un estaminet dit l'*Economique*, où se réunissaient les déma-

---

(1) Nommons-le, pour éviter des recherches à nos lecteurs, c'est dans la Moselle.

gogues. Le limonadier et sa concubine ont été arrêtés pour injures et outrages envers les autorités.

« La ville de Valenciennes, lisait-on dans l'*Echo de Valenciennes*, est parfaitement tranquille ; les événements de Paris y ont été connus hier mardi dans la journée, d'abord par des voyageurs, et ensuite par des dépêches officielles et particulières. Nulle émotion publique ne s'est manifestée. Des mesures, toutes de précaution, ont été prises par le sous-préfet, d'accord avec l'autorité militaire, pour assurer le repos des habitants et maintenir le bon ordre s'il en était besoin. Aujourd'hui mercredi, que les journaux ont apporté les détails des événements, l'aspect de la ville est le même que ces derniers jours : chacun vaque à ses affaires comme à l'ordinaire, sans paraître prendre une part active aux incidents parisiens.

« Depuis quelques jours, le régiment de cuirassiers en garnison à Valenciennes est préparé à tout événement et prêt à partir pour Paris s'il y était mandé par ordre télégraphique. Des dispositions particulières ont également été prises dans les brigades de gendarmerie, dont les hommes se sont concentrés et se tiennent prêts. On s'attendait ces jours derniers à quelque mouvement particulier à Paris ; une surveillance spéciale était exercée dans les gares de chemins de fer. »

Le 4 décembre, les autorités de Valenciennes furent, pendant quelques heures, sous le coup d'une assez vive panique, que nous allons raconter d'après le *Courrier du Nord* :

« Hier, vers trois heures, le bruit s'est répandu à Valenciennes qu'une dépêche télégraphique venait d'annoncer l'arrivée à la frontière, près de Quiévrain, d'une bande insurrectionnelle d'environ cinq cents hommes, composée en majeure partie de réfugiés français, et commandée par Caussidière. Cette nouvelle, arrivée à l'autorité, fut bientôt suivie du départ pour Blanc-Misseron d'un escadron de cuirassiers et d'un fort détachement du 1er de ligne.

« Nous ne savons encore si ces mesures de précautions sont justifiées par un danger réel. Toujours est-il que la tranquillité de notre ville et des communes environnantes n'a pas été un instant troublée.

« Au moment où nous mettons sous presse, les troupes parties de Valenciennes sont toujours en observation sur la frontière.

« Plusieurs citoyens, signalés comme appartenant au parti démocratique avancé, ont été arrêtés ces jours derniers. On nous cite MM. Gustave et Désiré Tombe, Bonjour, Bourse, ex-maire de Bruay, et Madoulez, vétérinaire. »

Roubaix, 3 décembre. — Les ouvriers ont accueilli par les cris de *Vive Napoléon!* la lecture des proclamations.

Douai, 3 décembre. — Le calme qui règne sur tous les points du ressort démontre la faveur avec laquelle les événements de Paris ont été généralement accueillis.

Cette dépêche, qui trahit son origine par le mot *ressort*, avait dû être adressée à Paris par le procureur général.

Anzin. — Vendredi soir, une quarantaine d'ouvriers de la commune d'Anzin, étrangers à la population des mines, et ayant, dit-on, à leur tête les sieurs Deltombe, ancien candidat à la représentation nationale, et Laurent, boucher, se portèrent à la mairie d'Anzin et enlevèrent, malgré la résistance du maire, une trentaine de fusils qui y étaient déposés. Ainsi armés, ces individus parcoururent pendant quelques heures les communes d'Anzin, Raismes et Beuvrages, se présentant devant les usines et essayant, mais vainement, d'entraîner les ouvriers. La nouvelle de cette tentative étant arrivée à Valenciennes, l'autorité fit partir immédiatement un détachement de cuirassiers, qui atteignit entre Raismes et Vicoigne, et dispersa sans coup férir la bande insurgée. Cinq de ces malheureux ont été arrêtés et conduits à la maison d'arrêt de Valenciennes.

Avesnes. — L'ouverture du scrutin sur le plébiscite donna lieu, à Avesnes, à une arrestation que raconte en ces termes l'*Observateur* :

« M. le sous-préfet d'Avesnes a fait arrêter, ce matin, M. Ernest Guillemin, étudiant en droit, et a ordonné de le conduire à la citadelle de Lille, pour être mis à la disposition de M. le préfet.

« D'après les instructions les plus sévères, données par le gouvernement à MM. les préfets et sous-préfets, tout individu qui aurait exercé quelques manœuvres pour violenter les électeurs le jour de l'élection, devait être immédiatement arrêté. M. le sous-préfet avait pris soin d'en donner publiquement avis la veille même des élections; en se mettant en contravention avec les ordres de l'autorité, dans la journée d'hier, M. Ernest Guillemin a encouru l'arrestation dont il vient d'être l'objet. » Quelle violence M. Ernest Guillemin avait-il pu faire aux électeurs?

Saint-Amand. — Une visite domiciliaire a eu lieu, il y a quelques jours, à Saint-Amand, au domicile de M. Désiré Pillette, ancien commissaire de Ledru-Rollin dans le département du Nord, conjointement avec M. Delescluze. Cette visite a produit diverses découvertes, entre autres celle d'une caisse contenant deux fusils à deux coups et plusieurs pistolets. Le bruit court que le sieur Pillette est au nombre des personnes arrêtées à Blois ou dans le département du Cher.

Enfin terminons par l'arrestation de trois hommes ivres, arrestation enregistrée gravement par les journaux de la localité, les officieux de Paris et même le *Moniteur*, comme une victoire remportée par la police sur l'insurrection :

« Samedi dernier, le nommé Louis Pottier, ouvrier peigneur demeurant à Tourcoing, rencontrant des agents de police, les traita de *canailles, fainéants, vauriens*. Ils procédèrent de suite à son arrestation. Et tandis qu'ils l'emmenaient, cet homme se mit à crier que 1852 approchait, et qu'il prendrait sa revanche.

« Dimanche, un autre ouvrier, nommé Jean-Baptiste Delevoye, s'approcha de deux agents, et leur mettant le poing sur la figure, proféra contre eux les mêmes injures et les mêmes menaces pour cette époque significative de 1852.

« Enfin, lundi, le nommé Pierre Beuque, aussi ouvrier peigneur, a été arrêté dans les mêmes circonstances, en y ajoutant celte promesse très-explicite : « En 1852, nous ferons marcher le grand jacquart ! » c'est-à-dire la guillotine.

« Ces trois individus ont été conduits à Lille par la gendarmerie et écroués à la prison de justice. »

Il n'y a qu'une chose qui nous étonne, c'est que la rédacteur de cet article n'ait pas ajouté en terminant :

« Grâce à l'énergie de nos braves agents, la ville de Tourcoing a été préservée du pillage et de l'incendie. »

Le *Moniteur* est sobre de révélations sur les travaux de la commission départementale du Nord ; nous n'y avons trouvé que les deux documents suivants, que nous publions *in extenso*.

La commission départementale, dans le département du Nord, vient de prononcer contre plusieurs personnes l'expulsion du territoire français.

Par décision en date du 18, dix habitants des communes d'Anzin, Beuvrages, Raismes et Saint-Vaast-le-Haut, qui avaient été rendus à la liberté, ont été placés sous la surveillance du ministère de la police générale.

Par arrêté de M. le préfet du Nord, en date du 12 mars, ont été mis en liberté : les sieurs Emile Dupont, journaliste ; Poteau (Constant), dit *Satan*, menuisier, à Anzin ; Pepin (Eugène), maréchal ferrant, à Anzin ; d'Haupin (César-Juvénal), modeleur, à Anzin ; Courberon, ouvrier mécanicien, à Anzin ; Quoirez (Jean-Baptiste), serrurier, à Anzin ; Arsin (Emmanuel-Joseph), mineur, à Anzin ; Fayaux (Auguste), ancien secrétaire de la mairie d'Anzin ; Mathieu (Léonard), serrurier, à Anzin ; Castagne (C. Alphonse), boulanger, à Anzin ; Chaumette (Frédérick), tailleur d'habits, à Anzin ; Madoulé (Louis-Constant), vétérinaire, à Valenciennes ; Blard (Alphonse), employé, à Anzin ; Burlureau (Antoine), instituteur révoqué, à Artres ; Clavelly (Alphonse), journaliste, à Valenciennes ; Hugues (Louis-Augustin-Siméon), ex-gérant de la *Voix du Proscrit*, à Saint-Amand ; Chotteau (Camille), ex-gérant de la *Voix du Proscrit*, à Saint-Amand ; Antoine (Ernest), propriétaire, à Valenciennes.

Toutes les personnes dénommées ci-dessus sont placées sous la surveillance du ministère de la police générale.

OISE.

Beauvais. — Clermont. — Compiègne.

Toutes les dépêches s'accordaient pour dire que ce département jouissait d'un calme admirable, et que les mesures prises (lesquelles?) rencontraient partout une adhésion générale.

Ce ne fut que vers le 13 décembre que l'on apprit à Paris que M. Viet, maire de Compiègne, et M. François, son adjoint, avaient refusé leur adhésion au gouvernement actuel ; ils furent remplacés, le premier par M. Floquet, membre du conseil municipal, et le second par MM. Théophile Dupuis et Raux fils.

Une seule arrestation est mentionnée par le journal *l'Oise*, du 11 décembre :

« M. Moison, membre du conseil général pour le canton de Mouy, a été arrêté lundi dernier, à la suite d'une visite domiciliaire faite par les autorités de Clermont et le brigadier de gendarmerie de Mouy. »

Nous terminons cet article sur l'Oise où les renseignements abondent peu, comme on le voit, par quelques extraits d'une proclamation du préfet, M. A. Randouin, proclamation placardée dans le département quelques jours avant l'ouverture du scrutin du 20 décembre :

« C'est donc au milieu de l'apaisement général que va s'ouvrir le scrutin général qui doit décider des destinées de la France.

« Vous avez vu les scènes de pillage, de dévastation et d'horreur qui ont désolé plusieurs villes où la démagogie a été un instant maîtresse.

« Il n'y a plus à s'y méprendre ; la question est nettement posée :

« Entre la civilisation et la barbarie ;
« Entre l'ordre et l'anarchie ;
« Entre la propriété et le vol ;
« Entre la religion et le cynisme le plus dégradant.
« Choisissez.

« Jamais résolution plus grave n'aura été soumise à l'arbitrage d'un grand peuple.

« Jamais non plus votre choix n'aura été plus libre, car c'est en vous-mêmes que vous en puiserez les raisons déterminantes, non pas dans les influences de partis, non pas dans l'excitation de la presse, mais dans le sanctuaire intime de vos consciences.

« Considérez d'un œil calme ce qui se passe autour de vous :

« L'air et l'espace rendus à l'activité nationale, qui étouffait dans cette affreuse impasse de 1852, etc., etc. »

Est-ce assez joli, comme effets de style ?

ORNE.

ALENÇON. — DOMFRONT.

Tout peut se résumer pour les nouvelles portées à la connaissance du public par les dépêches suivantes :

Alençon, le 3 décembre. — La tranquillité n'a pas été un instant troublée.

Le 4 décembre. — Le calme est général dans le département.

Alençon, 5 décembre. — Le plus grand calme continue. L'ordre continue également à Argentan.

Le 6, M. Clément, maire du 12ᵉ arrondissement de la ville de Paris, était nommé préfet de ce département, en remplacement de M. Paulze d'Ivoy. Enfin, citons l'article suivant, en tête duquel, pour produire l'effet que son auteur en attendait, il aurait dû écrire : Confiance ! Confiance !

« Une foire importante pour le commerce des bestiaux a eu lieu avant-hier, 8 décembre, à Domfront (Orne). Les bestiaux y ont repris une valeur qui est un indice certain de la confiance inspirée par la nouvelle situation de la France. Les transactions ont été nombreuses et importantes. On citait, entre autres, une paire de bœufs qui avait été vendue 60 francs de plus que son propriétaire n'en espérait quelques jours auparavant. Toutes les marchandises sont en hausse.

« Les ouvriers des fabriques de Flers sont dans l'enthousiasme des événements qui viennent de s'accomplir. Les chefs d'établissements, en raison des commandes qui leur sont faites, paraissent disposés à donner 3 fr. de façon de plus par pièce de toile aux tisserands qu'ils emploient. »

Cet article nous remet en mémoire ce candidat à la députation, sous Louis-Philippe, qui disait aux paysans :

« Mes amis, si vous me nommez, vous vendrez le blé cher, et vous aurez le pain à bon marché ! »

PAS-DE-CALAIS.

Arras. — Saint-Omer. — Calais. — Saint-Pol. — Carvin. — Montreuil-sur-Mer.

Nous en sommes réduits, pour ce département, aux seules dépêches télégraphiques et à des extraits du *Courrier du Pas-de-Calais*, du *Journal de Lille* et de *La Liberté*, extraits reproduits par le *Moniteur*.

Arras, 3 décembre. — D'excellentes nouvelles arrivent des divers côtés du département. Le préfet n'a qu'à se louer du concours des autorités. C'était aujourd'hui le jour du marché, le grain s'est très-bien vendu ; les gens de la campagne manifestent leur satisfaction.

Montreuil-sur-Mer, 5 décembre. — Le pays est parfaitement calme. La lecture des proclamations a produit une grande satisfaction dans l'immense majorité de la population. Les habitants prêtent aux événements accomplis plus de portée et d'extension qu'ils n'en ont réellement.

Cette dépêche nous fait rêver; que diable ce galimatias veut-il dire?

On lit dans le *Courrier du Pas-de-Calais*, du 7 décembre :

« Hier samedi, principal jour de marché à Arras, un nombre considérable d'habitants de la campagne, attirés à Arras par leurs affaires, ne voulant pas retourner chez eux sans connaître les dernières nouvelles de Paris, se sont empressés de se rendre au bureau du *Courrier du Pas-de-Calais* pour y prendre des informations. Tous se sont retirés satisfaits de l'issue de la lutte annoncée par la dépêche télégraphique datée de Paris, annonçant la victoire remportée par notre brave armée sur les ennemis de la société.

« Tout est tranquille à Calais. Les ouvriers de Saint-Pierre n'ont pas quitté leurs fabriques. Les séances de la société maçonnique sont suspendues. L'arrêté concernant les colporteurs de fausses nouvelles a produit le meilleur effet. M. de Sorbies semble se multiplier; il était hier à Calais.

« Carvin est dans le calme le plus complet. Le sous-préfet vient de prendre un arrêté pour interdire la vente publique des effets qui ont appartenu à l'ex-compagnie de pompiers de cette ville. Cette vente avait été annoncée par de grandes affiches rouges que la police a fait enlever sur-le-champ.

« Les rapports arrivés de tous les points de l'arrondissement de Montreuil sont des plus satisfaisants. La nouvelle des événements a été accueillie avec la plus vive sympathie.

« Quelques individus ont voulu recommencer hier, à Saint-Omer, l'histoire de 1848, le bon temps où l'on prenait d'assaut les mairies et les préfectures qui n'étaient

— 300 —

pas défendues. L'autorité, prévenue à sept heures et demie que, des différents points de la ville, certains groupes se dirigeaient sur la mairie et le café Lefebvre, rendez-vous ordinaire des démagogues, a pris toutes les mesures nécessitées par les circonstances.

« Le sous-préfet, M. Gérard de Villesaison, accompagné du procureur de la république, du commandant de place, du colonel du 1er léger et du lieutenant de gendarmerie, a fait fermer le café jusqu'à nouvel ordre et a engagé les agitateurs à se retirer.

« Le plus grand calme règne dans tous les cantons de l'arrondissement de Saint-Pol. Les usines de Frévent, d'Auxi-le-Château, etc., ont bien accueilli les dernières mesures du gouvernement. »

Le 10 janvier, le *Journal de Lille* annonçait que *La Liberté* d'Arras, ayant fait précéder le compte rendu de la séance extraordinaire du 2 décembre, tenue à la mairie du 10e arrondissement, de l'arrêt prétendu de la haute cour, qui accusait le président de haute trahison, avait été saisie dans ses bureaux et à la poste, par ordre du préfet du Pas-de-Calais, et que le journal avait été, en outre, suspendu (1).

PUY-DE-DOME.

Riom. — Issoire. — Volvic. — Thiers. — Chanonat.

La nouvelle du coup d'État fut dès le début accueillie avec indifférence par les habitants de Clermont-Ferrand, chef-lieu de ce département; l'autorité parut d'abord très-satisfaite de ce calme, et un de ses membres écrivait de Clermont, le 8 décembre : « Notre ville est très-tran-

---

(1) Quelle confiance pouvons-nous avoir dans ces dépêches quand on les voit nier avec un aplomb digne d'une meilleure cause l'arrêt de la haute cour (V. *Le Coup d'État du 2 décembre* 1851, pour être complétement édifié à ce sujet).

quille. Les honnêtes gens sont heureux. Plusieurs réunions ont eu lieu en l'honneur du *dieu de la France*, comme disent nos bons campagnards, etc. »

Mais bientôt les choses changèrent, et le 11 décembre, on lisait dans la *Concorde*, journal de Clermont-Ferrand :

« Sur l'ordre du préfet, une visite domiciliaire a été faite à Chanonat, chez les nommés François Masson, tailleur de pierre ; Etienne Thorre, dit le Fondeur, cultivateur, habitant tous deux cette commune. L'un et l'autre, obéissant à de légitimes appréhensions, avaient quitté leur domicile. La gendarmerie a trouvé chez Masson un assez grand nombre d'écrits démagogiques (1). Masson, joignant la pratique à la théorie, avait chez lui un arsenal complet: un pistolet d'arçon chargé, un pistolet ordinaire, six paquets de cartouches contenant soixante-quinze balles, cent quarante-deux balles de gros calibre, quatre cent quatre-vingts capsules pour fusil de guerre, un cruchon à bière plein de poudre, du plomb et des mandrins à cartouche. Etienne Thorre ne possédait pas un approvisionnement ausi redoutable, mais il était détenteur de moules à balles et des éléments nécessaires à la fabrication de la poudre.

« Le préfet est parti dans la journée d'avant-hier soir, accompagné d'un peloton de chasseurs, pour la ville d'Issoire, ou des désordres d'une certaine gravité s'étaient manifestés. Le conseil municipal, dont l'énergie ne s'était pas montrée, à ce qu'il paraît, à la hauteur des circonstances (2), a été immédiatement dissous par le préfet, et des

---

(1) Nous aimons beaucoup ces mots : écrits démagogiques. Ce serait à croire qu'à cette époque, le parti républicain avait à sa disposition une imprimerie clandestine ; or, il faut bien qu'on le sache, sur cent brochures, il y en avait au moins quatre-vingt dix-neuf pour ne pas dire toutes, qui avaient été régulièrement déposées et n'avaient été l'objet d'aucunes poursuites de la part du parquet. Pour être un homme d'ordre à cette époque, il fallait être abonné ou lecteur des deux feuilles somnifères la *Patrie* et le *Constitutionnel*.

(2) Fallait-il qu'il fît arrêter la moitié de la commune par l'autre, et ensuite qu'il priât la seconde moitié de se mettre sous les verrous, pour être à la hauteur des circonstances ?

mandats d'amener ont été lancés contre plusieurs individus.

« Quatorze arrestations ont eu lieu dans la journée d'hier. Les prisonniers ont été déposés dans les prisons de notre ville. »

Les désordres, à Issoire, dont il est parlé dans cet article, se bornèrent à quelques rassemblements qui furent facilement dissipés; mais à Thiers, le mouvement offrit beaucoup plus de gravité. C'est au *Journal des Débats*, que nous empruntons le récit de ce qui se passa dans cette ville.

« On nous adresse de la ville de Thiers, un des chefs-lieux d'arrondissement du Puy-de-Dôme, les détails suivants sur la belle conduite de six gendarmes commandés par un lieutenant, dont la fermeté a préservé cette ville des excès de l'insurrection qui a éclaté dans ses murs pendant les premiers jours de décembre.

« La dépêche qui annonçait les événements du 2 décembre parvint à Thiers le 3, à six heures du matin; elle fut publiée vers dix heures. L'autorité ne pouvait s'attendre à une insurrection. Cependant l'adjoint, faisant fonctions de maire, M. Grangeon, crut devoir réunir le conseil municipal à deux heures, afin d'aviser aux mesures à prendre pour maintenir la tranquillité publique.

« Après une discussion assez vive, le conseil décida :

« 1° Qu'il resterait en permanence;

« 2° Qu'une demande de troupes serait adressée à M. le général Ballon, commandant la 13º division, à Clermont.

« 3° Enfin, que la compagnie des sapeurs-pompiers municipaux serait immédiatement convoquée.

« Ces diverses mesures étaient d'autant plus nécessaires, que des rapports nous signalaient à chaque instant des menées insurrectionnelles et des rassemblements dont l'aspect devenait de plus en plus menaçant (1).

« Malgré la permanence du conseil municipal, la ma-

---

(1) Qui pourra concilier cette fin d'alinéa avec la phrase : l'autorité ne pouvait s'attendre à une insurrection?

jeure partie des membres étaient sortis, les uns pour aller chercher des armes, qui semblaient devenir nécessaires, les autres pour mettre ordre à leurs affaires ou prendre des mesures contre le pillage dont nous étions menacés (1).

« Vers trois heures et demie, l'hôtel de ville fut envahi par une bande de deux ou trois cents individus demandant des armes pour défendre la Constitution, et proclamant la déchéance de Louis-Napoléon Bonaparte. Les conseillers municipaux se portèrent au-devant des émeutiers ; mais, malgré leurs efforts et leurs exhortations, ils ne purent faire entendre raison à ces malheureux ; ils furent repoussés et brutalement bousculés ; l'adjoint lui-même, qui venait de ceindre son écharpe pour en imposer davantage, ne put rien obtenir.

« Tous ceux qui ont pu voir alors ce digne vieillard de soixante-quinze ans user de son influence pour éviter une collision imminente, remercient le chef de l'État d'avoir accordé la décoration de la légion d'honneur à cet honnête homme, qui depuis vingt ans remplit avec un zèle au-dessus de tout éloge les fonctions d'adjoint au maire de notre ville.

« L'envahissement durait depuis plus de vingt-cinq minutes, et les membres du conseil, à bout de raisonnement, ne savaient plus quel parti prendre, lorsque la brigade de gendarmerie, seule force de notre ville, qui compte une population de 16,000 âmes, dont 10,000 ouvriers, arriva sous les ordres du lieutenant d'Espiard.

« Que pouvaient faire six hommes contre un rassemblement qui ne comptait pas moins de quatre ou cinq cents personnes ? Mais ces hommes étaient de braves soldats ; ils avaient conscience de leurs devoirs ; ils savaient qu'il fallait maintenir l'ordre, même au prix de leur existence ; ils savaient surtout que l'officier qui les commandait méritait toute leur confiance ; ils suivaient sans hésiter cet homme intrépide dont le sang-froid et l'énergie ont

---

(1) Disons carrément que personne n'était resté à l'hôtel de ville, cela vaut mieux.

évité à notre cité les horreurs de la guerre civile et les atrocités qui se sont produites dans une foule d'autres communes.

« C'est à la brigade de Thiers, c'est à M. d'Espiard, ancien officier des chasseurs d'Afrique, que revient tout l'honneur de la délivrance des conseillers municipaux.

« Le fait est d'autant moins douteux que, par délibération en date de ce jour, le conseil de Thiers a alloué à la gendarmerie de l'arrondissement une gratification de 2,000 fr., et décidé qu'il serait offert à M. d'Espiard, au nom de la ville, un sabre sur la lame duquel une simple inscription rappellerait la brillante conduite de ce brave officier dans ces jours néfastes.

« Au moment même où M. d'Espiard sommait le rassemblement de se dissiper, et menaçait de faire feu, une pierre coupait en deux son épaulette ; quelques centimètres plus haut, il avait la tête brisée et subissait le sort de tant d'autres de ses camarades moins heureux que lui.

« En même temps que la gendarmerie, le sous-préfet, le procureur de la république et les autres autorités arrivèrent à l'hôtel de ville ; quelques habitants, armés de fusils de chasse, y vinrent avec un empressement que l'on ne saurait trop louer.

« La mairie fut promptement évacuée ; une seule arrestation put être faite en ce moment.

« Bientôt l'hôtel de ville fut occupé par une foule compacte bien décidée à repousser la force par la force ; des munitions furent distribuées, et chacun se tint prêt à faire feu. Ce fut une nuit bien longue que celle du 3 au 4 décembre, bien triste surtout, mais au moins elle nous permit de nous compter et de savoir que nous étions assez forts pour repousser l'émeute jusqu'à l'arrivée de la troupe qui venait de Clermont ; mais nous savions aussi que la distance à franchir pour l'aller et le retour est de 86 kilomètres.

« A chaque instant arrivaient des détachements des diverses brigades de l'arrondissement, appelés par leur lieutenant ; c'était, il faut en convenir, une tête de colonne sur laquelle nous comptions avant tout.

« Pendant la nuit, nos patrouilles enlevèrent une assez

grande quantité d'insurgés; tous étaient armés de masses de fer fraîchement façonnées, ou porteurs de fusils et de pistolets.

« Le 4, vers sept heures et demie du matin, cent douze chevaux du 10ᵉ chasseurs, commandés par le capitaine Plagnol, et cent grenadiers du 18ᵉ de ligne, commandés par le capitaine Déaddé, sous les ordres du colonel de Villaine, vinrent occuper l'hôtel de ville ; mais leur présence n'était plus indispensable, et ils purent repartir le lendemain, vers dix heures du matin, emmenant onze prisonniers.

« L'arrivée de la troupe avait achevé de comprimer l'émeute, mais son prompt départ fit supposer qu'elle était rappelée à Clermont, où l'on commençait à s'agiter ; il fallait donc frapper un coup hardi, et montrer aux populations des campagnes que force était restée aux amis de l'ordre.

« Le lieutenant d'Espiard partit, le jour même où la troupe rentrait à Clermont, avec une douzaine de gendarmes, et se rendit, à travers deux pieds de neige, dans les communes de la montagne où des rassemblements avaient eu lieu au son du tocsin. Sa présence et quelques paroles énergiques produisirent le meilleur effet, peut-être même empêchèrent-elles l'attaque dont on nous menaçait pour la nuit.

« Pendant que la gendarmerie opérait sur la rive gauche de la Durolle, une colonne de volontaires marchait sur le chef-lieu du canton, situé sur la rive droite, et où, le matin même, s'était formé un rassemblement très-nombreux sous les ordres du principal chef de l'insurrection.

« Les deux colonnes opérèrent leur jonction vers huit heures du soir, et rentrèrent à Thiers sur les onze heures avec un certain nombre de prisonniers.

« Les arrestations continuent ; chaque jour l'instruction judiciaire révèle de nouveaux faits, de nouveaux noms ; puisse cette dure leçon ramener à de meilleurs sentiments ceux qui ne furent qu'égarés ! »

Après cette répression que les tentatives insurrectionnelles ne justifiaient guère, la tranquillité ne fut plus troublée, mais les arrestations continuèrent : on en fit à Riom, à Volvic, où l'ordre n'avait pas cessé de régner, et dans les campagnes, que les colonnes mobiles parcoururent en tous sens (1).

PYRÉNÉES (Basses-).

Bayonne. — Pau. — Gan. — Nay. — Lescar. — Morlas.

Quoique la commission départementale eut à statuer sur bon nombre de personnes appartenant à ce département, les renseignements sont peu abondants ; on sait seulement que la municipalité de Bayonne fut loin d'être favorable au coup d'État, et qu'il fallut l'intervention de la force armée pour l'empêcher de protester.

Une dépêche de Bayonne, en date du 5, disait : « Le département est calme. L'arrivée des nouvelles de Paris a préoccupé la population, et les chefs démocrates ont vu toutes leurs tentatives de désordre échouer devant le bon sens des masses. Toutes les autorités donnent leur adhésion. La partie éclairée de la population montre un vif dévouement. »

Le 6, une autre dépêche annonçait que les démagogues (style consacré) avaient fait tout ce qu'ils avaient pu pour exciter du trouble, mais qu'ils n'y étaient pas parvenus.

Cependant il dut y avoir un commencement d'exécution ; les nouvelles qui suivent, extraites du *Mémorial de Pau* du 17 décembre, du *Messager de Bayonne* et du *Moniteur* du 22 janvier, en sont la meilleure preuve :

« M. le procureur de la république et M. le juge d'instruction se sont successivement transportés à Gan, à Nay et à Lescar, pour procéder à une information relative aux

---

(1) A propos du sort des prisonniers politiques de ce département, nous n'avons trouvé dans le *Moniteur* que la note suivante datée du 25 avril 1852 :
« Cinquante-trois prisonniers politiques transférés de Clermont à Lyon sont arrivés hier à Montbrison ; ils doivent partir, demain 26, par le chemin de fer de Montrond, pour aller directement à Lyon. »

troubles des 3 et 4 décembre. Il paraîtrait qu'un complot s'était formé pour soulever les populations et les faire marcher en armes sur la ville de Pau. Plusieurs individus s'étaient rendus dans les localités voisines pour faire sonner le tocsin, et particulièrement à Nay, Gan, Morlas et Lescar. La plupart d'entre eux sont maintenant en état d'arrestation. Hier, M. Cazarré, praticien, a été arrêté. »

« Une instruction se poursuit, à l'occasion des événements qui se sont passés à Bayonne dans les journées des 3, 4, 5 et 6 décembre. De nombreux témoins ont été entendus ; divers mandats d'amener ou de comparution ont été décernés contre plusieurs personnes, dont quelques-unes font partie du conseil municipal.

« Le sieur Capo de Feuillide, ancien rédacteur du journal *l'Éclaireur*, est toujours écroué à la maison d'arrêt. Il a été entendu plusieurs fois par le juge d'instruction. »

A ces différentes arrestations, nous devons ajouter celle de M. Dindaburce, propriétaire à Bunus, et ancien membre du conseil général pour le canton d'Iholdy.

« On attend ici d'un jour à l'autre l'arrivée d'un certain nombre d'insurgés de départements voisins. Ils doivent être écroués à la citadelle, où des dispositions sont déjà prises pour les recevoir. »

La commission mixte des Basses-Pyrénées eut à statuer sur 48 inculpés ; nous donnons le tableau de ces décisions d'après le *Moniteur* du 6 avril.

Transportation à Cayenne........	»
— en Algérie........	6
(entre autres M. Capo de Feuillide)	
Expulsion du territoire...........	4
Eloignement momentané........	8
Internement....................	5
Surveillance....................	7
Mises en liberté avec surveillance.	6
Mises en liberté................	12
Total égal......	48

PYRÉNÉES (Hautes-).

Tarbes. — Bagnères. — Baudéan.

Un fait étrange, et qui peut donner beaucoup à penser, c'est que le coup d'État aurait été connu à Tarbes alors même qu'il n'était qu'en projet. C'est du moins ce qui semble résulter d'un article du journal *La République*, ainsi conçu :

« On écrit de Tarbes, 1er décembre. De nombreuses patrouilles ont sillonné hier soir et cette nuit notre ville, dont la tranquillité n'a pourtant pas été troublée un seul instant. Quelques bruits sinistres, qui avaient circulé ces jours-ci, étaient la cause de cette précaution salutaire qui montre à notre population que le gouvernement veille sur son repos et sur ses intérêts. »

Voulait-on tâter la population, ou bien n'était-ce qu'une manœuvre de la part des démocrates influents qui, depuis longtemps déjà, avaient prévu cet événement? Ou bien voulait-on amener ces derniers à se trahir par un mouvement prématuré? Le but, quel qu'il fût, ne fut pas atteint; à Tarbes, non plus que dans les deux arrondissements de Bagnères et Argelès, l'ordre ne fut point troublé.

On écrivait de Bagnères-de-Bigorre, le 7 décembre :

« Les démagogues se sont remués à la nouvelle des événements de Paris. Dans plusieurs communes ils sont parvenus à recruter quelques soldats pour l'émeute. Les campagnes n'ont pas répondu à leur appel. L'attitude des troupes a découragé les anarchistes, et la tranquillité la plus grande n'a pas tardé à être rétablie. »

De son côté, le *Journal de Tarbes* imprimait ces lignes :

« Les populations du département accueillent avec calme l'acte du gouvernement et répondront à l'appel du président. »

S'il en était ainsi, il n'y avait donc pas lieu à sévir;

mais il paraît qu'on voulait à tout prix atteindre les chefs de la démocratie ; une colonne mobile fut lancée dans le département ; les arrestations commencèrent, et l'on put lire dans le *Mémorial des Pyrénées* :

« Plusieurs arrestations ont eu lieu samedi soir à Bagnères. Une voiture cellulaire est arrivée mercredi matin à Tarbes, contenant quelques prisonniers. On cite parmi eux deux médecins et d'autres personnes notables.

« Ces arrestations se rattachent à des excitations à la révolte qui avaient amené quelques paysans de la vallée de Campan à s'armer et à marcher sur Bagnères. Arrivés au village de Baudéan, on leur conseilla de rétrograder, attendu qu'il n'y avait rien à faire à Bagnères.

« M. Vignerte, ancien représentant, est en fuite.

« A Tarbes, M. Soulé, avocat, a été arrêté. Il s'était rendu à Bagnères, porteur de proclamations imprimées dans une imprimerie clandestine qu'on a découverte au troisième étage d'une maison située sur la place Maubourguet. Trois ou quatre individus qui avaient crié : *Vive Soulé ! Vive la république démocratique et sociale !* sont aussi détenus.

« Plusieurs des rédacteurs du *Démocrate*, entre autres MM. Momus et Darrieux, se sont dérobés par la fuite aux poursuites dont ils ont été l'objet. Un avocat et un menuisier de Maubourguet ont été conduits à Tarbes. »

A Tarbes, le 10 janvier, M. Dufour-Dusat, médecin à Sauveterre, était arrêté par ordre du préfet, et le *Journal de Tarbes* ajoutait à l'annonce de cet acte de rigueur que rien ne semblait justifier :

« Cette arrestation se rattache, dit-on, à de *coupables projets* conçus pendant les jours de crise du mois dernier, et dont la ville de Maubourguet devait être le théâtre. »

Quels étaient ces *coupables projets* ? On n'en disait rien, et peut-être n'en savait-on pas davantage.

Le lendemain 11, on lisait dans le *Mercure aptésien* :

« Le bataillon de dépôt du 25e léger, qui a passé la nuit à Apt, a été chargé d'accompagner jusqu'à Avignon un premier convoi de nos prisonniers. D'autres convois ont été dirigés successivement sur cette ville, sous l'escorte des gendarmes et des soldats de passage. Les opérations des conseils de guerre ou des commissions militaires ne tarderont pas à commencer.

« Mercredi dernier, nous avons vu arriver la section d'artillerie ramenant de Digne les deux canons qui y avaient été dirigés le mois dernier [V. ALPES (BASSES-)]. Les artilleurs conduisaient également plusieurs charrettes chargées de fusils pris sur les insurgés des Alpes ou déposés par suite du désarmement opéré dans les communes. »

Dans la matinée du 16, trois nouvelles arrestations furent opérées : celles de MM. Dubarry, avocat et ex-constituant; Bruzaud, médecin, et Desplats aîné. « Ces arrestations, disait le *Mémorial des Pyrénées*, devaient être suivies de plusieurs autres, mais ceux qui en devaient être l'objet ont jugé prudent de s'y soustraire par la fuite. »

Et le même journal faisait en ces termes l'affreux tableau des souffrances endurées par ces malheureux, qui étaient traqués comme des bêtes fauves :

« Le mauvais temps, la faim, et les fouilles faites par la gendarmerie amènent chaque jour la prise des hommes compromis dans les derniers événements, qui avaient cherché leur salut dans la fuite. Un grand nombre de fugitifs du Gers se sont réfugiés dans nos montagnes, où plusieurs ont été débusqués. Leurs souffrances sont horribles, car aux appréhensions dont leur existence est remplie, se joignent les douleurs physiques occasionnées par un froid excessif sous un climat nébuleux et humide à l'excès, et par le manque de ce qui est nécessaire à la vie.

« Des pâtres ont trouvé dernièrement un foyer éteint et des débris de pommes de terre. Quelques malheureux avaient sans doute consommé en cet endroit un festin plus frugal que ceux qu'ils rêvaient naguère. Quelle qu'ait été leur intention, quelle qu'ait été leur faute, ils n'en sont pas moins, malgré leurs égarements, des frères auxquels on ne peut refuser les sentiments que la nature a placés dans le cœur de l'homme. »

Et ce n'était pas l'insurrection qu'on réprimait avec tant de sévérité, puisque, de l'aveu des autorités des Basses-Alpes, la tranquillité n'avait pas un instant cessé de régner dans ce département. Il n'y avait pas d'insurgés ; mais seulement des hommes qui voulaient conserver leur liberté et se soustraire aux violences dont ils étaient menacés ; aussi se sent-on le cœur navré au récit de ces rigueurs inutiles, peut-être complétement imméritées, et que l'histoire enregistrera dans ses plus sombres pages.

PYRÉNÉES-ORIENTALES.

Perpignan. — Estagel. — Thuir. — Collioure. — Prades. — Ceret, etc.

Le coup d'État ne pouvait manquer de produire une vive agitation dans les populations du Midi où, de tout temps, les passions politiques ont été si ardentes. Patrie du savant Arago, le département des Pyrénées-Orientales appartenait presque entièrement à l'opinion démocratique, et la constitution républicaine devait nécessairement y trouver un grand nombre de défenseurs. Il y avait à craindre, là, plus qu'ailleurs, quelque violente conflagration. La société secrète — qui n'était un secret pour personne — y comptait presque autant de membres qu'il y avait d'habitants, et presque tous étaient armés et se tenaient sur leurs gardes ; car on pressentait que la réaction qui s'était produite après les terribles journées de juin 1848, et qui n'avait fait que croître depuis, se trouvant maintenant assez forte, tenterait quelque grand coup contre le gouvernement républicain.

Mais, d'autre part, de grandes précautions étaient prises dans ces départements si faciles à enflammer, et à mesure que le moment décisif approchait, les préfets recevaient, d'heure en heure, des instructions nouvelles, et la force armée, pourvue de munitions, était mise sur pied.

Telle était la situation à Perpignan, chef-lieu, lorsque la nouvelle du coup d'État y arriva dans l'après-midi du 4 décembre 1851. Aussitôt un rassemblement tumultueux se forma devant la préfecture. Il fut dissipé, non sans peine, par la troupe, qui fit quelques arrestations.

Le lendemain, l'arrêté suivant du maire de Perpignan était affiché sur les murs de cette ville :

« Considérant qu'il importe que, dans les circonstances présentes, chacun se montre à visage découvert et qu'aucun méfait ne puisse demeurer impuni ;

« Arrêtons :

« Art. 1er. A partir de ce jour, et jusqu'à nouvel ordre, il est défendu de sortir la nuit la tête couverte d'un capuchon ou de tout autre objet empêchant de reconnaître les personnes.

« Art. 2. Il est également défendu de sortir la nuit la figure enveloppée d'écharpes ou autres objets pouvant empêcher de reconnaître les personnes.

« Art. 3. Il est également défendu de sortir déguisé d'une façon quelconque.

« Art. 4. Les contrevenants au présent arrêté seront mis à la disposition de l'autorité compétente pour être poursuivis conformément aux lois.

« Art. 5. Le commissaire de police et les agents de la force publique sont chargés de l'exécution du présent arrêté.

« Perpignan, le 5 décembre 1851.

« A. LLOUBES.

« Vu et approuvé :

« Perpignan, le 5 décembre 1851.

« *Le préfet des Pyrénées-Orientales,*

« DULIMBERT. »

Pendant quarante-huit heures le calme parut complétement rétabli, et l'on écrivait de Perpignan, le 7 décembre :

« Le département a repris sa physionomie accoutumée. Partout on adhère avec empressement aux mesures adoptées par le chef de l'État. L'effet produit par les dernières dépêches est immense ; les honnêtes gens sont dans la joie.

« La tranquillité règne partout dans le département. »

Cela n'était qu'à moitié vrai : si le préfet, M. Pougeard-Dulimbert, et M. le maire, Auguste Lloubes, avaient donné leur adhésion aux décrets du président de la république, plusieurs personnages importants du département l'avaient refusée, entre autres MM. Cammès, ingénieur en chef des ponts et chaussées, et Cartène, ingénieur ordinaire, qui, pour ce refus, furent suspendus de leurs fonctions. Et puis, si Perpignan était tranquille, il s'en fallait de beaucoup qu'il en fût de même dans tout le département. A Estagel, par exemple, le dimanche 7, des groupes nombreux se formèrent dans les rues et parcoururent la ville chantant la Marseillaise, et l'émeute ne tarda pas à devenir menaçante.

Averti de ce qui se passait dans cette petite ville, le préfet partit aussitôt pour s'y rendre vers le milieu de la nuit.

« Sa voiture, dit la relation officielle, était escortée par un détachement de hussards, et deux hussards éclairaient la route. Un demi-bataillon du 20e et un détachement de hussards étaient dirigés sur la même commune. A quatre heures et demie la troupe prenait position, et il a été procédé aussitôt à l'arrestation des principaux chefs de l'insurrection. Ces arrestations ont été faites sans opposition, et tout jusque-là s'était passé assez paisiblement ; ce n'est que lorsque la troupe se mit en route avec les prisonniers, que l'on avait placés sur une charrette pour les conduire à Perpignan, que des coups de feu ont été dirigés sur nos braves soldats. Une balle est passée sous l'aisselle de M. le lieutenant Dumoulin, qui n'a dû son salut qu'à un mouvement par le flanc.

« La troupe alors seulement a riposté à l'agression par quelques coups de fusil, et plusieurs des assaillants ont été tués ou blessés.

« Ordre a été donné de revenir à Estagel. La troupe était exaspérée et *voulait faire le sac de la ville*. M. le préfet a dû employer toute son autorité pour calmer la juste indignation des troupes.

« M. le préfet a eu une nouvelle occasion de déployer toute son énergie. Arrivé sur la place, il a menacé de faire fusiller quiconque serait trouvé les armes à la main, soit dans les rues, soit aux fenêtres des maisons (1).

« Les maisons ont été alors fermées et les rues devinrent désertes. Après un quart d'heure, les troupes se sont mises de nouveau en route sans être inquiétées.

« Elles sont rentrées à Perpignan à quatre heures et demie. Les prisonniers, au nombre de dix ou douze, ont été dirigés sur la citadelle, escortés par la troupe et quelques agents de police.

« A dix heures du soir, des estafettes sont arrivées à la préfecture, venant d'Estagel. On annonçait, dit-on, que de nouvelles agressions avaient lieu. Des ordres ont été donnés pour qu'une demi-batterie se mît aussitôt en route pour cette destination, ainsi qu'un fort détachement d'infanterie et de cavalerie.

« M. le préfet est parti de Perpignan vers une heure du matin. Il a fait procéder, à Estagel, au désarmement de la population.

« Cette opération s'est exécutée avec le plus grand empressement. Tout est rentré dans l'ordre. »

Une grande agitation se manifesta également à Thuir, à Villelongue, à Collioure, à Prades. Partout furent faites de nombreuses arrestations; dans les trois arrondissements de Perpignan, de Prades et de Ceret, leur nombre s'élevait à plus de deux cents, et ce nombre fut doublé par les captures qu'opéra ensuite l'autorité militaire.

Que fit-on de ces malheureux?

---

(1) Dire que l'on va faire fusiller, et trouver pour cette menace un journal qui prétende que l'auteur de ces paroles a fait preuve d'énergie en les prononçant, cela nous paraît plus qu'étrange.

Le *Journal des Pyrénées-Orientales* du 22 mars 1852 nous l'apprend :

« Deux cent soixante-seize individus, condamnés à la déportation en Algérie par la commission mixte du département des Pyrénées-Orientales ont été extraits, le 13 mars, de la citadelle de Perpignan. A six heures, le convoi est parti, escorté de ligne, de hussards et de gendarmes. A Port-Vendres, on les a embarqués sur l'*Asmodée*, frégate de l'État. »

On lisait dans le même journal, n° du 7 avril :

Le colonel Espinasse, en vertu des pouvoirs qu'on lui a confiés, a accordé de nombreuses remises de peines, savoir :

Algérie, 1re catégorie	13	individus.
Algérie, 2e catégorie	40	—
Expulsés	20	—
Eloignés momentanément	9	—
Internés	20	—

Par suite des commutations prononcées, dix individus seulement iront à Cayenne.

A la suite de ces événements, le préfet, M. Pougeard-Dulimbert, reçut une épée d'honneur que lui votèrent ses administrés, sans doute pour l'énergie qu'il avait déployée à Estagel.

RHIN (Bas-).

Strasbourg. — Marmoutier. — Hochfelden, etc.

La nouvelle du coup d'État ne pouvait manquer de causer une grande sensation à Strasbourg ; le préfet, informé de ce qui se passait à Paris, avait compris le danger, et le 4 décembre il faisait afficher la proclamation suivante :

« Habitants de Strasbourg,

« De graves événements se sont accomplis à Paris.

« L'appel au peuple est proclamé.

« Sous peu de jours la nation sera appelée à émettre son vote souverain.

« En attendant que la volonté nationale se manifeste par le suffrage universel de tous les Français, il faut que les lois continuent d'être religieusement observées. C'est dans le calme, dans le respect des lois que le peuple se préparera à l'exercice de son droit.

« La mission de vos magistrats est de veiller à l'ordre public : ils la rempliront avec la fermeté qu'ils puisent dans le sentiment du devoir.

« Comptez sur leur dévouement, et donnez-leur le concours qu'ils sont habitués à trouver dans le patriotisme alsacien.

« Strasbourg, le 4 décembre 1851.

« *Le préfet du Bas-Rhin,*
« C. West. »

En même temps, ce magistrat adressait aux sous-préfets et maires de son département une circulaire rédigée dans le même sens, c'est-à-dire présentant les choses sous l'aspect favorable. Il ne s'agissait, disait ou semblait dire M. le préfet, que d'un appel au peuple, et toutes les libertés étaient garanties par le suffrage universel.

Voici cette pièce assez sèche, où l'auteur semble craindre une vive agitation :

« Messieurs, vous recevrez avec la présente circulaire, un exemplaire de la proclamation que le président de la République adresse au peuple. Veuillez prendre les dispositions pour que cette proclamation soit immédiatement portée à la connaissance de vos concitoyens.

« Dans cette grave circonstance, où le vœu de la nation va être de nouveau consulté, il importe avant tout que la tranquillité publique soit religieusement maintenue, que les lois protectrices de l'ordre public et des intérêts privés soient observées.

« Je compte sur votre concours énergique et dévoué ; je confie la tranquillité de votre commune à votre honneur et à votre patriotisme.

« Tenez-moi informé de la situation, et, s'il en est besoin, l'appui immédiat et vigoureux de l'administration supérieure ne vous manquera pas.

« Vous m'accuserez réception de cette circulaire, et vous demanderez à tous les fonctionnaires publics leur adhésion à la mesure que le gouvernement vient de prendre.

« *Le préfet du Bas-Rhin*,
« C. West. »

De son côté, le maire de Strasbourg faisait afficher sur les murs de cette ville cette autre proclamation qui, bien qu'écrite dans le même sens, était un peu plus onctueuse :

« Citoyens,

« Plus les circonstances sont graves et solennelles, plus aussi les véritables républicains doivent montrer de calme (car le calme c'est la force) et de respect pour les lois protectrices de la tranquillité publique.

« Habitants de Strasbourg, que votre caractère de bons citoyens, justifié au milieu de tous les orages révolutionnaires, ne se démente pas aujourd'hui.

« Maintenons tous ensemble l'ordre et la paix, et, quels que soient les événements qui puissent surgir, comptez que vos autorités municipales, issues du suffrage universel de la cité, toujours fidèles à la mission qu'elles tiennent de la Constitution et des lois, ne failliront pas à leurs devoirs.

« Strasbourg, le 4 décembre 1851.

« *Le maire provisoire*,
« Chastelain. »

Ces sortes de précautions oratoires ne purent empêcher qu'une vive agitation se produisît le 5, dans la matinée. Vers midi, de nombreux rassemblements se formèrent dans les principales rues de la ville. Le bruit se répandit qu'une démonstration populaire aurait lieu vers les casernes de l'artillerie, et des groupes, toujours plus nombreux, se formèrent bientôt sur les places, au centre de la ville.

« D'autre part, l'autorité semblait se préocuper non moins vivement de cette agitation ; des piquets de gendarmerie à cheval galopaient dans différentes directions; des commissaires de police, entourés de leurs agents et suivis de gendarmes à pied, traversaient les rues, qui étaient sillonnées en outre par de fortes patrouilles militaires.

« Vers une heure, une foule considérable, au milieu de laquelle s'élevait un drapeau portant le mot *constitution*, se dirigea vers la caserne d'artillerie, située sur la place d'Austerlitz, après avoir traversé la rue du Vieux-Marché-aux-Poissons, le pont du Corbeau et la rue d'Austerlitz. Les soldats étaient sous les armes dans la cour de la caserne, dont la grille était fermée. A peine le cortége était-il réuni sur la place, qu'un escadron d'artilleurs à cheval, débouchant d'une rue adjacente, exécuta une charge pour balayer le terrain.

« Presque en même temps, M. le général de division Waldener et M. West, préfet du Bas-Rhin, accompagnés d'officiers d'état-major et d'officiers de gendarmerie, précédés et suivis d'un fort détachement de cuirassiers, avaient parcouru à cheval une partie de la ville et arrivaient sur le lieu du rassemblement. Une nouvelle charge d'artilleurs et de cuirassiers fut commandée contre la foule, qui reflua vers la place et le pont du Corbeau.

« Le drapeau avait disparu et plusieurs arrestations avaient été opérées.

« A quatre heures, M. Comte, commissaire central de police, accompagné de M. Collignon, commissaire du canton *sud*, escorté d'agents et de gendarmes, parcourait la ville en proclamant l'état de siége, par ordre du général de division M. Waldener de Freundstein. »

Cette déclaration de l'état de siége, affichée dans la soirée, pouvait avoir deux résultats bien différents : faire cesser ou augmenter l'agitation populaire; heureusement ce fut le calme qui se produisit : toutes les principales rues de la ville continuèrent à être occupées militairement; vers dix heures, les habitants étaient rentrés chez eux, et les patrouilles circulèrent dans la solitude la plus absolue.

Mais cela n'empêcha pas les arrestations de se multiplier, et dès le 7 décembre, on lisait dans le journal l'*Alsacien* :

« Il a été procédé hier, à Strasbourg, à de nouvelles arrestations, entre autres à celle d'un élève en droit nommé Blondin, qui s'est beaucoup agité dans les groupes lors de la tentative d'embauchage de samedi dernier. Il paraît accusé aussi d'avoir proféré des propos séditieux et des menaces contre les agents de l'autorité.

« Parmi les personnes mises en état d'arrestation, on cite les noms de MM. Chrétien Ott; Prudhomme, de Rosheim; Pitton, gaînier; Beyer, avocat; Ulrich, avocat; Louis Gros; Blondin, de Saint-Dié; Keller, épicier, et Catoire, avocat. »

Avec ces arrestations contrastaient singulièrement ces assertions contenues dans la même feuille :

« Les cantons de la Lorraine allemande n'ont pas été agités du tout.

« A Marmoutier, tous les hommes les plus influents se sont offerts de prêter assistance à la force publique. On cite MM. Boer et Adam, notaires; Guntz, médecin; les deux huissiers, le percepteur, l'adjoint et quelques membres du conseil municipal comme ayant été les plus empressés à donner leur concours.

« A Hochfelden, M. le maire Héberlé et tous ses nombreux parents et amis, des cultivateurs et des artisans de tous les états ont eu aussi la bonne pensée de se réunir et de se concerter avec les agents de la force publique pour les aider en cas de besoin.

« Dans notre département, la tranquillité n'a été menacée sur aucun point. Les anarchistes auraient bien voulu se remuer, mais ils n'ont rien pu faire, en présence de l'attitude des autorités et en l'absence des sympathies dans les masses. »

Si la tranquillité était si grande, pourquoi donc le préfet prononçait-il la révocation de trente-deux maires de son département, administrant depuis longtemps les communes suivantes : Schiltigheim, Rhinau, Pfaffenhoffen, Saverne, Villé, Cosswiller, Romanswiller, Wasselonne, Mundolsheim, Hangenbieten, Oberschæffolsheim, Geispolsheim, Düppigheim, Nothalten, Ratzwiller, Ebersheim, Otrott-le-bas, Bischwiller, Sand, Eckwersheim, Molsheim, Pfulgriesheim, Handschuheim, Gambsheim, Quatzenheim, Willgotheim, la Wantzenau, Kolbsheim, Lingolsheim, Neuwiller, Mulhausen, Bischholtz?

Par une singulière anomalie, en même temps qu'il prononçait ces révocations, le même magistrat adressait aux sous-préfets et aux maires cette circulaire :

« Messieurs, Paris est complétement tranquille ; la France entière applaudit à l'anéantissement de l'insurrection. L'armée a été admirable de dévouement et d'enthousiasme. Grâce à son courage, Paris et la France sont sauvés de l'anarchie.

« La Providence a veillé encore une fois sur notre patrie : montrons-nous dignes de la protection signalée qu'elle vient d'accorder à la France, et redoublons de vigilance et d'énergie dans l'accomplissement de nos devoirs. Apportons ainsi notre concours à l'œuvre de paix, de prospérité nationale et de stabilité que le président de la république a entreprise.

« Veillez à tous les services publics, à la bonne tenue des écoles, à la police locale ; veillez surtout au soulagement des malheureux : stimulez le zèle de tous les fonctionnaires et agents de la commune.

« Le 3 décembre, j'ai confié la tranquillité de vos communes à votre honneur, à votre patriotisme. Votre responsabilité a été engagée à ce que toutes les tentatives de perturbation qui ont pu être faites me soient immédiatement signalées et que leurs auteurs soient livrés à la justice.

« Accusez-moi réception de cette circulaire et tenez-moi informé de la situation de vos communes.

« Recevez, messieurs, mon salut fraternel (1).

« Le préfet du Bas-Rhin,
« C. WEST. »

De son côté, le général commandant la 4e division militaire publiait un ordre du jour où il félicitait les troupes placées sous ses ordres pour leur attitude énergique, « attitude, disait-il, qui avait déjoué les espérances des fauteurs de désordre. »

Le Bas-Rhin ne fut pas exempt de ce que l'on est convenu d'appeler les mesures de sûreté publique. Par décision de la commission mixte, MM. Beyer, Multz, Prudhomme, Bœsé, Desramez, Keller, Labern, Pseyer, Masse, Egel, Wehrlé, Lorsch et Gross furent condamnés à la transportation en Afrique.

MM. Werber, Weiss, Muths, Eckel, Meures, Schweininger, Ulrich, Laguisland et Cron, à l'expulsion du territoire français.

MM. Blondin et Catoire, à l'internement.

RHIN (Haut-).

Colmar. — Mulhouse.

Le préfet de ce département, comme son confrère du Bas-Rhin, était instruit dès le 3 décembre de ce qui se passait à Paris. Le 4 décembre, au matin, il faisait afficher sur les murs de Colmar l'arrêté suivant, quelque

---

(1) Qu'on ne lise pas : salut et fraternité, mais seulement salut fraternel.

peu draconien et qui suffit à prouver que, sous le régime républicain, l'arbitraire n'était pas moins florissant qu'au temps du pouvoir absolu :

« Colmar, le 4 décembre 1851.

« Nous, préfet du Haut-Rhin,
« Vu les circonstances graves dans lesquelles se trouve « le pays ;
« Vu les pouvoirs qui nous sont conférés ;
« Attendu que le premier devoir de l'autorité est d'assurer l'ordre, de maintenir la tranquillité publique et de prévenir toute possibilité de conflit,
« Arrêtons :
« Art. 1er. Toute publication politique quelconque, sous forme de journal, de brochure, d'affiche, est provisoirement interdite dans toute l'étendue du département.
« Jusqu'à nouvel ordre, aucune publication de ce genre ne pourra être faite sans notre autorisation spéciale.
« Art. 2. Toute réunion politique est interdite dans toute l'étendue du département. Celles qui se formeraient au mépris du présent arrêté seront immédiatement dispersées.
« Art. 3. Il est interdit de s'attrouper, soit sur la voie publique, soit partout ailleurs : tout attroupement sera immédiatement dispersé par la force. Il est également interdit de pousser des cris ou de faire entendre des chants poliques ; les contrevenants seront arrêtés.
« Art. 4. Les réunions dans les cafés, brasseries, cabarets et autres lieux publics qui prendraient un caractère politique ou de nature à troubler la tranquillité publique, seront immédiatement dispersées, et les établissements où elles auront été tenues seront fermés.
« Art. 5. Dans le but d'assurer la tranquillité publique sur tous les points, l'autorité militaire est requise de faire parcourir le département par des colonnes mobiles, dont la subsistance sera assurée par voie de réquisitions, adressées aux maires des communes où les troupes feront halte ou séjour.

« Ces fonctionnaires y pourvoiront sur les fonds des communes, sauf régularisation ultérieure.

« Art. 6. MM. les sous-préfets, maires, commandants de la gendarmerie et de la force publique, commissaires de police, et, en général, tous les agents de la force publique, sont chargés de concourir à l'exécution du présent arrêté.

« Art. 7. Le présent arrêté sera affiché et publié dans toutes les communes du département par les soins de MM. les maires.

« Durckheim. »

Flanquée de deux proclamations, une du préfet, l'autre du maire de Colmar, cette pièce eut tout le succès que pouvait en attendre son auteur : Colmar, Belfort et Altkirch demeurèrent calmes. Il est vrai que, entre son arrêté et sa proclamation, M. le préfet semblait s'être considérablement radouci.

« Habitants du Haut-Rhin, disait-il dans cette dernière pièce, le président de la république fait un appel au peuple ; il veut que chaque Français puisse exprimer librement son vœu, et il donne à la souveraineté populaire l'occasion de se manifester.

« Habitants du Haut-Rhin, votre attitude calme et honorable au milieu des dangers qui nous environnent depuis trois ans me donne la certitude que vous comprendrez aujourd'hui la gravité des devoirs que la situation vous impose.

« Votre administration, dans laquelle vous avez confiance et qui, dans ce moment solennel, est chargée du maintien de la tranquillité publique et de la sûreté de tous les bons citoyens, votre administration vous demande, dans l'intérêt public, la continuation de votre attitude digne et sérieuse ; c'est le plus puissant concours que vous puissiez lui prêter pour l'aider à accomplir sa tâche.

« Elle vous donne ici la ferme assurance que toutes les mesures sont prises pour garantir la tranquillité sur tous les points du département, et que, si des tentatives insensées de désordre pouvaient être faites, elles seraient immédiatement et énergiquement réprimées.

« Habitants du Haut-Rhin, ayez confiance dans votre administration ; elle compte sur vous ; comptez à votre tour sur son patriotique dévouement.

« Fait à l'hôtel de la préfecture, à Colmar, le 4 décembre 1851.

« *Le préfet du Haut-Rhin,*

« Durckheim. »

Mulhouse. — Dans cette ville essentiellement manufacturière, la nouvelle des événements qui s'accomplissaient à Paris, produisit une vive émotion.

Dans la soirée du samedi 6 décembre, à l'arrivée du courrier de Paris, qui devait apporter les nouvelles de ce qui s'était passé dans la capitale pendant les journées du jeudi et du vendredi, une foule assez considérable s'était portée devant le bureau de la poste, et, après la lecture des dépêches, il y eut des cris assez tumultueux. La police étant intervenue, le rassemblement fut dispersé et plusieurs personnes arrêtées.

Le lendemain, dimanche, quelques groupes s'étaient formés, un peu après midi, sur la place du Nouveau-Quartier. Bientôt d'autres groupes se réunirent sous les arcades et dans les avenues ; il y régnait une grande animation.

Le rassemblement étant devenu plus tumultueux, l'autorité fit arriver sur ce point une force militaire imposante, qui fut reçue par des cris agressifs (1). Plusieurs arrestations furent immédiatement opérées sans résistance ; le

---

(1) Le correspondant du *Moniteur* dit : des cris agressifs ; il est probable que les citoyens qui se trouvaient là crièrent : *Vive la République !* Il est vrai qu'à cette époque plusieurs personnes furent condamnées à différentes peines pour avoir crié *Vive la République !* *d'une façon provoquante.* Il n'y a donc rien d'étonnant à ce que le correspondant du *Moniteur* qualifie d'agressifs les cris de vive la république.

rassemblement se dispersa, et il ne resta plus que des curieux.

« Les choses demeurèrent dans cet état jusqu'à la tombée de la nuit, et tout paraissait devoir rentrer dans le calme, lorsque vers neuf heures du soir de nouveaux cris s'échappèrent de groupes qui s'étaient reformés aux abords de la même place du Nouveau-Quartier. Une nouvelle démonstration de la troupe et de nouvelles arrestations eurent lieu.

« Vers dix heures, à l'arrivée du courrier, la distribution se fit sans le moindre bruit, et dès ce moment tout rentra dans l'ordre. »

Rien de tout cela n'était bien grave ; l'émotion était en quelque sorte légitimée par la cause qui l'avait produite, et il semblait qu'il n'y eût rien de mieux à faire maintenant que de laisser le calme se rétablir complétement, en renonçant à toute mesure violente ; mais l'autorité avait eu peur, et c'est le propre de la peur de grossir les objets outre mesure. Le préfet du Haut-Rhin était accouru à Mulhouse au premier bruit du mouvement qui s'y produisait, et ce fut au milieu du calme le plus complet qu'il y fit afficher la proclamation suivante :

« Ouvriers de Mulhouse,

« On a cherché à produire au milieu de vous de l'agitation et du désordre. Vous êtes restés indifférents et calmes, parce que vous avez compris qu'on voulait vous égarer.

« Ceux qui, dans ce moment, s'efforcent de vous entraîner au mal, sont les mêmes hommes qui, en février 1848, vous ont fait de belles promesses et vous ont privés de travail. N'écoutez plus jamais leurs perfides conseils : ils vous ont trompés, ils vous tromperont toujours. Ce sont les intrigants seuls qui profitent des révolutions ; vous y perdez toujours.

« Aujourd'hui encore, si l'autorité ne veillait avec une inflexible fermeté, ces mêmes hommes détruiraient le repos qui seul vous permet de vivre heureux et de prospérer en travaillant.

« Écoutez la voix de vos magistrats et ne suivez point d'autres conseils ; en luttant pour la tranquillité publique, l'autorité combat pour vous. Soutenez-la par votre obéissance et par une entière confiance dans ses sentiments paternels pour vous.

« C'est votre préfet, enfant de l'Alsace comme vous, qui vous tient ce langage. Souvenez-vous qu'il a toujours été l'ami dévoué de ceux qui ont besoin de protection et d'appui. Il vous félicite de votre attitude calme et vous invite à persévérer.

« Mulhouse, le 8 décembre 1851.

« *Le préfet du Haut-Rhin,*

« Durckheim. »

C'eût été bien si l'on en fût resté là ; mais après ces paroles de paix, se montra tout à coup une répression tardive, inopportune et impolitique, les arrestations se multiplièrent, et les prisonniers devinrent si nombreux dans les prisons de Colmar et de Belfort, qu'il fallut en transférer une partie à la maison centrale d'Ensisheim. Les plus notables personnages de la ville ne furent pas épargnés ; parmi ceux qu'on dirigea ainsi à la prison centrale se trouvaient MM. Zickel, Kœchlin, Pellerin, Xavier Chauffour, et beaucoup d'autres notabilités. Il est probable que le préfet reconnut promptement son erreur, car, deux jours après il fit rendre la liberté à toutes ces personnes ; mais le mal était fait.

RHONE.

Lyon.

S'il faut en croire les apparences, le projet du coup d'État était connu à Lyon avant qu'on en sût quelque chose à Paris. On lisait dans *le Salut Public* du 1er décembre 1851 :

« En dépit des prédictions sinistres dont elle avait été

précédée, la journée d'hier s'est écoulée, à Lyon, au milieu du calme le plus profond. Tous les lieux publics, tels que théâtres, bals, cafés chantants, ont été pendant toute la soirée remplis par une foule très-nombreuse, mais aussi très-paisible, et qui ne paraissait distraite par aucune préoccupation politique.

« Nous aimons à espérer qu'il en aura été de même dans les départements voisins, et nous en avons pour garants non-seulement la vigilance de l'autorité, mais aussi le bon esprit des populations. Tout en laissant crier les propagandistes de la république démocratique et sociale, elles sont peu disposées à les suivre jusqu'à l'insurrection. »

Le 4, bien que l'on sût depuis plus de vingt-quatre heures ce qui se passait à Paris, aucun symptôme de mouvement populaire ne se manifesta dans la cité lyonnaise, et on lisait dans *le Courrier de Lyon* de ce jour :

« Les nouvelles arrivées ce matin de Paris ont causé dans notre ville une émotion facile à comprendre. Toutefois, nous devons à la vérité de déclarer qu'au milieu de de la diversité des opinions qui se produisent, nul indice ne peut faire appréhender une manifestation hostile à l'ordre public.

« Il y a longtemps que nous l'avons dit : grâce au régime militaire institué à Lyon, grâce à notre nombreuse et excellente garnison, grâce à la prévoyance du général de Castellane et à son inébranlable fermeté, grâce au concours énergique qu'il trouverait d'ailleurs dans toutes les autorités civiles et militaires, nul danger de ce genre n'est à craindre à Lyon, et la tranquillité peut être considérée comme assurée en toute hypothèse.

« A midi, la physionomie de notre ville n'a pas essentiellement changé.

« Sur les places publiques et dans les rues principales l'affluence est très-grande.

« De fortes patrouilles d'infanterie et de cavalerie sillonnent les principales artères de communication.

« Tout à l'heure, les sergents de ville ont arrêté, sur

la place de la préfecture, un individu qui, après quelque résistance, s'est laissé conduire à l'hôtel de ce nom.

« De grandes précautions militaires avaient été prises en vue du maintien de la tranquillité matérielle de notre ville. Dès le matin, de l'artillerie et de l'infanterie ont pris position à la Croix-Rousse, sur les Tapis; l'hôtel de ville est gardé par plusieurs bataillons, les armes chargées; beaucoup d'autres points de la cité sont également garnis de troupes prêtes à agir dans le cas où quelque tentative de désordre viendrait à se manifester. »

Les nouvelles du 5 données par ce journal n'étaient pas moins rassurantes; on y lisait :

« Aucun fait nouveau de quelque importance ne s'est passé dans notre ville depuis hier. Une foule nombreuse a continué à circuler jusqu'à la nuit dans nos principales rues et sur les places publiques. Nous devons constater, pour être dans le vrai, que cette foule paraissait plutôt animée par des sentiments de curiosité que par toute autre cause. A notre connaissance, nul cri hostile ne s'est fait entendre, aucune manifestation extérieure de résistance ou de protestation n'a eu lieu.

« Quant à l'opinion qui domine dans la masse de la population lyonnaise, sans distinction de classes, d'après toutes les indications que nous avons pu recueillir, elle est généralement une approbation plus ou moins expresse de l'acte de vigueur qui vient de s'accomplir.

« Cependant on nous assure que les sociétés secrètes sont restées en permanence ces jours derniers, et que des projets plus ou moins insensés ou coupables y ont été agités. Vers neuf heures du soir, le bruit s'est répandu, sur des informations venues de la police, que des rassemblements allaient se porter, de la Guillotière et de la Croix-Rousse, vers le centre de la ville, pour y tenter une attaque nocturne. Des mesures militaires ont été immédiatement prises avec autant de célérité que de vigueur pour faire échouer cette tentative en supposant qu'elle eût lieu.

« De forts piquets d'infanterie ont été postés sur différents points, et la circulation a été interdite sur quelques autres. Au-devant du perron de l'hôtel de ville, un vaste carré a été formé par un cordon de factionnaires qui maintenaient libre l'espace intérieur garni en bitume. De fortes patrouilles de chasseurs de Vincennes, d'infanterie de ligne, de cuirassiers et de dragons parcouraient les différents quartiers de la ville. »

Le 7, M. Réveil, maire de Lyon, fit afficher la proclamation suivante :

« Lyonnais,

« Nous venons de traverser des jours d'épreuve.

« L'énergique attitude de notre armée a préservé notre Lyon des horreurs de la guerre civile. — Honneur à elle ! — Généraux, officiers supérieurs, officiers, sous-officiers et soldats, nous les avons vus, pendant cinq jours et cinq nuits, supporter les plus rudes travaux avec cette abnégation, cette résignation que donne la conscience du grand devoir que l'on accomplit, avec la noble ambition de répondre aux sentiments de dévouement et de modération que leur inspire leur digne général commandant supérieur, et dont il leur a donné constamment et partout un si généreux exemple.

« Au nom de la ville entière, je leur adresse à tous le témoignage de notre profonde et éternelle reconnaissance.

« Lyonnais,

« Pendant ces jours d'anxiété et de douleur, nous avons donné, par notre calme, la preuve de ce que peut l'amour du bien, l'amour de l'ordre. — La tranquillité qui a régné dans notre grande ville, a eu sur les pays voisins la plus heureuse influence. — Continuons cette mission de paix. — Comprimons tous les affections, les espérances, les regrets que le passé a pu laisser dans nos cœurs, pour nous unir avec dévouement dans une commune pensée, — l'avenir du pays. »

Cette proclamation est loin, suivant nous, de ressembler à une adhésion au coup d'État.

De son côté, le préfet, M. de Vincent, portait en ces

termes, à la connaissance de ses administrés, la nomination du général de Castellane au commandement supérieur des 5e et 6e divisions militaires :

« Habitants du Rhône, Lyonnais,

« M. le président Louis-Napoléon a compris vos vœux et vos désirs : il vient de nommer général en chef de l'armée de Lyon le général de Castellane commandant supérieur des 5e et 6e divisions militaires.

« Louis-Napoléon vous donne un nouveau gage de sécurité, en récompensant notre brave et admirable armée dans la personne de son illustre et valeureux chef.

« Souvenez-vous, Lyonnais, que vous devez à ce dernier le calme et le repos dont vous jouissez ; vous l'en remercierez en lui continuant la confiance sans bornes qu'il mérite à tant de titres ; ce sera aussi le plus sûr moyen de témoigner notre juste et légitime reconnaissance à l'élu du 10 décembre, au sauveur de la France, du monde civilisé, à Louis-Napoléon !

« Lyon, ce 9 décembre 1851. »

Le langage du général de Castellane était beaucoup moins anodin ; sans autre préambule, il disait dans un arrêté publié le 10 :

« Art. 1er. Les associations fraternelles existant à Lyon sont dissoutes, et il sera procédé immédiatement à leur liquidation.

« Art. 2. Cette liquidation devra avoir lieu en présence du commissaire de police de l'arrondissement où se trouvent les associations ; les intéressés devront prévenir les fonctionnaires chaque fois qu'ils se réuniront pour cet objet.

« Art. 3. Tous les contrevenants au présent arrêté pourront être poursuivis comme faisant partie d'une société secrète, conformément au décret du 8 décembre courant. »

En résumé, aucune tentative d'insurrection n'eut lieu à Lyon ; trois ou quatre individus seulement essayèrent d'afficher des placards insurrectionnels dont les premiers mots étaient : « Soldats ! consentiriez-vous maintenant à servir le traître Bonaparte ?... » Ces hommes furent arrêtés sans que cela causât la moindre émotion dans le peuple.

Toutefois le même calme ne régnait pas dans tout le département et aux environs ; et on lisait dans le *Courrier de Lyon* du 9 :

« Hier, vers dix heures du soir, les deux escadrons qui avaient été envoyés à Villars sont rentrés dans notre ville, amenant une vingtaine de prisonniers qu'on avait placés sur des voitures. A Trévoux, M. Delatour, procureur de la République, s'était joint à la force armée qui s'est dirigée sur le lieu du rassemblement.

« Comme nous l'avons dit, cette bande s'est dispersée à l'approche de cette colonne. On a trouvé dans cette localité deux gendarmes blessés qui faisaient partie de la malle arrêtée dans la nuit du 5 au 6. Ces malheureux, dont la résistance avait irrité leurs agresseurs, ont été l'objet des plus mauvais traitements.

« Cette bande était en partie composée d'individus venus de la Croix-Rousse et des communes qui bordent la Saône.

« Les habitants des campagnes, au lieu de s'associer à leur entreprise, ont prêté main-forte à l'autorité et l'ont aidée à faire des arrestations. »

Le Salut Public prenait occasion du même fait pour glorifier en ces termes les sergents de ville de la cité lyonnaise.

« Les sergents de ville de Lyon, dont l'organisation est toute différente de celle des sergents de ville de Paris, ont rendu, depuis le 3 décembre, d'éclatants services, soit en prévenant le désordre dans le sein de notre populeuse cité, soit en réprimant ceux qui avaient éclaté dans un rayon rapproché. Des détachements de cinquante et même de cent hommes, armés de leurs mousquetons, et commandés par leurs officiers, ont été dirigés, à différentes reprises, dans les campagnes environnantes et à des distances de 15 à 20 kilomètres, pour y faire des arrestations importantes et pour inspirer la confiance et la sécurité aux honnêtes gens. A Chaponost et à Vaise, notamment, des brigades de sergents de ville ont opéré la saisie d'une grande quantité d'armes et de munitions de toute espèce.

« Il y a trois jours, un autre détachement de sergents de ville, également armés, s'est rendu à Trévoux pour amener à Lyon les personnes arrêtées dans les environs de cette petite ville à l'occasion des troubles qui y avaient éclaté.

« Partout enfin où il y avait, pendant ces derniers jours, des services à rendre, du dévouement à déployer, des mesures de sûreté publique à prendre, les sergents de ville étaient prêts à se dévouer pour les bons citoyens et à donner main-forte à l'autorité.

« La ville de Lyon ne peut que se féliciter aujourd'hui de l'excellente organisation de ce corps d'élite, composé des meilleurs sujets de l'armée, d'hommes énergiques et courageux, pliés de longue main à la discipline militaire, et qui inspirent une si salutaire terreur aux malfaiteurs de tout genre, aux anarchistes comme aux voleurs de profession. »

Malgré la tranquillité relative dont ne cessa de jouir ce département pendant les journées qui suivirent le coup d'Etat, on y fit un grand nombre d'arrestations.

Le conseil de guerre de Lyon eut à statuer sur plusieurs affaires dont nos lecteurs trouveront des détails dans les articles du département de l'Ain, etc. (V. l'Appendice.)

Le général Castellane fut un des trois généraux nommés maréchaux de France à titre exceptionnel, et pour services rendus à la cause de l'ordre et de la civilisation.

SAONE (Haute-).

VESOUL. — JUSSEY. — ETC.

Toutes les dépêches reçues de ce département sont favorables au coup d'Etat. La première se contente de dire que la tranquillité règne ; mais la seconde quitte le ton officiel pour entrer dans la voie des confidences :

« Les nouvelles, y lisait-on, sont décidément accueillies avec une satisfaction très-vive. A Gray et à Lure, les choses se sont passées comme à Vesoul. Les gardes nationales ont spontanément offert leur concours à l'autorité. »

Le préfet de la Haute-Saône étant du petit nombre des préfets qui firent immédiatement acte d'adhésion au coup d'Etat, nous croyons devoir donner quelques extraits de la proclamation qu'il adressa à ses administrés pour leur annoncer la dissolution de l'Assemblée nationale :

« Habitants de la Haute-Saône,

« Le président de la République, par une courageuse initiative, vient de déjouer les manifestations des partis et de mettre un terme aux angoisses du pays. C'est au jugement du peuple que Louis-Napoléon Bonaparte soumet sa conduite.

« Que tous les bons citoyens, animés comme moi de l'amour de la patrie, me prêtent donc leur concours avec une inébranlable résolution.

« Vous êtes tous intéressés, soit comme propriétaires, cultivateurs, fermiers, marchands ou ouvriers de toutes professions, soit comme pères de famille, au maintien de l'ordre, à la paix publique, à la prospérité du travail. Au nombre de 41,000 pétitionnaires fournis par nos 510 communes, vous avez demandé, avec 2 millions de Français, la révision de la Constitution pour sauver la France de l'anarchie et de la guerre civile. Vous saurez vous montrer fidèles à votre signature. Votre premier devoir, comme votre premier intérêt, c'est de ne pas laisser les agitateurs troubler nos paisibles campagnes, et mettre en péril la religion, la famille et la propriété. »

Le département de la Haute-Saône, ce département où il s'était trouvé 510 communes et 41,000 électeurs pour demander que les pouvoirs du président fussent continués, car la demande de révision de la Constitution n'était qu'une prorogation des pouvoirs présidentiels déguisée. Ce département, disons-nous, n'en fut pas moins traité au point de vue de la révocation des maires, de la dissolution des conseils municipaux et du désarmement, comme les départements les plus hostiles au coup d'État.

Dissolutions de conseils municipaux. — Les communes de Borey, Corre, Villars-le-Pautel, la Côte, Lœuilley, Mantoche, Oyrières, Autet, Gy, Beaumotte-les-Pins, Chenevrey, Broye-lès-Pesmes, Malans, Filain, de Pennesières, Montigny-les-Cherlieu, Charmes-Saint-Valbert et Clairegoutte, virent leur conseil municipal dissous et remplacé par des commissions administratives.

Révocations de leurs fonctions de maire. — MM. Courtoisier, à Anchenoncourt ; Perdry, à Lœuilley ; Monin, à Mantoche ; Princet, à Oyrières ; Castel, à Cromary ; Grosjean, à Nervezain ; Mortier, à Seveux ; Truchot, à Broye-les-Pesmes.

Révocations de leurs fonctions d'adjoint. — MM. Parcheminey, à Anchenoncourt ; Cordier, à Faverney ; Pâris, à Boulot ; Godard-Boiller, à Autet.

A ces noms, il faut ajouter ceux des adjoints de Port-sur-Saône et de Villiers-le-Sec, ainsi que ceux de MM. Fumerey, membre du conseil municipal de Port-sur-Saône, et Miel, membre du conseil municipal de Morey.

Parmi les communes dont le désarmement fut ordonné, nous citerons celles de Morey, Chauvirey-le-Châtel, Chenevrey, Chargey-lès-Gray, Oyrières, Lœuilley, Chenevrey, Purgerot et Saponcourt, Etabon, Frédéric-Fontaine, Clairegoutte, Gy et Mantoche.

Dans les arrestations, nous signalerons celles de MM. Rigal (de Clairefontaine) et Oudet, médecin à Saponcourt.

M. Habert, propriétaire à Saponcourt, contre lequel un mandat d'arrêt avait été décerné, fut assez heureux pour prendre la fuite.

MM. Petit et Chaudey eurent le bon esprit de l'imiter.

Le *Journal de la Haute-Saône*, en annonçant cette nouvelle, ajoutait :

« On pense qu'ils ont fui à l'étranger, dans la crainte d'être frappés de la peine de la transportation à Cayenne ou en Algérie. »

Enfin, ajoutons à cette liste, déjà trop nombreuse, malgré son petit nombre, l'arrestation dans l'arrondissement de Lure de MM. Lardier, notaire à Héricourt, et Tillon, négociant dans la même ville; on considérait ces deux messieurs comme les chefs du parti démocratique dans l'arrondissement de Lure.

« Cette mesure, disait le *Journal de la Haute-Saône*, s'est exécutée sans difficulté et a produit dans tout l'arrondissement le meilleur effet, en rassurant les esprits les plus timorés. » — Il est une chose à remarquer, c'est qu'à cette époque, s'il fallait s'en rapporter aux rapports de n'importe quel administrateur, toute mesure de rigueur aurait produit un excellent effet.

En fait de mouvements militaires exécutés dans la Haute-Saône, nous n'avons trouvé que le suivant :

« Une force armée a été envoyée à Jussey pour protéger l'exécution de l'arrêté préfectoral qui dissout le conseil municipal. Il n'y a eu aucun trouble, aucune difficulté. Les brigades de gendarmerie sont rentrées dans leurs cantons, et la troupe est de retour à Vesoul.

« Une promenade militaire a eu lieu aussi hier dans les communes de Mantoche, Essertenne, etc., de l'arrondissement de Gray. Elle a produit le *meilleur effet* et a intimidé les perturbateurs.

« Dans la journée du 8, les brigades de gendarmerie et les gardes forestiers que M. le préfet avait concentrés dans les chefs-lieux d'arrondissement sont partis pour retourner dans leurs cantonnements et leurs foyers. M. le préfet, accompagné de M. le général Roche, du capitaine de gendarmerie et de l'inspecteur des forêts, les a passés en revue et leur a adressé une allocution, ainsi que M. le général Roche.

« Les brigades des arrondissements de Gray et de Lure rentrent également dans leurs casernes.

« Le calme dont jouit le département a permis de rendre la force publique à son service ordinaire.

« M. Sallot, médecin des épidémies de l'arrondissement de Vesoul, médecin cantonal et de l'école normale primaire, a été révoqué de ces divers emplois. »

Il n'y avait pas que le préfet qui se mêlait de destituer; M. Miral, ancien représentant, fut révoqué de ses fonctions de délégué cantonal de l'académie de la Haute-Saône pour l'instruction primaire dans le canton d'Héricourt, par décision du conseil académique.

La Haute-Saône avait quatre de ses représentants qui siégeaient sur les bancs de la Montagne ; voici quelle était leur situation à la fin de décembre :

M. Huguenin était en prison à Paris ; le second, M. Versigny, était en fuite à Bruxelles ; le troisième, M. Signard, avait quitté la France, et l'on ignorait où il était en ce moment ; le quatrième, M. Millotte était seul de retour dans son pays, à Lure, et encore le préfet avait-il jugé à propos de le faire arrêter et de le garder en prison pendant quelques jours.

Une commission mixte fonctionna dans ce département. Le 31 mars, le *Journal de la Haute-Saône* annonçait l'éloignement du territoire français, pendant douze ans, de MM. Chaudey, avocat à Vesoul ; Petit, ancien greffier; Huguenin, ancien représentant, à Lure.

SAONE-ET-LOIRE.

MACON. — LOUHANS. — CHALON. — AUTUN. — TOURNUS. — CHAGNY.

Les premières dépêches qui arrivèrent à Paris annonçaient que la tranquillité était complète dans le département de Saône-et-Loire. Le rédacteur de la dépêche insérée le 7 au *Moniteur* paraissait même contrarié d'avoir si peu à dire sur un département qui avait voté pour la liste socialiste tout entière.

« Calme plat à Autun ; à Châlon-sur-Saône simple agitation ; à Louhans et à Tournus quelques rassemblements immédiatement dispersés ; à Mâcon des tentatives de désordre ont eu lieu aux portes de la ville. Elles ont été immédiatement et énergiquement réprimées. La ville est tranquille. »

Or, voici ce qui s'était passé à Mâcon. Depuis l'annonce du coup d'État, le bruit courait que les républicains étaient dans l'intention de faire une manifestation. On précisait leurs projets de la manière la plus nette : on prétendait que les émeutiers étaient allés trouver un homme fort considérable du pays pour l'engager à se mettre à leur tête ; et, bien que celui-ci eût péremptoirement refusé, en leur conseillant le calme et l'ordre, ils avaient persévéré dans leur résolution. On annonçait qu'ils avaient convoqué la démocratie rurale, et que, drapeau en tête, ils devaient parcourir la ville, et enfin se rendre devant la préfecture pour y proférer des cris séditieux. On allait jusqu'à désigner l'heure et le lieu d'attroupement des cohortes de campagnards qui devaient venir, comme en 1849, envahir la ville.

Ces bruits avaient fini par prendre une certaine consistance dans le public, d'autant plus que les petites émeutes de Tournus, de Louhans et de Lugny semblaient démontrer qu'un mot d'ordre avait été donné aux démocrates-socialistes.

Le 4, on apprit à Mâcon que les républicains ruraux étaient assemblés à 10 kilomètres du chef-lieu, dans les environs de Saint-Sorlin, où ils bivaquaient (1) ; le 5, au point du jour, on apprit que pendant presque toute la nuit le tocsin avait sonné dans plusieurs des communes environnantes.

La veille, vers dix heures du soir, l'autorité avait envoyé le commissaire de police, accompagné d'une bri-

---

(1) Le *Journal de Saône et Loire* auquel nous empruntons ces détails a une jolie phrase pour peindre l'état d'exaspération des républicains : « *Ils bivaquaient*, dit-il, *à Saint-Sorlin, en ajoutant les excitations alcooliques à leur état d'irritation démocratique.* »

gade de gendarmerie et d'un détachement de troupes, cerner le café de Paris ; douze citoyens furent arrêtés.

Dans la nuit, trois autres arrestations furent opérées. Le reste de la nuit fut néanmoins tranquille. Le parti démocratique se tenait sur l'expectative.

Lorsque, le matin, la nouvelle arriva que la bande qui bivaquait à Saint-Sorlin venait de se mettre en marche sur Mâcon, des détachements de troupes furent expédiés sur toutes les routes qui aboutissaient à Mâcon.

Les insurgés ayant à leur tête M. Dismier, s'avançaient au nombre de cinq à six cents environ ; après avoir pénétré dans Cluny sans rencontrer de résistance ; ils s'avançaient sur Mâcon. Le détachement envoyé de Mâcon pour leur disputer le passage se composait d'une compagnie du génie et de trois ou quatre brigades de gendarmerie, commandées par le capitaine, et qui avait à sa tête M. le substitut Martin et le commissaire de police. Ici l'on n'est pas d'accord sur la façon dont le combat s'engagea ; ce qui est certain, c'est qu'après une vive fusillade, les brigades de gendarmerie chargèrent au grand trot ; les insurgés incapables de tenir en plaine se débandèrent et prirent la fuite de tous côtés à travers champs et vignes, en jetant leurs armes.

On fit une douzaine de prisonniers. Les insurgés eurent cinq ou six morts et beaucoup de blessés. Du côté des soldats, il n'y eut ni morts ni blessés.

Tandis que cet engagement avait lieu, la population de Mâcon se tenait tranquille.

A la suite de ces faits, l'autorité militaire prononça la la dissolution et le désarmement des gardes nationales de quinze communes de l'arrondissement de Mâcon et de trois communes de l'arrondissement de Châlon-sur-Saône. Ce nombre, quoique déjà fort respectable, était destiné à s'augmenter encore.

Autun. — A la nouvelle des décrets rendus par le président de la République, le maire fit publier un arrêté prescrivant des mesures d'ordre. M. Bazin, avocat, ex-procureur de la République à la Réole en 1848, ayant désapprouvé la conduite tenue par le maire, fut arrêté.

Un autre avocat du barreau d'Autun, M. Mérandon, qui avait qualifié d'*infâme provocation* les mesures prises par le maire, vit un mandat d'amener décerné contre lui ; il fut assez heureux pour pouvoir s'y dérober.

Dans la journée du 4, la nouvelle des tentatives insurrectionnelles de Paris détermina une certaine agitation parmi les démocrates. Cependant il n'y eut aucune tentative d'insurrection ; mais l'autorité n'en déploya pas moins une rigueur inutile.

Des arrestations furent opérées soit à Autun, soit dans les localités voisines, et le *National de Saône-et-Loire* ajoutait avec la plus grande placidité qu'elles se continuaient depuis lors.

A Anost, quelques gendarmes de la brigade d'Autun, réunis à ceux de Saint-Léger et de Lucenay, arrêtèrent divers citoyens dans la nuit du 4 au 5, parmi lesquels nous citerons M. Saunier (de Blanzy).

Tournus. — « La nouvelle des événements du 2 décembre parvint à Tournus le 3. Dès le soir, l'agitation se manifesta dans la ville. Le maire et le juge de paix étaient absents. Les républicains s'étant réunis dans la salle de spectacle, on décida de s'emparer des pouvoirs municipaux ; le commissaire de police et l'adjoint furent faits prisonniers. Un maire et un conseil municipal furent désignés par l'émeute. Les insurgés s'armèrent de 400 fusils qu'ils trouvèrent dans la mairie.

« Cependant, M. Bérenger était parvenu à recouvrer sa liberté et s'était retiré dans la caserne de gendarmerie. A minuit, une trentaine d'insurgés se présentèrent armés devant la caserne et firent sommation aux gendarmes de rendre leurs armes ; mais ceux-ci refusèrent énergiquement de se rendre. Les insurgés ne persistèrent pas, et, se postant sur le passage de la malle-poste, ils s'emparèrent des dépêches administratives. Les insurgés se contentèrent de placer des sentinelles à la porte des personnes suspectes, à faire des patrouilles et à chanter des refrains patriotiques. Cependant, sur l'annonce que leur mouvement était isolé, et que des détachements de troupes de ligne s'avançaient à marche forcée sur Tournus, les insurgés reportèrent leurs armes à la mairie et se dispersèrent. »

On leur avait dit vrai : Le vendredi matin, deux compagnies de ligne, un officier de gendarmerie, le conseiller de préfecture Beugnot et M. le procureur de la République arrivaient à Tournus vers six heures du matin. Huit citoyens furent arrêtés et dirigés sur Mâcon.

Chagny. — C'est dans la soirée du 3 décembre qu'un mouvement insurrectionnel éclata dans cette ville. Il était sept heures du soir lorsque le maire, M. Coqueugnot, entendit battre la générale. En ce moment, il se trouvait avec M. Cointot, juge de paix. Tous deux se portèrent aussitôt à la rencontre des émeutiers. M. Coqueugnot intima au tambour l'ordre de cesser ; celui-ci ne tint aucun compte de cet ordre, il frappa même le maire en criant *Aux armes ! aux armes !* cri qui fut répété par la foule.

Ici il se passe une scène que nous nous contenterons de raconter, d'après les journaux de la localité, car il nous est impossible de faire la contre-enquête.

« Mais M. Coqueugnot était bien résolu à étouffer l'insurrection. Il saisit les baguettes du tambour ; celui-ci résiste, une lutte s'engage, M. Coqueugnot tombe à terre. Le juge de paix veut débarrasser ce fonctionnaire ; il est lui-même assailli et maltraité. Survient M. Alexis Bète, qui les dégage et reçoit plusieurs contusions. M. Coqueugnot s'est relevé, et déjà il court à son agresseur pour l'arrêter. Un pistolet est dirigé sur lui... le chien de cette arme s'abat ; par un hasard providentiel, la capsule ne part point. Au même instant, un autre émeutier lui porte à la tête un coup de crosse de fusil ; il ne l'atteint pas.

« Témoin de cette scène, M. Renard se précipite dans la mêlée ; mais il tombe frappé de deux coups de poignard et d'un coup de crosse de fusil à la tête. Enfin, les gendarmes arrivent. Ils chargent la foule qui se disperse ; des arrestations ont lieu. Quand M. Morcrette, procureur de la République, arriva à Chagny, accompagné de M. Chopin, son substitut, avec un détachement de gendarmes et de dragons, tout était déjà rentré dans l'ordre.

« A la suite de cette affaire, la garde nationale de Chagny fut dissoute et désarmée. »

Louhans. — L'arrestation d'un citoyen, — la *Patrie*, avec cette aménité de langage qui lui était propre quand quand elle parlait des républicains, dit d'un *démagogue affreux*, — excita une certaine agitation dans cette petite ville. Voici dans quelles circonstances ces faits se seraient produits :

« La gendarmerie, chargée d'exécuter les ordres de l'autorité, avait déjà fait plusieurs arrestations sans éprouver la moindre résistance ; cependant un maître d'hôtel, le sieur M..., vint se placer sous les fenêtres de la sous-préfecture, et commença par haranguer ceux qui l'entouraient. Sa harangue ne fut pas de longue durée ; il fut saisi à l'instant par un gendarme. »

M. Riboulet, ex-instituteur, voulut s'opposer à cette arrestation, mais il en fut empêché par le maréchal des logis, qui s'empara de sa personne. La foule voulut intervenir à son tour, la mêlée devint générale ; d'après la *Patrie*, un pistolet fut dirigé par une main coupable et rata deux fois ; nous sommes très-heureux de constater ce fait, car la mort du maréchal des logis de gendarmerie, contre lequel cette arme était dirigée, n'eût en rien arrêté la marche des événements ; mais n'est-ce pas curieux qu'à Chagny le pistolet dirigé sur le maire rate deux fois également ? Il est probable que le rédacteur de cet article a pensé comme nous que ce fait était assez extraordinaire pour ne pas y arrêter quelque temps ses lecteurs :

« Le maréchal des logis n'a échappé à la mort que par un hasard tout à fait providentiel, quand on saura surtout que les armes dont on a essayé de faire usage étaient réparées et chargées dès la veille. » Pour nous, nous croyons qu'il en est du pistolet de Louhans et de celui de Chagny comme du poignard dont Aréna frappa Bonaparte dans la fameuse séance du 19 brumaire (1).

---

(1) Les agitateurs de Louhans ont passé la nuit de mercredi à jeudi dernier à boire, et délibéré de s'emparer de la sous-préfecture, de mettre le sous-préfet en prison et de le tuer en cas de

Châlon. — Cette ville, où la propagande républicaine avait toujours été très-active, inspirait quelques inquiétudes aux autorités; les démocrates y comptaient des chefs influents jusque dans le conseil municipal; mais ceux dont on redoutait les menées furent arrêtés au moment où ils se réunissaient pour organiser la résistance; il n'y eut de velléités de résistance que dans un des faubourgs, à Saint-Cosme.

Le *Courrier de Saône-et-Loire* publia, à propos du calme dont cette ville avait joui, un véritable article bénisseur; nous ne croyons pas que le rédacteur ait oublié un seul fonctionnaire :

« Châlon continue à jouir de la tranquillité la plus parfaite. Quelques visites domiciliaires ont été opérées; elles n'ont, dit-on, amené aucun résultat (1).

« Pendant ces jours difficiles que nous venons de traverser, la conduite de nos diverses autorités a été admirable d'énergie et de vigueur, de courage et de dévouement. Elles ont su maintenir l'ordre et déjouer les coupables projets des séides de la démagogie. Témoignons toute notre reconnaissance à M. le général de Montréal, à M. Chambaron, notre regrettable sous-préfet; à M. Morcrette, procureur de la République; à l'administration

---

résistance. On assure que, sur les observations d'un individu qui est aujourd'hui sous la main de la justice, ce projet fut abandonné. » C'est la *Patrie* qui annonçait ces faits. Or, la réflexion qui vient à l'idée de tout le monde est celle-ci : Pourquoi l'autorité qui est assez forte pour faire procéder à des arrestations en plein jour au milieu de la foule, n'a-t-elle pas fait envahir le cabaret, où, d'après elle, étaient ces hommes?

(1) Il paraît que ces recherches avaient pour but de mettre la main sur un ex-représentant M. Boysset; il fut arrêté quelques jours après (vers le 18 décembre) dans les montagnes du Bugey, à Belleydoux au moment où il se disposait à passer en Suisse. Il fut arrêté avec un médecin, un cafetier et un marchand de bois proscrits comme lui. Cet article bénin du *Courrier de Saône-et-Loire*, pourrait faire croire que personne ne fut privé de la liberté dans la ville de Châlon : il n'en est rien; ainsi le 17 décembre, le *Courrier de Saône-et-Loire* annonçait que plus de cent cinquante personnes avaient été arrêtées.

provisoire de notre ville ; à M. Duris, lieutenant de gendarmerie ; à MM. Dessarcins et Viennot, agents supérieurs de l'administration forestière. Ils ont bien mérité du pays. Grâce à eux, Châlon n'a eu aucun malheur à déplorer. Nous devons aussi rendre hommage au zèle et à la fermeté de M. de Belfort, conseiller de préfecture, sous-préfet de notre arrondissement par intérim. Ce magistrat, marchant résolûment sur les traces de M. Chambaron, s'est constamment montré digne du poste difficile qui lui avait été confié.

« M. Chevreau, président de notre tribunal civil ; M. Granjon, vice-président ; M. de Baccarat, inspecteur des postes, et M. A. Langlois, inspecteur des écoles primaires, ont fait preuve de courage et de dévouement. Dans la soirée du 3, au moment où quelques tristes citoyens criaient : *Aux armes !* M. Chevreau a arrêté au milieu des groupes et remis en bonne main un individu qui poussait des cris séditieux. De tels actes sont au-dessus de tout éloge.

« Les fonctionnaires de tous ordres ont dignement accompli leur devoir. Nous les en félicitons. »

Il y en a comme cela pendant quarante lignes ; ce sont les gardes champêtres qui ferment la marche.

Et maintenant que nous avons fait connaître les faits, comment s'expliquer le langage des journaux du temps, surtout de ceux de la localité :

« Le département de Saône-et-Loire, disait le *Journal de Saône-et-Loire*, est un de ceux où les faits insurrectionnels se sont le plus multipliés, sous les excitations désespérées du parti démagogique. Des bandes armées ont parcouru son territoire pendant deux jours, signalant partout leur passage par des méfaits de toutes sortes : pillage de caisses publiques, séquestration de fonctionnaires, arrestations de courriers et vol des dépêches, destruction de télégraphes, pillage d'armes, etc., etc. Plusieurs villes et bourgs ont été, en outre, le théâtre d'insurrections un instant triomphantes. Entre autres localités, Tournus, Cluny, Saint-Sorlin, Azé, Chagny,

Martigny-le-Comte, Curtil-sous-Burnand (1), Poissons, Saint-Gengoux (2), ont eu à subir la domination honteuse, mais heureusement passagère, des habitués d'estaminet ou de cabaret. »

L'on a pu voir par les deux notes extraites du *Moniteur*, combien étaient fausses les accusations portées contre les habitants de Saône-et-Loire.

Le 10 décembre, le nombre des arrestations pour tout le département s'élevait à 467, dont 31 pour l'arrondissement de Louhans, 42 pour celui d'Autun, 87 pour celui de Charolles, 110 pour celui de Châlon, et 197 pour celui de Mâcon. Parmi ces derniers, 138 étaient en état d'arrestation; 14 avaient été laissés en liberté après un interrogatoire, et 45 étaient sous le coup de mandats qui n'avaient pas encore reçu leur exécution.

Le journal la *Révolution de 1848* fut suspendu. Le 16 décembre, M. G. de Romaud, préfet de Saône-et-Loire, adressait aux habitants du département une proclamation dans laquelle on lisait :

---

(1) L'insurrection dans cette localité se réduisit tout au plus à une manifestation :

« M. Blanchet, curé de Curtil-sous-Burnand, ferma la porte du clocher de son église, après y avoir monté la corde de la cloche, pour qu'on ne pût sonner d'en bas, puis il remit les clefs à M. de Jotemps, président de la fabrique. En attendant les émeutiers, il fit bonne contenance avec M. de Jotemps et quelques hommes dévoués, allant dans les groupes porter à tous des paroles de paix et de courage. Enfin, pendant trois jours, M. Blanchet *prêta activement son concours à l'autorité locale.* »

(*Journal de Saône-et-Loire.*)

(2) M. Royer, notaire à Saint-Gegnoux, qui avait accepté les fonctions de maire pendant que cette ville était au pouvoir des républicains, était au nombre des personnes arrêtées. A propos de cette insurrection, nous trouvons la note suivante dans un journal de la localité :

« M. Gaguin, curé de Saint-Gengoux, adressa à la bande insurgée une touchante allocution pour lui faire abandonner ses projets aussi insensés que criminels. Les paroles pleines de sens et d'énergie du vénérable pasteur firent quelque impression sur ces malheureux. La bande silencieuse hésita un instant; mais le chef donnant bientôt le signal, tout le monde partit au chant de *la Marseillaise.* »

(*Idem.*)

« Retenu loin de vous par d'impérieux devoirs, j'ai été privé de l'honneur de vous annoncer moi-même le grand acte du 2 décembre, que la France a salué comme une œuvre de salut public et de régénération.

« Les scènes hideuses de jacquerie (1), qui sont venues troubler l'allégresse générale sur quelques parties du territoire, ont encore imprimé à l'acte du 2 décembre un caractère de nécessité et d'urgence qui ajoute à sa grandeur.

« La France est aujourd'hui solennellement consultée, et la manifestation du 20 décembre 1851 complétera bientôt, si Dieu protége la France, la manifestation du 10 décembre 1848. Louis-Napoléon vous demande si vous avez toujours confiance en lui et dans la tradition napoléonienne qui est consacrée dans la Constitution de l'an VIII, d'immortelle mémoire.

« La constitution de l'an VIII, c'est la négation de ces institutions de défiance qui vous ont été imposées par des minorités en 1814, en 1830 et en 1848 ! — Une société est perdue quand la défiance publique est érigée à l'état d'institution. — Un gouvernement, c'est l'âme d'un peuple, et quand l'âme se retire des corps, ils tombent en pourriture. »

C'est le dernier acte public que nous ayons trouvé sur ce département, notre tâche de narrateur s'arrêtant au 20 décembre 1851.

SARTHE.

Le Mans. — Mamers. — La Suze.

Arrivée au Mans le 2 décembre, la nouvelle du coup d'Etat ne parut pas d'abord faire une grande sensation dans cette ville, où pourtant les républicains étaient nombreux ; le 3 et le 4 se passèrent sans que rien fût

---

(1) Mais où donc ont-elles eu lieu, ces scènes de jacquerie ?

tenté contre l'autorité. C'est que les mécontents savaient que des mesures avaient été prises, et que la troupe se tenait prête pour une répression vigoureuse ; mais le 6 au matin, on apprit que depuis la veille, la ville de la Suze était en pleine insurrection, que les républicains s'en étaient rendus maîtres. Cette nouvelle releva le courage des plus timides ; des groupes se formèrent, et les chefs de la démocratie se crurent bientôt assez forts pour s'emparer de l'hôtel de ville. Ils comptaient d'ailleurs sur le secours des insurgés de la Suze, qui promettaient leur appui.

L'attaque fut décidée ; mais leur inaction pendant les trois jours précédents, leur hésitation au dernier moment, avaient complétement rassuré les autorités, qui étaient parvenues à réunir et à armer un assez grand nombre d'hommes de bonne volonté qui organisèrent des postes avec la ferme résolution de se défendre. « A neuf heures du soir, dit *l'Union*, journal du Mans, les groupes grossirent, et notre ville présentait une animation qui semblait être le résultat du plan qu'on prêtait aux démagogues. On disait que les socialistes de la Suze, laissant quarante hommes pour garder les gendarmes qu'ils avaient faits prisonniers et enfermés dans leur caserne, devaient se joindre aux socialistes du Mans, et tenter une attaque contre l'hôtel de ville. Leurs projets ultérieurs étaient subordonnés à la prise de ce point important, d'où l'état-major du parti rouge dirigerait les mouvements.

« A neuf heures, les groupes qui se trouvaient sur la place de la Halle et à l'entrée de la rue Dumaz étant devenus plus nombreux, un escadron de dragons à cheval et deux pelotons à pied sont venus se ranger sur la place. Leur présence a suffi pour faire rentrer les curieux chez eux, pour disperser quelques individus à mine suspecte, et les engager à aller attendre ailleurs le moment de commencer le branlebas.

« A l'heure où nous écrivons, la ville n'a pas cessé d'être occupée militairement ; des patrouilles de dragons et de bourgeois circulent de temps en temps dans les rues.

Tout est tranquille, et, selon toute apparence, ce déploiement inattendu de forces militaires et de mesures partout prises pour les bien recevoir aura décidé les chefs de la démagogie à ajourner leurs projets et à envoyer quelques émissaires aux frères et amis de la Suze pour contremander leur marche.

« Toute la nuit s'est passée dans le plus grand calme.

« Ce matin, en vertu d'un mandat d'amener délivré par le procureur de la République, le nommé Victor Louchet a été arrêté à son domicile ; plusieurs mandats lancés contre d'autres démocrates de notre ville n'ont pu être mis à exécution, la justice ne les ayant pas trouvés à leur domicile quand elle s'est présentée chez eux.

« Au moment de mettre sous presse, nous apprenons que la force armée s'est portée sur la Suze.

« Les insurgés ont barricadé la ville.

« Les derniers renseignements qui nous parviennent nous apprennent que parmi les meneurs se trouve le citoyen Vieillard, du Mans, qui, au moment où le courrier arrivait hier à la Suze, aurait mis le pistolet sur la gorge du postillon, et l'aurait forcé à livrer ses dépêches. D'autres chefs de la démocratie locale se trouvent au nombre des insurgés. Il n'y a pas à douter un seul instant que force ne reste à la loi. »

Voyons maintenant ce qui s'était passé à la Suze. C'est encore à l'*Union* du Mans que nous en empruntons le récit :

« Hier, les ouvriers de la tannerie de la Suze, au nombre de trois cents à trois cent cinquante, se sont portés sur la mairie de cette commune, qu'ils ont envahie ; ils ont enlevé les armes qui y étaient déposées et se sont dirigés vers la caserne de la gendarmerie, où ils ont fait prisonniers les quatre ou cinq gendarmes qui composent la brigade.

« Cela fait, ils se disposaient à partir pour le Mans, lorsqu'ils apprirent que la force armée de cette ville marchait contre eux. Alors, comme nous venons de le dire, ils élevèrent des barricades. Mais dans le même temps ils recevaient la relation de tout ce qui s'était passé à Paris, et ils prirent la fuite de toutes parts. »

Il va sans dire qu'à la suite de ces événements de nombreuses arrestations furent faites. L'*Union* du 20 décembre annonçait celle de M. Gérard, ancien maire et membre du conseil général de la Sarthe, lequel fut conduit dans la prison de Mamers, celle du chef-lieu ne paraissant pas assez sûres. L'*Union* disait encore peu de jours après :

« L'instruction commencée par la Cour d'appel d'Angers, sur les troubles de la Sarthe, marche à grands pas; de grandes révélations sont faites. Les émeutiers de la Suze, peu contents d'avoir été abandonnés par leurs chefs, disent tout ce qu'ils savent.

« Les arrestations continuent sur tous les points du département.

« Un mandat d'amener a été décerné contre cinq individus de Bonnétable. M. Girard, ancien maire, est arrêté.

« M. Trouvé-Chauvel est parvenu à quitter la France; il est à Jersey. M. Vieillard est, dit-on, dans le département. » (V. l'Appendice.)

Mamers, chef-lieu de sous-préfecture, eut aussi son agitation, dont les péripéties diverses, racontées par un habitant de cette ville, fournirent au *Constitutionnel* l'article suivant, que nous lui empruntons, sans accepter toutefois l'esprit dans lequel il est écrit :

« On nous écrit de *Mamers*, le 10 décembre : L'acte énergique de M. le président de la République a été accueilli ici avec enthousiasme par tous les gens d'ordre, sans distinction de nuance. Les démagogues seuls font triste mine.

« Honneur à M. le président d'avoir pris cette courageuse initiative ; il nous a sauvés de l'anarchie.

« Le mercredi 3 décembre, la dépêche télégraphique venue de la préfecture, dans la nuit, nous apprenait les événements de la veille. Dès huit heures du matin, M. Dubouillon, maire de notre ville, qui, parti la veille pour Paris, avait rebroussé chemin en apprenant les nouvelles à Chartres, s'entendait avec M. Bergognié, sous-préfet, pour prendre les mesures nécessaires au maintien de l'ordre. Ces deux honorables magistrats ont rivalisé de zèle. Le soir, plusieurs brigades de gendarmerie, les gardes forestiers de Perseigne et les compagnies d'artillerie et de pompiers de la garde nationale étaient réunis à la mairie, où ils établissaient un fort poste, sous le commandement de M. de Boynes, capitaine d'artillerie, et du brave lieutenant de gendarmerie Oudard.

« Le lendemain, jeudi, quelques émissaires de la démagogie, venus de tous les points de l'arrondissement pour recevoir les ordres du chef, le pharmacien Granger, avaient jeté une certaine inquiétude dans les esprits. On disait que cet apôtre de la Montagne attendait le signal de Paris pour s'emparer, comme il l'avait fait en 1848, de la mairie et de la sous-préfecture. Ce bruit était accrédité surtout par une démarche qu'il avait faite la veille auprès de M. Bergognié pour lui demander s'il acceptait la responsabilité de la publication de la dépêche, question à laquelle M. Bergognié avait répondu avec toute l'énergie d'un fonctionnaire qui sait faire son devoir.

« Quelques rassemblements s'étaient formés dans l'après-midi, à l'occasion de la démarche d'un autre fauteur de l'anarchie, un sieur Guyon, curé interdit pour cause de débauche, qui était venu de Neufchâtel à la tête de quarante hommes qu'il commandait.

« Notre commissaire de police, M. Baron, voyant arriver cette bande, en a saisi le chef, qu'il a conduit lui-même au parquet, pendant que la bande se dispersait en se sauvant à toutes jambes.

« Un instant après, l'ex-curé de Neufchâtel reprenait, seul, le chemin de son domicile, M. le procureur de la République lui ayant intimé l'ordre de quitter Mamers immédiatement.

« Par suite des rassemblements qui se continuaient sur la place, où chacun commentait à sa manière la conduite du sieur Guyon et son renvoi sans arrestation, M. le maire prenait un arrêté conforme à la loi qui défendait les rassemblements, et le faisait publier à son de caisse dans tous les quartiers de la ville. Cette publication produisit son effet, car le soir et la nuit se passèrent tranquillement.

« Cependant, le lendemain, vendredi 5 décembre, on avait reçu des nouvelles de l'insurrection de Paris. Les émissaires de l'avant-veille étaient revenus chercher des ordres chez le citoyen Granger qui, disait-on, avait reçu une lettre de Michel (de Bourges) qui lui annonçait un succès comme chef d'insurrection.

« Le soir, on fit courir le bruit que, sur un avis officiel du triomphe de l'émeute à Paris, MM. Dubouillon et Bergognié avaient quitté la ville et s'étaient sauvés.

« Tout aussitôt, tous les démagogues, au nombre de trois ou quatre cents, commencèrent les allées et venues en tous sens, en marchant par groupes de trois distancés.

« Pendant ce temps, les chefs de l'autorité étaient loin de songer à une fuite quelconque, car M. le sous-préfet, accompagné du maire, se rendait au poste commandé par le 2e lieutenant de l'artillerie de la garde nationale, où, au milieu de tous les hommes du poste et en présence des chefs de la gendarmerie et des gardes forestiers, il signifiait à ce commandant du poste un arrêté de destitution de son grade, pour des propos et des manifestations démagogiques tenus et faites dans la journée.

« Instruits des bruits de leur prétendue fuite, MM. le sous-préfet et le maire parcoururent la ville, se montrant à tous les groupes, qui se retirèrent à dix heures.

« Le lendemain, samedi, la journée et la soirée se passèrent dans le calme le plus profond.

« Dans la nuit du 6 au 7, vers minuit, un envoyé du maire de Neufchâtel au sous-préfet lui annonçait que cinq cents ouvriers démagogues de la forêt devaient se rendre à Mamers pour s'emparer de la mairie.

« En un instant, deux cents hommes de la ville, avertis à domicile par les soins du maire, se réunissent en face de la mairie, et reçoivent des armes et des munitions ; pendant que le lieutenant Oudard fait monter à cheval tous ses gendarmes, des factionnaires s'établissent dans toutes les rues et places.

« Toute la nuit, le sous-préfet, le maire et le procureur de la République sont restés sur pied, parcourant les rues et les rangs des gendarmes et des gardes nationaux.

« Instruits de l'accueil qui leur était réservé, les anarchistes de Neufchâtel n'ont pas paru, bien qu'un certain nombre se soit mis en marche et ait parcouru la moitié environ du chemin.

« Dans la même matinée du 7, notre commissaire de police, accompagné de quelques gendarmes, procédait à l'arrestation, sur mandats, des chefs rouges.

« Les citoyens Granger, ex-conseiller général; Burat, médecin; Marchand, marchand de sangsues; Pitet et Hervé, ouvriers tisserands, ont été déposés dans la maison d'arrêt, où ils sont au secret.

« Le lendemain lundi, on arrêtait et on conduisait à la maison d'arrêt le sieur Guyon, curé interdit, et la fille Roucher, ex-sœur, sa gouvernante.

« Depuis ces arrestations, nous sommes parfaitement tranquilles. Nos rouges sont atterrés, ils vont la tête basse.

« Notre marché était plus fort que jamais avant-hier. Les paysans ont la joie peinte sur le visage.

« Le mot d'ordre des anarchistes était *Au feu! au feu!* Mme Granger, au moment de l'arrestation de son mari, fit entendre ces mots à cris redoublés; mais aucun des frères et amis ne vint à son secours.

« La gouvernante du curé de Guyon avait donné le signal à toutes les communes de Neufchâtel.

« Quand vous entendrez sonner le tocsin et crier *Au feu!* disait-elle, ce sera le signal du départ, ne vous en effrayez pas! »

La ville de la Flèche, où la plus grande tranquillité n'avait cessé de régner, ne fut pas exempte de ces arrestations. On écrivait de cette ville à l'*Union* du Mans, le 24 janvier :

« En vertu de mandats décernés par les conseillers instructeurs de la cour d'appel d'Angers, deux arrestations se rattachant aux événements de décembre viennent d'être opérées par la gendarmerie : ce sont celles des nommés Alphonse Moreau, ancien clerc de notaire, demeurant au Lude, et Louis Leroy, ancien maire de Maigné, qui ont été conduits dans la maison d'arrêt de la Flèche. »

Et maintenant voici les suites de ces nombreuses arrestations opérées dans ce département où, pendant toute la durée de l'agitation, pas une goutte de sang n'avait été versée, pas une atteinte n'avait été portée à la propriété. C'est au *Moniteur*, journal officiel, que nous empruntons les lignes suivantes :

« La commission instituée au Mans, en vertu de la circulaire du 2 février, pour statuer sur le sort des individus compromis dans les événements de décembre dernier, vient de prononcer la peine de la transportation en Algérie contre les sieurs Trouvé-Chauvel et Vieillard-Lebreton. Ces condamnés sont contumax.

« La commission départementale prononça également la transportation en Algérie contre les citoyens Lullé, Garreau, Roullier et Rocher.

« Quatre autres ouvriers, dont deux seulement ont été arrêtés, se trouvaient dans le cabaret du sieur Hermanche avec les individus que nous venons de nommer. Comme ils n'avaient point fait partie de l'insurrection de la Suze, ils ne tombaient point sous la juridiction de la commission, qui a décidé qu'ils seraient renvoyés devant la police correctionnelle du Mans, sous la prévention de délit de chants et de menaces.

« Ainsi, sur le grand nombre d'arrestations qui ont été faites dans le département de la Sarthe à la suite des événements de décembre, la peine la plus rigoureuse que la commission a eu à appliquer, c'est-à-dire la transportation en Algérie, n'a été prononcée que contre dix individus, qui sont : Trouvé-Chauvel, Cutivel, Vieillard-Lebreton, Granger (de Mamers), Maigret (de Jupilles), Pierre (de la Suze), Lulé, Garreau, Roullier et Rocher. » (*Moniteur* du 6 mars 1852.)

Ce compte rendu fut complété par l'article suivant que nous extrayons de son numéro du 7 février 1852.

« La commission constituée, en vertu de la circulaire du 3 février, pour décider du sort des détenus compromis dans les mouvements insurrectionnels du mois de décembre, poursuit avec activité sa difficile mission. Hier et avant-hier, de nouveaux prisonniers ont été mis en liberté. Il reste encore à la maison d'arrêt du Mans cent quatre individus sur le sort desquels la commission aura à statuer. Vingt-deux prisonniers viennent déjà d'être élargis. »

SEINE.

Paris.

Voir notre volume ayant pour titre le *Coup d'État du 2 décembre* 1851.

SEINE-ET-MARNE.

Meaux. — Coulommiers.

Meaux, 3 décembre. — Toutes les mesures ont été prises de concert avec les autorités municipales, judiciaires et militaires, pour maintenir le bon ordre. Du reste, les nouvelles sont partout accueillies favorablement. La population donne son approbation complète.

5 décembre. — Tout est calme. Le décret relatif au scrutin a produit le meilleur effet.

Ce département ne fut pas exempt des arrestations, et voici à ce sujet les explications que l'*Union* de Seine-et-Marne donnait :

« Quelques arrestations ont été faites dans notre département; mais les hommes qui sont sous la main de la justice auront plutôt à répondre de menées souterraines que d'actes accomplis.

« Dans l'arrondissement de Meaux, dans celui de Coulommiers, des perquisitions ont amené la découverte de munitions et d'armes destinées à la guerre civile. Dans ceux de Melun, Fontainebleau, la justice a fait arrêter des provocateurs ; mais, nous le répétons, dans le département, nulle part la lutte n'a été engagée, et l'ordre matériel n'a point reçu d'atteinte. »

Le même journal racontait ainsi diverses arrestations faites dans le département :

« Objets de poursuites judiciaires comme inculpés d'avoir pris part à l'insurrection de décembre dernier, un assez grand nombre d'individus avaient quitté Paris et s'étaient réfugiés dans les départements. Douze de ces inculpés, arrêtés récemment dans plusieurs localités du département de Seine-et-Marne, ont été extraits hier des prisons de Melun et de Meaux, et, sous l'escorte de la gendarmerie, ils sont arrivés à Paris par le chemin de fer de Lyon. Une brigade d'agents de police les attendait au débarcadère, et ils ont été conduits au fort d'Ivry. »

Fontainebleau, 5 décembre. — La mesure du gouvernement a été accueillie avec une vive satisfaction. Dans un grand nombre de communes, le nom du président a été acclamé avec enthousiasme. L'ordre le plus parfait n'a cessé de régner dans l'arrondissement. Les adhésions individuelles arrivent en grand nombre.

6 décembre. — Le nouveau décret de votation a été reçu avec une faveur marquée. Les socialistes sont atterrés.

Malgré son enthousiasme, Fontainebleau, comme le laissé percer la dépêche, n'avait accueilli qu'avec une vive répugnance le mode de votation sur les registres.

SEINE-ET-OISE.

Pontoise. — Étampes. — Corbeil.

Peu de choses à dire sur ce département, dans lequel est le département de la Seine. Le premier document que nous trouvons sur ce département est une VIGOUREUSE proclamation, — c'est le *Moniteur* qui décerne ce qualificatif à une lettre du maire d'Ablon. — Cette proclamation n'étant de nul intérêt, nous nous dispensons d'en citer même un extrait; seulement cela nous fournit de plus en plus l'occasion, en voyant l'accueil fait par le ministère à la proclamation d'un maire de village, absent même de la résidence, puisque cette proclamation est datée du Loiret, de dire qu'à la date du 3 décembre, il y avait disette d'adhésions de préfets et de sous-préfets à l'hôtel de la rue de Grenelle.

A Pontoise, la nouvelle du coup d'État fut loin d'être accueillie avec enthousiasme. Nous avons trouvé dans le *Moniteur* les détails suivants sur la conduite des autorités et de la ville de Pontoise, à la nouvelle des événements du 2 décembre :

« L'énergie et l'activité du sous-préfet ont préservé la ville de troubles dont pouvaient être le signal l'attitude hostile de certaines autorités locales qui avaient refusé l'affichage des proclamations, et celle de son tribunal qui, à l'appel du procureur de la République, s'était réuni malgré l'opposition de son président et protestait.

« Le sous-préfet, avec l'appui du président du tribunal et du juge de paix, a su paralyser toute hostilité. Par ses soins, les proclamations furent imprimées dans la nuit, et le 3 au matin, les habitants pouvaient les lire sur tous les murs de la ville.

« La garde nationale a fait son devoir; elle a donné à la gendarmerie un louable concours.

« Les campagnes sont excellentes; la sous-préfecture ne désemplit pas de maires qui apportent les adhésions de leurs communes ; tout est tranquille aujourd'hui. »

Et enfin, à propos des inévitables arrestations, le *Journal de Dreux* disait :

« D'assez nombreuses arrestations ont été faites dans les arrondissements d'Étampes et de Corbeil, sur mandat de M. le général Cavaignac, commandant l'état de siége dans le département. Ont été arrêtés et conduits à la maison d'arrêt d'Étampes : les nommés Martin, médecin; Soufflot, charpentier; Bernard, propriétaire, demeurant tous les trois à Étampes ; Diet, ancien greffier, ex-commandant du bataillon cantonal de Saclas; Cayot, carrier à Dannemois ; Bernard, féculier à Moigny, et Bouret, médecin à Étréchy. »

SEINE-INFÉRIEURE.

Rouen. — Havre.

La nouvelle du coup d'État fut connue à Rouen presque aussitôt qu'à Paris, ce qui n'a rien d'étrange, les convois express ne mettant que deux heures à franchir les trente-deux lieues qui séparent ces deux villes. On pouvait à juste titre redouter l'effet qu'allait produire un si grave événement sur la nombreuse population de cette grande cité, et particulièrement sur les masses d'ouvriers que renferment ses immenses manufactures. Mais les amis de l'ordre furent promptement rassurés. Dès le 3 décembre, on écrivait : « Tout est parfaitement calme dans notre vieille cité normande ; l'esprit de l'armée et de la garde nationale de Rouen est on ne peut meilleur. »

Le 4, mêmes nouvelles ; le 5, un télégramme disait : « Le calme se maintient dans le département. Le décret relatif au scrutin a produit une satisfaction universelle. L'arrestation de quelques socialistes n'a rencontré qu'adhésions dans le public. » Il y avait, il est vrai, une sorte de contradiction entre ces deux dernières phrases, et l'on pouvait se demander pourquoi on arrêtait des socialistes, alors qu'ils étaient calmes et ne tentaient rien pour troubler l'ordre ; mais en même temps que les télégrammes, arrivaient les lettres les plus rassurantes ; on lisait dans une de ces optimistes missives : « Les négociants de Rouen n'ont pas cessé d'envoyer des commandes à leurs représentants, à Paris, pendant les journées qui viennent de s'écouler. Quelques-uns, pour prévenir les embarras d'une crise commerciale, qui heureusement ne se réalisera pas, ont offert de régler leurs achats en argent au lieu de les régler en papier. Dans tout le département de la Seine-Inférieure, le commerce ne paraît pas plus inquiet qu'à Rouen. »

La vérité est que nulle part, dans ce département, la tranquillité publique n'avait été troublée, quand une mesure inopportune de l'autorité militaire faillit tout gâter. Le 4 décembre, le colonel Neigre, qui commandait l'état de siége au Havre, donna l'ordre de transférer à la citadelle les quatre pièces de canon de la compagnie d'artillerie de la garde nationale, par mesure de sûreté publique. Aussitôt grande rumeur parmi les artilleurs : les officiers et sous-officiers se réunissent, protestant contre cette insulte qu'ils n'avaient provoquée d'aucune manière, et tous donnent leur démission.

Au lieu de révoquer l'ordre malencontreux qu'il avait donné, ce qui était le mieux qu'il pût faire, le colonel le maintint et en référa au général Gudin, commandant la 5e subdivision de la 1re division militaire, à Rouen. Le général pouvait annuler ou modifier l'ordre de son subordonné ; il aima mieux renchérir sur la faute de ce dernier, et il prit aussitôt l'arrêté suivant :

« Le général commandant l'état de siége dans la 5e subdivision de la 1re division militaire, à Rouen :

« Vu l'ordre donné le 4 de ce mois par le colonel commandant l'état de siége au Havre, pour que les quatre pièces d'artillerie de la garde nationale de cette ville fussent transportées à la citadelle par mesure de sûreté publique ;

« Vu les démissions données à la suite de cette disposition par des officiers et sous-officiers du corps spécial d'artillerie dont il s'agit ; considérant l'intérêt de l'ordre et de la sûreté publique, qu'avait uniquement pour but de protéger l'ordre du commandant de l'état de siége au Havre, arrête :

« Art. 1er. Les deux compagnies d'artillerie de la garde nationale du Havre sont dissoutes.

« Art. 2. L'armement et le matériel de ce corps spécial seront immédiatement déposés à la citadelle.

« Art. 3. Le colonel commandant l'état de siége au

Havre se concertera avec l'autorité administrative du Havre pour assurer, dans l'intérêt de l'ordre public, la prompte exécution de cet arrêté.

« Rouen, le 8 décembre 1851.

« A. GUDIN. »

Il n'y eût pas eu de mécontents au Havre, que de tels actes eussent suffi pour en créer : on n'avait, jusque-là, arrêté personne, et dès ce moment les arrestations se multiplièrent, et on lisait, quelques jours après, dans le *Courrier du Havre* :

« Plusieurs arrestations pour cause politique ont eu lieu depuis quelques jours au Havre et dans les communes environnantes. Quatre individus de l'Eure, prévenus de faire partie de sociétés secrètes, ont été incarcérés, ainsi que quatre personnes prévenues de fabrication de poudre. Plusieurs étrangers, compromis dans des sociétés secrètes, ont été reconduits jusqu'à la frontière. »

En général, les prétendus amis de l'ordre n'agirent pas plus sagement : dès qu'ils crurent le danger passé, ils ne furent plus que d'impitoyables réactionnaires. La lettre suivante, écrite par un des principaux négociants d'Elbeuf, et insérée dans le journal la *Patrie*, peut donner une juste idée de l'esprit qui les animait :

« Demain, les journaux de Rouen vous apprendront l'arrestation d'une vingtaine d'individus dans le canton d'Elbeuf. Voici le fait :

« Depuis longtemps déjà ces individus étaient signalés sous le nom de *Société noire*. Ces individus, qui ne sortaient que la nuit, sont les mêmes qui ont fait les barricades d'Elbeuf en 1848, et avaient été, pour ce fait, condamnés à Caen.

« Depuis leur retour, ils ont essayé d'ameuter nos ouvriers, afin d'incendier les fabriques au cri de *Vive la République !* et *Vive la Constitution !* Ce sont les ouvriers, en général, qui les ont dénoncés à la police.

« Ces individus ont été arrêtés vers quatre heures du matin ; le nommé Leprette, leur chef, est pris.

« Le pays applaudit, et maintenant le prince Louis-Napoléon est notre seul espoir. Je vous assure les sept huitièmes des votes au 21 courant.

« Je prépare une fête à mes ouvriers pour la fin du vote, le 21, au soir. »

Les accidents fortuits les plus simples provoquaient, de la part de ces trembleurs rassurés, des accès de fureur. En voici un exemple, rapporté par le journal *le Pays de Caux* :

« Il y a six semaines environ, le nommé Albert Lemonnier, cafetier en cette ville, avait remis au sieur Massif, messager, une partie de mobilier à transporter à Rouen. Au moment de partir, et sur l'observation de ce dernier, qui désirait savoir s'il n'y avait rien de compromettant dans ce qu'il transportait, Lemonnier fit retirer de la voiture une boîte fermée à clef, et pria Massif de la garder chez lui, promettant de la reprendre au bout de quelques jours.

« Mis presque aussitôt en état d'arrestation comme affilié aux sociétés secrètes, Lemonnier ne put satisfaire à sa promesse. De son côté, le sieur Massif, ne voulant pas garder plus longtemps un dépôt qui pouvait le compromettre, a requis hier matin le commissaire de police de procéder à l'ouverture de la boîte restée à son domicile. Cette opération a amené la saisie d'un poignard, d'une paire de pistolets, de trente-six balles de plomb et de chevrotines, de trois paquets de cartouches et de capsules.

« Par suite de cette découverte, Lemonnier, qu'une ordonnance de non-lieu avait rendu à la liberté, se trouve de nouveau sous le coup d'un mandat d'amener. »

Qu'y avait-il de grave en tout cela? Lemonnier avait des pistolets, de la poudre, des balles; si c'était un délit, il était bien mince, puisque rien n'annonce qu'il voulût en faire usage. Arrêté comme affilié à une société secrète, on avait été obligé de le relâcher. On ne pouvait donc l'accuser que de détention d'armes prohibées, prohibition si bien tombée en désuétude, que les armes de cette espèce se trouvent partout. Eh bien! les réactionnaires du pays firent tant de bruit autour de cette affaire insignifiante, que le malheureux Lemonnier fut condamné à la déportation, et embarqué au Havre avec quatre cent soixante-seize autres malheureux qui, peut-être, n'étaient pas plus coupables que lui. Car c'était par centaines qu'on les entassait sur les bâtiments de l'Etat, par ordre supérieur, ce qui résulte de l'article suivant, imprimé dans le *Courrier du Havre*, et répété dans le *Moniteur* du 10 mars 1852 :

« Ce matin, à dix heures, un convoi spécial du chemin de fer est entré en gare, amenant quatre cent soixante-dix-sept individus destinés à la transportation ; ces individus étaient placés sous la conduite d'un détachement de gendarmerie mobile composé de soixante hommes.

« Les dispositions qui avaient été prises dernièrement pour l'embarquement des déportés sur la frégate le *Canada*, avaient été également adoptées pour ce second départ par le Havre. M. le commandant de l'état de siége, colonel Neigre, et le commandant de place, M. Leroux, la police et la gendarmerie surveillaient tous les détails du transfert des déportés du chemin de fer au bassin de la Floride, où a eu lieu leur embarquement à bord de la frégate à vapeur le *Christophe-Colomb*.

« A midi, tout était terminé, et le *Christophe-Colomb* quittait nos jetées à une heure.

« Au nombre des transportés se trouvent l'ex-représentant Miot, et M. Salva, ancien chef de bataillon de la garde nationale de Sotteville, longtemps détenu dans la prison de notre ville. Un peintre de Maromme, nommé Aymard, qui depuis trois jours était écroué à la prison du Havre *par ordre supérieur*, fait également partie de ce convoi, ainsi que M. Leballeur-Villiers, de Rouen, et Pornin, organisateur de la garde Sobrier. »

Par ordre supérieur ! Cela répondait à tout et justifiait tout.

SÈVRES (Deux-)

Niort. — Bressuire.

A l'annonce de la nouvelle du coup d'État, une certaine agitation se manifesta à Niort dans le parti républicain, mais tout se borna à une manifestation devant l'hôtel de la mairie (1).

Le maire, M. Henri Giraud, donna sa démission ; M. Proust aîné, remplit les fonctions de maire à sa place ; le colonel de la garde nationale, M. Douhaut, donna également sa démission.

L'autorité ne se crut en sûreté qu'après avoir fait opérer un certain nombre d'arrestations : MM. Méchain, frère du député, et rédacteur de l'*OEil du peuple*, Chaumier, négociant, Saillant, Mangor, Savariau père, Taféry (2), etc., furent arrêtés. D'autres républicains contre lesquels des mandats avaient été décernés, entre autres M. Guay, commandant de la garde nationale, furent assez heureux pour se soustraire aux recherches de la Police.

SOMME.

Amiens.

Le département de la Somme fut très-calme, en apprenant le coup d'Etat. Les dépêches insérées dans le *Moniteur* constatent même un certain enthousiasme.

Le 6, M. de Tanlay, ancien préfet de la Manche, était nommé préfet de la Somme, en remplacement de M. Masson. Le *Moniteur* du 7 annonçait que M. Bérard, ancien

---

(1) A Bressuire, il y eut aussi une tentative d'émeute, mais elle fut promptement réprimée.

(2) Mort cette année à Londres, où il dirigeait, avec le concours de M. Hubert, ancien conseiller de préfecture, la *Chaîne d'Union*, journal maçonnique fort estimé.

représentant du peuple et ancien secrétaire du bureau de l'Assemblée, était arrivé à Amiens en qualité d'envoyé extraordinaire du gouvernement, et que le préfet lui avait remis ses pouvoirs.

Pendant ce temps, le général de Bois-le-Comte, rassemblait les officiers et leur adressait une allocution qui, toujours d'après le *Moniteur*, était accueillie par les plus vives acclamations.

TARN.

Le département du Tarn n'offre aucun fait saillant, si ce n'est que la garde nationale de la Bastide-Rouairoux refusa de se laisser désarmer.

Voici ce que nous lisons à ce sujet dans l'*Union* :

« Samedi, 27 décembre, M. le sous-préfet de Castres, accompagné de M. le lieutenant de gendarmerie Noyrit, des brigades de Mazamet et de Saint-Amans-la-Bastide et d'un détachement de hussards, s'est rendu à Labastide-Rouairoux pour procéder au désarmement de la garde nationale qui s'était refusée à livrer ses armes. Après la première sommation, les gardes nationaux ont rendu eux-mêmes leur armes à la mairie.

« Cette opération s'est faite dans le plus grand ordre.

« Les armes ont été transportées immédiatement à la sous-préfecture de Castres.

« Pendant que le désarmement s'opérait, il a été procédé à l'arrestation des nommés Barthès (François), dit *Renard*, et Cevola (Ambroise), dit *Paul*, scieurs de long, prévenus d'affiliation à une société secrète.

« Le sieur Cevola a déjà subi une condamnation pour délit politique. »

Quant aux révocations, elles furent peu nombreuses ; le 7 janvier M. Combes, premier adjoint au maire de Castres, fut révoqué par arrêté de M. le préfet du Tarn.

TARN-ET-GARONNE.

MONTAUBAN. — MOISSAC.

M. Perdheillan-Maczin, préfet de ce département, n'attendit pas les événements pour se prononcer; il refusa d'adhérer au coup d'Etat, et, tout en annonçant à ses administrés les événements survenus à Paris, il les prévenait qu'il avait envoyé sa démission au ministre de l'intérieur :

« Un grand événement vous est annoncé, disait-il, dans son adresse aux habitants de Tarn-et-Garonne : Les circonstances vous demandent plus que jamais l'ordre, l'union, la paix. Vos intérêts les plus chers et les plus sacrés vous y convient. Cependant la conscience a des appréciations souveraines et des lois inflexibles. J'ai donc demandé un successeur : mais jusqu'à son arrivée, je veillerai sur tous vos intérêts; j'associerai mes efforts à ceux des magistrats élus par vous.

« Mes préoccupations les plus ardentes seront pour le maintien de votre tranquillité.

« Je m'y dévouerai avec le zèle d'un homme qui est l'hôte reconnaissant et l'ami sincère de votre beau pays, avec la fermeté d'un magistrat résolu dans l'accomplissement de ses devoirs.

« Montauban, le 3 décembre 1851. »

Le 8 décembre, le *Moniteur* publiait la dépêche suivante sur le département de Tarn-et-Garonne :

« La ville de Montauban, composée en grande partie de gens riches et paisibles, a montré un calme qui, jusqu'à présent, n'a pas été altéré. Quelques esprits exaltés, et curieux d'apprendre les nouvelles de Paris, ont stationné jusqu'à onze heures de la nuit sur la place de la préfecture.

« A Moissac et à Castel-Sarrasin, on s'est montré généralement inquiet; mais, dans toutes les autres localités, on remarquait visiblement une tendance au maintien de l'ordre, quelle que fût l'issue des agitations du Nord. »

A Moissac, il y eut des troubles assez sérieux ; les portes de la mairie furent enfoncées ; on fit partir des troupes de Toulouse pour rétablir l'ordre. Un assez grand nombre d'arrestations furent opérées.

VAR.

DRAGUIGNAN. — TOULON. — CUERS. — AUPS. — BRIGNOLES.

Toulon, cette ville qui compte une population de près de 50,000 habitants, était depuis longtemps acquise à l'opinion démocratique. La nouvelle du coup d'État produisit une immense sensation ; l'autorité avait pris toutes les mesures nécessaires pour parer à une attaque de vive force, elle en fut quitte pour faire devant les rassemblements les sommations pour obtenir leur dispersion. Cependant il eût suffi qu'un homme affichât un appel aux armes pour qu'aussitôt la population ouvrière se soulevât ; cet homme ne fit rien, il demeura inactif, comme beaucoup de chefs dans les départements ; il hésita, pourquoi ? Probablement parce qu'il croyait que le peuple de Paris, comme en 1830, comme en 1848, se soulèverait comme un seul homme et se chargerait d'empêcher la réalisation du coup d'État ; il oubliait une chose, celui-là comme ceux qui l'imitèrent, c'est que les souvenirs de juin où des torrents de sang avaient été versés, du 13 juin où la proscription avait frappé les chefs de la gauche, n'étaient pas effacés des esprits.

L'homme dont nous voulons parler était le rédacteur du *Démocrate du Var*, M. Ledeau, lieutenant de vaisseau démissionnaire ; son abstention ne l'empêcha pas d'être arrêté quelques jours après et envoyé en Afrique où il mourut avant la proclamation de l'amnistie.

« Un rassemblement assez considérable, lisait-on dans le *Toulonnais* du 4 décembre, augmenté encore, comme toujours, par bon nombre de curieux, s'est formé hier soir sur la place d'Armes.

« Un bataillon d'infanterie et la gendarmerie à cheval sont parvenus à dissiper cet attroupement. A onze heures, tout était terminé. Quelques arrestations ont eu lieu, entre autre celle d'un individu armé d'un pistolet, et sur lequel on a trouvé un poignard, des capsules et des balles coupées. Il a été immédiatement mis à la disposition du procureur de la république. »

Trois jours après le même journal annonçait l'arrestation de soixante et onze citoyens qui avaient été conduits au fort Lamalgue.

Voilà tout ce qu'il y eut à Toulon. Des hésitations de la part de ceux qui s'intitulaient les chefs de la démocratie sur la conduite à tenir ; des attroupements qui se dispersèrent devant la force armée ; soixante-quinze arrestations ; tel est le bilan de Toulon.

Passons maintenant aux communes du Var.

Le 5, la ville d'Hyères s'insurge ; un vaisseau de guerre, l'*Uranie*, qui croisait sur le littoral, débarque cent marins. Les hommes du parti de l'ordre ont le dessus et tout se termine en quelques heures. A mesure que nous allons entrer dans le cœur de ce récit nous allons voir l'autorité aux prises avec des difficultés plus sérieuses, mais dont nous la verrons venir à bout avec un ou deux bataillons ; la première ville que nous rencontrons après Hyères est Cuers.

Cuers est un chef-lieu de canton qui compte 4,300 habitants ; il est situé aux pieds d'une colline plantée d'oliviers et d'arbres fruitiers.

Il avait été décidé par les démocrates que le soulèvement se produirait le 5, ce qui eut lieu.

« Dès 7 heures du matin, toutes les avenues des chemins ruraux étaient gardées par des affidés en costume de gardes nationaux, qui interceptaient le passage le sabre à la main et donnait l'ordre de s'armer et de se tenir prêts. A une heure de l'après-midi, un rassemblement nombreux se porta vers la maison commune.

« M. Barralier, maire de Cuers, averti de ce mouvement, sortit pour se rendre à la caserne de gendarmerie; comme il revenait, escorté de la brigade, des vociférations se firent entendre ; M. Barralier donna l'ordre à la foule de vider la mairie ; un individu, nommé Mourre, dit le Pacifique, s'écria :

« Le peuple est souverain ! Ce sont des brigands qu'il faut exterminer sur-le-champ ! »

« A ces paroles, on se précipita sur le maire ; à trois reprises, le gendarme Cauvin parvint, au péril de ses jours, à le couvrir de son corps; ses efforts furent vains. M. Barralier et le gendarme Cauvin furent terrassés et emportés hors de la mairie.

« Le brigadier de gendarmerie, qui était arrivé sur ces entrefaites, fut également saisi et entraîné du côté de la prison ; au moment où il y arrivait, un coup de feu l'atteignit au front et il tomba mort.

« Un second gendarme, nommé Daureu, fut poursuivi à coups de fusil dans une rue. Quant au brave Cauvin, après avoir lutté contre dix individus, il fut désarmé, essuya plusieurs coups de feu, dont un l'atteignit à la tête, et parvint cependant à se réfugier dans la maison du sieur Toucas, cafetier, qui s'empressa de le cacher.

« M. Barralier, horriblement maltraité, put cependant échapper à la mort, et fut jeté en prison.

« Débarrassés de toute résistance, les insurgés se rendirent au domicile de M. Roustan, receveur buraliste des contributions indirectes ; sa maison fut mise au pillage, tous les meubles, les livres, les cartons furent lancés par les fenêtres et devinrent la proie des flammes. Rien n'a pu être sauvé ; il ne resta au receveur que les habits qu'il portait sur lui. La même scène, la même dévastation se sont reproduites chez M. Guérin, receveur à cheval qui était en tournée.

« Les factieux se sont ensuite transportés à la caserne de gendarmerie. Il est impossible de retracer les scènes qui s'y sont passées. Tout a été saccagé ; la veuve du brigadier, couchée en joue par les émeutiers, a été forcée de remettre les fonds et les munitions de la brigade.

« Après avoir accompli ces actes de vandalisme, les

insurgés ont constitué une commission provisoire ; ils sont ensuite revenus sur la place publique, et ont assouvi leur rage sur le cadavre du malheureux brigadier tué dans la matinée ; ils en on fait le tour, en écrasant la tête à coups de pied ; ils ont tiré des coups de fusil sur différentes parties du corps, et, enfin, un de ces misérables, plus féroce encore que ses affidés, s'est lavé les mains dans le sang de la victime !

« Ces horreurs accomplies, la commission rentra à la maison commune pour délibérer. Il fut décidé qu'à minuit on exterminererait tous les ennemis du peuple. Un homme, coiffé d'un bonnet rouge, les bras et les jambes nus, avait parcouru la ville avec sa cohorte et désigné ceux qui seraient immolés. Par bonheur, le gendarme Cauvin, homme aussi dévoué qu'énergique, malgré sa blessure et ses souffrances, malgré les périls qui le menaçaient, s'était résolu à aller chercher des secours à Toulon. Les autorités, prévenues par lui, expédièrent immédiatement une colonne qui arriva à Cuers à onze heures du soir, et préserva la population de plus grands malheurs. »

Tel est le récit fait par le *Constitutionnel* ; nous l'avons reproduit, sans y rien retrancher. Il est à regretter que le procès de Jacon, le meurtrier de Lambert, qui fut condamné à mort pour ce fait, ainsi que celui de Mourre, dit le Pacifique, n'ait pas été publié, car nous sommes convaincu que le récit de la danse autour du cadavre de l'infortuné brigadier, etc., se serait trouvé démenti.

« A peine avait-on reçu à Toulon la nouvelle des graves désordres éclatés à Cuers et de l'assassinat du brigadier de gendarmerie, Lambert, qu'un bataillon du 50e de ligne fut envoyé sur les lieux.

« Une compagnie de ce bataillon se détacha en route pour stationner à Solliès-Pont, et les autres marchèrent directement sur Cuers, où elles arrivèrent à marche forcée, avec M. le préfet, M. le procureur de la république et M. le juge d'instruction.

« Arrivé à Cuers, entre neuf et dix heures du soir, la colonne commença par cerner l'hôtel de ville où s'était installée une commission municipale provisoire, et les soldats qui ne furent pas employés à cette surveillance s'engagèrent avec les magistrats dont nous avons parlé plus haut, dans une étroite et sombre rue, pour envahir un chambrée qui avait été désignée comme renfermant les émeutiers les plus dangereux.

« Là se trouvaient, en effet, des hommes enivrés de la folle pensée d'une prétendue victoire qu'ils croyaient avoir remportée sur la société; tous étaient armés de fusils, sabres, pistolets et couteaux, et tous furent immédiatement saisis et mis en lieu de sûreté par nos intrépides soldats.

« Pendant que tout cela se passait à l'intérieur de la chambrée, les soldats restés au dehors, avaient à lutter incessamment et corps à corps contre des hommes armés qui paraissaient à chaque coin des maisons voisines pour se servir lâchement de leurs armes, à l'ombre de la nuit, si on leur en avait laisé le temps. Mais l'indignation des braves soldats était si grande, et leur impétuosité si vive, que les tambours eux-mêmes, ne voulant pas rester inactifs demandèrent, comme une faveur, la permission de quitter leur caisse et de partager la lutte de leurs camarades.

« Ce fut dans cette lutte qu'un émeutier fut mortellement renversé par un grenadier sur lequel il venait de décharger son pistolet à bout portant, et qui venait d'échapper miraculeusement à ce coup meurtrier. Ce fut là aussi qu'un insurgé reçut un coup de baïonnette au moment où il levait un poignard sur la poitrine du soldat. »

Ce que nous venons de raconter est extrait du *Toulonnais*. Nous allons compléter le récit des événements de Cuers, en empruntant plusieurs passages du rapport du colonel du 50e de ligne, M. Trauers, sur les opérations de la colonne expéditionnaire dans le Var (5 au 15 décembre 1851) :

« Toute la nuit, et une partie de la matinée suivante, furent employées au désarmement de la population et à arrêter les hommes les plus compromis. Vers onze heures du matin, soixante-dix prisonniers furent liés et conduits à Toulon par trois compagnies, dont une resta à Solliès-Pont ; M. le préfet suivait le convoi et allait demander du renfort... »

Nous n'avons pu nous procurer toutes les listes des habitants de cette commune qui furent transportés ; mais dans celle publiée le 15 mars 1852, nous voyons que dix-sept habitants furent condamnés à cinq ans de transportation et sept à dix ans. Jacon, condamné à mort pour le meurtre du brigadier, eut sa peine commuée en la transportation à vie.

Au Luc, chef-lieu de canton dont la population est moindre qu'à Cuers, il fut décidé après une discussion assez vive qui eut lieu dans la nuit, que la commune s'insurgerait. Le lendemain, une Commission révolutionnaire s'installait à la mairie et se déclarait en guerre ouverte avec le président de la république ; un procès-verbal de cette séance fut même dressé et envoyé au préfet du Var ; à partir de ce moment, les émissaires parcoururent les campagnes, annonçant que le pays se soulevait ; Bayols, Pignans, Le Canet, Fanfaron, Flassans dépêchent sur Luc tout ce qu'ils ont d'hommes valides. L'enthousiasme est à l'ordre du jour... Que pouvaient faire une brigade de gendarmerie, un maire, un juge de paix, complétement isolés au milieu de ce mouvement des populations ? Le maire est arrêté, les gendarmes désarmés, et ces gens qui se soulèvent pour la liberté ne s'aperçoivent pas qu'en procédant à l'arrestation des légitimistes du canton, ils nient cette même liberté.

Pendant trois jours, du 5 au 6, les insurgés furent maîtres des routes, et les courriers ne pouvaient passer qu'après avoir eu leurs dépêches ouvertes ; il, délivraient des laisser-passer aux diligences, tout cela se faisait régulièment ; le service de la poste était fait par M. Boucher, et ses feuilles, réguièrement tenues, arrivèrent à Marseille.

A ce propos, l'inspecteur du Var écrivait le 8 décembre :

« La dépêche de Luc du 7 décembre pour Paris, arrivée ce soir, renferme une feuille d'avis régulière, signée ;

Le gérant provisoire nommé par le peuple souverain,
BOUCHER.

« Depuis quelques jours, la diligence de Draguignan à Marseille, qui fait le service des dépêches, apportait un *part*, ou feuille de route, signée par les directeurs révolutionnaires de Vidauban, Cuers, etc. »

Pendant que ces faits se passaient au Luc, Brignoles, autre chef-lieu d'arrondissement assez important se soulevait ; Camille Dutheil, rédacteur du *Peuple*, arriva dans cette commune. Dans la nuit du 4 au 5, il présida une réunion au café du Cours et, par la hardiesse de son langage, il fit décider la prise d'armes. Le 5, à 7 heures du matin, sept cents hommes, Camille Dutheil en tête, marchent sur la mairie au chant de la *Marseillaise* et s'en emparent ; bientôt la ville leur appartient ; une Commission révolutionnaire est nommée, et pendant trois jours on rend des décrets, mais surtout, et que cela soit compté à l'insurrection, en bonne part, la tranquillité est maintenue.

On le voit, le mouvement est semblable à une sorte de traînée de poudre ; chaque chef-lieu de canton qui s'insurge, voit ses communes l'imiter. Nous ne pouvons citer tous les villages qui se soulevèrent et envoyèrent leurs hommes au chef-lieu, le nombre en est trop considérable ; mais à ce mouvement il manquait un chef, ceux qui plus tard, s'affublèrent de ce titre étaient profondément incapables.

A Bayols, le samedi 6, plus de six cents hommes armés de fusils se portent à la mairie, déposent le conseil municipal et le maire. Un citoyen, monté sur une table installée sur la place, ayant à ses côtés le drapeau rouge déployé, proclama en présence de la foule armée les noms d'une commission provisoire. Ceux d'Achard, maire, et Fassy, adjoint, ainsi que ceux d'un tiers environ des anciens conseillers, furent acclamés. On se présenta ensuite chez M. Trucy, receveur buraliste, et on lui enleva toute la poudre qu'il avait.

« Une députation avait été à la caserne pour désarmer la gendarmerie, mais le brave maréchal des logis s'y refusa formellement; il répondit qu'il avait servi honorablement pendant vingt-huit ans son pays, et qu'à la fin de sa carrière il ne commettrait point un acte de lâcheté; que quant à ses armes, il ne les rendrait qu'après qu'on aurait marché sur son corps et sur celui de tous ses gendarmes, qui tous étaient des braves, et de son avis. Cette réponse énergique fit que ces hommes, comprenant que désarmer les gendarmes, ce serait les déshonorer, se contentèrent de placer à la porte de la caserne un piquet.

« Les affiliés se rendirent ensuite en partie en armes à Pontevès et à Tavernes, pour déposer les autorités et placer une commission provisoire. Les insurgés de Brignoles, avaient envoyé à différents villages du canton, l'ordre de fournir et envoyer leur contingent : c'est ainsi qu'arrivèrent plusieurs détachements de Varages, la Verdière, Brue, etc.; et le 7, jour de dimanche, vers les dix heures du matin, une forte colonne de plus de 400 hommes partit de Barjols, ayant les chefs de chaque commune en tête, pour se diriger sur Draguignan.

« A Tourvès, le 4, à l'entrée de la nuit, un rassemblement nombreux se présenta devant la mairie de la commune. La foule demandait qu'on lui livrât les armes de la garde nationale. Un honorable citoyen, M. Blanc, adjoint au maire, se présenta aux insurgés, et chercha, par des exhortations, à leur faire comprendre les suites de l'attentat qn'ils voulaient commettre ; ses efforts furent vains; la porte de la mairie fut enfoncée, et les armes qu'elle renfermait furent enlevées.

« Les meneurs, au nombre de huit, s'organisèrent ensuite un gouvernement provisoire, et placèrent à leur tête un ouvrier cordonnier, ancien président d'un club anarchiste, et le principal auteur de ces nouveaux désordres.

« Les membres du gouvernement se firent servir à dîner; après, ils descendirent sur la place publique, encombrée de tous leurs acolytes en armes ; ils proclamèrent les noms de la nouvelle administration; on entonna ensuite le chant de *la Marseillaise*; à l'issue de la dernière strophe, les insurgés mirent tous le genou à terre; puis le gouvernement rentra à la mairie, d'où il commença à expédier des ordres. Les premiers consistaient en missions données à certains *citoyens* de tuer sans retard tous les gendarmes, les gens de robe et les prêtres de la contrée. »

Nos lecteurs, avant que nous ne les en ayons prévenus, ont dû deviner que ce récit était extrait des colonnes du *Constitutionnel.*

Ainsi, on le voit, tout l'arrondissement de Brignoles était acquis aux insurgés, que devait faire un chef intelligent en cette circonstance? Marcher sur Draguignan; mais il est une chose à constater, c'est que dans tous les soulèvements soit dans le Lot-et-Garonne, soit dans les Basses-Alpes, les soldats de l'insurrection demandent à marcher, les chefs hésitent, le temps se passe, et la troupe, qui ne perd pas son temps en vains discours, arrive, bat les insurgés; les insurgés crient alors à la trahison, lorsqu'ils ne devraient s'en prendre qu'à l'incapacité de leurs chefs.

Il devait en être dans le Var comme dans les autres départements.

Cependant la nouvelle de tous ces événements étant arrivés à Draguignan, le préfet, M. de Ramand, voulait faire partir de la troupe contre les insurgés; mais le commandant fit comprendre au préfet que s'il dégarnissait Draguignan, la ville qui paraissait déjà mal disposée pourrait se soulever, et alors sa colonne se trouverait prise entre deux feux.

L'observation était juste et le préfet n'insista plus; mais ceux qui l'entourent, les principaux fonctionnaires de la ville veulent le forcer à mettre le département en état de siége. M. le préfet éprouve certaine susceptibilité; est-il encore préfet du Var? M. Pastoureau, le nouveau préfet, est à Toulon et a reçu les sceaux, n'est-ce pas plutôt lui qui doit mettre le département en état de siége? Question délicate et qui donne lieu à une grave discussion à laquelle prennent part le maire, le procureur de la république, etc.

Enfin, on s'arrête à un moyen terme; M. de Ramand, qui ne croit pas avoir les pouvoirs pour mettre le Var en état de siège, signera un arrêté portant que tout individu qui sera pris les armes à la main sera fusillé !

C'est à croire que l'on devient fou quand on voit que des choses semblables sont discutées, approuvées et signées dans le cabinet d'un haut magistrat, en présence de tout ce que la ville renferme de plus considérable (1).

Le chef du parti directeur, à Draguignan, était très-opposé à l'insurrection ; lui aussi attendait probablement que l'émeute eut triomphé à Paris pour prendre un parti décisif, et, en attendant, il envoya l'ordre à l'arrondissement de Grasse de ne pas bouger. Une fois qu'il eut fait acte de commandement, il donna sa démission. Nous croyons qu'il aurait dû débuter par là.

Le 5, la population de Draguignan, qui déjà avait fait retentir les vitres de l'hôtel de la préfecture de cris de *Vive la République !* prend une attitude tout à fait hostile, le cri : *Aux armes !* se fait entendre, mais la gendarmerie, avec plus de peine toutefois que les jours précédents, il est vrai, parvint néanmoins à dissiper les rassemblements.

Les légitimistes et les cléricaux que l'on flatte, prennent fait et cause pour la préfecture, et s'organisent en garde nationale. Dès lors la tranquillité ne sera plus troublée à Draguignan ; l'arrondissement de Grasse ne bougera pas, puisqu'il en a reçu l'ordre ; Toulon sera comprimée par une force imposante ; il ne reste donc plus que l'arrondissement de Brignolles à combattre.

Maintenant retournons auprès des insurgés.

Camille Dutheil arriva à Vibaudan au moment où les insurgés discutaient s'ils devaient marcher sur Draguignan ou se retrancher au Luc et attendre le colonel Trauers.

Dutheil ne fut ni pour l'une ni pour l'autre de ces propositions. Il se contenta de dire qu'il fallait former une véritable armée démocratique et à lui en confier le commandement. Ce qu'il y a d'extraordinaire, c'est que personne ne fit d'observation ; ceux qui croyaient avoir des droits à ce titre se retirèrent, croyant laisser la place à un plus digne.

Notre opinion est que tous les chefs qui assistaient à

---

(1) V. H. Maquan, *Insurrection du Var*.

cette sorte de conseil de guerre, pas un n'avait un plan arrêté.

Une fois proclamé général en chef, Dutheil ordonna une marche sur Salernes. Il était facile de voir, en prenant cette décision, qu'il en était de Dutheil comme de Peyronni et qu'il ne tenait pas à se rencontrer avec la troupe.

Le 7, il passa en revue cette armée qui, ayant toute confiance en son chef, le salua de ses plus chaudes acclamations. Le dimanche matin, à huit heures, l'armée démocratique du Var, c'était le nom que lui avait donné son chef, arrivait aux Arcs, ayant à sa suite les prisonniers du Luc et de la Garde-Freynet, qui n'étaient ni enchaînés ni conduits la corde au cou, comme l'ont prétendu les journaux réactionnaires.

On peut dire que pendant toute cette journée du dimanche, Draguignan fut sous le coup de la plus vive panique; à chaque instant, on s'attendait à voir arriver les insurgés; la préfecture était transformée en citadelle, on l'avait approvisionnée de vivres et de munitions; aussi l'annonce que Dutheil renonçait à marcher sur Draguignan fut accueillie avec une vive satisfaction.

Après un séjour de quelques heures aux Arcs, l'armée se remit en marche et arriva à Lorgues (1).

Il était une heure de l'après-midi quand l'armée fut signalée s'avançant sur le chemin du Plan; aussitôt le tocsin sonne, le tambour bat la générale, l'anxiété est partout; cent cinquante hommes environ prennent les armes et courent se ranger devant la mairie sous les ordres de M. Courdouan, maire, entouré des principaux habitants et des conseillers municipaux.

En ce moment un homme à cheval en costume de spahis s'avance sur le Bas-Cours, précédé d'un habitant de Lorgues, M. Vicolle, qui avait été dépêché en avant pour connaître les intentions des insurgés.

---

(1) Une partie du récit qui va suivre est emprunté à une brochure, ayant pour titre : TROIS JOURS AU POUVOIR DES INSURGÉS, récit épisodique de l'insurrection dans le Var, par H. Maquan, rédacteur de l'*Union du Var*, l'un des otages de Lorgues, 1852.

« Avez-vous un ordre de route ? demande le maire.
— Non, répondit le spahis.
— En ce cas, je ne puis parlementer avec vous. »

Ce langage, que ne pouvait guère soutenir la force armée dont disposait le maire, engagea le juge de paix à aller au-devant de l'armée insurrectionnelle. A deux cents pas environ de la ville, il rencontra Camille Dutheil.

« Vous êtes sans doute le maire de la ville ? lui demanda celui-ci.
— Non, monsieur, je suis le juge de paix, et je viens au nom de mes concitoyens m'informer de vos volontés.
— Citoyen, la Constitution a été violée le 2 décembre, et le peuple souverain...
— Je ne suis point ici pour soutenir avec vous, monsieur, une discussion politique, mais pour savoir ce que vous demandez.
— Je demande que ma troupe puisse prendre quelques instants de repos dans votre ville, et qu'on lui fasse distribuer des vivres dont nous avons grand besoin. »

Le juge de paix promit les vivres, mais refusa l'entrée de la ville ; cependant en rendant compte de son entrevue avec Dutheil, le juge de paix ne cacha pas aux membres du conseil municipal qu'il était impossible de l'empêcher d'entrer. Le conseil hésite sur le parti à prendre. Le juge de paix, impatienté de tant de lenteur, demande catégoriquement aux conseillers s'ils entendent, oui ou non, refuser l'entrée de la ville.

— Non, répond un seul membre.

Le juge de paix court au-devant des insurgés et rencontre Dutheil, qui lui dit qu'il n'est plus maître de sa troupe.

« Déjà une colonne, poursuit-il, se dirige vers la ville par un autre chemin, et, pour éviter tout désordre, je dois la précéder avec la colonne qui reste. J'engage ma parole d'honneur qu'il ne sera commis aucun excès, qu'il ne sera fait de violence à personne.

— En ce cas, marchons, dit le juge de paix, je prends sur moi la responsabilité de votre entrée dans la ville.

— Promettez-vous que les habitants de Lorgues ne feront aucun mal à mes hommes ? observe Dutheil.

— Je vous le garantis et, dans tous les cas, je resterai au milieu de vous comme otage. (1) »

Les bandes que commandait Camille Dutheil étaient presque toutes composées de paysans habillés d'une manière presque uniforme et marchant avec un certain ordre. Les fusils de chasse remplaçaient les piques traditionnelles. Les faux étaient rares ; les haches étaient portées en tête de colonne, de manière à figurer une compagnie de sapeurs. A l'exception du costume de spahis et d'une jeune femme en bonnet rouge (2) et portant un drapeau, la plupart des chefs étaient en burnous ou en paletots.

Les insurgés, après avoir reçu des vivres, allaient quitter Lorgues, s'inquiétant peu des trente gardes nationaux retranchés dans la mairie, lorsque survint, tambour battant, le contingent des Arcs.

Les hommes qui le composent demandent le désarmement des gardes nationaux. Le maire de Lorgues engage les gardes nationaux à rendre leurs armes ; ceux-ci s'exécutent ; mais les insurgés, non contents de les désarmer, les font prisonniers ; c'étaient MM. L. Courdouan, maire ; Courdouan, juge-de-paix ; de Commandaire, de Gasquet, J. de Gasquet, de Combaud, Crouet, E. Boyer, Layet, Vacquier, A. de Laval, E. Perreymond, J. Gasquet, O. Ganzin, Peissel, et enfin H. Maquan. Le nombre des otages en comptant ceux de Lorgues se montait à 83.

---

(1) H. Maquan, *Insurrection dans le Var*.
(2) Cette jeune femme dont parle M. H. Maquan, était Césarine Icard. Elle fut condamnée à dix ans de transportation. Du reste ce ne fut pas la seule femme dans le Var qui fut transportée : Catherine Truc, Solange Lonjon, Appoline Lonjon, furent condamnées également par la Commission mixte à cinq ans de transportation ; — Angélique Bérenguier, Julie Isnard, Joséphine Maué, furent condamnées à dix ans. M. Ténot dit que la femme costumée en déesse de la liberté, était Madame Ferrier dont le mari avait été proclamé maire de Grimaud. Les deux époux furent assez heureux pour passer aux Etats-Unis.

A onze heures du soir les otages, — car c'était le nom que les insurgés donnaient à leurs prisonniers, — entourés par un corps d'insurgés et précédés du gros de l'armée, faisaient leur entrée dans Salernes.

« C'était presque une entrée triomphale, dit M. H. Maquan, mais pour nous, prisonniers, c'était le passage des fourches caudines. »

Salernes, où venait d'arriver les insurgés, est une petite ville située sur une hauteur et entourée de précipices ; les insurgés pouvaient parfaitement s'y retrancher et s'y défendre en cas d'attaque et même faire subir un échec au colonel Trauers et au préfet, M. Pastoureau. Dutheil, en conduisant sa petite armée en cet endroit, avait-il songé à ces défenses naturelles ? Espérait-il s'y retrancher, s'y défendre, et en prolongeant la résistance, décider le reste du département à se soulever. C'est ce que nous ne saurions dire.

Maintenant nous allons voir ce que faisait la troupe de ligne.

Le 7 décembre, le préfet arrivait de Toulon avec cinq compagnies ; pendant son absence, dit le colonel Trauers, je m'étais avancé par le Puget pour accompagner le maire qui en avait été chassé et pour arrêter les coupables. Les cinq compagnies nous ayant rejoint, nous marchâmes sur le Luc où nous arivâmes à la nuit tombante. Là, comme à Cuers, un mouvement insurrectionnel avait éclaté la veille.

« Tous les insurgés s'étaient réunis au nombre de sept à huit cents et s'étaient jetés sur la gauche, dans la direction de Lorgues, pour éviter la rencontre de notre colonne et de celle qu'on supposait partie de Draguignan ; ils emmenaient sept à huit gendarmes et les autorités qu'ils avaient déposées. Nous rétablîmes toutes les autorités municipales et fîmes une douzaine d'arrestations.

« Le lendemain matin, nous nous dirigeâmes sur Lorgues. Les insurgés en étaient sortis la veille au soir après y avoir fait une longue razzia ; ils forçaient tous les hommes à les suivre, prenaient partout des otages et levaient de fortes contributions. La frayeur des habitants était telle qu'ils n'osaient nous donner aucun renseignement, ni nous indiquer la direction qu'avaient pris les hommes qui leur avaient fait tant de mal. Les uns nous disaient qu'ils s'étaient dirigés sur Salernes, d'autres sur Lorgues et sur Flayose, pour de là marcher sur Draguignant qui leur servait de point de mire. Leur nombre avait déjà atteint le chiffre de deux mille. Après un repos d'une heure, pendant laquelle le maire de Lorgues fut réinstallé (1), et quelques arrestations faites (2), nous nous dirigâmes sur Flayose où nous arrivâmes vers quatre heures. Ce village était occupé par 100 à 150 insurgés qui s'enfuirent à notre approche. Quelques coups de fusil furent tirés, un insurgé fut tué, un soldat fut blessé ; ne pouvant obtenir des nouvelles auxquelles on pût ajouter foi, les habitants de ce village étant complétement du parti des révolutionnaires, nous entrâmes dans Draguignan vers 7 heures du soir pour avoir des renseignements positifs et procéder à l'installation du préfet, M. Pastoureau ; le lendemain, 9 du mois, nous apprîmes que les insurgés étaient à Aups, qu'ils venaient d'y réunir tous les hommes que l'esprit de parti, la crainte et la violence avaient enchaînés; qu'ils étaient au nombre de trois à quatre mille et qu'ils cherchaient à décupler leurs forces en leur donnant une sorte d'organisation militaire.

« Je donnai l'ordre du repos; je fis remplacer les hommes éclopés, et le 10, vers 5 heures du matin, m'étant mis à la tête de 11 compagnies et de 40 cavaliers, je fondis sur Aups. Le préfet marchait avec nous et a montré l'énergie d'un soldat. La route est mauvaise, le pays est boisé, rocheux, tourmenté. Je pensais rencontrer les insurgés dans les défilés nombreux que j'aurais à traverser. Il n'en fut point ainsi ; la première rencontre eut lieu

---

(1) Le colonel Trauers oublie que le maire de Lorgues était prisonnier des insurgés : il installa un maire, voilà ce qu'il veut sans doute dire.
(2) Nous ne savons trop pourquoi on fit des arrestations; M. H. Maquan ne parle aucunement dans son récit des événemens arrivés à Lorgues, que des habitants de ce village aient fait cause commune avec les insurgés.

au village de Tourtour situé sur la gauche de la route, à une lieue et demie ou deux d'Aups. Là le 5ᵉ bataillon révolutionnaire, commandé par Arambide, occupait un plateau qui fait suite au village dans la direction d'Aups.

« Les hommes, au nombre de quatre à cinq cents, étaient rangés en bataille, l'un d'eux portait un drapeau d'une dimension gigantesque. Je donnai l'ordre à quatre compagnies de faire tête de colonne à gauche pour aller les déloger. Aussitôt qu'ils s'aperçurent de ce mouvement, ils s'enfuirent et se jetèrent dans les bois et dans la vallée opposée. »

« A quelque distance de là nous rencontrâmes une estafette qui portait au village de Tourtour un ordre ainsi formulé :

« Ordre au colonel Arambide, commandant du 5ᵉ ba-
« taillon révolutionnaire de se rendre tout de suite à Aups
« avec son bataillon. »

« Le général commandant l'armée révolutionnaire,

« DUTHEIL (1). »

Ce bataillon appelé à Aups par le prétendu général était celui que nous venions de mettre en fuite. »

Dutheil s'était, en effet, dirigé sur Aups.

Mais les hommes dont il avait pris le commandement avec tant d'aplomb n'avaient plus confiance en lui, et faut bien reconnaître que le chef ne devait pas en avoir beaucoup en des hommes qui, comme ceux que commandoit Arambide, avaient lâché pied à la vue des pantalons rouges.

Les plus simples mesures de précautions avaient été négligées par Dutheil; peut-être, après tout, se croyait-

---

(1) L'homme qu'on venait d'arrêter était Martin, dit Bidouret. La mort de cet infortuné a eu tant de retentissement que nous avons cru devoir reproduire en entier l'article que lui a consacré M. H. Maquan (V. p. 385, Un émissaire).

il suffisamment gardé par le bataillon d'Arambide à Tourtour.

Pas un factionnaire en avant, si bien que les soldats du 50ᵉ arrivèrent devant Aups à onze heures, sans que personne en vint donner l'alarme à Dutheil qui, en ce moment, haranguait ses hommes, lesquels, le dos tourné par où arrivait la troupe, l'écoutaient comme des gens habitués depuis longtemps à un semblable langage.

Un cri se fait entendre : « Voilà les soldats ! »

Avant que les insurgés aient le temps de se reconnaître, l'infanterie est divisée en plusieurs pelotons et la fusillade engagée.

Au premier moment, la position des insurgés fit que le feu de la troupe ne produisit pas beaucoup de ravages dans les rangs ; mais les premiers pelotons s'étant avancés, les insurgés lâchèrent pied à la suite de quelques décharges qui avaient porté la mort dans leurs rangs.

Dutheil éperdu descend de cheval pour courir au contingent de la Freynet.

« — Compagnie de la Garde-Freynet, s'écrie t-il, en avant ! » Et il se dirige à pied par la rue Saint-Sauveur, vers le portail des Aires, pour gagner les hauteurs, tambour battant.

La tête de cette phalange d'élite marche d'un pas rapide, mais régulier et fait assez bonne contenance ; toutefois les derniers rangs suivent en désordre et ne tardent pas à se disperser dans la ville, en criant : « Sauve qui peut ! »

Aux premiers coups de feu des tirailleurs s'avançant à découvert et directement dans les prés, bien que les coups ne portent pas, étant tirés de bas en haut, la masse de paysans s'ébranle et se disperse dans tous les sens.

Dutheil, qui était sorti de la ville par la porte des Aires, pour gagner les hauteurs, entouré par les mieux armés et les plus résolus des siens et les chefs, Dutheil, disons-nous, fait faire halte à sa troupe, sur le coteau planté d'oliviers, dominant de ce côté-là la ville et surmonté par une chapelle, et de là, derrière le tronc des arbres, ses hommes dirigent presque sans danger leurs coups contre le détachement lancé à leur poursuite, et après un échange de coups de fusils, ils achèvent leur retraite sans être inquiétés (1).

Cinquante insurgés furent tués par les gendarmes. Pendant ce temps, quelques pelotons du 50ᵉ, tenus en réserve, pénétraient dans la ville, où trente ou quarante insurgés furent tués, entre autres deux porteurs de drapeaux. De nombreux prisonniers furent pris les armes à la main, et la ville fut complétement dégagée.

Pendant que cette déroute avait lieu, les prisonniers des insurgés, c'est-à-dire les otages, entendaient le bruit de la fusillade.

« Barricadez-vous, leur crie une voix.

« L'idée que nous allons être égorgés par les insurgés, mutinés contre leurs chefs ou exaspérés par une attaque imprévue s'empare de nous, dit M. H. Maquan. Les abat-jour des croisés sont vivement fermés. La fusillade redouble et se prolonge.....

« Nous apercevons quelques insurgés en blouse qui fuient, regardant en arrière de temps à autre et cherchant à se cacher derrière une muraille. Les fenêtres de la façade s'ouvrent, nous nous entassons derrière la muraille en criant au milieu de la fusillade :

« Les prisonniers ! les prisonniers !

« MM. Andéol de Laval et Jules de Gasquet se précipitent sur la terrasse pour courir au devant des soldats. M. Jules de Gasquet descend dans la cour sans essuyer le moindre danger. M. Andéol de Laval, au contraire, courant derrière une rangée de charrettes qui se trouvaient en avant de la terrasse, est pris pour un chef des insurgés. L'hôtel Crouzet avait été, d'ailleurs, désigné à l'autorité et aux soldats, comme le repaire de l'état-major de l'insurrection.

« Point de quartier ! s'écrie-t-on du côté de la troupe, en désignant l'héroïque jeune homme qui se débat, déjà blessé, et qui essuie à bout portant le feu de tout un peloton. Il est effleuré par une grêle de balles. Il tombe en-

---

(1) H. Maquan, *Insurrection du Var*.

fin aux pieds des soldats, dix baïonnettes vont le percer, lorsque les gendarmes désarmés paraissent aux fenêtres de l'hôtel Crouzet. On se reconnaît, Il était temps. L'héroïque jeune homme survécut à ses blessures.

La *Patrie*, à propos des otages, fait le récit suivant :

« Lorsque les insurgés eurent appris que la troupe marchait contre eux, ils envoyèrent un parlementaire au préfet, pour lui proposer l'échange de ces otages contre des chefs insurgés faits prisonniers; mais le préfe n'avait pas accepté cette proposition.

« Les insurgés, furieux, condamnèrent les otages à mort; déjà des prêtres avaient été amenés près d'eux, et le moment de l'exécution était fixé à deux heures après midi.

« La promptitude de la marche de la colonne, la vigueur de l'attaque et la défaite des insurgés ne leur ont pas permis de mettre leur exécrable sentence à exécution. »

Or, M. H. Maquan, prisonnier des insurgés et qui certes ne les ménage pas dans son livre, ne dit pas un mot de cela.

Ils ne furent jamais attachés, et les insurgés surpris dans Aups, ne purent songer un instant à envoyer un seul instant un parlementaire au préfet. Du reste, le colonel Trauers ne dit pas un mot qui puisse donner raison à la version de la *Patrie*.

A quelques jours de là, on écrivait d'Aups à la *Gazette de France* : « Nous commençons enfin à respirer. Je profite de ce premier moment de calme pour vous donner des détails. Les insurgés sont en pleine déroute, ils fuient de tous côtés; on en arrête sans cesse, et on a amené hier, à six heures du soir, près de deux cents prisonniers d'Aups. Le combat, ou du moins la première décharge, a eu lieu sur la place de cette ville. Les révoltés ont fui à travers champs, et les cent cavaliers qui marchaient avec l'infanterie les ont poursuivis et ont fait un *grand massacre*. Sur les routes de Lorgues, Salernes, Tourtour et Aups, on a vu plusieurs cadavres d'insurgés. La *colonne a fusillé presque tous les rebelles qu'elle a rencontrés*.

« Le préfet, qui est arrivé d'Aups hier, à trois heures et demie, et qui avait écrit du champ de bataille au ministre qu'il venait de conquérir son département, est reparti ce matin à la tête de quatre cents hommes pour la Garde-Freynet.

« La consternation est répandue partout ; on ne rencontre sur les routes que des femmes éplorées qui vont à la recherche de leurs maris, de leurs enfants, de leurs pères, de leurs frères. On a opéré à Aups plusieurs arrestations de gens suspects. Tout est calme dans ce pays. »

Le mot de la fin de cette correspondance est un véritable chef-d'œuvre ; lorsque son auteur a constaté qu'on a fait un grand massacre, que la consternation est répandue partout, qu'on ne rencontre sur les routes que des femmes éplorées qui vont à la recherche d'un père, d'un enfant, d'un mari, d'un frère, il termine en disant... Tout est calme dans le pays !...

A la nuit, le colonel Trauers arrivait à Salernes où il coucha....... Il ne restait plus qu'un village à *réduire*. C'était la Garde-Freynet ; le 12 cette commune était occupée militairement.

L'insurrection du Var était écrasée, et il faut reconnaître que la troupe en avait eu plus facilement raison que de celles des Basses-Alpes et de la Drôme.

La répression fut terrible, elle fut sans pitié......

La délation dut faire son œuvre et achever de décimer la population. Voici le tableau des décisions rendues par la Commission du Var.

Renvoyés devant les Conseils de guerre....	24
Transportés à Cayenne....................	4
Id. en Algérie.......................	744
Expulsés du territoire.....................	132
Eloignés temporairement de France........	158
Internés hors du département.............	480
Renvoyés en police correctionnelle.........	137
Soumis à la surveillance de la haute police...	593
	2272

Ceux des prisonniers contre lesquels ne s'élevaient aucune charge et qui étaient mis en liberté, devaient signer une déclaration ainsi conçue.

« Je soussigné....... domicilié à....... déclare accepter avec reconnaissance la grâce qui m'est faite par le prince président de la République de la peine de...... à laquelle j'ai été condamné par la commission mixte des Bouches-du-Rhône; et m'engage à ne faire partie d'aucune société secrète, à ne plus m'occuper de politique et à être fidèle au gouvernement que la France s'est donné par les votes des 20 et 21 décembre 1851.

Je m'engage également à me conformer, comme surveillé, aux prescriptions de l'autorité.

Marseille, le 1852.
Signature.

Pour clore l'article du département du Var, nous allons donner trois exécutions extraites du livre de M. A. Maquan, *Insurrection du Var*. Ces exécutions eurent lieu après la déroute d'Aups :

« A quelques cents pas de la colonne s'éloignant de Lorgues, les malheureux insurgés prisonniers s'avançant d'un pas lourd, tous liés par la corde qui les tient enchaînés deux à deux, l'œil terne et les traits décomposés par l'épouvante de l'heure suprême.

« Un détachement, commandé par un gendarme à pied les escorte.

« Ce gendarme porte un fusil de chasse en bandoulière, son œil droit est caché par un bandeau noir. Au milieu d'outrages et d'insultes sans nombre, cet œil lui a été arraché à l'aide d'un clou au moment où il était fait prisonnier par les insurgés.

» Il a cru reconnaître les auteurs de ces attentats. Ce sont ces malheureux qui marchent enchaînés sous sa garde. *La justice militaire les lui a abandonnés*; ils vont être fusillés.

« Je ne vois aucun prêtre auprès de ces malheureux, mais bientôt j'aperçois un vicaire de la paroisse; le digne abbé Vian accourait, guidé par cet instinct de charité qui fait braver au prêtre catholique le plus terrible spectacle.

« Je m'approche du capitaine de gendarmerie en lui montrant le digne vicaire.

« Le capitaine fait un geste d'assentiment.

« Mais à ce moment une brusque ondulation de la foule me fait perdre de vue le prêtre et les condamnés.

« On entend à une certaine distance les vagues rumeurs d'une ville en proie à une joie tumultueuse et bruyante ; la foule qui suit le lugubre cortége est comme oppressée sous le poids d'une indéfinissable émotion.

« Après avoir dépassé le mur du cimetière, les quatre condamnés, toujours enchaînés, sont séparés de la foule et disparaissent bientôt derrière un massif d'oliviers touffus.

« Au même instant un coup de feu retentit.

« Puis un second.

« Puis un troisième.

« Sept coups de feu retentissent ainsi.

« La foule se précipite.....

« A quelques pas du chemin, dans un champ d'oliviers, à côté d'une petite masure, dans une mare de sang gisent, la face contre terre, quatre cadavres toujours enchaînés après la mort comme pendant l'agonie !!!

« Le vicaire de la paroisse dont nous avions réclamé le ministère, et un père jésuite, priant.....

« Le plus jeune de ces quatre malheureux, âgé de vingt ans à peine, a péri victime d'une méprise..... »

L'ÉMISSAIRE.

« .... Au détour du chemin, les gendarmes à cheval, marchant en tête de la colonne, aperçoivent un cavalier accourant à franc étrier.

« C'est Martin dit Bidouré, l'émissaire envoyé par C. Dutheil vers Arambide. Les gendarmes se précipitent sur lui et le renversent d'un coup de pistolet tiré dans l'oreille.

« L'émissaire tombe frappé en outre de quelques coups

de sabre. On le fouille et on trouve sur lui l'ordre du général en chef.

« Aussitôt nos libérateurs, instruits de la situation par cette providentielle rencontre (1), s'élancent au pas de course avec une rapidité d'autant plus grande, qu'ils arrivent bientôt sur le versant des dernières ondulations de ces montagnes.

« Laissons-les poursuivre leur route et restons auprès de Martin, dit Bidouré, pour achever l'épisode qui le concerne et qui a été inexactement rapporté.

« A peine le dernier soldat a-t-il disparu, que l'estafette Martin se redresse et regarde autour de lui.

« Le pistolet déchargé à bout portant dans son oreille, ne contenait pas de balle. Elle était tombée probablement du canon de l'arme. L'estafette n'avait été qu'étourdi par le coup, il en était quitte pour quelques entailles de sabre, assez graves, mais point mortelles.

« Lorsque Martin est un peu remis d'une pareille secousse, il aperçoit à deux cents mètres au-dessous de lui le toit de la Baume. Il n'a qu'à se traîner sur la pente des collines pour gagner ce gîte, visité par lui, la veille, dans des dispositions bien différentes de celles où il se trouve en ce moment.

« Si ce malheureux était en état de comprendre la logique des faits et de reconnaître l'intervention manifeste de la Providence (2), combien il devait regretter d'avoir envahi cette demeure, maintenant son seul asile.

« La suite de ce récit, vous montrera que Martin n'était pas incapable d'éprouver de pareils sentiments.

« Quoi qu'il en soit, il se traîne jusqu'à La Baume où il est accueilli par le fermier avec tous les égards dus à sa triste position.

« Malheureusement pour lui, le fermier, après avoir

---

(1) Est-il permis de mêler la Providence à des faits semblables!
(2) Encore la Providence! C'est elle, d'après l'auteur, qui fait sabrer ce malheureux par les gendarmes... Les gendarmes, en cette circonstance, ne sont que des instruments. Quelle aberration!

cédé à un premier sentiment de commisération ne tarde pas à se raviser.

« Apprenant la défaite d'Aups, et, avec cette tendance qu'ont les cultivateurs de nos contrées à redouter l'intervention du pouvoir, surtout en de pareils moments, comprenant qu'il risque de se compromettre en gardant plus longtemps un insurgé blessé sans instruire le maire du village, il se rend le soir du même jour, auprès de ce magistrat, pour lui faire connaître le nom de son hôte.

« L'autorité (1) ainsi avertie, fait saisir, deux jours après, le malheureux blessé ; il est conduit à Aups pour être fusillé le dimanche.

. . . .

« Or le dimanche 14 décembre, le malheureux Martin, quelques instants avant l'exécution de l'arrêt (2) qui le condamnait à être fusillé, se trouvait à l'hospice, lorsqu'il voit passer un prêtre qu'il croit reconnaître.

« Ce prêtre était M. Bonnet, curé de Vérignon, qui était venu à Aups.

« — N'êtes-vous pas M. le curé de Vérignon.

— Oui mon ami, répond M. Bonnet.

« — De grâce confessez-moi, s'écrie le condamné, le yeux mouillés de larmes.

« Les soldats s'éloignent attendris.

« Martin tombe à genoux en donnant les marques du plus sincère repentir, puis après avoir reçu la bénédiction du prêtre, il marche à la mort avec calme, fermeté et résignation. »

---

(1) Laquelle? est ce l'autorité judiciaire? l'autorité militaire? l'autorité communale?

(2). L'arrêt? quel arrêt; rendu par qui? Un arrêt suppose un conseil de guerre, un tribunal, une réunion d'hommes enfin, qui après avoir entendu le prévenu prononcent sur son tort, sans haine, sans crainte. Y a-t-il eu quelque chose comme cela pour cet infortuné. Non; il y a eu l'autorité qui a prononcé. Quel est celui qui la représentait en ce moment?

DOUBLE EXÉCUTION

« A Salernes, deux individus sont interrogés par une Commission militaire (1); l'un d'eux, poussé à bout, par les questions qui lui sont adressées : avoue qu'il était à la tête d'un détachement, lorsque le Bouilledou a été envahi.

« Cette réponse suffit pour envoyer ces deux hommes à la mort.

Au moment où la colonne sort de Lorgues, de cette ville où les insurgés n'ont pas versé une seule goutte de sang, des soldats entraînent ces deux malheureux. Deux coups de feu retentissent. Ces malheureux tombent et la troupe s'éloigne rapidement.

« La nuit vient (2), et avec elle un froid pénétrant et vif. Ce froid réveille l'un des deux fusillés, habitant de Vinon.

« Il essaye de se lever, stupéfait, cherchant dans le chaos de ses idées, à se rendre compte de son étrange situation. Il n'a pas la moindre égratignure; il veut se relever tout à fait, mais une corde le retient. Il se penche alors vers l'obstacle et reste saisi d'horreur en reconnaissant son compagnon de chaîne étendu sans vie à côté de lui, le cou traversé par une balle.

« A cet aspect, ce malheureux pousse un cri, ou du moins croit pousser un cri, car il n'entend le son de sa propre voix. Haletant, convulsif, horripilé, il rompt le lien qui l'attache à un cadavre, puis, emporté par la frayeur et la joie, comme par un double vertige, il part, court, vole, par les vallons, les coteaux, les bois, les champs, écoutant toujours, n'entendant plus rien. Il était devenu sourd.

---

(1) L'auteur veut dire un groupe d'officiers; il n'a pas été établi de commission militaire à Salernes, si cela avait eu lieu, le colonel Trauers n'aurait pas manqué d'en parler dans son rapport.
(2) H. Maquan. *Insurrection de décembre 1851, dans le Var.*

Nous racontons l'histoire telle que nous l'avons trouvée dans M. Maquan, mais un habitant du Var nous l'a racontée autrement :

« Les deux hommes auraient été fusillés par un gendarme, ami de l'un d'eux, Giraud.

— Je suis forcé d'exécuter l'ordre qui vient de m'être donné, pardonne-moi, lui dit-il.

— Je te pardonne bien volontiers, répondit celui-ci, mais en retour, promets-moi une chose, c'est de prendre cent francs que j'ai sur moi et de les porter à ma femme.

— Malheureux! Comment peux-tu me proposer une chose semblable. Moi, me présenter devant ta femme, alors que c'est moi qui t'aurai tué! Jamais!

— Donne-les alors au curé qui les lui portera.

Le gendarme tint parole, et après l'exécution de Giraud et de son compagnon de chaîne, il alla chez le curé, auquel il remit l'argent et que celui-ci porta à la prétendue veuve.

Giraud, en rentrant chez lui, recommanda à celle-ci de ne pas ébruiter sa venue; elle le cacha sous le toit, feignit d'être malade, pour justifier la présence d'un médecin chez elle.

M. Maquan dit que Giraud assista à son convoi d'une lucarne de son grenier, et qu'après sa guérison, il passa en Piémont, et un an après, il put rentrer en France.

Ce fait est connu dans tous le pays, et il a eu le sort de ces sortes d'histoires, dont le lugubre fait le fond ; il a été modifié quelque fois par la narration, mais ce qui est certain, c'est la fusillade de ces deux hommes.

VAUCLUSE.

Apt. — Lisle. — Cavaillon.

Le 9 décembre, un arrêté du général commandant la 7 division militaire, mettait en état de siége ce département, et le général de brigade d'Antist était chargé du commandement de l'état de siége.

Ce département, comme celui des Basses-Alpes, de monarchique était devenu républicain ; cependant, le mouvement fut loin d'être aussi accentué que dans les Basses-Alpes ; il ne s'y produisit que quelque tentative de soulèvement.

A Avignon, la tranquillité fut assez complète pendant les cinq jours qui suivirent le coup d'Etat.

Cependant les autres villes du département s'agitaient.

Le 7, à Carpentras, on fermait deux cafés où se réunissaient les républicains.

Au Pertuis, village important dont la population s'élève à près de quatre mille habitants, une tentative d'insurrection était faite, mais l'arrivée des troupes envoyées d'Aix à la hâte fit avorter le mouvement.

A Orange, six cents républicains se portèrent à l'hôtel de la sous-préfecture, après s'être emparés de la mairie, « par la connivence du maire » dit la *Patrie*. Le sous-préfet n'eut que le temps de se barricader ; l'arrivée d'un détachement du 11e dragons en garnison dans la ville empêcha l'envahissement de l'hôtel. De nombreuses arrestations furent faites.

Le mouvement des Basses-Alpes s'était étendu ; le 7, la ville d'Apt se soulevait, elle s'empara des autorités, la gendarmerie fut faite prisonnière, les villages qui entourent cette ville imitèrent son exemple ; le soir même plus de deux mille insurgés étaient réunis.

Les chefs qui étaient des hommes de résolution, décidèrent qu'on marcherait immédiatement sur Avignon. Le plan pouvait paraître téméraire, car c'était une partie du département à traverser, mais ils comptaient avec raison grossir leur nombre en route.

Le 8, le général d'Antist informé des événements qui se passait au Pertuis et ne recevant que des nouvelles contradictoires (1), dirigea sur Apt une colonne formée de 150 hommes d'infanterie, de 25 hussards et de 25 gendarmes se disposant à l'appuyer suivant les cir-

---

(1) Voir dans le *Moniteur* de décembre 1851 (p. 3116), le rapport du général d'Antist, commandant la 3e subdivision de la 7e division militaire.

constances et les renseignements que le commandant Malher du 54e, chef de la colonne devait recueillir.

Mais aussitôt après le départ de cette colonne, il apprenait que les insurgés de Forcalquier étaient entrés à Apt et qu'ils marchaient sur Avignon, se recrutant des contingents fournis par les villages du Luberon. Le tocsin sonnait partout sur leur passage ; le pays entier se mettait en révolte (1). Le général d'Antist comprenant que la colonne pouvait être compromise se hâta de la faire rentrer.

« Le 8 au soir, dit le général d'Antist, la rive droite du Rhône s'agita. Des bandes nombreuses (5 ou 6,000 hommes, d'après les rapports les moins exagérés) s'avançaient sur Avignon ; la ville semblait se préparer à une insurrection intérieure ; les rouges des environs se rassemblaient pour se joindre à la colonne insurgée venant d'Apt.

« Je dus renoncer au désir que j'avais d'aller à la rencontre de ces bandits (2). Ma présence dans Avignon étant indispensable pour conserver la ville, je me décidai à y rester. Ce parti m'était d'autant plus imposé, que le matin même, j'avais fait partir pour Marseille, par le chemin de fer, un bataillon du 54e.

« La garnison passa la nuit sous les armes ; informé à minuit, par un gendarme qui avait essuyé une décharge de coups de feu, qu'il y avait, à un kilomètre, un rassemblement qui attendait les bandes d'Apt, j'envoyai un piquet d'infanterie et de cavalerie pour les disperser. Le chef reçut l'ordre de fusiller tout individu pris les armes à la main. »

Pendant que le général d'Antist prenait ses dispositions pour arrêter la marche des insurgés sur Avignon,

---

(1) Croyez donc après ce passage, emprunté au rapport du général d'Antist, aux dépêches officielles. Ainsi dans une dépêche du 4 on disait : « Le département est tranquille, la confiance est générale. »

(2) Et nous qui faisions un reproche au général Lapène d'appeler les insurgés forcenés.

ceux-ci entraient à Lisle ; la garde nationale ayant voulu s'opposer à leur passage fut désarmée et ses fusils distribués aux insurgés ; ils couchèrent à Lisle, mais le lendemain les chefs apprenant que l'insurrection était vaincue à Paris et dans les départements environnants ordonnèrent à leurs hommes la retraite ; il s'en trouva qui ne voulurent pas déposer les armes, ce fut le petit nombre.

La colonne que le général d'Antist avait envoyée contre les insurgés et à laquelle il avait ensuite envoyé l'ordre de rétrograder, rencontra, en revenant, des Avignonais qui allaient se joindre aux insurgés ; on échangea quelques coups de feu ; quarante-sept insurgés furent faits prisonniers.

Cependant ceux des insurgés qui étaient demeurés dans les environs de Lisle n'étaient pas sans causer de l'inquiétude à l'autorité ; le 10, le général d'Antist faisait partir dans l'après-midi pour Carpentras, un détachement de 50 hommes d'infanterie montés en omnibus et un escadron de hussards ; cette troupe était placée sous les ordres du commandant de france, du 54°.

Le commandant, en arrivant, dit hautement que ses hommes passeraient la nuit dans la ville ; mais à onze heure la colonne partait pour Lisle ; mais sa ruse de guerre avait probablement été éventée car quand il arriva à Lisle, le commandant apprit que les insurgés étaient partis le soir à neuf heures, emportant non-seulement les fusils de la garde nationale, mais encore ses drapeaux.

Là, il apprit que les insurgés devaient se trouver aux environs de Cavaillon ; il résolut de se porter dans cette direction. Près de ce dernier village, il rencontra un petit corps d'insurgés, ayant pour enseignes les drapeaux de la garde nationale de Lisle. Le rapport du général d'Antist est sobre sur la façon dont le combat s'engagea. Il dit seulement que le commandant Malher tua quelques hommes, reprit les drapeaux enlevés à la mairie de Lisle et *fit fusiller deux ou trois individus* qui tombèrent entre ses mains.

La chose paraît si peu importante d'enlever la vie à un homme que l'on ne se rappelle plus au juste combien l'on en a fusillé.

Nous ferons au sujet du rapport du général d'Antist cette seule réflexion, c'est que c'est le seul rapport rendu public dans lequel un chef de troupe avoue que des prisonniers ont été fusillés; le général Trauers dont les gendarmes qui éclairaient la marche sabrèrent l'estafette des insurgés, Martin dit Bidouré, et dont la colonne fusilla six prisonniers à Salernes et à Aups est muet sur ces faits (1).

Les insurgés battirent en retraite sur Apt. Le 10, le colonel Vinoy, du 54e partait à la tête d'une colonne de 1,300 hommes environ. Cette colonne entra dans Apt sans avoir rencontré d'insurgés; elle rétablit les autorités, procéda au désarmement et fit soixante prisonniers parmi lesquels se trouvaient le commandant et le tambour-major des bandes qui avaient envahi Apt. Ceci fait, le colonel rentra dans les Basses-Alpes (V. ce département).

Nous sommes dans une ignorance complète tant sur le nombre des arrestations que sur celui des transportations, mais il dut être considérable; nous n'avons trouvé dans le *Moniteur* que les deux notes suivantes : notes qui, si elles ne jettent pas un grand jour sur le sort réservé aux prisonniers politiques, donnent beaucoup à réfléchir.

Du 8 février, — c'est-à-dire deux mois après les tentatives d'insurrection où pas un soldat n'avait trouvé la mort, — les arrestations ont continué cette semaine, il en est d'importantes.

Du 10 juin. — Tous les prisonniers politiques qui étaient dans les prisons d'Avignon, — le reliquat sans doute, — sont partis, mercredi dernier, au nombre de cinquante-cinq pour Marseille.

---

(1) Voir *Insurrection du Var*, par H. MAQUAN, ce livre se trouve peu dans le commerce, nous n'avons pu nous procurer que *Trois jours au pouvoir des insurgés*, livre du même auteur : mais nous avons été assez heureux pour trouver celui ayant pour titre *Insurrection du Var* à la Bibliothèque impériale.

VENDÉE.

Napoléon-Vendée.

Une seule dépêche en date du 4 décembre dans laquelle on dit que la population se montre satisfaite et que tout est calme.

VIENNE.

Poitiers.

Pour ce département tout se résume dans les dépêches suivantes :

« Poitiers, 3 décembre. — La tranquillité continue à Poitiers et à Châtellerault.

« Poitiers, 3 décembre, onze heures du soir. — Tranquillité parfaite. Adhésion complète aux actes du gouvernement.

« Poitiers, 4 décembre, dix heures du matin. — Poitiers, Châtellerault, Montmorillon, Civray et Loudun sont très-calmes.

« Poitiers, 6 décembre, cinq heures du soir. — Tout se passe avec le plus grand calme dans le département; il s'opère dans les esprits un mouvement tout à fait favorable au nouvel ordre de choses. Des citoyens viennent spontanément offrir leur concours au préfet. »

Des arrestations, il n'en est pas question; cela ne veut pas dire qu'il n'y en a pas eu.

VIENNE (Haute-).

Limoges. — Bellac.

A Limoges, comme dans tous les chefs-lieux de préfecture, la nouvelle du coup d'État produisit une grande sensation. Là aussi les sociétés secrètes comptaient sur de nombreux affiliés auxquels les chefs du parti faisaient espérer pour 1852, l'avénement de la république démocratique et par conséquent du droit au travail. Certes la plupart des artisans des villes et des campagnes ne comprenaient pas bien de quoi il s'agissait; mais ils souffraient, et en leur faisant espérer un adoucissement à leurs souffrances, cela suffisait pour les tenir en éveil.

A raison des mesures prises dès le 1er décembre par les autorités de Limoges, les républicains comprirent que la lutte serait impossible dans cette ville où un régiment de hussards tenait garnison et dont la gendarmerie avait été renforcée de plusieurs brigades. Ils quittèrent le chef-lieu et se répandirent dans les campagnes où bientôt le tocsin sonna de toutes parts, et des rassemblements se formèrent; mais ils furent beaucoup moins nombreux que les chefs ne l'avaient espéré. Toutefois ils se rassemblèrent, et armés tant bien que mal, ils se mirent en marche sur Limoges.

Mais il y avait eu de l'hésitation, et il y eut peu d'ensemble. A Limoges l'autorité avait pris ses mesures, la garnison était sous les armes; un escadron de hussards accompagné de gendarmes marcha au-devant des insurgés qu'ils rencontrèrent à Linards.

Laissons ici parler le préfet du département :

« Des anarchistes s'étaient portés dans les communes rurales pour y jeter l'alarme. Déjà ils proféraient d'effroyables clameurs; ils sonnaient le tocsin, prélude de tant de crimes; ils couraient à travers les campagnes, armés de fusils, de haches, de fourches et de faux. Leur nombre s'élevait à près de cent cinquante.

« Aussitôt que cette nouvelle est parvenue à la connaissance de l'autorité, il a été envoyé de Limoges cinquante hussards et six gendarmes, sous la direction du commissaire central. Le détachement a atteint les anarchistes à Linards et les a immédiatement mis en déroute. Trois coups de feu sont partis de la bande sur les hussards (1). Ceux-ci ont risposté par une vigoureuse décharge. Sept insurgés ont ont été blessés, dont deux assez gravement à la tête.

« Le sergent de ville Blanchard en a blessé un autre d'un coup de sabre, au moment où il couchait en joue un militaire.

« M. Ruchaud, curé de Saint-Bonnet, a marché contre ces brigands, à la tête de vingt-deux paysans pour la défense de l'ordre.

« Ce brave et digne ecclésiastique n'a pas pas pâli devant un canon de fusil tourné contre lui ; il a donné un de ces nobles exemples de courage auxquels applaudira tout homme qui porte un cœur élevé.

« Le rapport du commissaire central, daté du 6, à neuf heures du soir, me fait connaître qu'on a opéré trente arrestations, et que ce matin on doit en faire de nouvelles. On a saisi des fusils, des balles, des cartouches, des couteaux-poignards.

« Les hussards, la gendarmerie ont déployé une grande énergie. Le commandant du détachement, le lieutenant Renève, a montré une extrême vigueur et une admirable intrépidité dans l'attaque.

« M. le commissaire central a agi avec beaucoup de résolution et de sang-froid, et il a conduit cette affaire avec une activité qui en assuré le succès.

« Hâtons-nous d'ajouter que l'appel à l'anarchie est repoussé par la très-grande majorité des braves habitants des campagnes, qui veulent l'ordre, la paix et le travail, et non la spoliation et le brigandage. Aussi accueillait-on avec sympathie le détachement qui se portait à la poursuite des insurgés.

« Si quelques misérables rêvaient un bouleversement anarchique dans notre pays, la vigoureuse répression que cette tentative vient de subir, les condamnations qui frapperont bientôt les coupables, en préviendront à jamais le retour.

---

(1) C'est un parti pris : c'est toujours, dans les relations officielles, du côté des insurgés que les premiers coups sont tirés.

« M. le procureur de la République et M. le juge d'instruction sont partis hier soir, accompagnés de quelques gendarmes, pour suivre l'instruction de ce commencement d'une véritable jacquerie, qui aurait pu devenir grave si elle n'avait été promptement et énergiquement réprimée. — E. de Mentque. »

Cela se passait le 6 décembre. Le 8, on lisait dans le journal *la Province* :

« M. le préfet de la Haute-Vienne a ordonné l'arrestation d'un assez grand nombre de chefs du parti rouge et socialiste, prévenus d'avoir pris part à un complot ayant pour but d'appeler les anarchistes à se porter en armes sur Limoges, complot avorté par suite des mesures prises par l'autorité.

« Des perquisitions ont été faites chez les individus arrêtés.

« Les mêmes dispositions ont été prises et exécutées dans les arrondissements. »

En même temps, le préfet publiait la proclamation suivante :

« La situation actuelle est bien nette et bien tranchée.

« D'une part, le socialisme, la démagogie, le terrorisme, une effroyable jacquerie. Que vous dirai-je ? tous les maux, tous les désastres.

« D'autre part, l'ordre, la paix publique, le rapprochement des partis dans une pensée de dévouement à la patrie, le repos des populations, la prospérité générale.

« Les honnêtes gens, tous les hommes qui professent le culte de la famille et des grands principes sociaux, pourraient-ils hésiter un instant ?

« Habitants de la Haute-Vienne,

« Je vous l'ai dit dès le premier jour, avec ce sentiment de profonde sympathie qui m'attache à un département dont l'administration m'a été confiée il y a trois ans, dans des circonstances si difficiles, je le répète :

« Continuez à vous rallier de toutes parts au gouvernement de Louis-Napoléon, qui est le drapeau de la société, le drapeau de la France, qu'il arrache à l'anarchie, de Louis-Napoléon, qui, au moment même de la victoire, livre avec confiance ses destinées au suffrage universel. »

D'autres villes de ce département se ressentirent assez violemment de la disposition des esprits. Ainsi paraissait dans le *Constitutionnel*, auquel nous en laissons la responsabilité, l'article suivant :

« Comme un grand nombre de villes, Bellac a eu son complot, ses rassemblements armés dans les campagnes, et ses bandes organisées pour le pillage, sous l'inspiration de meneurs qui sont en ce moment arrêtées ou en fuite.

« Une explosion devait avoir lieu dans tout l'arrondissement pendant la nuit du 5 au 6, et fortifier l'insurrection projetée à Limoges. Sur plusieurs points, des bandes se sont formées pour marcher sur Bellac, qui, disait-on, était en feu. Une colonne de pillards armés de fusils, de faux, de fourches et de bâtons est venue même aux portes de la ville.

« Grâce aux mesures énergiques combinées entre M. Doé, sous-préfet, et M. Bertrand, procureur de la République, parfaitement secondés par M. Simon, commandant de la gendarmerie, dont toutes les forces militaires étaient réunies au chef-lieu, le plan des pillards a échoué. Une partie des meneurs a été arrêtée, d'autres ont pris la fuite.

« Sur un point éloigné de l'arrondissement, à Lussac-les-Églises, une bande a arrêté un courrier porteur des dépêches, l'a dépouillé et maltraité. Le procureur de la République s'y est transporté sur-le-champ, escorté d'une force imposante. Six nouvelles arrestations ont été opérées.

« Ces mouvements partiels se rattachaient à un plan général qui embrassait tout le département de la Haute-Vienne. La cour de Limoges a évoqué l'affaire. Pendant toute cette semaine, MM. Larombière, substitut de M. le procureur général, et Désiles, conseiller, assistés du procureur de la République et de M. Talandier, substitut, ont entendu de nombreux témoins. Vingt-cinq nouvelles arrestations ont été ordonnées, entre autres celle d'un ancien prêtre catholique devenu protestant, de M. Frichon, frère de l'ancien représentant. La vigueur des magistrats a rassuré le pays.

« Grâce à Dieu et à l'admirable courage du président de la République, nous voici débarrassés des transes de 1852. »

Oui, tout était fini ; il ne restait que des vaincus impuissants.

VOSGES.

Epinal.

Les dépêches constatent que la situation du département est des plus favorables ; que la joie la plus vive se manifeste dans les localités les plus importantes et notamment à Mirecourt.

Le 6 décembre, les autorités d'Epinal — pendant que suivant les dépêches la population se livrait à la joie la plus vive — éprouvaient une vive panique, qui se traduisait par la dépêche suivante :

« Epinal, le 6 décembre, dix heures du soir.

« On nous annonce à l'instant qu'un mouvement avait été projeté dans notre ville. On devait se porter d'abord sur la préfecture et s'en emparer. De là on aurait propagé le mouvement dans tout le département, où l'on aurait proclamé la république sociale. Ce qui paraît certain, c'est que l'autorité a fait saisir trois individus : ce sont, dit-on, les sieurs Mathieu, dit *la Jambe de bois* ; Arnaud, chapelier ; Crouvisier, mécanicien. Le sieur Fondevraye, marchand de cristaux, s'est soustrait par la fuite au mandat lancé contre lui. »

Les arrestations s'arrêtèrent-elles là ? C'est ce que nous ne saurions dire.

YONNE.

Auxerre. — Tonnerre.

Le 2, la *Constitution*, journal d'Auxerre disait : « En présence de la nouvelle des graves événements qui viennent de s'accomplir à Paris, le conseil municipal de notre ville s'est réuni hier soir pour veiller à la sûreté publique. A Auxerre comme à Paris, la population est calme, et rien ne fait supposer que l'ordre puisse être troublé. »

Le *Moniteur* inséra cette dépêche qui ne pouvait pourtant pas passer pour une adhésion au coup d'Etat ; mais, nous l'avons déjà dit autre part, à cette date les adhésions étaient rares, et il ne fallait pas se montrer trop difficile.

Si on a parcouru avec attention ce volume, où les faits sont présentés avec la plus stricte impartialité, l'on a pu voir que le nombre des proclamations émanées des préfets datées du 3 et dans lesquelles leurs auteurs adhèrent au coup d'État sont excessivement rares.

Le préfet de la Haute-Garonne, qui devait devenir plus tard préfet de police à Paris, se contente de rappeler « que l'ordre sera maintenu, que les tentatives de désordre seront réprimées », rien de plus. A Auch, le préfet dit, et avec lui toutes les autorités : « les faits qui se sont passés à Paris sont graves ; » tous les fonctionnaires, à quelques rares exceptions près, ont l'oreille tendue vers Paris, et lorsqu'enfin arrive la fameuse dépêche annonçant que l'insurrection est vaincue dans la capitale, un concert de protestations s'élèvent de toutes parts; les colonnes du *Moniteur* ne suffisent plus, l'enthousiame devient tel qu'on ne fait plus que mentionner les actes d'adhésion.

Voudra-t-on dire que les préfets, en prêchant à leurs administrés l'ordre, et en leur disant qu'ils prendraient toutes les mesures nécessaires pour le maintenir, faisaient par cela seul acte d'adhésion au coup d'État ?

Nous avons à faire à cette objection une réponse péremptoire : c'est la proclamation du préfet de Tarn-et-

Garonne ; celui-là dit hautement qu'il n'accepte pas le coup d'État, qu'il a demandé un successeur ; mais en même temps il ajoute :

« Que ses préoccupations les plus ardentes seront pour le maintien de la tranquillité. »

Pour nous, les quatre-vingts et quelques préfets qui, le 3 décembre, étaient pour le maintien de l'ordre n'étaient pas pour le coup d'Etat.

Et c'est cette hésitation qui explique aussi, dans certaines provinces, les poursuites rigoureuses exercées contre des hommes complétement inoffensifs : on déploya un zèle intempestif, compromettant pour celui dont on prétendait servir la cause, mais chacun à cette époque voulait avoir plus ou moins sauvé la France. Et on emprisonnait, on emprisonnait...

M. de Morny, l'homme du coup d'Etat, écrivait au préfet de police de laisser libres les pauvres diables : « cela mécontente et ne vaut rien de bon, » disait-il avec raison. Il aurait bien dû tâcher de faire entendre ce même langage à certains préfets.

Mais cette digression nous a fait oublier le département de l'Yonne dont nous essayons de livrer la physionomie en décembre 1851.

Nous avons dit, d'après le journal officiel, que le plus grand calme régnait dans l'Yonne ; mais, le 7, la *Constitution d'Auxerre* annonçait que, le 6, il y avait eu du tumulte à Saint-Florentin ; qu'à Pouiseaux, près de Clamecy, un vieillard avait été tué ; n'ayant rien dit de ce fait, à l'article *Nièvre*, nous allons le raconter ici :

Pousseaux est un village situé sur les bords de l'Yonne ; la population ouvrière se compose en grande partie de mariniers, de flotteurs, etc.; tous ces gens appartenaient à l'opinion démocratique, et on prétend même qu'un certain nombre étaient affiliés aux sociétés secrètes.

M. Bonneau, qui devait trouver la mort dans les événements de décembre, était un vieillard doué d'une grande vigueur de corps et d'esprit et qui ne négligeait aucune occasion pour faire montre de ses idées réactionnaires, mais qui encore demandait l'extermination des rouges.

De même que nous l'avons fait dans tout le cours de cet ouvrage, et afin qu'on ne nous accuse pas de partialité, nous allons donner l'historique des événements qui se passèrent à Pousseaux, d'après les pièces lues au conseil de guerre de Clamecy et les dépositions des témoins.

Nous donnons d'abord la déposition du fils de M. Bonneau (1).

« Le 3 au soir, j'étais à Coulanges, à deux kilomètres de Pousseaux. Là on m'a dit qu'il devait y avoir une insurrection à Pousseaux. Je me hâtai de retourner, dans l'intention de réunir une douzaine d'hommes dans notre maison, pour nous défendre. Arrivé à Pousseaux, je ne pus réaliser mon projet, et croyant le danger ou éloigné ou ajourné, j'allai me coucher. Ma mère veillait; quelques instants après j'entendis de ma chambre le tocsin et le tambour. Je descendis; je fis lever les domestiques, et j'attendis. Nous étions sur la porte quand l'insurrection arriva. Les insurgés nous demandèrent nos armes. Je répondis en fermant la porte, que je ne les donnerais pas, et que je tuerais le premier qui viendrait pour les prendre. Ils me répondirent par des menaces, et ils essayèrent d'enfoncer la porte; mais ne pouvant y réussir, ils allèrent frapper violemment sur les volets. Mon père, cédant à son impatience, ouvrit précipitamment les volets, et son fusil à la main au moment où il le couchait en joue, cherchant sans doute où il trouverait les assaillants, il tomba, frappé de plusieurs coups de fusils. Je ripostai en lâchant mon coup; mais je revins bientôt près de mon père; je le relevai pour le conduire à sa chambre; mais il ne put pas se soutenir; il s'affaissa sur lui-même,

---

(1) Ce fut le 5 mars 1852, que passèrent devant le conseil de guerre comme accusés du meurtre de M. Bonneau:
Germain Cirasse, 40 ans, compagnon de rivière à Pousseaux;
Edme Gorm, 30 ans, maçon à Pousseaux;
Edme Sage, 30 ans, batteur à Pousseaux.

blessé mortellement, et tomba sur le carreau qui bientôt fut inondé de son sang. »

La femme Saget, épouse de l'un des accusés, est ensuite entendue.

« Femme Saget, lui dit le président du conseil, vous n'avez pas de serment à prêter, mais le conseil attend de vous la vérité, quelque pénible qu'elle soit pour vous, pour vos affections. Votre position, le conseil ne l'oubliera pas, est bien délicate, bien douloureuse surtout; il vous prêtera son appui dans le pénible devoir que vous aurez à remplir, et vous tiendra compte du sacrifice que vous vous serez imposé. Rassurez-vous donc, prenez de la force et de la confiance, et dites-nous ce que vous avez déjà dit dans l'instruction sur les faits principaux de cette grave affaire. »

Après ces quelques mots de M. le président du conseil, la femme Saget dépose ainsi :

« Sur les onze heures, minuit, que nous étions couchés mon mari et moi, on est venu frapper à notre porte. Nous avons demandé qui était là et ce qu'on voulait. On nous a répondu : « Nous sommes des gens de Clamecy, et il faut que Saget marche avec nous, de bon gré ou de force. » Moi, j'ai dit : « Où donc que vous voulez me l'emmener ? — A Clamecy, » qu'ils dirent. Quand j'ai vu que c'était au sérieux, et qu'il fallait obéir, j'ai pris mon enfant pour suivre mon mari. J'ai suivi le monde qui allait du côté de la maison de M. Bonneau, et j'ai été me cacher dans la cour de Chevalier. D'abord, ils ont frappé aux contrevents de M. Bonneau. Mon enfant criait de la peur qu'il avait, et moi ayant peur qu'ils se fâchent de l'entendre. J'ai été alors du côté de la maison. Je vis alors Cirasse et Lorin, et Cirasse me dit de me baisser ou de m'en aller pour ne pas rester devant leurs fusils. J'ai obéi, et j'ai été contre la porte de notre grange, et je les ai vus tous deux tirer leurs fusils. Le lendemain, j'ai rencontré Cirasse qui m'a dit : « Tu m'as vu hier ? J'ai tiré sur M. Bonneau, et il est tombé. »

Parmi les autres témoins entendus, nous citerons encore M. Lenoir, architecte, qui, à la requête de la défense, a dressé un plan des lieux, d'après lequel il s'efforce de démontrer que les coups de fusil tirés là où l'accusation suppose qu'ils l'ont été n'auraient pu atteindre M. Bonneau, ou lui auraient fait des blessures différentes de celles constatées par l'autorité.

M. le commissaire du gouvernement déclare *qu'il n'attache pas* d'importance à ces détails.

Les débats terminés, le conseil, après en avoir délibéré, condamna Cirasse à la peine de mort, Lorin à la peine de vingt ans de travaux forcés, et Saget à dix ans de la même peine.

Germain Cirasse n'obtint pas de commutation de peine, et il fut exécuté à Clamecy.

Mais revenons au département de l'Yonne où le contre-coup des événements de la Nièvre avait fait opérer de nombreux soulèvements. Andryes, Druyes, Sougère s'insurgèrent; à Coulanges-sur-Yonne, où les conservateurs étaient en majorité, les habitants barricadèrent leur ville, pour empêcher les insurgés d'y entrer; des communes du canton de Blèneau, de Saint-Fargeau, et particulièrement de Saint-Sauveur, prirent part au mouvement.

Un professeur de médecine vétérinaire à la Ferme-École de Saint-Sauveur, M. Thiébault, harangua les habitants de Saint-Sauveur; la mairie fut envahie, les fusils enlevés. A la nuit, les insurgés se mirent en route, se divisant en deux corps, l'un passant directement à Toucy, l'autre se rendant, par Thury, à Taingy, Ouanne et Leugny.

« Toucy, dit le *Journal de l'Yonne*, avait été toute la journée très-agité; le complot de s'emparer des armes de la garde nationale était annoncé presque publiquement, et l'on disait ouvertement que le coup se ferait à l'arrivée des hommes de Saint-Sauveur. Le maire, M. Arrault, réunit les pompiers et les citoyens bien intentionnés et les exhorta à l'aider à défendre l'ordre et les armes déposées à la mairie. On prit la résolution d'attendre de pied-ferme les insurgés et de leur opposer une vigoureuse résistance.

« Des exprès dépêchés à Auxerre réclamèrent avec instance des secours.

« Dans l'incertitude de l'état des choses, on ne put en décider l'envoi qu'à onze heures du soir. Dans la soirée, était arrivé M. de Cheffontaines, lieutenant-colonel, chargé du commandement de l'état de siége ; il s'est concerté immédiatement avec le préfet, et toutes les mesures furent arrêtées entre eux avec un accord qui n'a pas subi depuis la moindre altération, et qui devait contribuer puissamment au prompt succès de la résistance. Dix gendarmes et vingt-cinq hommes du 15e léger, sous le commandement du lieutenant Fistié, furent dirigés sur Toucy ; l'infanterie en poste dans des voitures au grand trot.

« Vers deux heures du matin, les gendarmes qui faisaient l'avant-garde arrivaient à Toucy ; ils avaient à peine mis pied à terre qu'une colonne d'environ deux cents insurgés, armés de fusils, de piques et de faux, venant du côté de Mézilles et de Villiers-Saint-Benoît, entraient en ville par la route de Dracy. En même temps arrivait de l'autre côté M. le lieutenant Fistié avec ses vingt-cinq fusiliers.

« On se forma en colonne, la troupe en tête, et on marcha sur les émeutiers. Au cri de *qui vive ?* un coup de feu partit de leurs rangs. Le lieutenant commanda : *apprêtez armes !* Mais à ce cri le maire de Toucy, emporté par sa générosité, se jeta au-devant des fusils pour épuiser les moyens de persuasion. Effort inutile. Le lieutenant, sans hésiter, fit charger à la baïonnette. Le feu s'engagea, et après la première décharge, l'émeute s'enfuit, laissant vingt-cinq prisonniers, dont plusieurs blessés. Au nombre des prisonniers étaient les deux chefs de l'attroupement, les nommés Chauvet et Tricotet. De notre côté, un citoyen seulement, M. Ansault, fut blessé d'un coup de pique.

« Les prisonniers étaient à peine en lieu de sûreté que les gendarmes envoyés en reconnaissance du côté de Saint-Sauveur signalèrent l'arrivée d'une seconde bande, de la même force à peu près que la première, au-devant de laquelle on marcha résolûment. Le feu, engagé par les insurgés, ne dura que peu. Un des leurs tomba mort à la première décharge, et ils se débandèrent. On les poursuivit, et on fit quinze prisonniers. Un de nos soldats, le fusilier Lavaud, fut blessé d'une balle à la cuisse, et un gendarme d'un coup de faux, mais ce dernier très-légèrement. Le reste de la nuit se passa sans nouvelle attaque.

« Cependant la seconde moitié de la bande de Saint-Sauveur arrivait à Taingy, à Ouanne et à Leugny, sonnait le tocsin, pillait les armes, les vivres et les munitions, recrutait les hommes du désordre, entraînait par des menaces affreuses les gens paisibles.

« A huit heures du matin, elle était à Escamps, où la population tout entière fuyait à son approche dans les vignes et dans les bois. Elle y renouvelait les mêmes désordres, et, à neuf heures, elle arrivait à Chevannes, à deux lieues d'Auxerre. Informées de son approche, les autorités envoyèrent à sa rencontre une colonne de vingt-cinq hommes d'infanterie, dix gendarmes et dix lanciers, sous les ordres de M. Petit-Mangin, lieutenant de gendarmerie, officier d'une vigueur et d'une intelligence éprouvées ; l'infanterie était commandée par M. le lieutenant Rogé, du 15e léger. Marchant avec rapidité, cette colonne s'emparait à Chevannes, sans tirer un coup de fusil, de sept insurgés les armes à la main.

« Poursuivant le reste de la bande à Escamps, elle les atteignait, engageait le feu, en tuait sept et en prenait un assez grand nombre.

« Pendent ce temps, Auxerre était gardé militairement contre des ennemis du dedans et du dehors. Un poste était établi à chaque barrière. Toutes les brigades de gendarmerie étaient réunies sous le commandement de M. le capitaine Faye, et quarante hommes du 1er et du 7e lanciers, amenés par M. le lieutenant colonel de Cheffontaines, du 1er régiment de lanciers, complétaient, avec le dépôt du 15e léger, les forces dont on pouvait disposer. A défaut d'une garde nationale, les hommes d'ordre se tenaient prêts à se rendre tous à la mairie au premier signal.

« Dans la journée, les communes de Pourrain, de

Beauvoir et de Villefargeau ont envoyé demander l'autorisation d'organiser des gardes nationales pour poursuivre les brigands. Celle de Pourrain a, sur sa demande, obtenu un sous-officier du 15e léger pour commander ses forces. On a confié cette mission au sergent-major Durif.

« Au moment où nous écrivons, 7 décembre au soir, les émeutiers paraissent en pleine débandade sur tous les points. Ils se sont repliés sur leurs communes de la Puisaye, où ils vont être relancés pour être saisis et traduits au conseil de guerre. « L'article se termine par une philippique où l'on traite les insurgés d'infâmes brigands, de jacques, etc.

A la suite de ces différentes affaires, le journal l'*Yonne* résumait ainsi les mesures prises, aussitôt après que l'insurrection eut déposé les armes, par M. de Cheffontaines, lieutenant-colonel du 1er de lanciers, investi du commandement de l'état de siège dans l'Yonne :

« M. de Cheffontaines s'est occupé activement, de concert avec M. le préfet de l'Yonne, de prévenir les désordres isolés qui pouvaient résulter de la dissémination des révoltés. Par ses soins, cinq colonnes mobiles ont été organisées, à l'effet de parcourir dans tous les sens les localités gangrenées du mal révolutionnaire, et de montrer aux populations effrayées toute la force de l'autorité militaire, seule gardienne, en ce moment, de la société si longtemps menacée par les doctrines anarchiques.

« Le mardi 16, une compagnie est partie d'Auxerre, a passé par Seignelay et Brienon, s'est arrêtée un jour à Saint-Florentin, a exploré Ligny, Pontigny, après avoir poussé une reconnaissance sur Maligny.

« Notre correspondance nous apprend qu'une autre colonne, partant de Saint-Fargeau, a parcouru les pays du canton de Bléneau, a poussé jusqu'à Rogny, après avoir traversé Villeneuve-les-Genêts, Champignolles, Grandchamps et Villiers-Saint-Benoît. Cette colonne est rentrée par Mézilles à Saint-Fargeau.

« Une troisième colonne, partie de Saint-Sauveur, a visité Moutiers, Treigny, Perreuse, Lainsecq, Sougères, Thury, Lain, Sainte-Colombe et Saints.

« De Coulanges-sur-Yonne est partie une quatrième

colonne qui a parcouru les communes d'Etais, de Druyes, Taingy, Quaine, Courson. Cette colonne a traversé la forêt pour rentrer à Coulanges.

« Enfin, une compagnie d'Auxerre a été organisée en cinquième colonne, pour explorer Saint-Bris, Vermenton, Cravant et Bazarnes. »

Le *Moniteur* et les journaux de la localité portent à 510 le chiffre des arrestations ; nous ignorons quelles mesures furent prises à leur égard, nous savons seulement que, le 7 avril 1852, le général Canrobert ordonna la mise en liberté de cent neuf détenus politiques, en les plaçant toutefois sous la surveillance de la haute police ; sur ce nombre, seize furent internés, un autre fut exilée, etc.

CONCLUSION

Le 8 décembre, le président de la République annonçait au pays par une proclamation que les troubles étaient apaisés.

Nous ne croyons pas devoir parler ici de toutes les mesures exceptionnelles prises à cette époque par le pouvoir; les quelques décrets que nos lecteurs ont pu lire dans les pages précédentes ont pu leur en donner une idée.

Le scrutin ouvert par toute la France pour le plébiscite donna les résultats suivants :

7,439,216 *oui* ; 640,737 *non* ;

Il y eut 36,880 bulletins d'annulés ; le chiffre des abstentions s'éleva à 1,500,000.

Le 31 décembre, M. Baroche, au nom de la Commission consultative, remettait au prince Louis-Napoléon Bonaparte l'extrait du procès-verbal de recensement des votes.

Le lendemain, 1ᵉʳ janvier 1852, le président de la république se rendait à Notre-Dame, pour assister à un *Te Deum* ; la troupe de ligne formait la haie sur le parcours suivi par le cortége ; un brouillard épais enveloppait Paris, et c'est à peine si l'on pouvait distinguer à trois pas.

Dans la cathédrale se pressait une foule de fonctionnaires. Or, en ce moment une grande préoccupation agitait tout ce monde officiel, mais ce n'était pas, ainsi qu'on pourrait le croire, le chiffre de oui obtenus par le président ; ce n'était pas de voir le triomphe du coup d'Etat ; ce n'était rien de tout cela. Non. C'était de savoir si l'archevêque de Paris substituerait dans le *Domine salvum* le nom de Napoléon à celui de la République.

Voilà ce qui occupait toutes les têtes.

Ce pauvre archevêque, quoiqu'il eût fait depuis deux jours acte d'adhésion au coup d'Etat, on le soupçonnait encore de tenir pour le parti vaincu.

Il paraît, d'après le dire des personnes qui assistaient au *Te Deum*, qu'au moment où l'archevêque allait entonner le *Domine salvum*, tous les cous se tendirent et un silence solennel régna dans la cathédrale ; jamais ce chant d'église, qui s'est accommodé à tous les régimes, sans que dans la partie notée on eût besoin d'y ajouter ou retrancher une seule note, jamais, disons-nous, ce chant ne fut écouté avec autant de recueillement par le monde officiel.

Mais tout à coup un murmure court dans la cathédrale ; l'archevêque a dit : *rempublicam*. Ce bruit empêche d'entendre *Napoleonem* ; le lendemain les journaux publièrent le fait et tout fut sauvé.

Mais l'église ne devait pas allier longtemps le nom de Napoléon avec celui de la République ; moins d'un an après, un second plébiscite proclamait empereur Louis-Napoléon Bonaparte, sous le titre de Napoléon III.

APPENDICES

APPENDICE A.

Ain.

1er conseil de guerre de la 8e division militaire

(séant à Lyon).

Présidence de M. Boulabert, lieutenant-colonel au 3e régiment de cuirassiers.

INSURRECTION DE VILLARS (Ain).

Les débats de cette affaire, dans laquelle sont inculpés un grand nombre d'individus, dont quelques-uns fugitifs, se sont ouverts hier vendredi devant le premier conseil de guerre qui siége dans une des salles du Petit-Collége.

M. Strolz, commissaire du gouvernement, occupe le siége du ministère public.

Quelques précautions militaires ont été prises à l'intérieur pour maintenir la tranquillité. Les accusés, qui occupent cinq bancs rangés dans le prétoire, sont les nommés :

Claude Bouchard, Pierre Geoffray, Prost, dit Fasse Poulet, Martin, dit Maillochon, Pierre Geoffroy (cantonnier), Payet, dit Labonne, François Bernet, Jean Culet, Petit, dit Bauget, Joseph Barrat, Brost, dit Feuillet, de Saint-Jean, Petit, Marquant, Louis Dille, Louis Renversat, Jean-Baptiste Berthier, Claude Camboda, Guillot, dit Dubost, Andéol Meillet, Philibert Magnot, Philibert Morel, Benoît Jucnet, Pierre Perrier, Jean Pelisson, Antoine Reigneux, Jean Tavernier, Pierre Thomas, François Vitel, Berthaud, dit Cartgris, Bonnet, dit Rivet, Desplanches, Jacques Charton, Joseph Blondel, Antoine Perrier, Simon Brochard, Jean-Antoine Perrier, Claude Perrier, Rigaud, dit Fontaine, Jean Salomon, Louis Serdonet, Philibert Truchon, Joseph Bandon, Pierre Degoux, Benoît Geoffroy, Jacques Orcet, Jean-Baptiste Cilet, Bourgeon, dit Philippe, Denis Rouge, François Ratignier, Marie Deort, Benoît Abel.

Fugitifs : Guichard, Rivoire, Labruyère, Cochet.

Les défenseurs des accusés sont Mes Marchand, de Peyronni, Grand, Caillau, Fourchet, de Cazenove, Chappuis, Pocher, Bussy, Timonnet, Marnet, Carville, Ninard et Tagent.

Ils ont pris place tout près des accusés.

Après les formalités préliminaires, M. Alla, greffier, donne lecture des pièces de la procédure, dont nous extrayons les plus importantes.

Procès-verbal du maire de Villars. — L'adjoint au maire de Villars déclare que, dans la nuit du 5 au 6 décembre 1851, sur les onze heures du soir, il entendit battre la générale dans les rues de Villars. Il se lève aussitôt, et va s'informer de ce qui a pu amener un fait aussi extraordinaire. Nous laissons parler le procès-verbal :

« Nous sommes arrivés dans la Grande-Rue de Villars, où nous avons trouvé quelques personnes auxquelles nous avons demandé si elles savaient le motif pour lequel on battait la générale. Sur une réponse négative, nous nous sommes décidés à ne pas courir après le tambour, mais à nous rendre dans son domicile, très-peu éloigné, pensant trouver là les renseignements que nous demandions. Arrivés à l'angle de la maison, nous avons aperçu quatre à cinq individus qui étaient arrêtés et qui ne paraissaient pas être inquiets. Nous leur avons demandé s'ils savaient pourquoi on battait la générale !—Oui, nous le savons, mais il faut venir avec nous pour qu'on puisse vous le dire, nous fut-il répondu.

« A l'instant nous nous sommes dirigés vers le point indiqué, et à peine arrivés à l'entrée du domicile du nommé Perehoux, cabaretier mal famé, considéré dans le pays comme un conspirateur, nous fûmes cernés et introduits dans l'appartement qui servait de cabaret. Sans nous laisser déconcerter et devant cette armée, nous nous sommes revêtus de notre écharpe, et nous avons demandé par quel ordre le tambour avait battu la générale. Il nous fut répondu que c'était par l'ordre de la force. Ce fut alors qu'il s'établit entre nous et les insurgés le dialogue suivant :

« D. Pourquoi vous êtes-vous réunis en armes?

« R. Nous ne pourrons vous le dire que lorsque notre chef sera arrivé.

« D. Qui a donné l'ordre de battre la générale?

« R. Notre chef vous le dira.

« D. Où est votre chef?

« R. Il arrivera bientôt.

« D. Qui est votre chef?

« R. Vous le connaîtrez quand vous le verrez.

« A chaque instant aussi nous manifestions notre étonnement de ne pas voir arriver le chef qui devait nous expliquer le but que se proposait la réunion. Tout à coup la porte de l'appartement s'ouvre et nous entendons ces mots : « Voilà le chef ! » Nous reconnûmes tout de suite le nommé Joseph Montignat, ancien maitre de poste et actuellement marchand de liqueurs à Villars. Il était bien vêtu et portait un burnous : il s'est approché de nous sans rien dire, et nous nous disposions à lui faire des interpellations, quand, après avoir avec peine répondu bonsoir entre les dents, il s'est retiré sans rien dire.

« Voici les noms de ceux qui étaient dans l'appartement pendant tout le temps que nous y avons été enfermés : Benoît Bernet; François Bernet, armé d'une hache; Benoît Abel, sans armes; Jean-Baptiste Berthier, armé d'un fusil; Pierre Martin, armé d'un fusil; Antoine Prost, armé d'un fusil; Joseph, sans armes; Pierre Paccard, sans armes. Toutes les autres personnes qui étaient dans ce taudis nous ont paru être étrangères à la commune.

« A minuit un quart l'ordre de partir est arrivé.

« Après une résistance qui devenait inutile en présence des efforts continuels des individus étrangers à la commune, nous allions être forcés de suivre la bande révoltée, lorque le nommé Paccard s'est écrié : « Vous n'emmènerez pas notre maire... Je suis seul, mais vous m'écraserez plutôt. » Cet homme, aidé de quelques femmes, a suffi pour nous dégager d'entre les mains des insurgés.

« Après avoir été délivrés de la sorte, nous avons immédiatement prévenu l'autorité supérieure de ce qui se passait à Villars.

« Aussitôt que le jour a paru, nous nous sommes transportés sur les différents points de la ville pour prendre des renseignements. Nous avons appris que le premier lieu du rendez-vous des insurgés avait été le domicile du nommé Bouchard, marchand de chiffons à Saint-Marcel; qu'à la tête du rassemblement se trouvait le nommé Labruyère, ancien facteur du bureau de la poste aux lettres de Villars, etc., etc.; que la première opération de ces bandits avait été d'arrêter la malle-poste, de s'emparer des dépêches et du courrier qu'ils ont fait prisonnier. Ils ont également arrêté la diligence de Lyon à Strasbourg, en venant de Saint-Marcel à Villars, où ils ont renforcé leur troupe en faisant battre la générale par le tambour de ville. La bande, ainsi augmentée et renforcée, s'est de nouveau rendue à Saint-Marcel, où elle a violé plusieurs domiciles, sonné le tocsin et ramassé des armes. Ensuite, elle s'est rendue à Saint-André-de-Corcy, pour y assassiner les trois gendarmes qui se trouvaient à la caserne. »

Voici maintenant l'analyse du procès-verbal dressé par les gendarmes de Saint-André-de-Corcy. Nous croyons devoir le mettre ainsi sous les yeux de nos lecteurs, afin d'y prendre les points les plus saillants et surtout d'en sauver la forme :

« Dans la nuit du 5 au 6 décembre, vers minuit, les trois gendarmes Alain, maréchal des logis; Crinquent et Nicolas, à la résidence de Saint-André-de-Corcy, faisaient une patrouille dans les environs de la ville. Tout à coup le tocsin retentit à Saint-Marcel et dans une autre commune sur la même direction ; il était environ deux heures et demie. Les gendarmes se dirigent sur Saint-

Marcel, dont le maire les avait déjà avertis que la nuit ne se passerait pas sans de graves événements, et lorsqu'ils sont près d'atteindre cette localité, ils entendent venir vers eux une foule qui discute à haute voix, leur faisant ainsi connaître son intention d'aller attaquer la gendarmerie.

« Les trois gendarmes rétrogradent alors et vont se ranger devant leur caserne pour la défendre de l'attaque préméditée. La bande des insurgés arrive, et un héraut d'armes heurte à la porte de la caserne avec sommation de se rendre à merci. Pendant ce temps, les autres, toujours prudents, font arrêter des voitures de roulage, derrière lesquelles ils sont à peu près à l'abri, et au *Qui vive?* du maréchal des logis répondent par ces mots : « La troupe des enfants du peuple. » Les gendarmes veulent alors parvenir jusqu'aux insurgés en pénétrant par l'espace resté vide entre deux voitures; mais une voix s'écrie : « Il faut faire feu ! Allons, voyons, feu ! »

« Une décharge suit ces paroles, le maréchal des logis est atteint d'un coup de feu à la main et mis hors de combat. Nicolas essuie une deuxième volée de coups de fusil, tirée cette fois à bout portant. Cependant les gendarmes résistent, font feu de leurs pistolets et sabrent autour d'eux autant que le permettent la disposition des lieux et l'embarras occasionné par les voitures de roulage.

« Les insurgés alors se dispersent et se dirigent du côté de Montluel et Villars. Le gendarme Crinquent accompagne son maréchal des logis blessé, et fait transporter Nicolas à l'hôpital.

« Il paraît que le projet des insurgés, qui se trouvaient au nombre de trois ou quatre cents hommes armés de différentes manières, était de s'emparer des gendarmes et de les fusiller sur la place Monthueux, projet qui a échoué, comme on l'a vu, par le courage de ces gendarmes et la bonne contenance qu'ils ont faite, malgré leurs blessures, devant les émeutiers. »

Les débats de ce procès, commencés le 21 mai, se terminèrent seulement le 17 juin au soir par un jugement qui condamna :

1. Labruyère (contumace), à la déportation dans une enceinte fortifiée.
2. Rivoire (contumace), à la déportation dans une enceinte fortifiée.
3. Jean-Pierre Geoffray, à la déportation dans une enceinte fortifiée.
4. Bouchard, à la déportation dans une enceinte fortifiée.
5. Juenet, à la déportation dans une enceinte fortifiée.
6. Prost (dit Fasse), à la déportation simple.
7. Truchon, à la déportation simple.
8. Bourgeon, à dix ans de détention.
9. Petit (dit Bourget), à dix ans de détention.
10. Desplanches, à cinq ans de détention.
11. Pierre Geoffray, à dix ans de détention.
12. Benoît Geoffray, à cinq ans de détention.
13. Servonnet, à la déportation simple.

14. Bonnet, à la déportation simple.
15. Brost (dit Fouillet), à dix ans de détention.
16. Berthaud (dit Caragris), à la déportation simple.
17. Chamboda, à la déportation simple.
18. Rongé, à la déportation simple.
19. Martin (dit Maillochon), à dix ans de détention.
20. Guichard (contumace), à la déportation dans une enceinte fortifiée.
21. Berthier, à la déportation.
22. Rigaud, à quinze ans de détention.
23. Thomas, à cinq ans de détention.
24. Pierre Perrier, à dix ans de détention.
25. Gillet, à cinq ans de détention.
26. Magnot, à cinq ans de détention.
27. Poulet, à un an de prison.
28. Barrat, à un an de prison.
29. De Saint-Jean, à un an de prison.
30. Morel, à cinq ans de détention.
31. Pélisson, à cinq ans de détention.
32. Tavernier, à cinq ans de détention.
33. Culet, à cinq ans de détention.
34. Brochard, à trois ans de prison.
35. Blondel, à un an de prison.
36. Pierre Orcet, à un an de prison.
37. Jacques Orcet, à un an de prison.
38. Payet, à deux ans de prison.
39. Cochet (contumace), à deux ans de prison, 500 francs d'amende et cinq ans de privation des droits civiques.
40. Vitet, à six ans de prison, 500 francs d'amende et un an de privation des droits civiques.
41. Meillet, à six ans de prison, 500 francs d'amende et un an de privation des droits civiques.
42. Bernet, à cinq ans de détention.
43. Reigneux, à deux ans de prison.
44. Guillot, à un an de prison.
Ont été acquittés :
Renversal, Blandon, Perrier père et ses deux fils, Petit (dit Marquant), Degout, Dille, Nepeau, Abel, Charton, Salomon et Ratignier.

APPENDICE B.

Allier.

2e conseil de guerre

(séant à Moulins).

Audience des 19 et 20 mai 1852.

Voici les condamnations qui ont été prononcées à la suite des troubles de l'Allier :

Ernest Prevereau, à la peine de mort.
Antoine Raquin, à la déportation dans une enceinte fortifiée.
Adolphe Bourachot,   id.
François Demosles,   id.
Georges Gallay, à la déportation simple.
Antoine Vignot,   id.
Claude Tirol, à vingt années de travaux forcés.
Pierre Gail, à cinq années de la même peine.
Edme Bourachot, à cinq années de réclusion.
Auguste Rodier et Pierre Baillon, à cinq années de détention.
Protos et Léon Prevereau ont été acquittés.

APPENDICE C.

Drome.

Le 30 décembre, le 2e conseil de guerre de la division, séant à Lyon, condamnait à la peine de mort les citoyens :

Garay, propriétaire, ex-adjoint du maire, à Cliousclat (Drôme);
Courty, cultivateur, à Cliousclat (Drôme);
Romegou, propriétaire, *id.*;
Bressieux, journalier, *id.*;
Faurite, propriétaire, *id.*;
Julien, cultivateur, *id.*;
Houstain, propriétaire, *id.*;

pour rébellion envers la force publique, suivie d'effusion de sang et blessures.

Dans la même séance, le conseil condamnait le citoyen Brun, propriétaire à Crâne (Drôme), à dix ans de détention, pour avoir, comme complice, recelé des personnes qu'il savait avoir commis des crimes emportant des peines afflictives.

Dix ans de détention pour avoir donné asile à des proscrits !

Enfin Astier, garde champêtre à Loriol (Drôme), fut également condamné, comme complice, par le même conseil, à vingt ans de travaux forcés pour avoir donné asile à ceux qui avaient attaqué les gendarmes.

APPENDICE D.

Ardèche (1).

« Le 10 août 1851, les démocrates de Largentière, Rosières, Joyeuse, Lablachère, etc., s'étaient réunis à Lurac, qui célébrait sa fête votive. Après un banquet et de copieuses libations au café de la Fraternité, ils se transportèrent en foule sur la place de la Mission, où se trouvaient réunis huit gendarmes, chargés de veiller au maintien de l'ordre. Là, ils les injurièrent, mêlant à leurs invectives des cris séditieux et des chants anarchiques.

« Les gendarmes, sans armes, se replièrent sur la mairie, où se trouvaient leurs carabines: la foule les y suivit en continuant à lancer sur eux toute sorte de projectiles.

« L'attaque avait pris un tel caractère de violence, que les gendarmes se virent obligés de faire usage de leurs armes. Onze coups de fusil furent tirés, qui n'atteignirent qu'un enfant à la main. Trois émeutiers furent plus ou moins grièvement atteints par des coups de baïonnette.

« Dès que cette révolte fut connue à Largentière, l'autorité s'empressa de se transporter sur les lieux, accompagnée d'un détachement de gardes nationaux et de quelques brigades de gendarmerie. Arrivés à l'entrée de Lurac, ils furent accueillis par des huées et des pierres, mais force resta bientôt à la loi. Le département fut mis en état de siège.

« C'est à raison de ces faits que vingt-trois accusés furent traduits devant le 2º conseil de guerre séant à Montpellier ; les plus

---

(1) Quoique le jugement rendu par ce conseil soit relatif à des faits qui se produisirent avant le coup d'Etat, nous avons néanmoins cru devoir le donner.

compromis réussirent à se soustraire aux recherches de la justice. Ce sont les nommés :

« Mazon, médecin à Largentière; Gravier, fils. huissier, à Largentière; Vincent, ex-cafetier, à Chassière; Glaizal, ouvrier en soie, à Largentière; Gr l, ouvrier en soie, à Largentière; Beaumelle, ouvrier en soie à Roziers; Lemmaire (Modeste-Émile), avocat, à Largentière.

« Les accusés présents étaient :

« Lacombe (Germain), ex-étudiant, domicilié à Brunzet (Ardèche); Victor (Amédée-André), sans profession, à Largentière; François Suchet, chaufournier, à Largentière; Jean-Louis Coulomb, cultivateur, à Largentière; Joseph Coustaury père, cultivateur, à Largentière; Victor Coustaury fils, cultivateur, à Largentière; Jean-Pierre Courtin, tailleur, à Largentière; Florentin Prat, mangonnier, à Largentière; Victor Courbier, cultivateur et maçon, à Laurac; Victor Lèbre-Théron, cultivateur à Aumien; Pierre Breysse, cultivateur à Largentière; Jean-Pierre Dumas, cultivateur, à Largentière; Louis Fayolles, dit Brot, cultivateur, à Joyeuse; Félix Goutail, teinturier à Largentière; Michel Millet.

« Les débats de cette affaire durèrent neuf jours.

« M. le commandant Bourcly remplissait les fonctions de commissaire du gouvernement.

« Les accusés étaient défendus par Mes Gervais, Cadilhac, Tarteron, Vernière et Vieules, avocats.

« Ont été condamnés :

« Vincent et Mazon à vingt ans de travaux forcés; Gravier, à quinze ans; Glel et Beaumelle, à dix ans; Gleizal à huit ans de la même peine, et Lemaire à quatre ans de prison et dix ans de privation des droits civiques.

Ces condamnés sont contumaces.

Lacombe et Fayolle, à dix ans de réclusion; André, Suchet, Coulomb, Coustaury père, Courtin et Breysse à cinq ans; Prat, Dumas et Goutail, à deux ans de la même peine. »

« Coustaury fils, Courbier et Michel Millet ont été reconnus non coupables et acquittés.

APPENDICE E.

Sarthe. — Seine-et-Marne. — Loiret. — Meurthe.

Nous donnons enfin une liste de trente citoyens en fuite, liste à laquelle le ministère donna à cette époque une grande publicité.

« Le gouvernement vient de donner l'ordre de faire rechercher et arrêter partout où elles seront trouvées les personnes dont les noms suivent :

1. Trouvé-Chauvel, ex-banquier, ex-ministre, âgé de 45 ans ;
2. Jean-Michel Cutivel, âgé de 40 ans ;
3. Pierre, ex-greffier de justice de paix, âgé de 43 ans ;
4. Vieillard-Lebreton, ex-limonadier, âgé de 34 ans ;
5. Trouvé-Freslon, tanneur, âgé de 47 ans ;
6. Édouard Trouvé, commis de banque, âgé de 42 ans ;
7. Silly, ex-rédacteur de journal, âgé de 50 ans ;
8. Milliet, ex-capitaine de la garde nationale (artillerie), âgé de 45 ans ;
9. Sylvain-Parfait Fameau, avoué, âgé de 43 ans.

Des mandats d'amener ont été décernés contre ces neuf personnes, qui ont pris la fuite et qui sont inculpées d'être auteurs ou complices de l'insurrection qui a eu lieu à La Suze (Sarthe).

10. Eugène-Joseph Brèche, dit La Bonté, commis, né et demeurant à Nancy, âgé de 41 ans ;
11. Léonce-Louis Fraisse, fabricant de broderies à Nancy, né à Narbonne (Aude), âgé de 38 ans.

Brèche et Fraisse, qui sont inculpés de complicité de tentative d'assassinat, commis à Nancy, le 3 décembre 1851, sur un officier de gendarmerie et sur un gendarme, sont sous le coup de mandats d'arrêt décernés contre le nommé Brèche, le 8 décembre, et contre le nommé Fraisse, le 9 du même mois, par l'un des conseillers de la Cour d'appel de Nancy faisant fonctions de juge d'instruction ;

12. Lebel de Launay, âgé de 25 ans ;
13. Gasselin-Morandière, âgé de 47 ans ;
14. Louis Gasselin, marchand de vins en gros, âgé de 46 ans ;
15. François Nebelle, contre-maître tanneur, originaire de Russie, ou de Belgique, âgé de 35 ans ;
16. Joseph Lipette, contre-maître sellier, âgé de 39 ans ;
17. Victor Douet, propriétaire, âgé de 33 ans ;
18. Louis Blin, propriétaire, âgé de 40 ans.

Les sept individus ci-dessus signalés sont inculpés d'avoir pris part à l'insurrection qui a eu lieu à La Suze (Sarthe).

19. Alfred Hamonet, clerc de notaire, à Thorigné (Sarthe), âgé de 25 ans environ ;
20. Eugène Beauvais, marchand, domicilié à Dollon (Sarthe), âgé de 26 ans ;
21. Eugène Sidoine, cabaretier à Dollon (Sarthe) ;
22. Victor Pourmarin, tisserand à Dollon (Sarthe), âgé de 25 ans ;
23. Charles Heurtebise, clerc de notaire, à Étival (Sarthe), âgé de 23 ans ;
24. Julien Robert, marchand à Luce (Sarthe), âgé de 54 ans ;
25. Jacques Hervé, propriétaire à Pruillé-l'Éguilité, âgé de 61 ans.

Ces individus, inculpés d'excitation à la guerre civile dans la nuit du 5 au 6 décembre, dans l'arrondissement de Saint-Calais

(Sarthe), sont sous le coup de mandats d'amener décernés à la date du 10 décembre 1851.

26. Auguste Magniez, meunier à Souppes (Seine-et-Marne), né à la Selle-sur-le-Bief (Loiret), âgé de 43 ans environ;

27. Charles Magniez, brasseur, à Montargis (Loiret), né à la Salle-sur-le-Bief, âgé de 35 ans;

28. Bruneau, horloger, demeurant à Montargis, âgé de 43 ans.

Ces trois individus, prévenus d'excitation à la guerre civile et d'attentat à la sûreté de l'État, sont sous le coup de mandats d'arrêt décernés le 15 décembre 1851, par le président du Tribunal de Montargis, agissant par délégation du général commandant la première division militaire de l'état de siége.

29. Antoine-Denis Thierré ou Thuné, clerc de notaire à Nangis (Seine-et-Marne), né à Dieppe, âgé de 28 ans. Cet individu, prévenu d'avoir proféré des outrages contre le président de la République, est sous le coup d'un mandat d'amener, décerné le 7 novembre 1851, par M. le juge d'instruction à Provins;

30. Charles-Louis Thiéry, bijoutier, domicilié en dernier lieu à Pontoise, né à Amboise, âgé de 27 ans; condamné, par la Cour d'assises de Seine-et-Oise, le 26 août 1850, à huit mois de prison pour cris séditieux et outrages envers le président de la République.

APPENDICE F.

Sociétés secrètes.

Voici sur l'organisation des sociétés secrètes des détails minutieux, révélés par un grand nombre de témoins dans le procès des citoyens de Béziers, nous citons cela à titre de curiosités et non comme un document historique.

« Cette organisation se divisait en deux parties : *direction* et *action*. La direction se composait, au chef-lieu d'arrondissement à Béziers, d'une commission exécutive donnant des ordres, et d'un délégué, président de la commission, chargé de les transmettre en correspondant lui-même avec les grands centres d'où émanait l'impulsion. Dans chaque commune, il y avait un délégué qui s'éclairait des conseils de la commission locale, recevait directement et transmettait à son tour aux chefs militaires les ordres des délégués d'arrondissement.

« Rien de plus simple que ce rouage directeur : la partie militante ne l'était pas moins. Des agents de propagande et d'initiation recrutaient sur tous les points des adeptes. Les réceptions se faisaient partout, dans les maisons, dans les champs, le jour parfois, plus souvent la nuit, isolément ou en masse, par un ou plusieurs initiateurs. Le cérémonial en était emprunté aux traditions du carbonarisme.

« Présenté par des parrains qui répondaient de lui, après une instruction dans laquelle on lui parlait des droits du peuple à reconquérir et de la République à défendre, on lui expliquait le but de l'association. Le récipiendaire, les yeux bandés, le genou en terre, prononçait sur un poignard le serment suivant :

« Je jure sur ce fer, symbole de l'honneur, d'armer mon bras contre toutes les tyrannies politiques et religieuses. »

« Le récipiendaire jurait encore secret inviolable et obéissance absolue aux ordres de ses chefs. Puis, l'initiateur frappait sur sa tête deux poignards l'un contre l'autre et prononçait les paroles suivantes :

« En vertu des pouvoirs qui me sont conférés par la *Montagne*, je te déclare MONTAGNARD. »

« Les assistants répondaient : *Amen*.

« Le bandeau tombait : alors l'initié voyait, dirigés sur sa poitrine, des poignards et des pistolets. On lui déclarait que s'il venait à trahir le serment de secret et d'obéissance, il serait puni de mort, dût un vengeur arriver d'un bout de la France à l'autre.

« Chaque initié devait avoir des armes et des munitions, une blouse bleue et une ceinture rouge portée sur le gilet en temps ordinaire, par-dessus la blouse le jour du combat. Il devait verser tous les mois aux mains de l'un de ses chefs, qui la transmettait lui-même à la commission de secours, une cotisation de 25 centimes destinée à des œuvres politiques, telles que le payement des frais de procès, l'entretien des détenus ou réfugiés.

« Les signes de reconnaissance étaient le salut et l'attouchement. Pour saluer, l'initié portait la main gauche sur le sein droit, levait sa coiffure de la main droite, la descendait le long du bras gauche et la passait rapidement à droite, faisant ainsi le simulacre de se partager le corps, ce qui signifiait que le montagnard devait mieux aimer se faire couper en deux que de trahir son serment.

« L'attouchement consistait à presser deux fois du pouce le *medius* de la main qui vous était tendue. Un affilié voulait-il entrer dans un appartement, il devait frapper légèrement à la porte deux coups précipités. Se trouvait-il dans la détresse, il devait se croiser les bras sur la poitrine et les élever au-dessus de sa tête en prononçant le mot : CHRIST. A ce cri, l'agresseur devait cesser toute violence, sinon tous les assistants étaient forcés, jusqu'au plus faible, de prêter main-forte au frère attaqué.

« Le mot d'ordre, d'abord uniforme, a varié suivant les temps, les lieux et les grades des affiliés; le plus répandu a été longtemps dans l'arrondissement de Béziers : « L'heure a sonné; — Droit au travail. »

« Plus tard le mot d'ordre fut : « Liberté, union; — Force, Toulon. »

« Après la condamnation et l'exil des montagnards proscrits (Haute-Cour de Versailles) : « Franchise, fermeté ; — France ou vertu, Égalité, Légalité ! »

« La seconde partie de ce mot d'ordre changea, et plus récemment il consistait dans la phrase suivante : « La nouvelle République s'avance. »

« Le 4 décembre le mot de passe était : « Peuple, — Révolution. »

« Enfin, entre affiliés d'un grade supérieur, le mot de reconnaissance était : « Dans le Midi, JACQUERIE, — pour le paysan, RÉVOLUTION. »

« Tous les grades étaient à l'élection. Chaque section de dix hommes avait pour chef un décurion nommé par elle. Dix décurions nommaient un centurion chargé du commandement de cent hommes. Dix centurions choisissaient un chef de légion. Chaque décurion avait un sous-décurion ; chaque centurion deux sous-centurions. Dans la décurie, le sous-décurion commandait directement à quatre hommes formant avec lui la demi-décurie ; les autres quatre hommes et la décurie tout entière obéissaient au décurion.

« Chacun des deux sous-ceinturions commandait une demi-centurie sous les ordres du centurion. Le grade de chef de légion n'existait que dans les grands centres ; partout ailleurs, dans les villages surtout, c'était le centurion chef supérieur qui recevait du délégué communal les ordres que celui-ci avait reçus lui-même du délégué d'arrondissement. Il les transmettait directement ou par l'intermédiaire des sous-centurions à chacun des dix décurions qui les transmettaient à leur tour, avec les sous-décurions, aux dix hommes de chaque décurie.

« Outre les hommes faits, les initiateurs recrutaient dans les mineurs de quinze à dix-neuf ans une catégorie à part qui portait le nom de *Jeune-Montagne*. Ces jeunes affidés avaient comme leurs aînés le mot d'ordre, le costume, le serment de secret et d'obéissance ; comme eux ils devaient marcher au combat. Mais pour éviter les suites de l'indiscrétion naturelle à leur âge, ils n'étaient pas mêlés aux cadres généraux et formaient des décuries spéciales commandées par de *jeunes montagnards*. » (*Droit*, juin 1852).

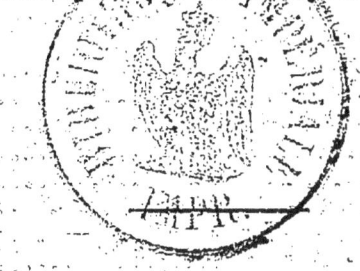

TABLE DES MATIÈRES

	Pages
AIN. — Bourg. — Saint-André de Corcy. — Villars. — Bagé-le-Châtel...	1
AISNE. — Laon...	6
ALLIER. — Moulins. — La Palisse. — Le Donjon. — Cerilly. — Montluçon. — Cusset. — Gannat. — Saint-Sauveur. Huriel...	6
ALPES (Basses-). — Digne. — Forcalquier. — Castelane. — Sisteron. — Saint-Etienne. — Mées, etc., etc...	16
ALPES (Hautes-). — Gap...	46
ARDECHE. — Largentière. — Privas. — Vals...	47
ARDENNES. Rethel...	51
ARIEGE. — Foix...	52
AUBE. — Troyes. — Bar-sur-Aube. — Lajeste. — Etlissac.	52
AUDE. — Carcassonne. — Chalabre...	55
AVEYRON. — Rodez. — Milhau...	57
BOUCHES-DU-RHONE. — Marseille...	60
CALVADOS. — Caen...	65
CANTAL. — Aurillac...	66
CHARENTE. — Angoulême. — Villognon...	66
CHARENTE-INFÉRIEURE. — La Rochelle. — Saint-Jean-d'Angély. — Jouzad. — Surgères...	67
CHER. — Bourges. — Saint-Amand. — Sancerre...	70
CORRÈZE. — Tulle...	74
CORSE...	74
COTE-D'OR. — Dijon. — Beaune. — Nuits. — Semur. — Seaulieu. — Arcelot. — Arceau. — Arc-sur-Tille. — Montbard. — Thil-Châtel...	74

	Pages
COTES-DU-NORD. — Saint-Brieuc. — Loudéac............	79
CREUSE. — Aubusson......................................	80
DORDOGNE. — Périgueux. — Bergerac. — Nontron. — Sarlat. — Terrason...................................	81
DOUBS. — Besançon. — Verrières-de-Joux.............	86
DROME. — Montélimart. — Valence. — Sainte-Jalle. — Crest. — Chabrillan. — Saou........................	88
EURE. — Evreux. — Pont-Audemer. — Louviers. —Nonancourt...	106
EURE-ET-LOIR. — Chartres. — Dreux. — Châteaudun. — Nogent-le-Rotrou...................................	110
FINISTERE. — Quimper. — Morlaix....................	112
GARD. — Nimes. — Lussan. — Saint-Laurent-la-Varnède. — Lezan. — Alais. — Grand-Callargues.............	113
GARONNE (Haute-). — Toulouse. — Mazamet. — Castelsarrazin. — Muret. — Nailloux.....................	117
GERS. — Auch...	122
GIRONDE. — Bordeaux.................................	145
HERAULT. — Béziers. — Bédarieux, etc................	151
ILLE-ET-VILAINE. — Rennes............................	179
INDRE. — Châteauroux.................................	180
INDRE-ET-LOIRE. — Tours.............................	182
ISERE. — Grenoble....................................	183
JURA. — Poligny......................................	185
LANDES. — Mont-de-Marsan..........................	190
LOIR-ET-CHER. — Blois. — Saint-Claude.............	191
LOIRE. — Montbrison. — Saint-Etienne..............	192
LOIRE (Haute-). — Le Puy. — Brioude................	195
LOIRE-INFERIEURE). — Nantes.......................	195
LOIRET. — Orléans. — Montargis. — Pithiviers. — Gien. — Bonny-sur-Loire................................	196
LOT. — Cahors. — Figeac.............................	208
LOT-ET-GARONNE. — Agen. — Nérac. — Villeneuve-d'Agen.	214
LOZERE. — Mande....................................	236
MAINE-ET-LOIRE. — Angers. — Saumur. — Chollet...	236
MANCHE. — Saint-Lô.................................	238
MARNE. — Châlons. — Reims. — Aï.................	239
MARNE (Haute-). — Chaumont. — Vassy..............	243
MAYENNE. — Laval....................................	244
MEURTHE. — Nancy..................................	247
MORBIHAN. — Vannes................................	248
MOSELLE. — Metz....................................	249
NIEVRE. — Clamecy. — Taingy. — Sougères. — Druges.— Entrains. — Coulange-la-Vineuse, etc..............	250
NORD. — Lille. — Valenciennes. — Roubaix. — Avesnes. — Tourcoing. — Saint-Amand. — Trois-Villes. — Anzin.	289
OISE. — Beauvais. — Clermont. — Compiègne.........	296
ORNE. — Alençon. — Domfront.......................	297
PAS-DE-CALAIS. — Arras. — Saint-Omer. — Calais. — Saint-Pol. — Carvin. — Montreuil-sur-Mer..............	298

	Pages
PUY-DE-DOME. — Riom. — Issoire. — Volvic. — Thiers. — Chanonat..	300
PYRENEES (Basses-). — Bayonne. — Pau. — Gan. — Lescars. — Morlas..	306
PYRENEES (Hautes-). — Tarbes. — Bagnères. — Baudéan.	308
PYRENEES-ORIENTALES. — Perpignan. — Estagel — Thuir. — Collioure. — Prades. — Ceret, etc..................	311
RHIN (Bas-). — Strasbourg. — Marmoutier. — Hochfelden, etc...	315
RHIN (Haut-). — Colmar. — Mulhouse..................	...
RHONE. — Lyon..	326
SAONE (Haute-). — Vesoul. — Jussey, etc..............	332
SAONE-ET-LOIRE. — Mâcon. — Louhans. — Châlon. — Autun. — Tournus. — Chagny......................	336
SARTHE. — Le Mans. — Mamers. — La Suze............	345
SEINE. — Paris...	353
SEINE-ET-MARNE. — Meaux. — Coulommiers............	353
SEINE-ET-OISE. — Pontoise. — Etampes. — Corbeil.....	354
SEINE-INFERIEURE. — Rouen. — Havre.................	356
SEVRES (Deux-). — Niort. — Bressuire.................	361
SOMME. — Amiens.....................................	361
TARN. — Castres.......................................	362
TARN-ET-GARONNE. — Montauban. — Moissac..........	363
VAR. — Draguignan. — Toulon. — Cuers. — Aups.. — Brignolles. — Salerne.................................	364
VAUCLUSE. — Apt. — Lisle. — Cavaillon...............	389
VENDEE. — Napoléon-Vendée...........................	394
VIENNE. — Poitiers.....................................	394
VIENNE (Haute-). — Limoges. — Bellac................	394
VOSGES. — Epinal.....................................	399
YONNE. — Auxerre. — Tonnerre. — Rousseaux (Nièvre)...	400
CONCLUSION...	408
APPENDICE A. — Ain...................................	411
APPENDICE B. — Allier................................	415
APPENDICE C. — Drôme................................	415
APPENDICE D — Ardèche...............................	316
APPENDICE E. — Sarthe. — Seine-et-Marne. — Loiret. — Meurthe..	417
APPENDICE F. Sociétés secrètes........................	...

Paris, impr. PAUL DUPONT, rue J.-J.- Rousseau, 41.

www.ingramcontent.com/pod-product-compliance
Lightning Source LLC
Chambersburg PA
CBHW050904230426
43666CB00010B/2021